学前教育的理论探索与创新实践

叶逢福　赖勇强　吕　伟　钟雪梅　等著

北京航空航天大学出版社

内容简介

本书通过对学前教育的"有为"和"无为"理念、卢梭和孙瑞雪等教育家的教育思想、蒙台梭利教学法以及瑞吉欧学前教育体系等进行深入的探讨与研究，深化了对学前教育的基本理论的认识；通过对学前教育专业学生的专业承诺、专业认同以及幼儿教师的职业倦怠、专业发展等方面的研究，使对学前教育专业师资的培养与发展模式的认识更清晰了；通过对幼儿园秘密空间、区角设计，以及乡土材料的运用等的研究，提升了学前教育环境的创设意识与创设能力；通过对幼儿的秩序敏感期、规则教育、传统礼仪教育、奥尔夫音乐教育及幼儿足球发展等方面的探索，创新了学前教育各领域的实践理念、形式与方法，锻炼和提高了实践的能力。

本书可供各高校学前教育专业教师、学生和幼儿园教师、学前教育培训机构教师使用。

图书在版编目(CIP)数据

学前教育的理论探索与创新实践 / 叶逢福等著. --
北京 ：北京航空航天大学出版社，2018.12
ISBN 978-7-5124-2897-3

Ⅰ. ①学… Ⅱ. ①叶… Ⅲ. ①学前教育—教学研究
Ⅳ. ①G612

中国版本图书馆 CIP 数据核字(2018)第 274911 号

学前教育的理论探索与创新实践
叶逢福　赖勇强　吕　伟　钟雪梅　等著
责任编辑　周华玲
*
北京航空航天大学出版社出版发行
北京市海淀区学院路 37 号(邮编 100191)　http://www.buaapress.com.cn
发行部电话：(010)82317024　传真：(010)82328026
读者信箱：bhpress@263.net　邮购电话：(010)82316936
涿州市新华印刷有限公司印装　各地书店经销
*
开本：710×1 000　1/16　印张：17.75　字数：378 千字
2019 年 1 月第 1 版　2019 年 1 月第 1 次印刷　印数：3 000 册
ISBN 978-7-5124-2897-3　定价：45.00 元

前　言

本书是韶关学院韶州师范分院教师和学生共同研究的成果。近年来，在国家与社会各界的重视和推动之下，学前教育事业得到了前所未有的发展。为总结学前教育教学的经验，我们组织教师和学生开展了持续而深入的理论探索和实践创新。经过多年的努力，终于形成了现在这样一本具有校本特色的成果汇编作品。

本书也是广东省哲学社会科学规划项目“粤北地区乡镇中心幼儿园教师专业发展研究”和广东省高等职业教育质量工程项目“全纳教育视域下高校学前教育专业教学模式的探索与实践——基于韶关学院韶州师范分院”“概念重建与课程创新——高职学前教育专业教师教育课程改革”“顶层设计理念下的高职师范类专业实践教学体系改革研究与实践——以学前教育专业为例”及韶关学院新兴产业研究院横向项目“学前教育研究能力提升”等课题研究的成果汇编。上述项目立项之后，我们组织项目组成员和学前教育专业的学生对学前教育的基本理论重新进行了学习和梳理，深入全省，尤其是深入粤北地区的幼儿园，进行了广泛的调查研究和实践创新。

本书还是师范院校与幼儿园、学前教育培训机构合作研究和共同探讨而形成的成果汇编。深圳市雏鹰教育投资发展有限公司董事长郭阳钰先生从课题的策划和调研到成果的汇集和出版，都倾注了很大的心力。在郭阳钰先生的感召和组织下，深圳市龙岗区扬马雏鹰幼儿园、深圳市光明新区光明红苹果幼儿园、深圳市光明新区公明金色童年幼儿园、深圳市福田区汇龙幼儿园、深圳市光明新区公明田寮欣悦幼儿园、深圳市光明新区光明亲亲贝儿幼儿园、深圳市光明新区公明锦田湾幼儿园、深圳市龙华区三智幼儿园、广州市花都区雄炜御景万锦幼儿园、佛山市顺德区伦教新伟力幼儿园、佛山市顺德区北滘镇雅正幼儿园、佛山市顺德区陈村镇务庄幼儿园和深圳市大朋友教育科技有限公司、深圳市智高英能教育开发有限公司、深圳市慧觉教育科技有限公司、深圳市乐艺源教育培训有限公司、涂画文华传播(深圳)有限公司、深圳市龙华区龙华七彩雀儿艺术培训中心、深圳市英龙武道文华发展有限公司、深圳市致心智美教育咨询有限公司、深圳市哈贝文化传播有限公司、深圳市金点早期教育咨询有限公司等幼儿园和学前教育培训机构,积极参与了课题的研究,为本书的撰写提供了大量鲜活的第一手材料,极大地丰富了学前教育理论探索的实践特色。

本书共分四章:第一章为对学前教育基本理论的探索。通过对学前教育的“有为”和“无为”理念、卢梭和孙瑞雪等教育家的教育思想、蒙台梭利教学法以及瑞吉欧课程模式等进行深入的探讨与研究,进一步深化了对学前教育的基本理论的认识。第二章为对幼儿教师职前培养与专业发展的研究。通过对学前教育专业学生的专业承诺、专业认同以及幼儿教师的职业倦怠、专业发展等方面的研究,使对学前教育专业师资的培养与发展的认识更清晰了。第三章为对学前教育环境创设的研究。通过对幼儿园秘密空间、区角设计,以及乡土材料的运用等的研究,提升了学前教育环境的创设意识与创设能力。第四章为学前教育各领域的创新实践。通过对幼儿的秩序敏感期、规则教育、传统礼仪教育、奥尔夫音乐教育及幼儿足球发展等方面的探索,创新了学前教育各领域的实践理念、形式与方法,锻炼和提高了实践的能力。

本书的总体框架以及前言、后记由叶逢福设计和撰写。主要作者叶逢福、赖勇强、吕伟和钟雪梅等老师,均为学校教育教学和科研工作的主要管理者,或学前教育专业的主要任课教师,具有较为深厚和坚实的理论基础,同时,也有着较为丰富的实践教学经验和较强的管理能力。

本书各章节撰写分工如下:

第一章　第一节:吕伟、陈秀贤;第二节:赵小河、张智键;第三节:易静;第四节:白有凤、梁靖;第五节:杨翠、林仙娣;第六节:邓菊香、刘晓彤;第七节:赖勇强、李晓珊。

第二章　第一节:叶逢福、梁丽华;第二节:易静、林惠琴;第三节:吕伟、关锟卫;第四节:赖勇强、吴培玲;第五节:叶逢福、王冰莹;第六节:吕伟;第七节:叶逢福;第八节:赖勇强;第九节:吕伟、王锐芸;第十节:李城、刘伟萍。

第三章　第一节：赖勇强、刘卓嘉；第二节：杨翠、周淑兰；第三节：钟雪梅、林玉丹；第四节：陈永亮、蔡曦彤；第五节：谢筱珣、蔡凯纯；第六节：孙毅明、刘俊杰。

第四章　第一节：张鸿舜、王洁莹；第二节：邓菊香、郭可欣；第三节：叶逢福、林媚媚；第四节：邓菊香、周倩雯；第五节：黄乐华、曾婉甜；第六节：钟雪梅、张燕静；第七节：辛勤、谢颖玲；第八节：梁双顺、黄嘉惠；第九节：钟雪梅、黄映瑶。

叶逢福

2018 年 8 月

目　录

第一章　学前教育基本理论的探索……………………………………………… 1

第一节　学前教育的"无为"与"有为"…………………………………………… 1
第二节　蒙台梭利对卢梭学前教育思想的继承与发展………………………… 6
第三节　萨特的自由选择观对我国当前儿童教育的启示 ……………………… 13
第四节　瑞吉欧课程的特点及其对我国学前教育的启示 ……………………… 17
第五节　孙瑞雪"爱和自由"理念的价值与应用 ………………………………… 26
第六节　学前儿童家庭教育生态的研究 ………………………………………… 34
第七节　幼儿问答中的哲学思维探究 …………………………………………… 44

第二章　幼儿教师职前培养与专业发展的研究 ………………………………… 54

第一节　塑造专业人才的灵魂:专业思想教育策略探究…………………………… 54
第二节　学前教育专业学生专业承诺现状的研究 ……………………………… 62
第三节　学前教育专业男生专业认同研究 ……………………………………… 72
第四节　学前教育专业学生儿童观的调查研究 ………………………………… 79
第五节　教育实习:一种反思性的实践活动…………………………………… 91
第六节　学前教育专业教育实践困局及破解 …………………………………… 99
第七节　学前教育专业实践教学体系的建构研究……………………………… 105
第八节　学前教育专业理论课程实践教学改革的研究 ………………………… 111
第九节　本科学前教育专业学生对口就业意向研究…………………………… 114
第十节　全面发展:幼儿教师专业发展的困境与对策 ………………………… 122

第三章　学前教育环境创设的研究……………………………………………… 132

第一节　幼儿秘密空间设置的研究……………………………………………… 132
第二节　幼儿园室内环境对幼儿社会规则习得的影响及现状研究…………… 142
第三节　幼儿园规则教育的问题与对策………………………………………… 151
第四节　乡土材料在幼儿园美术活动中的应用………………………………… 157
第五节　涂鸦美术在视觉空间智能培养中的应用研究………………………… 166
第六节　区角与教学活动关系的现状及对策研究……………………………… 187

第四章　学前教育各领域的创新实践…………………………………………… 199
第一节　幼教机构“奥尔夫热”的冷思考……………………………………… 199
第二节　家长对学前儿童进行生命教育的现状研究………………………… 206
第三节　幼儿自我意识的唤醒——从《爱丽丝梦游仙境》说起……………… 214
第四节　基于儿童发展的早期英语教育……………………………………… 225
第五节　幼儿数学操作活动策略的研究……………………………………… 233
第六节　论幼儿早操原本价值的回归………………………………………… 237
第七节　幼儿足球开展现状的调查与分析…………………………………… 243
第八节　幼儿秩序敏感期促进幼儿发展的研究……………………………… 252
第九节　儿童秩序敏感期的家园共育策略研究……………………………… 260

后　记………………………………………………………………………………… 276

第一章　学前教育基本理论的探索

第一节　学前教育的“无为”与“有为”

作为中国传统哲学道家文化的核心思想，“有为”与“无为”相互对立，又相互依存。“有为”指充分发挥主观能动性，即能动地认识客观世界和在认识的指导下能动地改造客观世界。在行为的层面上，“有为”即是争取；在心理的层面上，“有为”即是有欲望；在哲学层面上，“有为”即是有目的、有意识。积极有为，有助于人们在把握规律的前提下取得成功。“无为”指因自然本性而为之，顺自然而为，辅自然而不敢为、不妄为、不过度而为。在学前教育阶段，究竟是应该积极作为，有意识地引导儿童开展系统的教育活动，为孩子的社会化及小学求知打下牢固的知识及技能基础，还是秉持无为理念，给予儿童充分的自由，不违背儿童的天性，遵循儿童的自然发展，不强迫、不灌输，不干预儿童的成长？这是一个重大的课题。

一、“无为”教育理念及实践

（一）“无为”教育理念

横看中西，纵观古今，高举“无为”教育旗帜的大家有两位，一位是中国传统哲学道家学说的代表人物庄子，另一位是 18 世纪法国伟大的启蒙思想家、哲学家、教育家——卢梭。他们都秉持取法自然、返归自然的无为教育主张。庄子的“无为”否认了教育的积极作用，是完完全全的无作为，顺随自然。而卢梭的“无为”则是针对儿童时期的，认为在儿童时期，成人不应有意识、有目的地教与其知识、技能或道德，只有在儿童的理性睡眠期放任无为，才能在其他时期一切有为。

对于教育，庄子提出了三方面的主张。关于道，庄子主张宜用“不言之教”，并认为书本不足以载道；关于智，他认为智能使人乱性，也能使人引起争夺，主张智慧与知识并不重要，应当被抛弃；关于心，他认为心是最难驾驭的，“成心”必有害，应做到“虚心”，即无为。庄子曾说过一句话，大概意思是他不将功业、谋略、标新立异等成人的知识教给后人，只与后人一道顺随天地不因外物而相互违背，与后人一起顺应自然而不为任何外事所左右，由此可见庄子的无为教育主张。另外，庄子对早期教育极为反感，在《庄子》中以寓言的形式讲述了孩子因过早开始懂事非而夭亡和浑沌因开七窍而丧命的故事，以说明不应该采取积极有为的教育形式。[①] 他主张取法自然、顺应自然，追求“无为”“无我”的境界。

卢梭的教育主张主要体现在以下三个方面。其一，反对给儿童灌输是非对错的观念，保护儿童心灵不受罪恶和邪念的沾染；其二，教育的重点在于教与其研究学问的方法，知识的传授并不重要；其三，避免用成人的所谓规矩教育儿童。卢梭认为，儿童需等待各个器官发育成熟后才能使用它们来获取知识，在适当的时候给予适当的教育与锻炼。[②] 卢梭反对过早地培养与训练儿童，反对成人向儿童传授他们难以接受的所谓的知识。他认为，儿童时期的教育应该纯粹是消极的，他要人们筑起一道围墙来保护儿童的心灵，使其免受谬误与所谓道德的污染。他并不主张争取时间做那些成人口中所谓的对孩子将来有益的事情，而是采取把时间白白放过去的教育方式。他认为从自然法则角度，一个人从幼至老可以分为四个不同的成长阶段，而每个阶段都应接受与该阶段相匹配的教育。根据其理论，儿童存在一个所谓的理性睡眠期，教育就应是无目的的，时间应由儿童自主把握，我们不应该轻视儿童的无意识生长和本能，“要放任无为，才能一切有为”。

（二）“无为”教育实践

1. 德国的林间幼儿园

德国有一间林间幼儿园，在这里孩子们享有宽阔的户外活动空间。孩子们入园后，或分成几个小组做游戏，或个人自由活动。[③] 孩子们在园期间有充分的自由，除了固定的歌唱时间外，老师不会给孩子们布置其他任务。同时，孩子们也需要遵守老师和孩子们之间约定的与安全有关的规则。在这间林间幼儿园的一日活动中，老师的主要职责在于保护孩子们的安全和解答孩子们在实际生活中自主生成的疑惑，没有知识或技能方面强硬的有目的的教学任务，对孩子们的自由活动不强加干涉，让他们接近自然、取法自然。

2. 全美幼儿教育协会的《适宜0～8岁儿童发展的教育实践》声明

在20世纪末的美国，由学者引领的学前教育领域里最有影响力的民间组织——全美幼儿教育协会（National Association for Education of Young Children，NAEYC）为了扭转学前课程的“学业取向”，发表了《适宜0～8岁儿童发展的教育实践》声明。NAEYC的成员认为，教育者必须拒绝这样的观点，那就是儿童进入学校之前必须是有所准备的；相反的是，如果家长与教育机构普遍致力于入学准备的话，那么儿童就不得不为了学业的成功而做出努力，并以牺牲时间、违背儿童天性为代

---

①张成行.庄周卢梭的自然主义教育及消极教育比较[J].南充师院学报：哲学社会科学版，1987，(1)：127-133.

②段蕾.卢梭消极教育思想及其当代教育价值[D].大连：辽宁师范大学，2012：1.

③佚名.回到大自然的怀抱——记德国的“林间幼儿园”[J].早期教育：教师版，2000，(1)：13.

价，这对于儿童早期生活经历而言是不公平的。[①] NAEYC 的立场是“学校是为学生做准备的，而学生不是为学校做准备的”，教师与家长不应在儿童的学前阶段给他们强加小学的任务，不应过早地将知识和技能硬塞给儿童，应在适当的时间里做适当的事，而儿童值得拥有本真的童年。

二、“有为”教育理念及实践

(一)“有为”教育理念

学前教育的“有为”，即是教育者有目的、有意识，充分发挥主观能动性以达到促进儿童各个方面发展的目标的作为。笔者认为，学前教育的“有为”可分为传统的“有为”学前教育和现代的“有为”学前教育。两者的共同点在于，都认同人可以通过充分发挥主观能动性来改造客观世界，通过成人的主观努力可以促进儿童各方面的潜力发展；而不同点就在于，所持的儿童观不同，传统的“有为”学前教育是以成人为本位，而现代的“有为”学前教育则是以儿童为本位。

1. 传统的“有为”学前教育观念

在古代，由于受“学而优则仕”观念以及隋唐以来实施的科举制度的影响，中国的一般家庭都有注重对儿童早期的文化知识教育的传统。“学而优则仕”“读书做官”的教育目的是培养顺从和驯良的臣民，以适应专制统治的需要。这种政治色彩浓郁的教育，是以成人为本位、以社会为本位的。儿童的兴趣、情感、需要都处于被忽略的地位。随着科举制地位的确立与发展，读书、应试、当官三者联系在一起了，这使得读书学习带有很强的功利性，严重扭曲了教育的意义。成人对儿童的成长发展干涉过多，他们有目的、有意识地培养儿童不单只是想让他们成为有知识、有礼貌的人，更多时候是以成人的眼光看待儿童，然后再以成人的权威迫使儿童成为他们理想中的模样，甚至从社会利益角度出发培养服从统治阶级的良民。

新中国建立初期时，最紧迫的教育课题是如何建设新的社会主义教育体系以取代旧的教育体系。作为一个新兴社会主义国家，新中国在教育体系改造上也紧跟苏联老大哥的步伐，在国内掀起“新民主主义教育”风潮。新民主主义教育认为“教育的作用，是要学生很经济地学会读写算，很经济地接受千古以来人类改造世界的经验结晶——系统的科学知识”，“教育方法必须注意教学上的经济……，由少量的必要的活动，以取得大量的系统的知识……，凡是费时费力，而吸收知识很少的做法，教育上不宜采用。”[②]新民主主义教育十分强调教师应该有目的、有计划地进行教学以及教师在课堂中的绝对主导地位，忽视了幼儿在学习中的主体地位，认为经济地给儿童传授

---

①孙贺群.嬗变与走向——美国学前课程发展变革的历史研究[D].长春：东北师范大学，2011：35.

②王春燕.中国学前课程百年发展、变革的历史与思考[D].南京：南京师范大学，2003：78.

系统的科学知识比让儿童在实际操作中摸索零散的直接经验更重要，这完全扼杀了儿童的好奇心和自由的天性。

2. 现代的“有为”学前教育观念

儿童本位论又称儿童中心论，其观点有三：其一，以儿童为教育的中心、起点、目的；其二，重视儿童的个性本能、兴趣、自由以及独立性的发展；其三，相信是人的内在需要推动人的身心发展，反对为教育规定明确的社会目的，相信教育就是促进本能的过程。① 儿童本位论的代表人物杜威提出过很多著名的教育观点，如“教育即生活”“教育即生长”“学校即社会”“做中学”等。杜威反对传统教育不重视儿童的错误做法，主张应把教育的重心转移到儿童身上。

维果茨基在20世纪30年代提出了一个重要概念——最近发展区（Zone of Proximal Development，ZPD），也称潜在发展区。最近发展区即学生现有水平与可能的发展水平之间的差异，现有水平指的是学生在独立活动时所能达到或表现出来的解决问题的能力，而可能的发展水平指的是学生通过教师的教学或同伴的帮助所获得的潜力。② 维果茨基认为，在教学中，教师要十分了解儿童目前已有的发展水平以及潜在的发展水平，才能制定适合的教学目标，有效地促进儿童发展。在最近发展区理论中，儿童始终是教学的主体，教师作为促进者和环境的创设者也必须将一切教学活动的中心放在儿童身上，将儿童已有的发展水平和潜在的发展水平作为教学目标的制定依据。

（二）“有为”教育实践

1996年颁布的《幼儿园工作规程》指出，教师应有目的、有计划地引导幼儿在园时进行多种形式的教育活动，③在2001年颁布的《幼儿园教育指导纲要（试行）》中要求“以儿童为中心”；但在实际教学中，以教师为主导的教育现象却仍然在我国幼儿园里普遍存在，教师习惯于示范、灌输等教学模式，幼儿只能被动模仿和接受。当时教师普遍将“有目的”“有计划”过度解读为以教师为主导，甚至把儿童难以理解的知识性内容带入教学中，实行所谓的“超前教育”。2000年，英国颁布了《基础阶段课程指南》，设置了学习的六个领域，强调教师应实施综合性的领域教学活动。④《基础阶段课程指南》要求教师以有目的、有组织的游戏为基础，制定合理的课程以达到教育的有效性；强调教师的任务应是为儿童提供材料和相应设施，只能适当地使用提问、评论等少量的干预方式，让儿童通过游戏积累直接经验。

①文敬芳. 试论自然教育与儿童中心主义[J]. 学前教育研究，1994，(3)：6-7.

②张春兴. 教育心理学[M]. 杭州：浙江教育出版社，2005：116.

③邵明雪. 德国发展学前教育对我国的启示[J]. 太原师范学院学报（社会科学版），2011，(5)：141-143.

④魏诗航. 英国2012年《早期基础阶段法定框架》研究[D]. 昆明：云南师范大学，2014：4.

三、“无为”与“有为”理念鸿沟的成因及思辨

（一）“无为”理念的成因及思辨

卢梭认为儿童的天性是好的，人天生是向善的，因此教育应以天性的发展为基础，防止恶劣的社会风气破坏儿童纯洁的天性。“出自造物主之手的东西，都是好的，可一到人的手里，就全变坏了。”“本性的最初的冲动始终是正确的，因为在人的心灵中根本没有什么生来就有的邪恶。”这正是对于性善论的最明了的阐释。[①] 人在后来出现各种邪恶，是在后天的恶劣的社会环境中所习得的。卢梭与庄子一直对自然都怀有深深的眷恋之情，在著作中毫不吝啬地对自然进行了赞美。关于自然观，卢梭认为人应该“回归自然”，人类与自然都归属于天地，人应该回到自然中去。[②] 而庄子认为人应该“顺应自然”，认为自然与人不应分隔，只有消灭人的主体性，人才能回归自然，才能回归人的原本状态。卢梭和庄子都认为自然的是美好的，对自然本真的回归才是人类最好的归宿。

（二）“有为”理念的成因及思辨

人具有意识，人能意识到自身的存在，人的主观能动性是“人自主地在认识和改造世界的过程中展现的一种自觉能力和活动”，[③]指人的主观意识和实践活动对于客观世界的反作用或能动作用。主观能动性包含意识能动性和实践能动性两个方面：一是人们能动地认识客观世界，通过自己的思维意识去认识世界和把握世界；二是在认识的指导下能动地改造客观世界。正是因为具有主观能动性，人才有可能促进自身的全面发展。

（三）“无为”与“有为”理念的再融合

“无为”与“有为”不能作简单的二元价值判断，积极性与消极性并存典型地体现在“无为”或“有为”的观念体系中。“‘无为’具有顺理成章、水到渠成的合理性，但却容易走上无所作为的偏路而坐失良机；‘有为’固然有不顾条件强求强取的弊端，但它却是高度发挥人的主观能动性的表现。”学前教育不能置于简单的“无为”，不能不顾社会环境任凭儿童生物般生长，否则教育必定无目的，只能迎合儿童个人的喜恶；也不能置于简单的“有为”，否则成人的意识将会无限地膨胀，在工厂式的现实教育中扼杀儿童的天性。只有对其消极面深入研究并加以过滤，而对其积极内蕴充分发挥以化为福祉，把“无为”理解为不强求、不违拗、顺势而成，把“有为”理解为充分发挥人的主观能动性、去主动追求以达目的，[④]“无为”与“有为”才能相互补充而又转化，在“无

---

①段蕾．卢梭消极教育思想及其当代教育价值[D]．大连：辽宁师范大学，2012：79．

②杨沫南．浅谈卢梭与庄子的自然观[J]．湖北函授大学学报，2015，(15)：60-61．

③顾连杰．马克思主观能动性思想探究[D]．北京：中共中央党校，2015：3．

④田耕滋．老子哲学的方法论意义[J]．清华大学学报：哲学社会科学版，1998，(3)：68-71．

为"与"有为"中保持一定的张力，在个人本位与社会本位中保持一定的张力，在儿童当前快乐与未来发展潜力中保持一定的张力，在儿童本位与成人本位中保持一定的张力。① 我们应该回归"无为"，以基于自然之上的儿童发展可能性为基础，推进"有为"。

人类历史源远流长。或许从纵向看，我们能给不同阶段、不同时代的人类贴上概括性的标签，但假如具体到每一个个体，我们能发现每个人从一生下来都有他特有的、与生俱来的潜能或局限性。随着一个生命的诞生与成熟，每个人都会渐渐发现自身的特性、喜与恶、擅长与不擅长。而聚焦到一个人的学前阶段，在这个儿童对自身与世界的了解不甚清晰并还处于探索发展的时期，作为儿童成长软环境一分子的老师与家长，我们可以站在自然无为的角度观察儿童，给予他们宽阔的空间、充满爱和自由的氛围来探索自我和发展个性，然后从积极有为的角度去帮助儿童正面地发掘自身的潜能，并以此为基础逐渐发展出一套成熟的系统的本领。与此同时，人是社会动物，人总生活在集体中，从现实角度来讲，让儿童远离社会、归隐山林是较难实现的。而由于社会不良风气的影响，儿童沾染不良习惯的机会也越来越多。恶习一旦在儿童身上出现，而成人又未对其做出适时适当的引导，恶习就可能造成原本天生就带有某种倾向性的本质，更加迅速地形成某一类型的比较稳定的心理特征。假如成人压抑儿童的本能、与儿童较劲、强制改变儿童的不良习惯，就可能适得其反，使儿童出现强烈的反弹或各种异常的行为。这时，成人应站在自然无为的角度引导儿童解决问题，不压抑、不控制、不以成人的成长经验作为唯一的评判标准，保持理解的态度去观察与协助儿童。我们相信儿童在自由、宽松、温馨的成长氛围中，通过自己内在的消化，面对真实与本质时能做出尊重自己、尊重他人、尊重环境的选择。古语有云，"有心栽花花不开，无心插柳柳成荫"，在教育中，没有完全绝对的正确答案；面对儿童时，也没有完全绝对的"无为"或"有为"。成人应充分认识"无为"与"有为"的积极意义，并根据每位儿童的实际情况，为儿童的快乐成长提供引导与帮助。

第二节　蒙台梭利对卢梭学前教育思想的继承与发展

一、卢梭学前教育思想

卢梭受洛克哲学思想的影响，把唯物主义经验作为自己哲学思想的出发点，在他的著作《爱弥儿》中，充分体现了他对启蒙教育的这种观点。笔者综合国内学术与教育界对卢梭教育的认识，认为卢梭的学前教育思想主要集中体现在以下几个方面。

①刘铁芳，樊杰．面对儿童发展的可能性：超越成人本位与儿童本位[J]．教育科学，2011，(2)：27-29.

（一）卢梭的自然主义教育思想

卢梭的自然主义教育，就是指顺应儿童的天性和身心发展规律的教育。他说："出自造物主之手的东西，都是好的，而一到了人的手里，就全变坏了。"①他认为，一旦人类按照自己的意志去对待自然事物，就会扰乱一切，毁坏一切东西的本来面目。所以他提出人接受的教育有三种：自然的教育、人的教育和事物的教育。"我们的才能和器官的内在的教育，是自然的教育；别人教我如何利用这种发展，是人的教育；我们从影响我们的事物中获得良好的经验，是事物的教育。"而这三种教育必须协调在一起，才能够使儿童正常发展，达到他的目标并生活得有意义。卢梭认为："在这三种不同的教育中，自然的教育是完全不能由我们决定的，事物的教育只是在有些方面才能够由我们决定。只有人的教育才是我们能够真正地加以控制的。"所以，应该使人的教育和事物的教育配合自然的教育，从而使儿童受到良好的教育。

卢梭认为，教育一个自然人和教育一个公民是相互对立的，两者是鱼与熊掌不可兼得的。因为以公民为目标的教育会改变人的天性，使人失去独立性，从而融入共同体中。自然人是完全为自己而活的，而他要教育的是自然人，他要教会儿童如何做人、如何去生活。他并不想教育出文官、武人、僧侣，因为人的地位是不断改变的，所以必须教育出能够在任何时候都能尽到做人的本分的人。但是他培养的自然人不是脱离社会的野蛮人，而是生活在现实社会中的自然人。他只是反对社会制度对人的压迫和奴役，想要教育出自由成长、身心和谐、能够在社会中自由生活的新人。由此可见，卢梭的自然主义教育目标是要培养身心健全、能够感知外界事物并且在社会中自力更生和与其他人和谐相处的人。

（二）卢梭的感觉经验教育

"卢梭的感觉经验论主要是受到了洛克的经验论和孔狄亚克的感觉论的影响。"②卢梭在哲学的认识论上坚持感觉经验论，认为感觉和经验是人的认识的来源。而这也反映在他的教育思想中。在《爱弥儿》一书中，他认为感觉是知识的原料，而经验是先于教育的。这个"教育"是专指人的教育，而经验的教育则是自然和事物的教育。因为卢梭也认为"人的教育在他出生的时候就开始了，在能够说话和听别人说话以前，他就已经受到教育了。"这就是说，儿童在接受人的教育之前，就已经在自然的教育和事物的教育中获得了许多知识。所以他才说在儿童认识他的乳母的时候，他已经获得了很多的经验了。因此，儿童首先接受的应该是感觉经验的教育，而人的教育就应该重视并辅助儿童的感觉经验教育。也就是说人的教育应该选择合适的事物对儿童的感官造成影响，使儿童通过自己的天性能力来探索并对事物产生清晰明了的认识，从而达到三种教育的协调。要按照适当的次序让他产生感觉，给他清楚指出

①卢梭．爱弥儿[M]．北京：商务印书馆，2014．

②孟珍珍．卢梭学前教育思想研究[D]．山东：山东师范大学，2014．

这些感觉和造成这些感觉的事物之间的联系就够了，这样就能够使儿童学会用看、摸和听的办法去比较事物，从而能够判断事物的大小、样子和能够感觉出来种种性质。“所以说，我们最初的哲学老师是我们的脚、我们的手和我们的眼睛。”卢梭非常反对让儿童接受书本知识的灌输，认为复杂晦涩的概念只会扰乱儿童的思维，却不能使他对周围的事物产生清晰的认识，反而只会培养出“年纪轻轻的博士和老态龙钟的儿童”，而这些都是违反自然规律的，是人类的畸形想法的产品。自然的人应该是“观测他周围的一切东西，探查他所见到的每一样东西中有哪些可以感知的性质同他有关系。”正是通过感官产生的感觉，事物才能被人认识，所以“人的最初的理解是一种感性的理解，正是有了这种感性的理解做基础，理智的理解才得以形成。”①

（三）以儿童为中心的思想

卢梭指出，在万物的秩序中，人类有它的地位；在人生的秩序中，童年有它的地位。这样的论断理所当然地是把成人看作成人，把孩子看作孩子，清楚地表明他以儿童为中心的教育思想。在那个时代，宗教的“原罪说”依然盛行，人们认为儿童生来就具有罪恶，必须通过教训和惩罚来防止儿童做坏事。卢梭却认为儿童是性善的，只是处于不知善恶的阶段，根本不是有心做坏事。但儿童却常常因受到惩罚而导致身心被伤害，这就严重地破坏了儿童的自然发展。所以卢梭反对向儿童进行道德说教，并且提倡用自然后果法来引导幼儿不做坏事。自然后果法就是当孩子做了坏事时，应该让他碰到一些有形的障碍或受到由他的行为本身产生的惩罚。这些惩罚并不是人为设置的，仅仅是由于儿童的行为而造成的自然后果。例如爱弥儿打破玻璃时，卢梭向他说明那个玻璃是他的，他不愿意别人打破它，并把爱弥儿关在了黑屋里。爱弥儿通过反思，就答应卢梭以后不再做这样的坏事了。

卢梭的儿童观实现了教育上的哥白尼转向，从以教师为中心变为以儿童为中心。既然要以儿童为中心，卢梭就强调要给予儿童有节制的自由。因为儿童是具有自身的发展规律的，不能够被成人的意愿强迫做任何事。“不仅不应当争取时间，而且还必须把时间白白地放过去。”这和卢梭的自然主义教育是一脉相承的，因为儿童在自由的时候就会遵循自然的规律去行动玩耍，从而得到自然的教育。所以卢梭提倡“消极”教育，防止儿童的心因沾染罪恶和不良思想而产生谬见。这也就解释了为什么自由是有节制的，因为儿童非常柔弱，教师应该选择安全的环境供儿童行动和玩耍，并且防止其跌倒碰撞。而儿童的心灵也非常容易受周围人的影响，所以卢梭也强调教育者要担当过滤的作用，为儿童排除罪恶和谬误的感染。总的来说，以儿童为中心就是要使儿童的天性获得自由的发展，不被人为阻碍。

①卢梭.爱弥儿[M].北京：商务印书馆，2014.

二、蒙台梭利对卢梭学前教育思想的继承与发展

蒙台梭利是新教育运动的典型代表，她认为生命力的冲动是通过儿童的自发活动表现出来的，不同的个体在不同的时期有不同的发展节律，教育要与儿童发展的敏感期吻合，就必须用不同的教育来适应不同的成熟节律。这种思想具有卢梭思想的本质，但在教育实践过程中具有更为灵活和客观的因素，综合来看，主要表现在以下几个方面。

（一）有吸收力的心灵

蒙台梭利在《有吸收力的心灵》第一章中开门见山地说："我们认为，教育并不是老师教了什么，它是人类自然进行发展的一个过程。"而这种教育是"儿童通过环境获取经验而得来的"。老师的任务则是"为儿童设置一种特殊的环境，为儿童准备和安排好一系列的文化活动。"这里可以明显地看出蒙台梭利对卢梭的自然主义教育、感觉经验教育和以儿童为中心的学前教育思想的继承。但蒙台梭利接着就提出了自己的创新发现，发展了卢梭的学前教育思想。

蒙台梭利说："儿童有一颗可以吸收知识的心灵，具有独自学习的能力。"①她认为儿童的内部存在一种精神力量，在推动儿童的发展。这种力量其实就是卢梭所说的自然和天性，因为卢梭提倡教育要顺应自然，就是要让儿童接受自己的才能和感官的教育。而这种精神的力量能够推动儿童主动地接触周围的事物和吸收环境的文化，利用自己的才能和感官去获得认识，从而使儿童在不知不觉中适应自己所处的环境。而这种有吸收力的心灵在婴儿刚刚出生时就已经存在，那就是婴儿的精神胚胎，这是伴随着他们肉体一同降生的神秘的精神形式的存在。这种精神胚胎所具有的力量，能够推动新生儿发育、学习说话和发展出完善的力量。而这种心理和生理的同步发展就是"实质化"。"实质化"的意思是精神的力量必须借助肉体才能显现出来并发挥作用，而且这个过程是通过儿童自身努力才能实现的。这就体现在儿童的敏感期中。"儿童在敏感期拥有一种特殊的内在活力，能够以惊人的方式自然而然地吸收和学习。"②通过敏感期，儿童的心理得到发展，教师也能了解到儿童的发展阶段。蒙台梭利将这种从周围环境中学习、吸收知识的创造能力比作天体中的"星云"。星云是由宇宙中漂浮的粒子和气体所构成的松散组织，能够通过吸取和挤压形成恒星、行星等天体。蒙台梭利用这个比喻表明儿童的学习就是从周围的环境中吸收知识，从而形成和完善自己的认识结构。而成人只需提供合适的环境并帮助儿童适应，儿童自身所具有的精神力量就会自然地促进吸收和认识，成人不恰当的打扰只会阻碍这种力量的发挥。

---

①蒙台梭利．有吸收力的心灵[M]．北京：中国妇女出版社，2015：3-5.

②蒙台梭利．童年的秘密[M]．北京：中国妇女出版社，2015：36.

（二）感觉教育与教具

“蒙台梭利也支持感觉的发展在智慧发展之前的观点，并认为感觉教育在婴儿时期就应该开始实施。”①这和卢梭“感性理解是理智理解的基础”的观点是一致的，同样强调儿童应该通过感官去对事物产生感觉，从而获得对事物性质的认识。而且，蒙台梭利也认为要促进儿童的智力发展，“具体的操作方法是收集大量的感觉材料，让它们彼此间建立起相互联系，并作出一定的判断，经过一段时间，就可以形成自由展示这些东西的习惯。”②通过这样的过程，儿童才能对事物进行分类编排，从而建立一个有秩序的世界。那么，蒙台梭利对前人的发展之处体现在哪儿呢？就在于她设计了一套相应的教学用具给儿童进行感知训练，使得实践能够运用并丰富理论。

为了锻炼儿童的五种感觉：视觉、听觉、嗅觉、味觉和触觉，蒙台梭利也设置了丰富多样的教学用具。训练视觉的教具有木制立体插件用具，这是由直径或高度依次递减的十个圆柱体组成的，儿童要通过眼睛分辨圆柱体的大小从而将其放入正确的位置。还有各种几何图形的嵌板、64种颜色和色调深浅不同的方块板等。训练听觉的教具材料由6个分别装着不同小东西和摇动时会发出不同声音的有盖木盒、外形相同但敲打时会发出不同音色的小铃铛串等组成。嗅觉和味觉训练则提供不同味道的东西来让儿童进行辨别。触觉训练是蒙台梭利最重视的感觉训练，而这也是对卢梭教育的继承。训练触觉的教具材料有“粗滑板”（在长方形木板上各贴一半光滑和粗糙的纸或交错贴光滑和粗糙的纸）、“轻重板”（用三种不同质地的木料制成的光滑小板，漆上不同的颜色）。通过触觉训练，能够使儿童辨别物体的光滑粗糙、冷热、轻重等各种性质。蒙台梭利认为教师的作用就在于在开始时向儿童展示这些教具用法，之后就应该让儿童在操作中自由地探索，只在幼儿操作错误时才出面进行必要的解释和指导。但是，这并不是让儿童局限在教具中，因为蒙台梭利认为孩子周围的一切物体和环境都可以成为触摸练习的教具和场所。这就要求教师必须给予儿童最大限度的自由，让儿童在对周围环境的探索中获得感觉训练。

（三）发现孩子

蒙台梭利说：“我们的教育方法与旧的教育方法最大的区别就是，我们认可孩子是真正意义上的‘人’，尊重并呵护每一个孩子的独特人格，保护孩子丰富神奇的想象力和创造力，呵护他们敏感纯真的世界。”③这清晰地表明了蒙台梭利以儿童为中心的思想。在蒙台梭利的时代，科学获得了极大的发展，蒙台梭利从胚胎学、心理学和生物生理学等学科的角度肯定了儿童阶段的重要性。她痛心地向成人呼喊，必须通过观察和学习摆脱偏见并发现孩子，明白孩子是自由自主发展的个体。“每个个体都

---

①陈惠虹．论蒙台梭利体系之感觉教育[D]．上海：华东师范大学，2006.

②蒙台梭利．发现孩子[M]．北京：中国妇女出版社，2015：28.

③蒙台梭利．蒙台梭利儿童教育手册[M]．北京：中国妇女出版社，2015：127.

有内在的个性和自我，其发展是自然而然的，不为我们所左右，我们只能辅助一个人去实现他自己，为他排除生长过程中阻碍自我实现的事物。”[①]由此可见，蒙台梭利也认为要让儿童自由地活动和玩耍，在快乐中获得成长和发展。

但自由不是为所欲为，蒙台梭利认为自由必须守纪律，而纪律则必须通过自由来实现。她所说的纪律并不是一成不变的规则，也不是让儿童被动接受的纪律。她认为只有当孩子能遵循生活规则时，他才能管住自己的行为，我们才认为他是一个守纪律的人。由此可知，她所说的纪律具有灵活性，必须根据儿童的具体情况来具体分析，从而有目的和适当地引导儿童遵守纪律。而遵守纪律的最高境界应该是随心所欲不逾矩，也就是把外在的纪律内化为自己对自己的要求，从而自觉在行动中不违反规则。而这就必须给予儿童充分的自由，让儿童通过活动使自己得到完善，从而发展自己的内在人格。如果用不变的纪律去强迫儿童遵守，就会使儿童丧失能动性和积极性，成为顺从的奴隶。这不仅不能培养儿童的纪律意识，也使得儿童失去了自由。而蒙台梭利认为必须要让儿童成为智力活动的主体，通过这一转变既能让儿童的内在不断发展，又能成为他们继续前进的一种强大推动力。只有这样，儿童才能学会控制自己，从而在自由的发展中不违反纪律。

三、蒙台梭利学前教育思想的影响与启示

蒙台梭利独特的幼儿教育法，不仅风靡了整个西方发达国家的学前教育界，也深刻地影响着发展中诸多国家在学前教育领域的思想认识。在中国，近些年来国家及社会各界对学前教育的重视程度越来越高，蒙台梭利学前教育思想的影响也越来越受到关注，经过对国内学前教育的发展、变化的研究和分析，认为蒙台梭利思想在国内学前教育领域至少有两个方面的影响。

（一）对学前教育的影响

自 1907 年在罗马的贫民区设立第一个儿童之家始，蒙台梭利的早期教育法逐渐风靡全球。当蒙台梭利带领人们进入儿童之家时，人们为里面的儿童感到惊叹和感动。因为他们看到被认为贪玩和不听话的儿童在这里正认真安静地操作各种工具，而这些儿童在 4 岁左右就能读写。当他们问孩子：“是谁教你们的？”孩子们会疑惑地望着他们，并回答：“不需要任何人教！我们自己学会的。”蒙台梭利的早期教育法使这些普通的、贫寒的儿童成为了聪明、有自信的儿童，而蒙台梭利崭新的、具有巨大教育魅力的教学方法，轰动了整个欧洲。人们仿照蒙台梭利的模式建立了许多新的“儿童之家”。到目前为止，蒙台梭利的著作被翻译成 30 多种文字，蒙台梭利学校遍及 110 多个国家和地区。

如果说卢梭的《爱弥儿》是对儿童的新发现，启蒙了人们的思想并掀起了关于儿

---

①蒙台梭利. 发现孩子[M]. 北京：中国妇女出版社，2015：130.

童观的思想革命，那么蒙台梭利则为儿童设计了一套切实可行的教学方法，从而在实际的教学中可以普遍应用，使儿童在不受成人压抑的环境中自由自主地活动成长。卢梭把自己假想为老师，通过对虚构的爱弥儿进行教育来表达自己的教育思想；而蒙台梭利在实践中设计的教育法拥有具体性、可操作性，能够使任何人通过一步步的学习改变自己的教育观念，从而学会尊重儿童和帮助儿童。正是通过蒙台梭利的教育改革，儿童的能力和创造性得到了展现，人们才真正地对儿童改观。而儿童也热爱在儿童之家中接受教育，因为在这里有良好的环境和不会阻碍他们活动的教师。最重要的是他们在这里感到快乐，体会到专注于工作的愉悦。这里的工作泛指一切使得儿童身心协调发展的活动，通过这种工作能够使得儿童的内在需要得到满足。正因为教育法对教师和儿童都起到了促进发展的作用，才会造成如此大的影响，世界才会掀起蒙台梭利教育法的热潮。

（二）对每个从事学前教育者的启示

“我认为，我们应该培养教师的科学家精神，而不是简单的操作技巧。”这是蒙台梭利对想实现新教育和新方法的教师所提出的要求。而蒙台梭利正是通过自己的学习经历和教育实践得出这样的要求，她曾学习数学、语言学和自然科学，并在罗马大学修读生物学和医学，最终成为意大利第一位女医学博士。毕业后她就在罗马大学附属医院任精神病临床助理医生，诊断和治疗身心缺陷儿童，自此开始对低能儿童的研究产生了兴趣。通过实践和研究，她认为“智障儿童的智力低下主要是缺乏正确的教育，而不是一个医学问题。”[①]为了使低能儿童能够恢复正常，她设计出了相应的教育方法，从而使得他们的智力得到显著提高。正是这段经历，使得蒙台梭利确信如果把相同的方法应用到正常儿童身上，也会产生奇特的效果。于是她想要从事正常儿童教育学及其原理的研究，于是就重新回到了罗马大学修读哲学、普通教育学、实验心理学和教育人类学。这扩大和加深了蒙台梭利的理论基础，促使她进一步研究教育正常儿童的方法，从而为以后从事正常儿童的教育打下了基础。之后，蒙台梭利创办的儿童之家取得了极大的成功，蒙台梭利也仍然坚持在实践中丰富自己的教育思想。

蒙台梭利向我们展示了一名教师如何通过研究科学来丰富和加深自己的理论基础，如何借助教育实践发明新方法来适应儿童的需求。这不仅有利于儿童的发展，同时也使得教师自己得到了发展。只有教师对自己从事的事业有兴趣，并且在教学中感到有意义，教师才会真正投入。蒙台梭利认为，教师应培养对研究人的兴趣，这种兴趣的特点是：观察者和被观察者的这两个个体必须具有内在的亲密关系。当教师看到通过自己的指导和帮助，使得儿童在自由的活动中获得快乐时，自己也会被这种快乐感染。而且，教师能够收获到世界上最纯粹的爱，那就是儿童发自内心的感激与

---

①蒙台梭利. 蒙台梭利早期教育法[M]. 北京：中国妇女出版社，2015：5、17.

喜爱。这种爱能够“促进人们的团结，无论人们属于什么政治或者宗教团体，他们都会非常热爱儿童，会与儿童非常亲近。”从儿童身上，我们对爱有了更深的了解，这就是蒙台梭利号召成人向儿童学习的原因。只有真正地尊重儿童，乐于观察和研究，才能在理论和实践的结合中摸索出适合儿童发展的教育方法。

第三节　萨特的自由选择观对我国当前儿童教育的启示

一、萨特自由观的基本内容

（一）存在即自由

自由是萨特存在主义思想哲学的基本概念，指的是以主观性和超越性为特征的纯粹意识活动。“存在先于本质”[①]是萨特存在主义哲学的第一要义，也代表了存在主义的形而上学。这种思想与传统的形而上学有着本质的不同。萨特存在主义独特的视野反驳了传统形而上学给“本质”赋予的普遍的、抽象的以及形式的、特征的“决定论”，认为“存在先于本质”，正是因为有了存在才赋予了存在事物的内涵即存在的本质。同样，在萨特关于自由的论述中，他认为自由并非是人的本质属性，而是属于人的存在，所以人的存在就意味着自由。

（二）人的选择即自由

自由和选择有着密不可分的关系。自由就意味着在多种可能性中，作为主体的个人按照自己的意愿，选择适合自己意愿的可能性，并在不受任何外界力量的压迫或约束下做出这样或那样的决定。萨特说：“由于我们的存在恰恰就是我们的原始选择，那么（对）选择的意识就和我们拥有的（对）我们本身（的）意识是同一的。为了选择就必须是有意识的，为了是有意识的就必须选择。选择和意识是同一样的东西。”[②]他坚持人一生下来就有主观意识性的自由，自由和选择是同样的东西，人的存在是自由的，而自由只能在自我选择中存在。故可理解为，个体不是通过选择来获取自由的，而是自由本身就是选择行为。所以即使人们不选择自由也仍然是做了自由的选择，那就是不选择。总而言之，他的选择是自由的。

（三）“他人是地狱”的个人绝对自由

“他人”是萨特自由观中具有重要研究价值的概念。正因为个体生来作为“存在”都拥有着自由的本质，他人的自由和“我”的自由往往会有很大的冲突，所以萨特认

①许智生．论萨特的自由观及其现代价值[D]．桂林：广西师范大学，2004：21．

②萨特．存在与虚无[M]．陈宣良等译．北京：三联书店，1987：565．

为，“他人就是地狱”。作为客体的他人对“我”是一种威胁，在他的“目光下”，他可能把我变成物。因此，为了要从他人的目光或他人的地狱中解脱出来，主体只能通过两种途径：要么心甘情愿做他人的物，被他人驾驭；要么使他人做自己的物，去操纵他人。然而，在萨特1946年发表的《存在主义是一种人道主义》中他也承认“他人的自由是我的自由的基础”，他把个人的自由和他人的自由的关系看作是相互依赖、不可分离的。尽管这样，萨特仍坚持他人的自由相对个人的自由而言，个人的绝对自由是第一位的。

(四) 责任是自由的缰绳

萨特的责任说是从自由观衍生而来的，同时责任说又是来自自由观内部的一种内在限制，正是因为有了责任，自由才不能随心所欲。正如萨特所说，人是绝对自由的，但他也清醒地看到，人的自由并非是肆意妄为，而应承担相应的后果，否则人人都会为了自身的目的而不择手段，从而威胁到社会的发展以及全人类的安危。对此，他提出要用“责任”来制约人的自由选择。这样，责任就是自由的缰绳，“无论我做什么，我都不能在哪怕是短暂的一刻脱离这种责任，因为我对我的逃离责任的欲望本身也是负有责任的。”①责任和自由相伴相随，没有脱离责任的自由。个人在实现自我生存价值上所追求的自由，受外在条件的制约，只有找到更好的平衡点，才能真正实现绝对自由。

二、当前我国儿童教育的现状

儿童教育是21世纪公众关注的焦点之一。当前是幼儿、父母及教师急需指导与帮助的时代，这个时代也为儿童教育的发展带来了各种可能和机遇。但是，我们必须弄清楚：儿童成长真正需要的是什么，儿童是否需要成人所做的这一切，影响儿童自由发展的“罪魁祸首”究竟是什么。

(一)“功利主义”的家庭追求

家庭教育“望子成龙”“望女成凤”的心理比比皆是。这本身代表着父母对于子女的殷切希望，无可厚非。但由于教育中渗透了过多功利性教育目标以及急功近利的教育方式，使得儿童往往成为与人攀比、光耀门楣的工具。很多家长秉持“不要让孩子输在起跑线上”的理念，故为孩子精心设计未来，使孩子从出生到上学大小事情都必须听从指挥、服从计划，认为儿童需要什么不重要，重要的是要取得公众认可的好成绩。在这样的境遇下，作为本应有思想、情感、兴趣、需要、生命自由个体的儿童被无形压制。而这正如杜威所说：“为了成人生活的造诣，而不管儿童的能力与需要，是

---

①萨特.存在与虚无[M].陈宣良等译.北京：三联书店，1987：593.

一种自杀政策。”[①]尽管家长们想尽一切办法满足儿童物质上的需求，管理上包办一切，但他们却不能满足儿童内心对自由的渴望从而使儿童选择自己所想所要，久而久之便会使儿童丧失主动探索、研究自我及世界的欲望和能力，压抑的心理很可能会迫使儿童走向不惜以欺骗、堕落、放纵、犯罪等不择手段的方式达成自己目标的道路。

（二）“超前”的幼儿园教育

从过去历史上对儿童片面认识出现的“白板说”“小大人”等，到当代呼吁的“儿童中心说”，说明时代进步下人们对儿童有了更深层次的理解。作为专门化的儿童教育环境应该有着充分尊重儿童需要和个性的特点，但一个不争的事实摆在我们眼前：幼儿园中儿童小学化、成人化的痕迹过早地前移，使本属于儿童生命世界的快乐、自由被硬性的要求和“超前”的目标所替代。在幼儿园随处可见的是小学阶段才要求的拼音、算数、写字等超出幼儿知识、能力范围的现象，对幼儿有着和学龄儿童一样的教育教学方式，有着同样严厉的学习任务要求。但我们都知道，儿童期有其独特的发展特点，他们需要与自己成长方式一致的教育教学方法及内容，而不是“超前”地去适应成人预设的教育目标——这既是对儿童能力的揠苗助长，又是对幼儿个性成长的无情打压。儿童是好奇、好探索、好梦想、好游戏的，教育应符合他们的成长阶段特点，与大自然、大社会真实地相接触，和谐地发展。而当前的儿童教育却让儿童一头扎进知识的海洋中，连喘息的机会都没有。如此，儿童便不能充分行使自己作为“人”最基本的自由选择权，不能独立完整地体验生活，不能体验纷繁复杂的现实，那他又怎么能够成为一个能适应社会、充分发展自己优势的社会人呢？

（三）非理性的社会儿童观

不同时期的社会，对儿童的理解和要求不同，就会产生不同的儿童观念。随着时代的发展，催促儿童成长的观念日益膨胀，儿童从幼儿时期开始就被各种因素催赶着快快成长，草草结束无忧无虑的童年，被成人硬生生地推入成人的世界，扮演着“小大人”的角色，肩负起祖国的未来的重任。卢梭说：“大自然希望儿童在长大以前就要像儿童的样子，如果我们打乱了这个次序，就会催生一些早熟的果实，它们既不丰满，也不甜美，而且很快就会腐烂。我们将造成一些年纪轻轻的博士和老态龙钟的儿童。”[②]而现实的情况是孩子正襟危坐在书桌旁，厌倦地写着作业，身旁的父母还在不停儿地催：“快点，快点，还有其他作业呢”，稍微动下身子马上就会遭到父母的严厉批评。继而在公共场合下，孩子们一个个笔挺地坐着，总让人觉着缺少点什么。而与这些孩子接触会发现，他们都像是饱经人情世故的大人，这才是真正失去了童真的孩子。儿童有选择自我本真的权力，而事实上却被无情剥夺甚至打压，只能如社会所期

①陈鹤琴．儿童心理及教育儿童方法［A］．吕静，周谷平．陈鹤琴教育论著选［C］．北京：人民教育出版社，1994：9.

②侯莉敏．儿童生活与儿童教育［D］．南京：南京师范大学，2006.

待的那样继而培养出一批批“小大人”和“老小孩”。如果一个儿童过于成人化，失去了本该属于自己本年龄阶段的东西，是不是得不偿失呢？

三、萨特的自由选择观对当前我国儿童教育的启示

自由缺席、快乐缺失、童年流落，固然有其深层的、复杂的社会、教育、学校等多方面的主客观原因，但这样的现实却与我们呼吁“解放儿童”的教育宗旨完全背道而驰。为什么令人神往的有“声”有“色”的童年竟成为一种“存在的虚无”？在此，我们试图从萨特的自由选择观理念来探寻其对当前我国儿童教育的启示和感悟。

（一）维护儿童的自由

“现在，儿童就像一个流放在世的人，孤立无助并受到奴役，没有一个人想为他创设一个适宜的环境或考虑他的工作和活动的需要。”①如此境遇下，儿童根本就不可能主宰自己的命运，他的权利与所谓的选择都是一个有限性的存在，作为自由的主体——儿童，却被剥夺了自由的本质。根据存在主义的观点，教育应以个人的自我完成为目标，与传统教育只关注人以外的事情及抹杀人的主观性恰恰相反，现代教育下个体不仅仅应是在所谓的教育目标规定下“做一个德、智、体、美、劳全面发展的人”，还应有着充满个性的生存方式，这种生存方式的前提就是拥有自由。所以，成人应该也必须正视儿童是拥有生命主体性并充满无限可能的人。尊重和维护儿童的自由，让其能更好地体验到自由的快乐，能在自由氛围下挖掘自身潜力来与这个世界进行互动，而教育的最好结果恰是使学生养成正确对待生活的态度，培养良好的社会品质。

（二）尊重儿童自由选择的权利

人具有自由选择的权利，这是存在主义反复强调的一个观点。而在萨特看来，自我的自由选择既无先验标准，也不存在因果关系。所以，人都应该有着毫无条件的自由选择权。但在我们的现实生活中，由于种种因素的影响，儿童自由选择的权利往往被无情地剥夺。在幼儿园尽管我们会看到琳琅满目的玩具，可每次老师都只会按照自己的想法分发给幼儿玩耍，究其原因无非是方便整理、本次活动的需要，而儿童真正的需求却得不到满足，如果出现不“配合”的孩子，老师往往会说：“××，别人都这样好好的，你为什么要跟大家不同？”我们的老师把儿童自由选择的个性当成了异类。而在家中，这样的情况比比皆是，父母为孩子挑选的玩具不仅仅是为了给孩子玩，他们往往会思考，这个对我的孩子的智力或者动手能力有什么作用吗？如果有，就算是孩子并不感兴趣，他们也会买回家去，而结果也经常适得其反。我们这样做是为了孩子好吗？久而久之，儿童开始不愿意去自由选择，害怕因为自己的选择跟别人不一样而受到惩罚或讥笑，不去选择意味着这个人选择消极的逃避，开始随波逐流而无自己

①熊华生．童年消逝与教育责任[J]．教育研究与实验，2006，(4)：28．

的思想。儿童并不是成人的附属品或者工具,他们也有自己的思想。当别人要求我们做一些自己不愿意做的事情,并且不征求我们的意见的时候,我们会想这太专制、太不民主了,甚至会奋起反抗。但我们的大人却常常成为孩子们眼中专制、不民主的代表。给儿童选择的自由,也是培养其自信心、自主能力、创新能力的开始,让他们为自己的存在来充实着其本质。

(三)培养儿童的责任意识

存在主义的自由选择观常常招致一些人的批评与非议。在他们眼中,萨特宣扬的"绝对自由"极易导致极端的个人主义。而进一步了解存在主义,就会发现存在主义的"自由"和"责任"实际紧密相联。"人要为自己所做的一切承担责任。"①所以,自由是绝对的,又是沉重的。而压抑选择的自由,实则是给逃避责任打开了大门。或许我们会为餐桌上母亲拒绝早餐前选择不要鸡蛋却在过程中要求吃鸡蛋的孩子感到难过,也会为有些家长放任自己的孩子在心爱的玩具被损坏后号啕大哭不安慰而感到奇怪,也许这样的做法会让人觉得"另类",但我们仔细观察便会发现,这往往是些聪明的教育方式。在对待孩子的正当需求上,原则上会尊重孩子的选择,但也会引导孩子认识到一旦做出选择就必须为自己的选择承担责任。从小培养幼儿良好的责任意识,是其真正成为"人"的重要的道德基础。

萨特重视个人的主观性、个人的选择和责任,并不意味着完全否定成人的作用,而是有所为,有所不为。有所为是指一方面要尊重儿童的主体性,把儿童当作一个人而不是物来看待,另一方面要维护自己的主观性,使自己成为一个自由的人来行动。有所不为则指成人不能任意以自己的意志或标准来要求儿童,压抑儿童的天性。儿童是处于选择而不是服从、模仿的地位。充分尊重儿童自由选择的权利,并且使之懂得选择与责任的密切联系,这样的儿童才会真正得到发展,真正作为一个"人"而存在着。

第四节 瑞吉欧课程的特点及其对我国学前教育的启示

瑞吉欧是意大利东北部的一座城市。20世纪60年代在洛利斯·马拉古奇(Loris Malaguzzi)的倡导组织和政府的支持下,该市学前教育得到了快速、良好、长足的发展,并形成了自蒙台梭利后又一风靡西方世界、深刻影响世界各国学前教育的新模式,人们根据其起源地将其称为"瑞吉欧·艾米里亚教育取向"。瑞吉欧课程模式是在马拉古奇等人的教学实践中得出的学前教育理论,其独创的、先进的儿童观、教学观、家园合作理念为学前教育打开了崭新、独特的视野。

---

①刘茗,李春晖.河北师范大学顶岗实习支教刍议[J].河北师范大学学报:教育科学版,2007,(4):75.

一、瑞吉欧教育理念

(一)儿童有一百种语言

马拉古奇提出“儿童有一百种语言”,他认为儿童的表达方法是多样化的,不仅包括有声的语言,还包括表情、动作、手势、姿态、绘画、雕塑等所有的表达方法。承认儿童拥有运用“语言”的巨大潜力,坚信“孩子所有的语言皆是与生俱来的,并互相影响,孩子有探索和感知的能力,能组织所获得的信息和感觉,寻求交流和互动的机会”①。“儿童的一百种语言”体现了该课程理论的特点——儿童可以用一种或多种不同的符号系统来表达自己的态度,他们的想象力和创造力可以通过不同的方式表现出来。一方面,“儿童的一百种语言”强调,孩子们可以使用任何语言来记录、理解和表达自己的想法,预测、假设他们在活动过程中的经验,同时他们通过不断探索,不断形成假设并不断地验证自己的想法,形成最终的解决方案;另一方面,又强调幼儿在通过不同的途径、媒介以及形式来学习和探索的过程中,其各种感官功能在各种媒介之间不断结合、转换,使得幼儿的创造力和想象力得到了最明显的表现,形成了瑞吉欧幼教体系中最明显的特征。可以说瑞吉欧对儿童以各种语言,尤其是艺术(音乐、绘画、雕塑等)的语言,创造性地表达自己的态度、观点、发现和理解的支持和鼓励是其能在世界范围内赢得关注的主要原因。

(二)建设尊重儿童“一百种语言”的幼儿教师团队

在瑞吉欧教学体系中,儿童是学习者和研究者,教师是儿童学习行为和学习活动的支持者、观察者和研究者。教师和儿童是平等的,他们共同投入学习,共同参与活动,教师在学习和活动中鼓励儿童充分发挥主动性和积极性,为儿童提供必要的引导和帮助;儿童在与同伴协商、交流,在与教师协商交流的过程中进行学习和研究。

瑞吉欧倡导合作、交流的教师团队。根据瑞吉欧教学理论,教师始终是配对进行教学的,除了教学外,教师还应该就每天的教学生活进行交流。儿童有“一百种语言”,在儿童的学习成长过程中他们会用“一百种语言”来表达自己。这里的语言是指儿童学习和表达的工具。瑞吉欧要求教师不仅是教学者,更是一个研究者,教师记录每天的教学过程、教学发现、教学反思。② 在瑞吉欧教育中心设有专门的文件室,收集和保存教师的笔记、照片、录音、录像等资料,供教师进行反馈研究,通过这样的儿童成长记录更深层次地了解幼儿,尊重幼儿的“一百种语言”,欣赏幼儿的“一百种语言”。

---

①洛利斯·马拉古奇.孩子的一百种语言:意大利瑞吉欧方案教学报告书[M].中国台湾:光佑文化事业股份有限公司,1998:23.

②马瑞娜·凯兹塔奈堤.儿童的一百种语言——意大利瑞吉欧幼儿教育理念及实践[J].江苏幼儿教育,2015,(2):8-10.

（三）在儿童的活动中自然而然地生成课程

瑞吉欧课程模式继承和发扬了杜威的“教育无目的论”。杜威认为教育就是生长、生活、经验的不断改造。这种教育思想揭示了教育的本质，即教育是一种过程，教育的过程就是教育的目的，教育的目的体现在教育的过程中，是变化的、发展的。[①]

瑞吉欧课程模式的教育内容来自于幼儿的兴趣、经验，是幼儿和教师感兴趣的事物、现象和问题，不局限于教师提前规定的教育计划和固定的教材，更多的是从幼儿周围的环境出发，在幼儿活动的过程中自然而然地生成的。课程的进行并不取决于课程开始的计划，而在于孩子的回应和老师的灵活策略。老师需要有敏锐的眼光，及时发现孩子有兴趣和渴望探索的东西，然后给予及时、适当的指导。与传统课程模式的不同之处在于，它强调活动、兴趣和经验对儿童发展的作用。瑞吉欧的教育目标，是通过具体的教学内容、教学活动、教学过程来促进儿童愉快、幸福、健康地成长，在成长的过程中学习、研究和发现知识与经验。

瑞吉欧课程模式提倡合作教育。在教学中的合作包括教师合作、师生合作以及幼儿之间的合作。第一，教师合作。每个班级都配有两位教师，他们一起承担教育工作，共同探讨、研究，紧密合作。第二，师生合作。教师在幼儿的学习过程中，作为一名合作者的角色支持着幼儿的自我建构。瑞吉欧课程模式的师幼关系是尊重、平等的，教师和幼儿共同参与到活动中。当儿童遇到难题，需要教师帮助时，教师作为资源给予支持。因此，瑞吉欧课程模式中教师需要学习“接过孩子抛过来的球”，教师需要处理“抛”与“接”之间的关系。第三，幼儿间的合作。方案教学主要采用小组合作的方式开展，围绕主题共同探究，集中讨论、分工协作。

（四）家园合作教育

在瑞吉欧教学理论中，学校（幼儿园）是开放的、能够广泛接受各种外部资源的教育机构，幼儿教育是整个社会的事情，不仅强调学校内部的合作，还重视与家长、社区的合作。在瑞吉欧教育体系中，家长也是教育活动的主要参与者，他们和教师、儿童共同构成整个教育体系的三个核心要素。

瑞吉欧课程模式非常重视家长、社区的资源，建设了一个“教育化社区”，幼儿园-家庭-社区的合作，将幼儿园、家庭与社区融合在一起，并各尽其职，三位一体地帮助幼儿全面发展。从纵的方面强调教育的连续性和一致性，从横的方面摆脱教育只是幼儿园一方的责任，凡是影响儿童发展的各种教育因素都要密切合作，使幼儿教育能够发挥最大的效益，以更直接的方式促进幼儿的发展。在瑞吉欧的教育实践中，家长和社区人员有权利参与学校的活动，并影响学校的管理。在这样的教育理念下，瑞吉欧课程模式鼓励家长走进校园，和教师、儿童共同协商教学内容，参与教学活动，并在这个过程中了解、认识儿童的学习过程、学习情况以及儿童取得的成绩。

---

①王春华．瑞吉欧幼教模式述评[J]．比较教育研究，2001，(10)：54-57．

瑞吉欧教育体系不仅强调幼儿园与家长的合作，也十分重视幼儿园与社区之间的联系和合作。幼儿园积极地与社区联系，向社区和公众宣传学校的教育思想和理念，公开学校的教学活动，展示学校的课程特色、教学成果及儿童的学习成果，让社区了解幼儿教育，并积极地参与到幼儿教育教学中。同时教师也会设计一些与社区、社会活动紧密相连的教学活动，让儿童在学习过程中不仅能和同伴及教师交流，也有大量的机会和成人、社区进行交流和互动，在这种多样化的交流互动中完成自身知识、经验等的建构。

（五）没有一处无用的环境

瑞吉欧幼儿园中的建筑非常有特色，所有的教室、音乐室、工作室、办公室、档案室及其他教学功能室都通过一条称为“中心”的过道联系在一起。每个教室内部也分为不同的功能区，既有儿童进行小组活动的场所，也有供儿童谈话休息的场所。瑞吉欧课程中的环境建设不是仅仅追求美观，虚有其表，而是一种对教育理念的诠释和体现。教师认为环境是教育不可分割的一部分，精心创设的真实环境是影响儿童学习和发展的“第三位教师”，环境应该具有教育意义，而且特别强调学校里没有一处环境是无用的。正如马拉古奇所说：“我们重视环境，因为环境有能力去组织、增强不同年龄人士间的关系，创造出美好的环境，提供变革，使选择和活动能更得到改善。而且环境的潜能可以激发社会、情感和认知方面的各种学习。”① 当环境吸引了孩子们的感觉和行为，并且是安静的、多样的、具有挑战性的时候，孩子们就会有想法地进行回应。因此，孩子们可以在任何地方、任何空间进行自由探索，在环境中的任何现象或问题都能成为其探究的对象。

二、瑞吉欧课程模式在我国推行的挑战

瑞吉欧课程模式创新的教育理念在21世纪初由西方学者引进中国，成都、重庆、上海、杭州等城市开展了瑞吉欧课程模式的培训项目，此后的十几年中瑞吉欧课程模式在中国掀起了一股强大的学习和实践浪潮。然而瑞吉欧课程模式作为一种起源于西方，发展壮大于西方国家的教育理念，其在中国的发展必然要经历一个与中国本土文化、本土教育理念以及本土教学资源冲撞和融合的过程。

（一）传统文化的差异

1. 文化背景不同

瑞吉欧·艾米里亚是意大利北部的一个小城市，失业率低、犯罪率低、公民收入高，还有着诚信有效的地方政府及高品质的社会服务，因此它的公民具有较高程度的市民责任感、团结、互助合作的品质。这就使得全民民主的意识植根于他们的内心。市民崇尚以民众组织与合作的方式来共同解决问题，受传统文化的影响，教育工作者

①屠美如.向瑞吉欧学什么——《儿童的一百种语言》解读[M].北京：教育科学出版社，2002：49.

在其所肩负的教育使命中也更加注重全民民主，更加会从全民社区的视角来组织与发展教育，所以其教育制度非常重视家长的参与，促进儿童-教师-家长三中心，以及幼儿园-家庭-社区三个环境一体化概念的发展。但是在目前的中国，上级决策和下级执行在公共事物中具有更强的话语权和更强的影响力，公众参与决策的难度较大。[①] 我国的幼儿园普遍实施的是自上而下的管理模式和管理制度，瑞吉欧课程中提倡的园长和教师之间的平等对话、教师和儿童之间的平等对话、教师和家长之间的交流沟通并不能真正得到体现。在传统的教育环境中，我们更多的是在既定的框架下思考问题。当发现问题时，不管是成人还是儿童，都还不太习惯自己去独立思考以寻找解决问题的方法，只习惯于别人支配我们的思考，等待别人的安排、听从别人的支配，而不是对自己的权利和责任负责。因此，就参与度来讲，家长很难真正以主人翁的身份参与其中，我们的社会文化背景决定了瑞吉欧课程模式在我国推行的困难程度。

2. 教育观念不同

瑞吉欧课程理论认为儿童是“强壮的、丰富的以及有能力的”，瑞吉欧的这一儿童形象会引导成人在与儿童相处时鼓励并激发儿童的长处和能力，而不是在根本上视儿童为弱势群体。瑞吉欧的教育观念是，知识不是教师向幼儿的单向传达，获取知识的途径也不只是通过语言文字，而是为幼儿创设使他们在活动中与人和事物相互作用的环境，让他们有更多的想法和发现，通过主动建构来促进其想象力和创造力的发展。马拉古奇强调“重要的是要相信孩子是强大而完美的，并且对期望和需要都非常渴望。这是我们必须坚持的儿童观。”[②]同时，瑞吉欧提倡多样化的教师角色定位。教师充分信任儿童，相信儿童的潜力，为儿童提供尝试的机会，是儿童学习过程中的伙伴和倾听者。在瑞吉欧学校中，教师不直接呈现和传播知识，而是为儿童提供恰当的学习时机和必要的学习资源，引导他们自己发现问题，或者说发现自己的问题。

反观国内，长期以来，我国教育一直在“以教师中心”和“以学生为中心”的两难中徘徊。这种现象在幼儿教育中尤其明显。幼儿园教育要教什么、怎么教也是困扰幼儿园、家长、社会的一大难题。总体来说，教师不认为他们的作用是“为了儿童而去做”，而是“给儿童做”。这实际上剥夺了儿童的独立性，例如，教师常常将物品递给儿童，而实际上他们自己是能够拿到的；教师常常帮儿童扣扣子，而不是让儿童自己动手；教师总是喜欢帮助儿童回答问题，而不是给儿童时间让他们自己回答，等等。即便有不少教师努力尝试着让儿童自己独立做事，但由于对儿童发展阶段和顺序的一些固有认识，教师总是会过于重视一些标准，在实际过程中低估了儿童的能力。因此，瑞吉欧的教育观念是对我国现有主流教育观念的一个挑战。

---

①潘月娟. 课程与文化的关系——向瑞吉欧课程学习什么[J]. 课程与教学，2006，(11)：14-16.

②Joanne. Hendrick. 学习瑞吉欧方法的第一步[M]. 北京：北京师范大学出版社，2002：130.

（二）教育资源难以充分利用

1. 家园合作只停留在形式上

“家园合作”是瑞吉欧课程模式中较不明显却十分关键的核心特色。“团体中的家长、教师不但分享他们对于孩子们的观察、假设和梦想，还要将他们的这些想法用个人化的方式、政治的方式、职业的方式付诸行动。”[①]瑞吉欧课程认为，家庭是幼儿成长的一个非常重要的环境，家长有了解幼儿园的教育进程和参与管理的权利。

在我国，就学前教育现阶段而言，家长参与的情况并不乐观，存在较多问题。例如，一方面，因为幼儿园在教育上占据主导地位，导致家长更多地扮演教育“局外人”的角色。一是学前教育政策法规对家长参与教育的要求较少，没有引起足够的重视，导致幼教机构缺乏支持家长参与幼儿园管理和课程教学的有效组织；二是教师和家长的话题多围绕孩子的突出行为上，而不是真正地了解孩子的需要；三是家园之间的沟通方式比较单一、封闭，缺乏更加开放、多样化的互动模式；四是幼儿园对家长的指导往往是从幼儿园的自身利益出发的，目的是为了让家长更好地配合其工作，而不是关注家园的共同发展。另一方面，在我们国家，家庭教育和幼儿园教育长期以来一直处于一个平行的关系，家长普遍认为幼儿园教育应该由幼儿园和教师负责，而自己只负责孩子的家庭生活起居，缺乏积极参与幼儿园教育和管理工作的意识。

2. 幼儿园管理制度的束缚

在瑞吉欧，幼儿学校是开放的，教室不是儿童学习生活的唯一或者固定场所，校内各种工作室、功能室、学校周围的环境、社区各种公共场所，甚至是政府职能部门，都可能留下孩子们学习与成长的足迹。这样的教育理念为儿童提供了丰富的社会环境和人文环境，全方位为儿童知识的建构和经验的获得提供了可能性。

值得深思的是，目前在国内随着社会、学校及家长对校园安全问题的日益重视，为了保证幼儿健康成长，不出安全事故，在管理制度框架下，对幼儿园有了更多的束缚。园方担心组织活动会出现各种不可预测的问题，宁愿将大门紧锁，将孩子们关在幼儿园里，这直接导致了儿童与社会的沟通互动减少，大大限制了儿童全方面健康发展的潜能。

3. 教师资源分布不均，教师专业素养有待提高

我国幼教队伍与发达国家相比，文化与理论水平明显偏低。在过去很长一段时间里，很多人都认为幼儿园教师只是看管孩子的人，谁都可以胜任，这也使得在很长一段时间内幼儿教师普遍缺乏专业的幼教理论知识，往往单纯依靠自身的实践经验来开展教学活动，缺乏运用理论指导和进一步提升经验的能力。近十几年来，随着中国社会各个方面与世界的接轨，学前教育也深受国外各种先进教学理论、教学模式的影响，幼儿教师队伍的素养相比以前有了很大提升，一些发达地区的学前教育资源、

---

①贾铂尔·L. 鲁普纳森，詹姆斯·E·约翰逊. 学前教育课程[M]. 上海：华东师范大学出版社，2005：439.

教师资源都有了长足的发展;然而就全国范围来看,学前教育资源,尤其是教师资源分布严重不均,学前教师专业素养、艺术素养地区分布悬殊。我们知道,瑞吉欧课程模式极具弹性,没有一个统一的参考标准,需要教师有较高的专业素养,尤其是较高的艺术素养,这意味着对于大多数已经接受了传统的学前教育方法培训的教师来说,接受新的教育观念需要经历一场重大的"范式转变"。瑞吉欧课程模式对幼儿教师在专业素养、艺术素养等方面提出了很高的要求,在目前的教学资源和教师资源的基础上,国内推行瑞吉欧课程模式对社会、学校、教师来说都是一个很大的挑战。

三、瑞吉欧课程模式中国化的具体对策

中国现代学前教育理论和模式都尚处于摸索阶段,瑞吉欧课程模式作为近年来风靡全球的幼儿教学模式,必然有其先进性和可借鉴性,然而我们在学习和推广瑞吉欧课程模式时,要清楚地认识到世界上不存在一种最好的、能适合不同文化背景下所有儿童的幼儿园教育理念和方案。不同的教育理念分别适合不同文化背景下的不同儿童,瑞吉欧课程模式的中国化也要充分考虑到我国与西方国家的文化差异,充分认识到各种不同文化背景下的幼儿园教育应该与其所处的文化相适应。这就要求我们在借鉴使用时一定要根据我国儿童的具体特点,结合中国本土的文化来加以改进和学习。

幼儿园要正确解读瑞吉欧课程模式,了解其教育理念的精髓和实质,只有真正地领悟到其精髓和实质,才能更好地把瑞吉欧课程模式付诸实践。瑞吉欧课程模式的外在形式有很多,包括方案教学、艺术表现、档案记录等。但是瑞吉欧课程模式的儿童观、教育观、教师观,体现了儿童是主动学习的主人。儿童拥有巨大的潜能,开放的师幼关系、与家长及社区维持高水平的双向交流,这才是其精神内涵,这些才符合我国幼教发展《幼儿园教育指导纲要(试行)》(以下简称《纲要》)和《3—6岁儿童学习与发展指南》(以下简称《指南》)《纲要》和《指南》的要求。我们对瑞吉欧课程模式的学习,不能照搬其外在形式,更重要的应是对其精髓的汲取。学习瑞吉欧,不应停留在表面的形式,应从了解儿童、关爱儿童开始。

(一)注重环境的开发和利用

维果茨基的社会建构主义理念——"让儿童参与到社会文化生活中去",有助于儿童知识的建构。因此,一方面教师要充分尊重儿童学习的自主性,提供幼儿自主探索和主动学习的环境,让幼儿在和环境的互动中主动建构知识,并在环境中充分发展自己的经验、兴趣和需要。例如我们可以在校门口,设置会"讲话"的展示长廊,让到校观摩的客人、来接送孩子的家长都可以清楚地了解到幼儿园的概况。另一方面,由于现阶段我国大部分幼儿园还做不到小班教学,幼儿被局限于狭小的教室中,能够进行户外活动的地方也很有限,这种空间环境无疑会对幼儿园课程的发展产生影响。但是我们虽然不能像瑞吉欧学校那样用玻璃分割开几个活动空间,却可以在课室里

划分出几个不同的区域，每个区域中都投放丰富的材料，幼儿可以以小团体的形式在区域中自由地操作材料、自由玩耍。教师可以通过观察和记录儿童对材料的操作，更好地促进儿童继续探索和研究。正如马拉古奇所说："我们学前学校的墙壁会说话，也有记录的作用，利用墙壁的空间暂时或永久地展示幼儿及成人的生活。"①我们还可以利用课程创设环境，记录教师和幼儿的成长。

（二）建立师幼共同构建课程的教育理论

师幼互动模式中，教师只有理解幼儿、真正地对幼儿成长中的每一个小细节感兴趣，才能真正地和幼儿建立一种平等、开放、尊重的新型合作关系。这并不是一个虚无的、不实际的概念，我们可以通过记录，一步步地看清楚孩子内心的世界，并了解他们打开自己心灵视野的方式；或者通过观察孩子的行为，获取孩子是如何丰富自己的情感世界的信息。教师要使自己的想法在每一次的观察和反思中，更加贴近孩子的真实想法，只有这样教师才能真切地感受到孩子愉快、自由地成长所带来的幸福感以及感悟，促进其在活动中与孩子进行更加平等、深入的合作，从而更好地建立和谐、互助的师幼关系。

（三）优化整合教育资源，加强幼儿园与家庭、社区的联系

学前教育机构只有与家庭密切合作，才能为幼儿创造最佳的成长环境。《幼儿园工作规程》明确指出："幼儿园应主动与幼儿家庭配合，帮助家长们创设良好的家庭教育环境，向家长宣传科学保育、教育幼儿的知识，共同担负教育幼儿的任务。"幼儿园可以建立家长与教师委员会，共同合作，为幼儿园的管理以及课程设置提出意见，教师要尊重家长的想法，与家长密切地进行交流沟通，争取家长的理解、支持和主动参与，并积极支持、帮助家长提高教育能力，并且创设机会让有条件的家长参与到教育教学活动中来，也可以让家长以志愿者的身份与孩子一起参与班级的活动，支持和参与环境的创设，而家长也应努力做到支持、配合幼儿园的工作。

从当前我国社区学前教育的开展状况来看，由于缺少经费和必要的财力、物力投入等这些现实问题，所以无论是开设儿童图书馆，还是请教育专家来社区做指导，等等，社区学前教育的开展状况都并不乐观。儿童是社会的未来，儿童是国家的未来，社区学前教育应该属于公共事业，具有公益性，地方政府有责任加大包括对学前教育在内的社会公共事业的投资，完善政策制度，使社区活动中心设施设备的建设和社区学前教育的合理开展得到资金的支持。当前及今后社区学前教育的发展方向是加强社区街道、居委会、托幼园所、社区学前教育指导中心和家教经验交流等平台的整合和优化学前教育资源。社区要充分行使自己的权利，发挥组织管理和服务的作用，为幼儿园提供一定的教育资源，如居住在社区中的先进人物可以走进幼儿园，对幼儿进

①Carolyn Edwards，Lella Candini，George Forman. 儿童的一百种语言：瑞吉欧·艾米莉亚教育取向——进一步的回响[M]. 中国台湾：台湾心理出版社，2000.

行思想品德教育；也可以为幼儿园教育活动提供社会实践基地等，以加强幼儿园与社区的联系，使家庭、社区和幼儿园真正实现教育效益的最大化，高效益地促进幼儿全面和谐而富有个性地发展。

（四）有效监督、指导幼儿园办学思路

一个理想的幼儿园不应该只是为了自己的利益，尤其是自己的金钱利益，一味地赶潮流，为吸引更多的生源标新立异，因为这样做的结果就是罔顾了幼儿教育的本质，制约了幼儿的全面健康发展。因此地方政府、教育管理部门以及教育专业人士有责任监督和指导幼儿园、幼教机构端正办学态度，以真诚帮助孩子健康快乐成长作为办学目的。任何照搬某种教学模式或方法，对幼儿园或幼教机构进行改造，以求打响办学机构在社会上的影响力的行为，其实归根结底都是以获得金钱利益为主要目的的，都是不可取的。

目前我国学前教育面临的另一个重要问题是家长希望孩子能够“赢在起跑线上”，很多民办幼儿园，都会按照家长的需要来教育孩子，从而就促使了幼儿园教学活动的小学化、固定封闭的环境和统一的行为要求，用压抑孩子自发生命的课程和纪律来管理孩子，这明显违背了学前教育的初衷。因此，学前教育的健康发展迫切需要教育行政部门的正确引导和严格规范，加大对学前教育的资金投入，更需要幼儿园及幼儿教师的正确认识，端正办学态度，使幼儿园，尤其是近年来蓬勃发展的民办园能更好地为教育服务、为孩子服务，而不是为家长服务、为利益服务，真正重视对瑞吉欧等先进教育思想的学习和吸收。

（五）培养合格教师是关键

在瑞吉欧课程中，教师每时每刻都会面临着来自幼儿的挑战。一方面教师难以预先安排幼儿愿意探索的问题，在偶发性很强的课程实施过程中，既要充分尊重幼儿，又要努力帮助幼儿解决问题；另一方面难以把握介入幼儿活动的准确时间和合适程度。这些对于幼儿教师的理论水平和专业素质提出了很高的要求。因此，教育部门和学校要积极为幼儿教师提供能够促进其教学理论水平和自我专业成长的培训，幼儿教师也需要经常反思自己的教育思想与教育行为。具体来说，幼儿教师首先要意识到自己和幼儿一样有成长的必要，而后要尝试把教育过程中积累的经验上升为观念甚至理论，再对这些观念、理论进行反思，从中筛选出新的、有效的观念和理论。其次，幼儿教师必须对自己与幼儿的恰当关系对幼儿发展的重要性有清晰、准确的认识，时时注意和幼儿建立起亲密、信任的关系。此外，应与教学同伴结成教学共同体，开展行动研究，在共同教研、反思中促进各自教育教学水平的提高。这些都应该纳入幼儿园教学常态和幼儿教师发展计划中。

四、结　论

对比瑞吉欧，反思我国的幼儿教育，我们会发现在我国的学前教育实践中还存在

诸多的问题，如过分强调引进西方学前教育的所谓“先进理念”，导致我国学前教育出现了许多与中华文化不相适应的问题，甚至是完全相悖的问题。因此我们不能生搬硬套，把瑞吉欧课程模式一动不动地移植到我们的土地上，我们既要立足于自身文化的传承，正视传统文化中的不足，又要汲取外来文化的精髓，迎接在文化融合过程中的种种挑战，在此基础上构建属于我国的学前教育模式。

第五节　孙瑞雪“爱和自由”理念的价值与应用

随着时代的进步，人们越来越认识到学前教育的重要性，也越来越关注学前教育的理念。现如今，孙瑞雪“爱和自由”的学前教育理念引起了人们的热切关注，引发了一波又一波的社会思潮。孙瑞雪“爱和自由”的理念精要地阐述了蒙特梭利教育的核心和理念，强调只有给孩子充分的爱和自由，才能培养出人格独立、心智健全的孩子。“爱和自由”的教育理念不仅对以往父母教育孩子的观念产生了重大影响，而且对未来社会培养新儿童具有一定的借鉴意义。通过查阅相关资料我们发现，孙瑞雪“爱和自由”的理念虽然是比较科学和新颖的学前教育理念，但是在国内的推行和应用还是遇到了很多困难，如孙瑞雪的理论推行与案例大多数来自蒙特梭利幼儿园，很少从普通家庭的具体实行中引证，对父母的具体引导太少，父母不能准确把握科学的方法对孩子进行引导；普通幼儿园教师由于缺乏专业的培训，对“爱和自由”的理念掌握不到位，在教导幼儿时也遇到一定的困难，等等。所以，对孙瑞雪“爱和自由”理念进行探究具有一定的意义。

本研究采用问卷与访谈调查的方式对韶关市浈江区和西藏自治区林芝市巴宜区六所幼儿园的幼儿教师及幼儿家长的儿童教育观念和做法，教师和家长给予幼儿的关注程度和给予幼儿爱和自由的程度，以及教师对孙瑞雪“爱和自由”理念的了解程度等进行研究，并对所在幼儿园进行观察分析。观察主要从以下方面进行：教师对幼儿的关注程度、教师对幼儿表达爱的言行、教师给予幼儿的自由程度、教师给予幼儿爱的程度等。

一、孙瑞雪“爱和自由”理念及价值研究

（一）孙瑞雪简介

孙瑞雪女士是我国著名的儿童心理学家、儿童教育家、蒙特梭利教育专家，是“爱和自由、规则与平等”教育精神、“儿童敏感期理论”以及“完整的人”教育思想的创始人。孙瑞雪女士在 20 世纪 80 年代进行了心理学、教育学研究之后，于 90 年代初引进了蒙台梭利教育法，在中国大陆创办了第一所蒙特梭利幼儿园，之后又创立了第一所蒙特梭利国际学校和蒙特梭利北京心智教育研究中心。此外，孙瑞雪女士还多次做客中央电视台的多个栏目，向观众们讲述爱和自由的教育。爱和自由教育团队

还应邀到很多城市做有关学前教育的公益讲座，许多家长的儿童教育观以及许多孩子的人生也因此而得到了极大的改变。

不仅如此，爱和自由教育团队还在孙瑞雪女士的带领下，紧密结合中国的本土文化，并以蒙特梭利、皮亚杰、卢梭等人的经典教育学、现代心理学理论为基础，在长达近二十年的专注教育实践和研究中，创造、建构了“爱和自由、规则与平等”的思想理论与教育教学体系以及“爱和自由”学校教育体制和教学管理系统，并不断地发展和完善，开创了中国教育界的新纪元。

（二）孙瑞雪“爱和自由”的理念

爱是一种关系，是人与人之间彼此的关系连接。爱孩子，表现在点点滴滴的生活中；爱孩子，让孩子成为他自己；爱孩子，就关心孩子的成长。根据“爱和自由”科学教育理念，儿童最重要的是要生活在爱的语言、行为和氛围中，生活在爱的意念、信任和理解中，不是溺爱、有条件的爱，更不是盲目的爱。在“爱和自由”幼儿教育基地，爱具体表现在：洞察孩子的行为；理解孩子的心理；滋养孩子的心灵；协助孩子成长；给予孩子能量；允许孩子以其自我的方式成长、发展，而不是服务于成人的目的。

自由是指儿童的行为、心理、意志、情感不受外力的支配和压迫。自由是自己做自己的主人，这并不是我们以往认为想做什么就做什么，而是你可以按自己的意志，执行自己的计划，你的计划不被任何人破坏。根据“爱和自由”科学教育理念，儿童拥有从环境中选择吸引自己事物的自由；儿童拥有行动上的自由；儿童拥有安静时不受干扰的自由；儿童拥有自己发现问题、想出办法与计策，并且自己选择答案的自由；儿童拥有凭自己的意志将他的发现与人交换及分享的自由。在“爱和自由”幼儿教育基地，自由表现在自由地活动身体、自由地看和听、自由地说出所感和所想、自由地表达情绪、自由地感觉所感的、自由地要求想要的①。

总体上说，孙瑞雪所提出的“爱和自由”理念的主要观点为：家长和教师们想要儿童积极健康地成长，须得真正地了解儿童的生命发展规律，关注儿童的成长，尊重儿童的个性，给予儿童充分的爱和自由，在关键的时候给予孩子有效的帮助，让孩子成为他自己，做自己的主人。但事情总是这样，理论上的东西看上去很简单，做起来却很难。“爱和自由”的理念看上去也貌似很容易理解，但是要掌握其中的精髓、内涵却是一件不简单的事情，更何况要把理论运用到实践中去，这需要改变自己的决心和巨大的恒心。

我们说爱和自由，那我们怎么样保证这个人能获得爱，能够在自由中成长呢？那就是我们必须依靠规则，而不是依靠权威和管制。

（三）孙瑞雪“爱和自由”理念的价值

孙瑞雪“爱和自由”理念的价值是指这一理念在一定范围内产生的肯定的、正面

---

①孙瑞雪.爱和自由[M].北京：中国妇女出版社，2013.

的影响。总体上说，“爱和自由”的教育理念激发了儿童的成长积极性和确立了儿童自我意识的主动性；让许多家长和教师走出了以往儿童教育的误区；让人们明白了对孩子真正的爱、给孩子的真正的自由以及真正的教育到底是什么。该理念拓宽了我国学前教育的理论视野，提升了我国学前教育的理论水平，对我国的学前教育事业影响深远。此外，幼儿园在应用“爱和自由”的教育理念时，要求家长认可并在家庭中应用该理念，在一定意义上促进了家园共育。笔者认为，孙瑞雪“爱和自由”理念的价值主要表现在对儿童、教师和家长以及学前教育事业三个。

1. 对儿童方面的价值

在充满指责、冷漠、压迫的环境里，任何人都不会感到快乐，儿童也是如此。如果儿童在这样的环境下成长，儿童的成长就很有可能要服务于成人的目的。儿童自我内心的成长得不到爱的支持，就会缺乏安全感，儿童就会把自己用于成长的精力放在察言观色和满足自己的安全感上，而无力顾及自己的成长。这样，儿童就不能按照自己的发展模式去发展自己、成为他自己。而“爱和自由”的教育理念遵循了儿童的发展规律，让儿童的成长环境充满了爱和自由，儿童就能将自己内心的全部力量用于配合自己的内心模式，积极成长，成为他自己。而这就为儿童未来成为独立、有个性，有完整人格，有卓越创造力的人提供了重要的条件。

2. 对教师和家长方面的价值

现在的社会竞争激烈，许多家长都抱着“不能让孩子输在起跑线上”的心态去给予孩子教育，加之受中国传统教育的影响，成人拥有绝对权威，对孩子进行各种管教训导等。现在的儿童教育大部分都会存在让孩子按照成人意愿成长的问题，以至于孩子不能按照生命成长的规律去成长，去成为他自己。如果教师和家长们能学习“爱和自由”的教育理念，深入理解其教育内涵，他们就可以从中认识到自己错误的儿童教育观念以及教育方法，更新自己的教育观念，懂得如何用爱去呵护孩子，关注孩子的成长；懂得给予孩子自由，让孩子成为他自己；懂得正确地给予孩子适时适度的指导，而不是代替孩子认识事物的内化过程。同时，在学习和应用“爱和自由”的教育理念过程中，教师和家长们的认知水平以及个人品质，如耐心、细心等都能得到较大的提升。

3. 对学前教育事业方面的价值

随着社会的进步，人们越来越注重儿童的教育。现如今，爱和自由的教育冲击着以往的小学化教育或传统教育，人们开始审视这两种教育模式，不断地进行反思。而大多数人都正在由以往的教育模式转向爱和自由的教育模式，逐渐地认可“爱和自由”的教育理念。“爱和自由”的教育理念使整个社会的学前教育观念发生了一次又一次质的飞跃，不断促使学前教育的教育方法向更科学、更有效的方向发展，提升了学前教育的理论水平；改变了传统的教育模式，不断创新教育模式，对当下的中国学前教育事业具有深远的影响，同时也为培养国家未来的接班人提供了方法和依据。

二、孙瑞雪“爱和自由”理念的应用研究

（一）孙瑞雪“爱和自由”理念的应用现状

1. 孙瑞雪“爱和自由”理念在幼儿园中的应用现状

通过对幼儿教师进行问卷、访谈以及观察、调查，了解到大部分幼儿教师对孙瑞雪“爱和自由”的理念是有一定了解的，但是不够深入。孙瑞雪“爱和自由”教育理念在幼儿园中的应用还是比较多的，如教师对幼儿的关注程度达到86.36%，教师与幼儿的关系平等，日常对幼儿做出爱的表达频繁，如赞扬、亲亲、抱抱等的言行。教师在幼儿情绪方面能较多地从幼儿的角度考虑和处理问题，当幼儿出现情绪问题时，都能让幼儿及时发泄情绪并及时给予安慰和鼓励。但是教师在给予幼儿自由方面是做得不够的，如在访谈中了解到绝大部分教师认为幼儿不能自由进出教室，因为考虑到幼儿的安全问题；当幼儿注意力不在课堂上时，大部分教师都是想出各种方法来吸引幼儿的注意力；在幼儿分享事物、解决问题等的时候，81.82%以上的教师会采取引导、鼓励的方法，以及幼儿拿东西时需经过教师的允许等。教师对幼儿自主思考、身体行为以及认知等方面的自由过多地干涉，未能给予幼儿充分的自由，让幼儿做自己身体、感觉、心理、认知的主人。

经调查，教师在对待幼儿方面仍会受自己情绪的影响以及还是存在让幼儿按照自己意愿做事情的思想。如61.54%的教师对于“在对待幼儿时是否会受情绪的影响”问题的回答是“视情况而定”，回答“会”的教师占4.55%。这说明了大部分教师还是未能很好地控制自己的情绪，给予幼儿稳定的爱的环境，而这会对幼儿的心理成长产生一定的影响。又如在问及“幼儿在关注某一事物时，您想让这位幼儿去做另一件事情，您会怎么做?”时，还是有部分教师是站在自己的角度，而并未能站在幼儿的角度思考问题，直接让幼儿去做自己想让幼儿做的事情，没有真正地做到遵循儿童的发展规律，给予儿童充分的爱和自由。

经分析调查结果得出，两个调查地区幼儿园的教育环境和教师的教育教学中都运用了孙瑞雪“爱和自由”的学前教育理念。相比较两地的调查结果，韶关市浈江区两所公立幼儿园的教育环境和教师的教育教学给予幼儿爱和自由的程度更高，更能落实到细节之处。而西藏自治区林芝市巴宜区四所公立幼儿园的教育环境和教师的教育教学给予幼儿爱和自由的程度相对较低，且小学化教育和传统教育比较明显。两地区的差异是由学前教育模式不同和教师专业性的强弱所导致的。

2. 孙瑞雪“爱和自由”理念在家庭中的应用现状

通过问卷调查，了解到大部分家长不太了解孙瑞雪“爱和自由”的相关理念，但大部分家庭在爱的这方面的理念应用得还是比较多的。如大部分家长都会时刻关注孩子的成长；88.66%的家长能长时间陪伴孩子；57.73%的家长对孩子经常做出日常爱的表达以及家长在孩子情绪方面能较多地从孩子的角度考虑和处理问题等。但是家

长在给予孩子自由这方面还是存在过度干涉的问题。在家庭应用孙瑞雪"爱和自由"理念的过程中，家长在很多方面仍不能做到全面以孩子的发展为主，而是以自己的意愿为主。例如在对待孩子时仍会受情绪的影响，给孩子带来不好的影响；生活中的小事情，如穿鞋子、穿衣服、吃饭等，家长为避免麻烦，自己一手包办；孩子在玩某个玩具或做某件事情时，75.26%的家长认为得经过自己的同意，只有小部分家长能给予孩子身体行为上的自由等。家长给予孩子的自由程度较低，影响了孩子独立性的发展。在这一方面可以看出大部分家长的教育观念还是未能完全转变，未能在孩子的成长中给予充分的爱和自由。

相比较两地区家庭中运用"爱和自由"理念的情况，分析得出，两地区给予幼儿爱的程度都比较高，但在给予幼儿自由的程度还是比较低。总体上说，韶关市浈江区幼儿家庭应用孙瑞雪"爱和自由"理念比西藏自治区林芝市巴宜区幼儿家庭的范围更广，更深入。原因可能是两地区的学前教育观念和教育模式不同，特别是在西藏林芝地区的农村家庭，棍棒教育相当普遍。

(二) 孙瑞雪"爱和自由"理念应用现状中的问题

1. 教育观念未彻底转变

许多家长或者幼儿教师在应用"爱和自由"教育理念的时候仍未能全面地应用，说到底，最主要的原因是家长和教师们还未能从以往的小学化教育或传统教育模式中完全转变过来，未能真正地深入了解"爱和自由"理念的内涵，没有真正地了解儿童的生命发展规律，对学前教育的性质、内容、目标、功能等存在一定的认识偏差。成人总抱着不能让孩子"输在起跑线上"的想法，而不让孩子按照自己的意愿成长，不相信孩子，对给予孩子的某些爱存在一定的条件，不能给予孩子充分的自由。还有就是父母、教师急躁的心态，追求教育效果立竿见影，无形中给予孩子一定程度上的压力等。换位思考一下，一个成人，如果天天都活在斥责、抱怨、压制的环境下，肯定不会快乐，更何况是孩子。传统教育与爱和自由的教育，一面违背孩子的成长规律，一面遵循孩子的成长规律，这是相互冲突的。当想要应用爱和自由的教育，但却又存在传统教育的现象时，"爱和自由"的理念是不能够全面、彻底地得到贯彻的。

2. 师生比例不协调，教师专业素质不高

孙瑞雪"爱和自由"的教育理念要求教师洞察孩子的行为，关注孩子的成长，及时地给予孩子适当的帮助等，对教师的专业水平要求较高，其工作量也大。随着二胎政策的放开，每年新增的幼儿越来越多，教师数量的增加赶不上幼儿数量的增加，师生比例不协调。还有就是两者的教学形式不一样，普通的幼儿园都是以集体教学为主，其幼儿教师很难做到真正意义上的个别教学，对每位幼儿进行因材施教。因此，要做到符合"爱和自由"教育理念的教学形式及其对教师的要求，这对普通幼儿园及其幼儿教师来说有很大的难度。此外，蒙特梭利教师是经过了一定的培训的，专业素质比较高，有一定的教学经验，对"爱和自由"教育理念的掌握是比较到位的。虽然普通的

幼儿园教师也经过了一些培训，专业素质有了一定的提高，但由于缺乏一定的经验，不能像专业的蒙特梭利教师那样很好地把握和应用“爱和自由”的理念，给予幼儿充分的爱和自由，给予幼儿适时适当的帮助等，所以“爱和自由”教育理念在普通幼儿园中的应用大大地受到了教师数量的限制，因此教育质量保障不高。

3. 成人情绪控制不稳定

现在的社会竞争激烈，生活节奏快，工作压力大，人们在工作上或者生活上难免会有不良的情绪。当自己情绪不好孩子又来闹自己的时候，很多人都不能很好地控制自己的情绪，而将自己不良的情绪撒向了孩子，拿孩子出气，孩子无故成了成人情绪的受害者。成人情绪好的时候对孩子很好，情绪不好的时候就对孩子不好，无法为孩子创造稳定的爱的环境，这会对孩子的心理造成极大的伤害。孩子感受不到爱以及爱带来的安全感，他就无法专注于成长。成人这样的做事行为是更爱自己而不是孩子。谁也不愿意每天看脸色过活，更何况孩子。成人学会控制好自己的情绪，给予孩子稳定的爱的环境是应用“爱和自由”教育理念不可缺少的条件，否则的话就不能很好或全面地应用这一理念了。

4. 成人不善于表达深入的爱

中国人的情感表达一直以来都是比较含蓄的，难表于言。成人对孩子也是不善于表达自己的爱。家长和教师们都或多或少对孩子说过“我爱你”“我喜欢你”之类的话，或者对孩子做过“抱抱”“亲亲”的动作，这些都是日常爱的表达。但是当自己有急事不能和孩子慢慢地走路时，或者有类似情况发生时，有多少家长或者教师对孩子说过“妈妈/老师现在有急事，不能和你一起慢慢地走路，我要把你抱起来走”之类的话？而又有多少家长或者教师是直接抱起孩子就走，来不及或不想和孩子解释的呢？当孩子感受到不安或不能按照自己的想法做事情的时候，大部分家长和教师并未能及时地向孩子解释事情的原因，去解除他们的焦虑或不安，表达出对孩子更加深入的爱。而善于向孩子表达日常和深入的爱是应用“爱和自由”教育理念必不可少的行为，而当缺乏实施这一行为的能力时，是不能够把“爱和自由”理念应用好的。

（三）解决问题的建议及措施

1. 转变幼儿教育观念

哲学观点认为“思想是行为的先导，解决好思想的问题，也就能解决好行为方向的问题了。”教育孩子有了正确的思想指导，教育孩子的行为就会更加有效。“爱和自由”理念对成人提出了遵循儿童生命发展规律，尊重儿童的个性，给予孩子充分的爱和自由等教育指导，所以家长和幼儿教师们想要应用“爱和自由”的教育理念，首先得把以往的小学化教育或传统教育转变成“爱和自由”的教育，牢牢地树立“爱和自由”的教育意识，用这个意识取代过去从生活中积累下来的潜意识，然后再把“爱和自由”这个意识变为潜意识。应用这一理念需要真正地了解和遵循儿童的生命发展规律，杜绝“让孩子按照自己意愿成长”的想法和做法，以及“揠苗助长”现象。家长和教师应放弃自己成长的原有经验，而通过多种途径学习科学的教育孩子的方法，并从儿童利益方面考虑处理好自己与儿童的关系。再者，家长们应多关注孩子、多陪陪孩子，不要以“为了孩子以后能生活得更好，必须工作”等为借口而忽略了孩子。

2. 控制好师生比例，提升幼儿教师的专业素质

随着我国二胎政策的放开，未来幼儿的数量将会逐步增加，这是必然的趋势。而想要更多的孩子受到更好的教育，就必须增加幼儿教师的数量和提高教师的专业素质。而要增加幼儿教师的数量，就须保障教师的权益，如提高待遇、提高幼儿教师的社会认可度、保证工作的稳定等，以提高教师对职业的满意度和归属感。这就需要国家给予相关的政策扶持和规范各学前教育机构的制度，保障幼儿教师的权益，以吸引更多高素质的人加入学前教育这个行业。同时，为提高教育质量，国家有关部门或各幼儿园需增加更多专业的、有效的培训或学习活动来进一步提高幼儿教师的专业素质，完善教师培训和认证体制，严格考核教师。同时，幼儿教师自身也要和幼儿一起成长，在教育教学工作中创造有生命的环境，发展自己。

3. 控制好自己的情绪

每个人都会有情绪，也会发泄情绪，而个人情绪能力的高低就在于能否把自己的情绪控制好。在应用“爱和自由”教育理念的过程中，成人需要给孩子提供一个“有准备的环境”①，除了给孩子提供好的物质环境之外，还要给孩子提供充满爱和自由的人文环境。成人需要学会控制自己的情绪，给予孩子稳定的爱的环境。家长和教师们应切记在教育孩子的过程中不能因为情绪的好坏而采取不同的方式对待孩子，让孩子产生不良的心理问题。万事应以孩子的健康成长为主，多站在孩子的角度考虑问题。此外，家庭关系一定要处理好，家人之间应和睦相处，特别是夫妻间的关系，这会让孩子获得更多的安全感，孩子才能全心全意地专注于自己的发展。

4. 善于表达爱

很多家长和教师日常都能做到对孩子表达爱，并能做得很好。但请家长和教师不要忽略对孩子表达更深入的爱。多站在孩子的角度考虑问题，多关注和观察孩子，当某些事物对孩子的心理产生了冲击或让孩子感到不安时，要及时洞察孩子的心理，向孩子表达我们的爱，去解除孩子的疑虑和给予孩子足够的安全感，让孩子能全身心地专注于自己的成长，而不要让孩子产生心理问题或心理阴影，影响孩子未来的成长。

三、推广孙瑞雪“爱和自由”理念的思考

（一）由政府主导推行孙瑞雪“爱和自由”的教育理念

随着时代的进步，各种教育观念也要跟随时代的脚步，不断地创新，适应时代的

①蒙台梭利.童年的秘密[M].北京：中华工商联合出版社，2016：236.

要求。国家有关部门也应顺应时代的要求提升学前教育的理念水平，而孙瑞雪“爱和自由”的教育理念是现代比较科学和新颖的教育观念。该理念遵循了儿童生命发展的规律，让孩子更加积极地成长，并能推动学前教育事业不断向前发展。若国家的相关部门能推行此理念，必能对我国学前教育事业产生深远影响。国家的相关部门如要推行“爱和自由”的理念，可以参考当年改革开放的政策。当年的改革开放，先让一部分人民富起来，再由先富裕起来的人带动其余的人共同富裕起来。推行“爱和自由”的理念亦可这么做，政府给予一定的政策支持，先在一部分地区的幼儿园和家庭中应用“爱和自由”的教育理念，然后再推广到其他地区；再加上通过媒体、报刊等大力宣传，鼓励、支持各学者深入开展“爱和自由”理念在扎实的理论与实践基础上的研究；出台更多的公益性普惠政策等。假以时日，孙瑞雪“爱和自由”的教育理念必能得到大范围的推广。

（二）提升幼儿园教师的专业素养

普通的幼儿园想要应用“爱和自由”的理念当然不能缺少专业的教师。而普通幼儿园的教师并不是专业的蒙台梭利教师，所以想要更好地应用“爱和自由”的教育理念，加强对教师各方面的培训，提高教师的专业素质是必不可少的。幼儿园和教育部门应为幼儿教师提供更多专业的、有效的培训活动来提升教师的专业水平。同时，教师自身也应该和孩子一起成长，创造有生命的环境，发展自己，让自己更有创造力。这样“爱和自由”的教育理念在普通幼儿园的应用就有了一定的保障条件，应用才能更加有效，“爱和自由”的教育理念才能向大范围推广。

（三）孙瑞雪机构加大宣传力度，给家长提供更多具体的指导

孙瑞雪机构近年来不断地到全国各地举办“爱和自由”教育理念的专题讲座，通过网络、媒体、书籍等进行宣传，使许多家长的教育观念得到了很大的改变。但是很多小城市的宣传还是不到位的，大部分家长和教师的教育观念还是没有改变。所以孙瑞雪机构还是得加大宣传的力度，举办一些相关的活动，让更广大的人民群众更多地了解“爱和自由”的教育理念，让更多的孩子得到科学的教育。常言说得好，理论上的东西说起来很容易，但做起来却很难。而实践只有得到更多的理论指导，理论推广的可能性才更大。若孙瑞雪机构能更多地给予家长具体的指导，如家庭的环境创设等，让理论与实践相结合，“爱和自由”的理念才能应用得更好。理念应用得好、有成效，自然会被推广。此外，孤儿、留守儿童等特殊儿童是社会的弱势群体，他们的教育更应该得到关注。希望孙瑞雪机构也能提出关于特殊儿童家庭或教育机构应用“爱和自由”教育理念的具体建议和指导，让他们也能得到“爱和自由”的教育。

（四）家长和教师多向自己周围的亲朋好友宣传

家长和教师若能在自己的圈子里宣传“爱和自由”教育理念的话，这也是一股不容小觑的力量。人人都知道“爱和自由”的教育理念，人人都应用“爱和自由”的教育

理念，人们就不会觉得自己不合群，而是觉得自己顺应了时代的潮流，这将会大大地提高人们对“爱和自由”教育理念的接受程度，“爱和自由”的教育理念才会得到广泛的应用和大幅度的推广。

第六节　学前儿童家庭教育生态的研究

从20世纪70年代开始，中国教育研究的“生态潮”现象进入人们的视野，近几年更为兴盛。[①] 研究者从主体与环境、遗传与变异、平衡与失衡、共生与竞争等方面研究了生态学对于教育研究的适切性（刘贵华、朱小蔓，2007），为进一步开展教育生态研究提供了坚实的理论基础。在学前教育方面，研究者们剖析了几种生态学理论及其对学前教育和儿童的影响（朱家雄、薛烨，2007），教育研究从关注个别学前儿童的经历和成绩上转为关注学前儿童成长、教育环境等一系列因素。研究者用儿童生态学的观点分析儿童发展的实质，研究课程决策问题（冯晓霞，1996），从教育生态学的视角研究学前教育的目的观、内容观和方式观（李玉杰，康耀华，2011）。在家庭教育生态方面，研究者主要关注的是独生子女的家庭教育问题，从教育生态学的视角深入研究了独生子女的家庭教育问题（洪明，2010），认为解决当前独生子女家庭中的突出问题，需要重建家庭教育生态环境以改善独生子女家庭教育基础。尽管国家二孩生育政策的开放在某种程度与改善了独生子女的家庭教育生态，但信息时代的变化使家庭教育生态发生了巨大的变化，家庭教育生态问题凸显，因此，在当前社会背景下，从教育生态学的视角来了解学前儿童家庭教育现状并重建家庭教育生态显得更为迫切和必要。

一、信息文明与家庭教育生态

社会经济的高速发展和信息时代的文明渗透到了每一个家庭，以信息技术为中心的技术革命，正在加速重塑社会的物质基础，改变了人类的生存方式，各种移动数字终端，实现了人们生活方方面面的“实时链接”。信息化的城市网络了家庭、社会的每一个单元，“人性化”“智能化”的电子设备已引起儿童浓厚的兴趣，当下学龄前儿童提早进入到虚拟空间，且媒介成为儿童社会化的一个重要环境，技术异化似乎在原来的基础上更深层次地控制了“地球村”中的低龄人口。家庭儿童珍贵的情感维系与玩乐时光遭遇到剥夺，家庭教育生态遭遇前所未有的挑战。[②] 教育生态学强调整体性、动态性、关联性，教育中的所有成员呈现网状关联，个人成功与教育集体和社会发展相关。

布朗芬布伦纳的人类发展生态学理论认为，个体的发展总是在社会机构，如家

---

①刘贵华，朱小蔓．试论生态学对于教育研究的适切性[J]．教育研究，2007，(7)：4.

②曹晋．指尖上的世界——都市学龄前儿童与电子产品侵袭的玩乐[J]．开放时代，2013，(1)：179.

庭、学前教育机构、学校等环境中进行的，早期教育中家长的角色和公共福利事业的作用决定了学前教育的成败。心理学中的生态学着重强调人与物质和社会环境的关系，着重强调这些关系在生态环境中对儿童发展的影响。[①] 贝特森的生态学研究认为，生态循环中包括人的思维在内的各种精神的、物质的东西相互作用。生态是包括人的思维的生态，是不可能没有人的思维的生态。因此在研究生态变化和系统的同时，要把物质环境和心理环境，即人的想法、意愿、情感和思维也纳入子系统来研究。那么，学前儿童家庭教育生态应是包括物质环境，如物质生活条件、学习条件、娱乐条件，家庭成员人际关系、家庭成员行为、邻里关系、社区环境及心理环境如态度、观念、意愿、情感、思维等在以家庭为中心、以学前儿童为主体的这一环境中的相互关联、制约、动态的、平衡的生态发展。儿童的发展是“不断成长的有机体与其所处的不断变化着的环境之间的逐步的、相互的适应”，这个过程受到情景和情景所涉及的背景之间的各种关系的影响，“了解儿童所处的背景比了解儿童的各自特征能够更为精确地预测儿童的行为”。学前儿童对世界的感知、思维和价值观的形成在家庭这个完善的系统中得以塑造。这一生态环境中的每一因子都有可能影响学前儿童的成长。

二、学前儿童家庭教育生态现状调查

家庭教育生态以学前儿童的教育成长为主线，探究家庭中的生态环境与教育的相互关系及其作用机制，从影响教育的物质环境、心理环境的相互联系中，综合研究教育的发展规律。[②]据此，我们开展了学前儿童家庭教育现状调查。

（一）调查问卷

为了解学前儿童的家庭教育生态现状，我们对广东省几所幼儿园的儿童家庭教育进行了问卷调查。本次问卷调查中，在广东多所幼儿园发放 160 份问卷，回收 143 份，有效问卷为 142 份，调查的对象为幼儿园 160 名 3～6 岁学前儿童的家长。问卷的设计主要调查了以下几方面：①家长的教育观念。②家长的教育行为。③学前儿童在家庭中的行为表现。④学前儿童家庭教育中的人文生态环境情况。

（二）调查结果

1. 学前儿童家庭教育生态中家长的教育观念

我们对家长对学前儿童的家庭教育重视程度、家庭教育的主要目的倾向、父母在家庭教育中的地位进行了调查。目的是了解学前儿童家庭教育中父母对学前儿童家庭教育的态度及参与教育的意识与实际情况。

调查显示，98.91％的家长认为家庭教育对学前儿童的成长影响较大且都重视家

---

①薛烨，朱家雄. 生态学视野下的学前教育［M］. 上海：华东师范大学出版社. 2007.

②王钰城. 教育生态与生态课堂的建设［EB/OL］. http://blog.sina.com.cn/s/blog_68ed57240101acro.html，2013-02-07.

庭教育。在学前儿童教育的目的上，约 42％的家长认为主要是发展智育；对家庭教育应主要由谁来负责这一问题，81.52％的家长认为，孩子在家的教育和生活应主要由父母共同负责，只有 13.04％的家长认为应由母亲负责。但对“在家中主要负责孩子教育的人是谁?”这一现实问题，调查显示约 42％的家庭主要由母亲负责，只有约 2％的家庭主要由父亲负责，约 52％的家庭由父母共同负责。北京师范大学和世界学前教育组织联合发布了一项时间跨度为五年、涉及一千个家庭的调查结果，有 60％的母亲在家庭教育中占绝对主导地位，父亲起主导作用的不超过 15％。[①] 由此可以看出，基本上所有接受调查的家长都重视学前儿童的家庭教育，但在教育目的观上，有将近一半的家庭偏重于智力发展；在意识形态上，大部分家庭认为父母应共同教育与培养孩子，但在实际生活中，由母亲一人主导孩子的家庭教育与生活的占半数以上，一半以上的家庭中，父亲在孩子的家庭教育中缺失或参与不足。

教育生态学强调协同进化、相互联系，而调查显示，家长的思想和行为并未做到协同一致并投入到家庭教育中。当前部分家长的责任感不够强，在实行家庭教育时并没做到身体力行。近年出现了一个新的网络词“丧偶式育儿”，指在家庭教育中其中一方的明显缺失。父母把育儿的责任推给另一方或祖父母，缺少对学前儿童的陪伴。学前儿童得到父母的爱过少，家长为了弥补孩子，会在物质上满足孩子的要求，出现过分纵容、惯溺和宠爱等现象，就如在一个半人工、半自然的小生态环境中，在空间上有局限性，还要人为地为其创造适宜的环境，在这一环境中的个体、群体其生态阈值下降，生态幅变窄，生态价下跌，一旦离开此小生态环境，个体、群体就会失去生存能力，导致产生花盆效应。[②]

2. 学前儿童家庭教育生态中的家长行为

信息时代的成人不管是工作还是生活都或多或少地存在于虚拟世界中，在工作和休闲方式双重的变革下，父母本身有其自身的使用习惯，其在家庭中的电子媒介使用情况，必然会在某种程度上影响儿童与成人的关系及儿童的成长。根据观察与了解，我们认为父母在家中过多地使用电子媒介，会造成家庭教育中父母与儿童生态关系失衡。我们对父母在家中使用以手机为代表的电子产品的情况与亲子共读及游戏时间进行了调查。

调查表明，约 46％的父亲在家通常会看手机，约 6％的父亲会看电视，约 30％的父亲会陪孩子一起玩。可知，超过一半的父亲下班回家后专注于虚拟世界，陪孩子玩的父亲比例偏低。同时，约 33％的父亲每天看手机的时间为 2 小时以上，约 30％的父亲每天看手机的时间为 1～2 小时。数据还显示，约 16％的母亲每天看手机 2 小时以上，约 40％的母亲每天看手机 1～2 小时。对亲子共读的调查显示，母亲经常或有时和孩子一起读故事的约占调查人数的 54.34％，而父亲和孩子一起读故事的情

①李飞.是什么让爸爸走开[N].青岛日报，2013.12.25：(5).

②陈礼林.农村职中语文教育的“花盆效应”及应对策略[J].文教资料，2012，(31)：51-53.

况不太理想,45.65%的被调查者表示父亲很少或从不和孩子一起读故事。由此可见,过半的父母每天在家看手机的时间多于1小时,而陪伴孩子多于1小时的父母只有44%。父母陪伴学前儿童聊天、玩耍、学习、讲故事的时间过少,而父亲与母亲相比更少。而在"当父母在使用手机时,孩子需要父母的陪伴,父母会有怎样的反应?"这一问题上,约有8%的父母不理睬孩子,约有14%的父母选择让孩子自己玩,约有24%的父母选择用电子产品转移孩子的注意力。可知,将近一半的父母在孩子需要陪伴时,不会放下手机去陪孩子,而是习惯同意孩子玩智能产品,使自己免于被孩子捆绑。有相当一部分家长沉迷于网络信息,甚至有小部分家长连在餐桌上也在虚拟世界中遨游,晚餐后也各自看电子产品,家庭交流十分有限。家庭教育生态遭到严重破坏。

学前儿童期是语言发展的高峰期,他们渴望交往与爱,是儿童社会化的开始。将电子产品作为育儿工具,不但影响亲子关系的构建,也会成为学龄前儿童沉迷网络的诱因。电子产品进入家庭为人类的虚假需要提供了充分的选择,打破了儿童与成人之间的关系,为学前儿童的成长带来更多的虚拟性、数字化,形塑着儿童感知世界的方式。家庭教育和家庭生活的统一性使家庭教育永远具有连续性和渗透性,学前儿童的生活态度、个性习惯、价值观念、行为规范以及情感模式、生活作风等,很多都是在家庭中被复制出来的。对于现代城市缺少玩伴的学前儿童,物质的满足和虚拟世界将会使他们的情感变得更为冷漠,人际关系将更易出现交往障碍。

3. 学前儿童家庭教育生态中的儿童行为

主要对学前儿童使用电子产品的行为、阅读行为、游戏行为进行调查,我们认为亲子阅读和游戏对孩子的成长非常重要,是家庭教育生态中不可或缺的限制因子。

对学前儿童使用电子产品的行为进行的调查显示,孩子一天玩手机、看电子产品的时间超过20分钟的占了76%。超过一小时的约占30%,超过2小时的约占25%,甚至有一部分被调查者表示,孩子一在家就玩电子产品。孩子对电子产品有极大的兴趣,主要用于玩游戏,游戏过程中投入程度很高,全神贯注,且当家长在规定时间拿走设备时,大部分学前儿童会表现出强烈的情绪反应——不满或者不同意甚至哭闹。

对学前儿童在家阅读时长的调查显示,学前儿童在家阅读时间少于10~20分钟的约占48%,阅读时间为20~40分钟的约占46%,阅读时间达到60~90分钟的约占5%,90分钟以上的只有1%。82%的学前儿童有书角或玩具区或两者都有。

对孩子在家游戏活动(非电子产品)的时长显示,约有26%的孩子的游戏时间为60~90分钟,仅9%的孩子游戏时间为90分钟以上。每天父母与孩子的户外活动时长为30分钟以内的约占39%,30~60分钟的约占39%;周末户外活动的地点为游乐场、商场、公园的占74%,仅12%的会到郊外接触大自然。

以上调查表明,学前儿童使用电子产品的时间偏多,亲子阅读、游戏时间、户外活动时间偏短。学前儿童的感觉、思维、认知方面皆处于从自然性向社会性的发展过程中。许多家长抱着电子产品助力儿童早期教育的初衷,同时解放成人的美好愿望,让儿童自主使用电子产品。电子产品的信息传播方式相对于书本、报刊等传统媒体更加多样化，多具备色彩鲜明、声音和画面丰富多变、传递信息量大等特性，丰富的色彩和极大的信息量刺激着儿童的大脑，使儿童处于高度兴奋中，但长时间、大量地接触这种视觉图像，会使孩子失去对文字的兴趣，失去对阅读的兴趣。皮亚杰指出，2～7岁是儿童早期，也是语言发展最为关键的时期，过度使用电子媒介会剥夺孩子锻炼语言的机会。同时，语言的掌握直接影响了儿童心理及其社会化过程，影响其思维的发展。儿童的闲暇时光在把玩新技术产品中溜走，其思维的发生和延展、语言的习得和运用都在屏幕中被数字化的影像和符号所塑造，而学龄前儿童在屏幕上简单拨弄手指让虚拟的水果汁四溅，对培养其健全的思维方式、提高其行动能力并不会有任何的帮助。①

学前教育家弗里德里奇·福禄贝尔提出："游戏是儿童的工作。"②游戏（非电子游戏）活动对学前儿童身心健康成长起着重要的作用。学前儿童通过游戏逐步成长、成熟。游戏让学前儿童学会控制身体运动，发展大、小肌肉；游戏活动促进学前儿童语言、智力发展，培养孩子分析、解决问题的能力；游戏活动有助于学前儿童合作精神的养成；游戏活动促进学前儿童情感的发展。在虚拟的游戏中，儿童感受不到人与人之间的交往需要，无法从真实的情境中去理解他人、懂得合作、感受互帮互助的快乐，更无法感受自然、呼吸自然界新鲜的空气，难以培养健全的人格和美好心灵。不恰当地使用电子产品还会严重伤害学前儿童的身体，如不利于语言的发展，伤害眼睛，影响颈椎、腰椎发育，对大脑神经也有潜在危害。

4. 学前儿童家庭教育中的人文生态环境

要了解个体或群体的行为，就应该首先检查其所在环境的机会和束缚力。勒温的《心理生态学》提出，个人活动于其中的空间是一个心理场，这个场内的全部情况决定着某一时间内的个人行为。个体所处的生态环境和文化情景与个体所持的信念和行为一样，都是个体的有机组成部分。生态环境和文化情景，还有个体的信念和行为相互塑造，儿童发展是在生态和文化中形成并发展的③。我们认为，学前儿童所处的家庭是其生活于其中的一个空间，这个空间中的父母关系、父母与祖父母的关系、成人与儿童的关系，家庭中成人的生活习惯和态度，家庭中的物质环境及与邻里的关系，都构成学前儿童家庭教育中的人文生态，隐性地影响着儿童的行为和观念。对此，我们就家庭中父母关系、父母与祖父母关系、邻里关系等几个主要方面进行了调查。

对家庭中学前儿童父母关系的调查显示，63.8％的被调查家庭表示父母关系较好，偶尔有对孩子教育问题不一致的争辩；约有5％的父母表示总是出现争吵或冲

①曹晋．指尖上世界——都市学龄前儿童与电子产品侵袭的玩乐[J]．开放时代．2013，(1)：190-191.

②福禄贝尔．人的教育[M]．孙祖复，译．北京：人民教育出版社，1991：67.

③薛烨，朱家雄．生态学视野下的学前教育[M]．上海：华东师范大学出版社．2007．21-22.

突;约 21%的父母经常吵架或冲突;只有约 2%的父母明确表示从不争吵或冲突。

对学前儿童家长与同住一起的学前儿童祖父母的关系的调查显示,约 42%的家长表示关系很好,有 38%的家长表示与同住父母关系一般,有 11%的家长表示关系较差,很差的有 9%。而对“孩子与祖父母的关系如何?”的调查显示,86%的孩子与祖父母关系较好,约 11%选择一般,约 3%选择差。

对学前儿童串门和玩伴情况的调查显示,约有 36%的家长表示不会经常和孩子到邻居家串门,约 30%的家长表示偶尔会和学前儿童到邻居家串门;约 30%的家长表示孩子在家没有玩伴;26%的家长表示孩子偶尔会有玩伴。

对成人在家的主要活动的访谈显示,学前儿童父母经常看电视的占 25.6%,经常看手机的占 62.%,经常看书、学习或陪孩子玩耍的仅占 12.4%。

由以上调查可以看出,学前儿童所处的家庭教育中的人文生态环境并不理想,根据耐度定律原理,教育生态系统需要在外界的作用下才可以维持有序的状态。主体不能够只靠自身发展、成长,而需要在时间、空间和功能上得到外界的作用,相互联系,保持家庭教育生态系统的平衡、协同进化。

苏联教育家马卡连柯认为,成人生活的每时每刻,甚至不在场的时候也在教育儿童;包括怎样穿戴、怎样议论别人、怎样欢乐或发愁、怎样对待朋友或敌人、怎样笑、怎样读报,这一切对孩子都有着重要的意义。家庭教育是“一个人自生到死,受到家庭环境、成员、气氛的直接影响,在感情生活的学习上、伦理观念的养成上和道德行为的建设上,获得身心健全发展的指导效益。”①

三、学前儿童家庭教育生态之重建

学前儿童作为发展中的人,受到家长及与儿童密切接触的小系统,以及家庭环境这个中间系统、社会环境这个大系统的影响,而每一系统又彼此相互联系和影响。要改善学前儿童家庭教育的生态现状,须从观念层面、行为层面、社会层面入手。

(一)家长教育观念的重建

文化是人类社会中各种环境的集合,也是家庭、学前教育机构、社区等运作的基础。学前儿童家庭教育生态正是建立在父母的文化观念之上的。因而,首先需要提高父母对学前儿童家庭教育的认识。

1. 提高对学前儿童家庭教育影响力的认识

首先,父母应该认识到家庭教育对人的发展的重要性。宋庆龄说过“孩子们的性格和才能,归根结底受家庭、父母的影响。孩子长大成人以后,社会成了锻炼他们的环境,学校对年轻人的发展也起着重要作用。但是,在一个人身上留下不可磨灭的印

①王连生.亲职教育[M].台北:台湾五南图书出版公司,1992:7.

记的却是家庭。”[①]家人，特别是父母的眼光，左右着学前儿童的人生目标，父母的心胸影响着学前儿童的气度，父母对待艰难困苦的心态决定了学前儿童的意志力。因此，家长要从内心认同家庭教育的重要性，并在行为中体现，自觉学习科学的教育方法，只有通过不断接触、了解、消化、吸收，才能真正重视家庭教育。

2. 提高对学前儿童家庭教育生态影响力的认识

学前儿童家庭教育生态包括物质环境（如物质生活条件、学习条件、娱乐条件）社会环境（如家庭成员人际关系、家庭成员行为、邻里关系、社区环境）及心理环境（如态度、观念、意愿、情感、思维等）在以家庭为中心、以学前儿童为主体的这一环境中的相互关联、制约、动态的、平衡的生态发展。因而父母不能只提供物质条件而忽略其他关系。海恩德在《家庭内的关系》一书中明确强调家庭关系对儿童个性发展和父母的儿童养育实践的重要性，而要了解亲子关系，仅研究父母与个体特征明显是不够的，必须了解他们所处的家庭环境。儿童感知、认识这个世界的方式在家庭教育这个生态环境中形成，儿童的学习、生活习惯受生态环境中的每一重要因子的影响，例如，在家庭中父母玩手机的时长会影响儿童对于规则的认知及对于感知世界方式的认知。家庭中的阅读氛围和家庭风格也极大地影响着儿童的性格和习惯。因而，家长必须意识到家庭教育生态对儿童发展的重大影响，从而采取恰当的行动。

3. 了解儿童成长的规律

父母并不太了解儿童的成长规律，包括很多高学历者。每个家庭需要学会陪儿童慢慢成长，发现孩子的兴趣并坚持，很多时候，是父母阻止了孩子兴趣的进一步发展，因为他们急功近利，把眼前利益看得很重。比如，在孩子的学步问题上，有的家庭不了解孩子学会走路是需要自己去探索、去实践的，不管孩子能否行走，直接跳过孩子手脚协调的爬行阶段，用所谓的学步车或学步带牵着孩子走，改变孩子学步的自然规律，最后，孩子确实会走了，但却发现孩子的走路姿势不对，总是往前冲，更为严重的是，孩子在今后的运动过程中总是手脚不协调，身体的某些运动不协调；又如吃饭问题，我们总喜欢追着孩子喂饭，生怕孩子吃不饱，忘记了人的天性自然，忘记了规则对人的影响。

在学前阶段，对待儿童的学习更是如此。尽管参加各种兴趣班有助于开发孩子的各种潜能，但“父母应当认同学前儿童的天性，尊重差异，因材施教。善于发现学前儿童的兴趣和特长，并在此基础上进行有方法的引导和教育。”[②]蒙台梭利认为学前儿童有一种与生俱来的“内在生命力”，教育的任务就是激发和促进学前儿童“内在潜能”的发挥，使其按自身规律获得自然的和自由的发展。[③] 苏霍姆林斯基说过：“在教学大纲和教科书中，规定了给予学生的各种知识，但却没有给予学生最宝贵的东西，

①王培培. 浅谈家庭教育对于孩子性格的影响[J]. 新校园：理论版，2012，(12)：238-238.

②李玉杰，康耀华. 教育生态学视野下学前教育观念的变革[J]. 教育探索，2011，(11)：121-122.

③蒙台梭利. 童年的秘密[M]. 金晶，孔伟，译. 北京：中国发展出版社，2003：53.

这就是一幸福。理想的教育是：培养真正的人，让每一个自己培养出来的人都能幸福地度过一生。”①

父母应用一颗平常心看待孩子，帮助孩子更加理性地定位，使孩子在未来面对挫折与失败时，也能用平常心对待、解决。

4. 爱得理性

家长需要意识到，学前儿童所必需的物质过多或缺少，如不能及时调整，就会变成限制因子。现今多数学前儿童家庭中普遍存在物质投入过多、期待过多、智育过多，精神满足缺乏、平常心缺乏、德育缺乏等现象。家庭环境变成了学前儿童家庭教育中的限制因子。家长需要根据各自的情况找到阻碍孩子成长的限制性因素。发现限制因素后，再根据自己家庭的情况进行相对应的调整。家长要避免“花盆效应”，应更好地提高爱的质量，不要包办孩子的事情，不要过度保护、满足孩子，有意识地引导孩子改正错误和缺点。防止学前儿童家庭的主体与环境（父母与学前儿童）之间的交流、交往中出现“过分”的行为：爱的过分聚焦、行为的过分干涉、生活的过分照顾、成就的过分期望，在生活中落实、实现家庭教育。教育应该是丰富多彩的，不单单是知识学习和成绩，还有对自己出色完成某事而带来的自我满足。

（二）家长家庭教育行为的重建

1. 营造良好的家庭环境

苏联教育家马卡连柯认为成人生活的每时每刻，甚至不在场的时候也在教育儿童；包括怎样穿戴、怎样议论别人、怎样欢乐或发愁、怎样对待朋友或敌人、怎样笑、怎样读报，这一切对孩子都有着重要的意义。良好的家庭环境将有助于学前儿童的身心发展。营造良好的家庭环境，首先要建立良好的家庭关系。在平等、民主的亲子交流中，充分尊重与肯定学前儿童的想法，鼓励孩子多尝试，给学前儿童自主选择、充分锻炼自己的机会，让其独立完成力所能及的事，使孩子感受到通过自身努力而获得成功的快乐。其次，创造良好的成长与学习氛围。家长要主动为孩子营造良好的物质成长环境和心理成长环境。除家中布置得整洁温馨外，还应主动为孩子创建书角或陪伴孩子游戏，在闲暇时间尽量读书看报或学习，为孩子树立榜样。再次，父母要投入家庭教育。父母投入家庭教育的行为不足最突出的表现为父母花在信息媒介上的时间过多，而对于陪伴孩子却没有足够的耐心，用电子产品代替父母的陪伴。在这一方面，父亲的投入较母亲更少。有些父亲忽视了自己的教育责任，导致孩子得到的父性教育不足。调查发现，那些没有得到足够父爱的孩子的情感障碍十分突出，出现焦虑、孤独、任性、多动、依赖、自尊心低下、自制力弱、攻击性强等行为缺陷的现象较为普遍，甚至与成年后的不良生活习惯的形成有一定关系。② 父亲需要认清自己在家庭教育中的重要性，这是再多母性教育也不能弥补的。

---

①B. A. 苏霍姆林斯基. 给教师的建议[M]. 北京：教育科学出版社. 1984：11-13.

②何铁军，马丽萍. 谈父亲在家庭教育中的作用[J]. 辽宁教育，2015(1)：79-80.

失去父亲的教育，极可能在培养学前儿童独立、勇敢、顽强等性格方面寸步难行。优秀的家庭生态环境需要父母提高自身素质，养成健康的生活习惯，营建温馨融洽的家庭气氛，建立学习型家庭模式，关注家庭语言。学前儿童是家庭的主体，在家庭环境中吸收各种养分而得到发展；父母等家庭成员组成了主体成长的环境，为其提供物质、知识、关爱等成长要素，同时在学前儿童健康成长的过程中体现家庭价值。[①]

2. 营造良好的社区人文环境

孟母三迁的故事说明了社区文化环境对孩子成长的影响，同样，邻里关系对学前儿童的成长也有不可小觑的影响力。友好和睦的邻里关系让儿童更加快乐，社会交往能力也普遍较强；相反，紧张的邻里关系会给儿童带来心理上的阴影，对社会充满恐惧与敌意。而封闭的家庭会使儿童的性格逐渐变得孤僻和冷漠。因而家长应充分重视社区资源，避免社区所处的生态位缺位。

在社区人文环境中，邻里关系极其重要。“友好和睦”型邻里关系能培养孩子乐观合群的性格，能培养谦让礼貌、善良友好、乐于助人的优良品质，能形成积极进取的精神，促进孩子身心健康发展。社区儿童一起游戏适当地为学前儿童引进竞争者或者是生态位转移，把学前儿童送进存在多重竞争的生态系统中（社区）。因而家长应认真处理好邻里间的关系，把“缺位”的社区生态位引导到位，为学前儿童的健康发展营造一个美好的家庭和社区环境。

3. 提高家长家庭教育的能力

家庭教育中家长的教育行为表现为主动教育行为、应对教育行为和环境创设行为的不足。对孩子的教育愈主动且有力度、对孩子行为的处理愈及时且妥善、对家庭环境氛围的创设愈重视、父亲的学历层次愈高、孩子的年龄愈小、母亲乐于亲子游戏的家庭，亲子关系愈密切。[②] 因而，家长应多采取主动教育行为。

要提高学前儿童家长家庭教育的能力，需要家长主动学习，并将所学的理念和实践相结合，在实践中探索。家长可以加入一些育儿群体，相互学习、借鉴，因为社会大背景一样，个体儿童遇到的问题也有很大的相似性，家长分享的育儿理念和做法又是从实践中来的，所以具有较强的操作性。例如，当家庭教育中出现限制儿童成长的因子时，如电子产品的过度使用，家长需要采取应对行为：首先，家庭可以建立规则，确保电子产品的合理使用，根据实际需要，与儿童共同建立规则，明确使用的时间、地点、范围，告诉孩子适度使用，形成良好的习惯。其次，寻找替代物，将电子产品中的游戏和活动搬至生活中，如喜欢游戏，就请几个小朋友一起玩，并为孩子创设游戏条件，让孩子在真实的生活中感受游戏，在真实的游戏中发展应变能力与合作能力。再次，可让孩子参加绘画、彩泥、观察小动物的活动或进行野外活动，这些丰富多彩的活

---

①洪明.教育生态视域下独生子女家庭教育问题及治理[J].中国青年研究，2010，(8)：96-99.

②赵晓云.小学低中年级学生的家长教育行为与家庭亲子关系——来自浙江省杭州市富阳区的调查[J].江苏教育研究，2017，(7A/8A)：19-20.

动转移了孩子的注意力，并能使其得到全面的发展。

4. 为儿童树立榜样

教育行为示范性不良的家长通常认为家长的表现与儿童的成长关系不大，认为儿童的教育在于其天赋自然，但却不了解父母所持的教育观念甚至包括衣、食、住、行等生活细节都是儿童教育的养料。因此，家长应时刻注意自己的言行。首先，家长应注意自己的言谈，不讲粗俗的话，言行一致。其次，家长应注意家中的卫生，让孩子生活在舒适、干净、整齐的环境中，使家充满温馨。再次，在信息时代发达的今天，家长也要特别注意电子产品的使用对孩子的影响，一方面家长需充分认识到电子产品的使用占用了大量的时间和精力，同时相应地减少了亲子互动的时间，父母对手机的沉迷往往会不自觉地影响了亲子关系的质量。更为严重的是，学前儿童超强的模仿能力使他们很快就学会了父母的行为方式。儿童花费大量时间看电视、玩视频游戏或者在电脑屏幕前与他人交往，这远远胜过他们阅读图书的时间。[①] 最后，父母还应加大家庭学习的经费投入，加强家庭学习氛围，父母可带孩子到书店，让他自己挑选绘本、书籍；在家建立读书角，设立固定的读书时间，父母与子女一起阅读，为其讲睡前故事；父母利用空闲时间多学习，不仅能丰富内心世界，还会使思维方式、行为方式等方面带来质的变化。总之，父母应该认识到自己的生活作风、劳动或工作作风、兴趣、爱好、习惯等个性特征，都将给孩子带来极其深刻的影响，有的甚至成为孩子终生效仿的榜样。尤其是父母的人生观、是非观和思想意识，道德行为和道德标准，处世方法和处世原则，一旦被孩子认可和接受，是很难改变的。[②] 因而必须为儿童树立榜样。

（三）形成社会合力

重建良好的学前儿童教育生态，还需要形成社会合力。儿童是祖国的未来，儿童的成长不仅影响家庭，还影响整个社会乃至整个国家与民族的发展。社会作为儿童成长的大系统，虽然未直接参与学前儿童的教育，但其教育的影响力却像一根指挥棒一样引导着家庭教育。因此，政府应当采取相关措施，颁布相关的家庭教育法规，引导舆论，使整个社会重视学前儿童的家庭教育，并出台相关法规，规定家庭教育中父母的相关教育行为。例如，在儿童未出生前，规定未来父母必须接受相关培训，了解家庭教育的影响力，了解儿童的成长规律。尽管目前我国在孕检时相关单位提供了免费服务，但并未引起全社会的重视，有的未来父母从不参加相关培训，因此，学前儿童家庭教育质量就相对较低。另外，幼儿教育机构也应加强家长教育，加强家园合作，指导家长进行家庭教育，建立良好的家庭教育生态。学前儿童家庭教育要充分发挥家庭的核心作用，借助学校和社会教育的力量，家庭、学校、社会三位一体，为学前儿童提供有效的教育。

---

①Jerry Odland. Television and Children [J]. Childhood Education, 2004,(4):80.

②文晶.简论家庭教育的地位和作用[J].现代教育科学,2003,(3):45-46.

四、结　语

学前儿童家庭教育生态现状表明，目前受信息化和经济高速发展的影响，家庭教育生态受到较为严重的挑战，家长、学校、社会必须高度重视，为儿童的成长提供良好的教育生态环境。由于个人的能力所限，本研究所抽取的范围还偏小，思考的问题还欠全面、深入。希望今后有更多的研究者加入到家庭教育生态研究中来，更加全面、深入地研究学前家庭教育问题。

第七节　幼儿问答中的哲学思维探究

西方哲学的创始人——古希腊人，把哲学定义为"爱智慧"。这一对哲学的伟大定义似乎是从洪荒而至，由亘古而来，即使千百年来一批又一批优秀的哲学家不断地带着他们惊人的发现亮相在历史的舞台上；当然，他们对于哲学的探究也越来越深入，但这从来没有撼动过哲学这一定义在这人们心中的地位，"爱智慧"这一内涵也自始至终贯穿于哲学的生命线。

当哲学家们纷纷折服于"哲学"这一伟大事物之时，我们诸多普通群众，更确切来说是"外行佬"，却一脸迷惑不解。即使知道哲学这一学科跟其他学科，比如科学、数学、天文学等一样，有着与众不同的魅力，但在普通人眼中，哲学似乎遥不可及，与自己不会有太大的关联。其实，我们芸芸众生所不知道的是，哲学除了抽象性，它还有最容易被普通人忽略的原始性。它不仅仅是对知识或经验的反思和概括，同时也是对没有任何背景知识情况下的想象和猜测，它是人们对外部世界与自己的最一般的看法①。由此可知，事实上哲学并不神秘，它就存在于我们每个人的生活中，与我们密不可分。

早在遥远的春秋战国时代，我国古代哲学家老子就认为，最有智慧的圣人的精神状态便是"宛若婴孩"②。20 世纪 60 年代，美国教育家李普曼和美国哲学家马修斯相继提出了儿童哲学的相关概念。这也就表示，人类从很早以前就已经承认，并不是只有成人才拥有哲学世界，儿童的世界中也有值得我们去研究的哲学。20 世纪 70 年代，李普曼开始推行"儿童哲学探究计划"，到了 20 世纪末，这个计划正式进入中国大陆。这个计划的推行，说明了我国已经有部分人逐渐开始接受"儿童也有自己的哲学"这一观点。近年来在西方哲学界，"儿童哲学"在哲学这一个大领域中已经占有了一席之地。再来看看我国，时至今日，儿童哲学已经在我国历时数十载。但是，目前国内哲学界对儿童哲学的很多界定都尚且处于一个较为模糊的状态，普通群众对哲学这门学科也还缺乏最基本的正确的认知。纵观哲学发展的历史，个别哲学先驱朝

①林德宏．儿童的哲学世界[J]．南京大学学报：哲学社会科学版，1999，36，(4)：149-155.

②刘晓东．儿童哲学：外延和内涵[J]．浙江师范大学学报，2008，(3)：48-51.

着学术界这个大湖扔了这块石子，但是却始终没有激起惊喜的水花，界内对于“儿童哲学”这一主题做深入研究的学者寥寥无几，关注到幼儿问答中的哲学思维的人更是少之又少。相较于其他令学者们津津乐道、门庭若市的课题，对幼儿的哲学思维探究就鲜有人问津了。

自从开始重视幼儿教育以来，我国的幼儿教育工作者便对幼儿进行了五花八门的知识技能教育，但是对于幼儿精神层面上的研究及教育却极度匮乏。我们认同成人拥有哲学观，那么对于我们的幼儿而言，在他们的世界里，细化到他们的问答中是否也隐藏着令人诧异的哲学观呢？这些哲学观又会是怎样的呢？笔者认为这是当下十分值得我们深思的问题。

一方面我国目前对幼儿问答中的哲学思维这方面的研究不容乐观，另一方面笔者对幼儿问答中的哲学思维的问题有着极大的好奇心，所以笔者开始了关于这个课题的研究，并在本文中阐述了笔者不成熟的观点。

我国著名的教育学博士刘晓东教授认为，每个人都要经历儿童阶段，这是个体在各方面由不成熟到成熟的发展阶段。我们当今这个社会，学术界普遍关注的都是幼儿关于认识能力等技能方面的发展，却少有人真正地去关注幼儿的精神世界的发展，学术界关于这方面的研究也是寥寥无几。人们关于精神世界对一个人发展的重要性，乃至于对幼儿发展的重要性缺乏认知。所以，进行这方面的研究是迫切的、是必然的。

幼儿之本然，在日常生活的一问一答中最能体现，也最能见其精神[①]。幼儿对这个世界的理解，也在简短的话语中得以表达。但是，由于成人的惯性思维，幼儿的“问题世界”常常被遮蔽，成人们更没有发现幼儿问答中往往隐含着他们无法理解的哲学思维，而这些哲学思维更是对幼儿的成长起着关键的促进作用。显然，哲学烤不出香气四溢的面包，也没办法酿出醉人的美酒，当然更没办法变出满足我们欲望的金钱，但是，哲学可以给我们以智慧与自由[②]。一个人如若精神世界自由，那他的人生必定是富足的。用发展的眼光看，这对于我们的幼儿来说也是一样的。所以，关注幼儿的童言稚语，对幼儿问答中隐含的哲学思维进行探究意义匪浅。

一、幼儿问答中哲学思维探究的过往认识

事实上，在哲学史上已有先驱对幼儿问答中的哲学思维进行了一次又一次的探究。笔者在此处所说的幼儿问答中哲学思维探究的“前世”，指的是先驱们对隐含在幼儿问答中的哲学思维的认识和理解。哲学不仅存在于社会历史的运动之中，而且还存在于人类个体的生命运动中[③]。许多人认为哲学是哲学家的事，跟我们这些过

①袁宗金．儿童提问的本体价值[J]．教育科学研究，2010，(2)：18-21．

②彭越，陈立胜．西方哲学初步[M]．广州：广东人民出版社，1996．

③刘晓东．儿童哲学初探[J]．江西教育科研，1991，(8)：8-10．

着平凡生活的老百姓没什么关系。但是通过以往哲学家的研究可以得知，哲学并不仅仅存在于哲学家白纸黑字的研究资料中，更存在于我们每个人平淡的生活里。我们每天的思考，或多或少都有一定的哲学根据。成人有成人的思考，幼儿也有幼儿的思考，每个人都以不同的形态生存着，以不同的方式成长着，这其中所有关于生活、关于人生的思想起伏，都是一次浩浩荡荡的哲学运动。

（一）幼儿也是哲学家

古希腊米利都最早提出哲学问题的哲学之父——泰勒斯，他精通天文学，常年专心于研究，浩瀚无垠的宇宙给了他哲学灵感，于是他开始思考世界的本原，最终提出“水是万物的始基”这一个西方哲学史上的首个哲学命题。这也给了当时的哲学家以启示，哲学家开始探究万事万物背后的统一基础，探究“是什么”“从哪儿来”“为什么”等一系列最容易被忽略的、最根本的问题。以下是笔者所收集到的一个最有力的案例：韩国的某一个亲子真人秀综艺节目记录了一个三胞胎家庭中孩子们与爸爸的最日常的生活点滴。因为拍摄需要，节目组在他们家中设置了隐藏摄像头。从这里我们可以知道，即使经过后期剪辑，这个节目所呈现出来的也都是孩子们最真实的样子。三胞胎兄弟从三岁开始参加节目录制，直到五岁才退出，期间爸爸喜欢带他们尝试各种各样的美食，体验各式各样的户外活动，三胞胎兄弟也因此见识了许许多多的新鲜事物。这期间，贯穿于他们三岁到五岁这个年龄阶段最经常出现的问话就是：“爸爸这是什么？”对于这一点，我们许多人都有深深的体会。孩子们都喜欢问“是什么”“为什么”，但这并不是单纯的巧合。笔者认为，在一定程度上，幼儿是哲学家，更是先于哲学家而存在的一个智慧群体。

（二）幼儿拥有独立的精神世界

幼儿在一岁以前并未拥有所谓主体与客体的概念意识，一岁以后，随着身体各方面能力的成长，幼儿的精神世界也逐渐出现雏形。本文所研究的是3～6岁的幼儿，这个年龄阶段的幼儿具有较为明显的主体意识，他们已经基本拥有分辨主体与客体的能力，也就是说这个年龄阶段的幼儿已经基本分得清楚自己与周围世界的区别。3～6岁的幼儿暂且没有先入的观念，他们对这个世界的认识大多都是在好奇心驱使下自主探索的成果。与成人的最大区别就在这里，成人往往受先入观念的影响，对事物的看法往往用一种司空见惯的目光去打量。同时由于这样的态度，成人在对待幼儿的教育时，难免操之过急、急功近利，他们喜欢用所谓科学的概念来代替幼儿的解释，看重孩子学东西的速度，而对幼儿提出的对世界的质疑和幼儿跳动的好奇心熟视无睹，甚至在潜意识里瞧不起幼儿所谓的好奇心，这让我们的幼儿变得越来越不敢质疑，越来越不敢提出自己的疑问，这种最纯朴、最天真的求知冲动也就像泡沫一样逐渐消失在受成人主宰的思想浪潮中。笔者认为，这在一定程度上也是人类的一大劣根性——否认幼儿具有自己的看法，认为幼儿的精神世界是依附成人才得以存在的。可事实真是如此吗？

答案是否定的。历史上最先提出若干哲学问题的人是一些自然哲学家，他们在偶然的机会中开始了对“这是什么？”“为什么？”这些最简单的问题的思考。西方哲学史上普遍流行的哲学分类法，即将哲学的问题分为三种：本体论、认识论与价值论。用最简单的语言来概括，分别指的是万物的起源、知识或方法、道德伦理。再来看看我们的孩子，这不正与孩子们的生活密不可分吗？每次接触新事物都会有“妈妈这是什么？好吃吗？”“妈妈，我是从哪里长出来的？”“妈妈，警察叔叔为什么要抓坏人？”等诸如此类因为充满困惑而提出的质疑。反观成人，随着年龄的增长，随着物质社会的高速发展，精神世界变得贫瘠。成人的脚步逐渐踏向惯例，除了柴、米、油、盐、酱、醋、茶，除了金钱物质，其他精神层面上的问题都不值得浪费时间去思考，对很多事情也逐渐丢失了质疑与思考的兴趣与能力。

对于幼儿而言，因为与生俱来拥有人类最纯真、最原始的情感，尚未被外界环境同化，所以幼儿对于世界的认知以及对自身的思考是最本原的，不掺有任何杂质的。美国儿童哲学家马修斯如是说：“儿童天生就会作哲学，哲学是一种很自然的活动，就像奏音乐、玩游戏一样自然”①。游戏贯穿着幼儿的一日生活，那么我们由此也可以得出哲学也与游戏一样贯穿着幼儿的一日生活。我们生活中的幼儿，其本身并不懂何谓哲学，但是由于对这个世界缺乏了解，原始的冲动与好奇心驱使幼儿不断主动探索，用自己的方式去理解这个充满未知的世界。很多时候，幼儿对这个世界的思考往往隐藏在他们游戏式的话语之中。他们采取的方式很简单，通过日常与别人的交流接受来自外界的信息，然后这些信息经过他们自己的加工，经过他们自己的思考，变成他们所能理解的东西，再通过他们的问答及日常的行为呈现出来。但在现实生活中，成人总是认为孩子的童言稚语不具有任何价值，往往容易忽略孩子的主观感受。“小孩子懂什么”是许多家长在经不住幼儿接二连三的疑问时最普遍的话语，充耳不闻抑或随意糊弄，看似无意却是有意地在抑制幼儿精神世界的发展②。成人不相信孩子有他自己的哲学世界，不相信哲人所说的孩子也是智慧的化身，所以选择忽略孩子的好奇心，无视孩子一切“天方夜谭”的行为，而一味把自己的意识强加到幼儿身上，这实在是不理智的做法。许多人都不知道，幼儿一个接着一个的疑问如果都能得到好的解答，那对幼儿以后的成长可以说是有百益而无一害的。

倘若我们认同“每个幼儿都是与生俱来的哲学家”这一说法，那么成人的自以为是究竟扼杀了多少有趣的灵魂，答案不言而喻。所以，笔者仍然认为，我们的幼儿日常中的问答隐含着了不起的哲学观，为此，笔者展开了对幼儿日常问答的研究。

二、幼儿问答中哲学思维探究的具体表现

与前文呼应，此处所说的“今生”是指存在于我们生活中的，对幼儿问答中哲学思

①邓鹏．把哲学的金钥匙交给孩子——李普曼及儿童哲学[J]．教育发展研究，1999，(12)：15-18．

②易洪湖．学前儿童提问的哲学刍议[J]．大众文艺，2014，(18)：267-268．

维的探究。马修斯认为，每一个有意收集儿童言论的人都可以变成一部哲学的著作。我们已经认同哲学就是“爱智慧”，是对智慧的追求与热爱①。从这个角度来看，我们的幼儿对这个世界充满了无止境的好奇，他们爱智慧的心更加迫切，所以这也可以承认儿童哲学的存在。幼儿自己的哲学观源自于他们的好奇心和求知欲，是幼儿将自己的生活经验和智慧的思考相结合的具体体现。我们的每一位幼儿在生活中都是一个小小哲学家。幼儿从出生的那一刻开始，便开始了对这个世界长达一生的探索，他们对这个未知的世界充满了困惑。在具备语言能力之前，他们通过观察父母、观察周遭一切东西开始人生初步的学习。在能够咿呀学语之后，“问”和“答”便成了他们打开新世界大门的钥匙。与成人不同的是，成人说的每一句，可能是内心所想，同时也有可能背后隐藏着其他的信息，当然是不想表达出来的信息，但是我们的幼儿，由于思维世界的单纯，每一句简短的话想表达的都是内心所想，没有任何的隐瞒。这里有一点必须强调，笔者所指的幼儿是指所有在正常家庭成长的幼儿，不包括那些家里环境特殊，无法在正常、健康环境下成长的幼儿。比如家庭矛盾严重以致幼儿成长受到严重影响的幼儿，这一部分的幼儿由于成长环境特殊，对外界一般具有畏惧心理，所以不由自主地一言一行都在潜意识里把自己保护起来。那么，回到这里所说到的大部分幼儿，如果我们默认他们拥有自己的哲学思维，那这些哲学思想又会是怎样的思维呢？不同的幼儿之间这样的思维又会有什么不同的体现呢？

基于以上讨论，笔者对于幼儿问答中哲学思维现象大胆地做出以下假设：首先，由于成长环境的差异，相同年龄不同性别的幼儿做出的问答的主体对象有所不同；其次，中国与其他西方国家的幼儿在问答时的哲学思维也有所不同；最后，同一个幼儿在不同的年龄所表现在问答中的哲学思维也有所不同。带着这些假设，笔者开始对国内外关于幼儿哲学思维的若干文献进行了梳理及归纳，并采用观察法和访谈法对日常生活中一些有趣的例子加以记录和分析。最后在案例整理的过程中对案例进行不同维度的对比。

案例一：首先来看看笔者身边的一个有趣的例子。笔者是一个在农村土生土长的人。邻居有一个6岁的小弟弟小禹，小禹有一个刚出生四个月的妹妹，妹妹胖乎乎的甚是可爱。有一天表弟一家到小禹家做客。吃完饭后，小禹妈妈问小禹：

“你觉得表弟和妹妹谁比较可爱？”

“妹妹！”小禹不假思索地回答。

“为什么？”妈妈笑着问。

“因为表弟很瘦，没有头发，像光头强。”他很认真地说。

“那妹妹呢？”

“妹妹像熊二！”

“为什么是熊二而不是熊大？”妈妈有点不明所以。

---

①刘晓东.儿童哲学初探[J].江西教育科研，1991，(8)：8-10.

"熊二比较笨嘛。"小禹又是一副认真的表情,一家人全都被他逗乐了。

案例二:另外一个有趣的例子。笔者有一个6岁的表妹涵涵,涵涵28岁的舅舅最近在某社交平台上晒出了自己七年前的照片,与现在相比青葱了些许。涵涵看到后问她妈妈"这是舅舅年轻的时候吗?"妈妈哭笑不得。

案例三:让6岁的小男孩伊恩感到懊恼的是,有一天他父母的朋友的三个孩子到他家做客,他们霸占了电视,不让他看他喜爱的电视节目。"妈妈",伊恩用沮丧的口气问道:"为什么三个人自私比一个人自私好?"①

案例四:一天笔者的朋友跟着妈妈到一位阿姨家做客,阿姨家有一对4岁的龙凤胎。趁着两个孩子坐下玩玩具的时候,朋友问他们:"你们喜欢什么颜色啊?"其中的姐姐很果断地回答:"我喜欢粉红色!""为什么喜欢粉红色啊?""因为粉红色超好看的,粉红色是女孩子的颜色!""那弟弟呢?你喜欢什么颜色?""天蓝色。"他一脸认真地说道。"为什么你不跟姐姐一样喜欢粉红色?""因为我的汽车是蓝色的。"

案例五:国内一位研究儿童哲学的学者记录了他的儿子苗苗从3岁到5岁的一些有趣的问题。三岁时,苗苗问道:"为什么冰棒冷?"四岁时,苗苗问爸爸:"爸爸,为什么你比安云哥哥大,却没有他高呢?"到了五岁,苗苗问:"颜色是用什么东西做的呀?"②

三、幼儿问答中哲学思维的本质分析

往往是这样一些最日常、最普通的问答,能让我们感受到孩子们的天真可爱。我们讶异于孩子们能用最单纯的眼光去看待生活,惊喜于他们面对生活中的万事万物时总能用他们小小的脑袋进行有智慧的思考。这些最普通的案例引发我们思考。首先要做的不应该是急于去寻求应对孩子们这样那样的疑问的方法,而是应该透过孩子们简单纯朴的语言,通过孩子们在对话问答中的表现,去探究隐藏在言语背后的那颗"爱智慧"的心。

案例一中,笔者的邻家小弟弟小禹与妈妈的问答让我们首先看到的是小禹小小年纪就拥有的幽默风趣,但这其中却隐含着这个五岁小男孩的大智慧。对话中小禹提到的光头强以及熊大、熊二其实是中国大陆于2012年上映的国产三维动画片中的主要角色。动画片中,熊二是一头憨厚可爱、力大无穷的狗熊,与熊大比较起来,确实熊大更为有智慧,显得比较聪明一些。而光头强顾名思义,就是"聪明绝顶"的一个人物角色。因为这是小禹最喜爱的、每天必看的一部动画片,所以这部动画片的人物形象、故事情节小禹都能如数家珍般说出来。但是,把自己身边的人物与动画片角色作对比,则是小禹智慧的更高层次的体现。从小禹和妈妈的对话中我们可以发现,小禹抓住了妹妹与小表弟人物的本质特征,小妹妹是胖嘟嘟的,看上去不太聪明;而小表

①武建芬,古秀蓉,韩春红.走进儿童的哲学世界[J].上海科研教育,2005,(9):34-36.

②林德宏.儿童的哲学世界[J].南京大学学报(哲学社会科学版),1999,36,(4):149-155.

弟头顶没什么头发，这是很鲜明的特色。小禹能将妹妹与小表弟最明显的特征与动画片中的熊二和光头强联系起来，说明小禹已经对两种完全不同的事物的本质有了基本的把握，通过自己的理解把这两种事物，即把现实与三维动画片中的虚构的事物完美地加以联系，使听者能够马上想到两者的可比之处并且获得相同的情感体验，这就是小禹在对话问答中所体现出来的哲学思维。

案例二分享的是笔者小表妹涵涵的有趣的例子。人类随着年龄的增长，身体机制逐渐成熟，容颜也跟着发生变化。到了一定年龄，身体机制慢慢出现老化，相对应的，容颜也在逐日老去。很明显，在正常的生理状态下，一个人在年轻时的容貌与其在老年时的容貌是有着明显的区别的。对于涵涵，一个六岁的小女孩来说，舅舅的年龄变化最直接呈现给她的信息就是容颜的变化，这也正是我们每个人必将经历的最为本质的变化，也是大自然最基本的规律。涵涵在看到舅舅前几年的照片时最先反应的是舅舅看上去不一样了，而“看上去不一样”的最本质原因就是“那时候比较年轻”，现在比较老。这其中体现了涵涵对人类最基本的自然规律的觉察以及对“变老”这件事的理解。不得不说，涵涵真是个智慧的小小哲学家。

案例三笔者分享的是国外文献中一个典型的例子。在许多成人看来，伊恩或许是不懂事的，家里来了客人本应该遵从“客人至上”的原则。但其实在伊恩看似淘气的话语中却暗含着他对成人价值观的质疑以及他道德伦理的意蕴。故事情节大概是这样的：伊恩因为家里来了客人，为了三个客人，伊恩看不到自己喜欢的节目所以很不高兴。这个时候妈妈告诉伊恩：“让三个人快乐总比让一个人快乐好。”伊恩很不解地问道：“为什么三个人自私比一个人自私好？”显然，伊恩的初衷只是想看自己喜爱的电视节目，但妈妈对伊恩的回答却与妈妈平时告诉他的道理相违背，伊恩认为，三个人的利益与一个人的利益本来就应该对等的，妈妈矛盾的做法正是伊恩质疑的起源。伊恩对母亲“偏袒客人”的做法的回答即是成人世界里约定俗成的价值观里所谓的自私。但对伊恩来说，却不能理解为什么一定要用三个人的“自私”来剥夺自己的合法利益，他认为自己的利益是合理的，在成人看来却成了自私的行为，也可以看出幼儿的价值取向是对成人约定俗成的价值观的讽刺以及对成人哲学无形的批判，这在一定程度上也体现了儿童哲学的特别之处①。

案例四分享的是笔者在实际生活中与幼儿进行日常交谈的例子。对象是一对4岁的龙凤胎。通过对有关幼儿性别偏好的文献的检索，发现在幼儿对自己性别认知的能力上，一般认为，性别认同出现的年龄大概是2～3岁；然后是对性别认同的稳定期，大概是3～4岁；最后是性别恒常期，大概6～7岁。那么此案例中的主体对象正处于认同的稳定期，也就是说他们已经对自己的性别基本有了正确的认识。这两名幼儿通过此前自己的认识，知道了自己的性别，所以受生理发展的影响，不同性别的

---

①袁宗金.儿童提问中的朴素哲学思维[J].学前教育研究.2007,(5):19-22.

幼儿在日常中的偏好逐渐出现差异①。比如,女孩子慢慢对粉嫩的芭比娃娃、好看的连衣裙等产生兴趣,而男孩子则较大部分偏向于玩具车、玩具手枪等。首先案例中的两名幼儿,男幼儿因为玩具车是蓝色的,所以喜欢蓝色。女孩子喜欢粉红色,因为粉红色好看,也因为认识到自己是个女孩子,粉红色看上去就是属于女孩子的颜色。从他们对话中的思维方式来看,两名幼儿首先是出于对自己的正确认知,以这个为出发点然后发展到对颜色的认知,从而选择自己认为的自己喜欢的颜色。笔者认为,这就是前文所提到的"认识论"。

案例五的案例来自国内的相关文献。② 苗苗从3岁到5岁的所有有趣的、充满哲理性的话语都被这位学者父亲原原本本地记录下来。我们可以按照苗苗的年龄线来分析这些问题,随着年龄的增长,苗苗所提出的问题的深度发生了些微变化。3岁时,苗苗看到眼前的冰棒,发现冰棒的温度明显与自己平时所接触的东西不一样,冰棒的感觉让人想起了冷冷的冬天,由自己眼前所看到的冰棒联想到认知中的冬天。这是认知水平上的思维的发展。4岁时,开始质疑已经认识到的理论。或许我们小时候都有过这样的经历,看到别人比自己高就会问妈妈"为什么姐姐比我高?"妈妈一般都会说,"因为姐姐比你大。"案例中的苗苗也跟笔者小时候一样,先有着这样的认知,然后看到年龄较小的安云哥哥反而比年长的爸爸高,这对苗苗的认知产生了冲击,所以苗苗提出了他的疑问。5岁时,苗苗发出"颜色是怎么做的?"的疑问,首先,能"做"出来的东西用术语来表达就是具象,而"颜色"一词则属于抽象名词。5岁的苗苗已经能将对抽象与具象的有关认识联系起来并且加以转化,并在话语中将这种思维体现出来,这就是苗苗的哲学。

下面我们来做一个"不同环境、不同条件下幼儿问答"对比的实验。

在前文中,笔者首先做出了"相同年龄不同性别的幼儿做出的问答的主体对象有所不同"的假设,案例五验证了这个假设。案例中的两名幼儿只有"性别"这个变量是不同的,其他相关变量保持一致。在性别不同的情况下,幼儿由于受生理发展的影响,对"性别"这个概念越来越有深刻的认知,性别的不同使他们的偏好不同,从而表现出来的对待事物的思维也不同。所以,年龄相同而性别不同的幼儿问答中的主体不同,所体现的哲学思维也不同。

第二个假设是"中国与其他西方国家的幼儿在问答时的哲学思维也有所不同"。案例一与案例三中,小禹与伊恩分别生活在中国和西方国家。首先,国内与国外所关注的教育重点有很大的不同,国内重视知识教育,而国外则重视人文教育。国内的教育教给孩子们解决问题的方法,而国外的教育则注重了解解决问题前孩子们的想法。小禹的例子也许不能说明太多问题,但与伊恩的例子对比起来却有很大的差异。受西方国家教育思想的潜移默化的影响,伊恩在问答中所体现的是对成人所谓的道德

①张晗.幼儿性别概念及性别偏好的研究[D].济南:山东师范大学,2007.

②林德宏.儿童的哲学世界[J].南京大学学报(哲学社会科学版),1999,36,(4):149-155.

伦理的质疑，反观国内同龄的幼儿，因为中国教育观念根深蒂固，我国的幼儿即使对生活能够提出质疑，也大多停留在知识层面，很难上升到道德伦理这个层面。这也是中外教育的差异。所以，假设二成立。

第三个假设是“同一个幼儿在不同的年龄所表现在问答中的哲学思维也有所不同”。案例五中苗苗的例子可以验证这一个假设的成立。案例中是苗苗从3岁到5岁的思维发展过程。我们将幼儿某个维度的“提问”用其时间的线索串起来加以审视，就会发现苗苗在这个过程中的成长。从案例中，我们可以看到苗苗所提出的问题的深度是有着不同之处的。从一开始作简单的认知与认知之间的联系，到对先入为主的观念的反驳，再到对具象与抽象的转化，这其中体现了苗苗在这个年龄阶段中思维的成长。所以，第三个假设成立。

四、幼儿问答中哲学思维的教育启示

由此看来，笔者的猜想无误。首先，我们的幼儿确实有属于他们自己的哲学世界，并且，在日常与他人的对话问答中，幼儿常常体现自己对外界的理解以及最朴素的哲学思维。哲学不是成人的“专利”，幼儿也有自己的哲学[①]。幼儿的哲学有别于成人哲学，并且往往是对成人哲学的批判。幼儿最单纯的目光可以看到成人所忽略的东西，也可以思考成人所不愿思考的东西。

许多家长不禁要问，如果我们的孩子真的有自己的哲学观，那么哲学到底能对我们孩子的成长起到什么作用呢？就如前文所说，哲学烤不出香气四溢的面包，没办法酿出醉人的美酒，也不能变出满足我们欲望的金钱，但是哲学可以给我们以智慧与自由。一个人如若精神世界自由，那他的人生必定是丰富的。用发展的眼光看，这对于我们的幼儿来说也是一样的。幼儿的精神世界是单纯的，毫无污染的。在成人没有灌输思想给他们之前，他们靠着自己的独立思考去了解这个世界。每一次的与外界的思想碰撞，都能使幼儿掌握这个世界的一些基本规律，与这个世界更加融合。蒙台梭利认为，儿童不是一个事事依赖成人的呆滞的生命，不是一个需要我们去填充的容器，是儿童创造了成人，不经历童年，不经过儿童的创造，就不存在成人[②]。倘若我们的孩子从小便是一个精神自由的人，那么我们可以预测得到，这样的人在碰到很多难题时都能够不躁不恼，冷静思考，同时也能够远离外界的浊流，活得更加淡定。

我们不能肯定地说孩子们每说一句话都有道理可循，每一个孩子每时每刻都在扮演哲学家的身份。或许孩子们有时候提出的问题或者做出的回答根本不具有任何意义，甚至会让有的家长觉得摸不着头脑。这时候我们必须清楚地知道，哲学本身就是这样的一个学科，比起结果和问题的最终答案，哲学更注重的是你在探索问题，你在理解这个世界的整个思想过程。对于我们的孩子而言，在从零开始探索的这个我

①刘翠，于丹．儿童有自己的哲学吗[J]．文学教育，2012，(8)：62.

②爱华．儿童的声音与儿童的哲学[J]．学前教育研究，2005，(Z1)：26-28.

们成人已经完美适应的世界的过程中，孩子通过发散自己脑海中的哲学思维，与外界环境碰撞出智慧的火花，借着火光从而使自己与这个世界更近一步。

幼儿的思维是最真实、最原始的，他们的身上有着无穷无尽的智慧和广阔的外延。尊重幼儿的想法，考虑他们每时每刻的想法中所蕴含的哲学道理，从而来发掘真正属于幼儿的内在潜能，这就是儿童哲学对儿童教育作的最重大的贡献。我们知道，不管是成人，抑或是幼儿，都想使自己的生活更为有意义，我们今天所研究的东西说到底就是在帮助幼儿发现他们生活的意义，从而使他们的生活更加具有生命本质的意义。

在对待幼儿的教育问题上，笔者认为成人应自始至终保持着如履薄冰的敬畏而谨慎的态度。幼儿之所以为幼儿，是因为对于这个世界来说，他们是新生事物。同理，对于他们来说，这个世界也同样新鲜。在面对新鲜事物时，成人应学习幼儿的态度，时常保持着一颗好奇的心，尊重他们，鼓励他们向前探索，人类伟大的哲学理论往往来源于此。幼儿的每一天都在接触对他们而言比较新鲜的事物，幼儿的思维每一天也都在与外界碰撞出火花。显然，如果成人选择忽略幼儿问答中那个有趣的哲学世界，那么对于幼儿而言，那一片能让他们诗意地栖息的净土将日渐消失甚至不复存在。

第二章 幼儿教师职前培养与专业发展的研究

第一节 塑造专业人才的灵魂：专业思想教育策略探究

大学生就业质量和就业能力，是高等教育大众化和普及化背景下我国高等教育发展面临的重大课题和人们关注的热点话题。影响大学生就业质量和就业能力的因素非常复杂，但专业思想不巩固是重要的原因之一。因此，如何培养和巩固学生的专业思想，提高专业思想教育的针对性和有效性，无论是在理论上，还是在实践上，都具有重要的意义。本研究旨在通过对学前教育专业不同年级学生的专业思想特点和发展动态的调查分析，为探究专业思想教育的策略提供科学的依据。

一、专业思想教育的价值与目标分析

专业思想是指人们在专业学习和专业工作的特定环境条件下，建立起来的对专业学习和专业工作的一种思想认识和情感体验，是对所学专业的总体认识和看法，是一种稳定的、综合的心理品质。① 学前教育专业思想是指学生在接受专业教育的过程中建立起来的对学前教育专业的一种理性认识、情感态度和观念觉悟，以及在此基础上逐渐升华起来的对幼儿教师职业的理想和信仰。

专业思想具有鲜明的导向性，是专业选择、专业学习和专业工作的思想基础，是专业人才的灵魂。歌德说，"思想是导游者。没有导游者，一切都会停止。目标会丧失，力量也会化为乌有"。专业思想教育的目的，就是要"塑造专业人才的灵魂"。② 通过专业思想教育，提高学生的自我效能感，激发学习动力，树立崇高的职业理想和职业信仰。这是提高教学水平和专业人才培养质量的重要环节。

学前教育专业思想教育的目标由认知目标、情感目标和意志目标三部分构成。认知目标是指学生通过学前教育专业学习所获得的基础知识和专业技能，它主要取决于专业课程的学习以及各种实践环节的训练；情感目标是指建立对学前教育的高层次的情感，包括事业感、责任感、道德感的培养和发展；意志目标是指为从事学前教

---

①周济．历史性的跨越新征途的重任——中国高等教育改革与发展近期回顾和展望[J]．中国高等教育，2002，(17)：5-9．

②罗福午．专业思想教育是高等学校德育的一个重要组成部分[J]．清华大学教育研究，1992，(2)：11-12．

育事业所需要的意识及其能动作用的培养和发展，包括科学意识、实践意识、创新意识、协作意识和管理意识等，以及形成这些意识的自觉性、主动性和对学前教育事业的献身精神。如果说，提高学生的知识和技能水平是学前教育专业建设的主要任务，那么，培养和发展对学前教育事业的情感和意志则是专业思想教育的主要任务。

二、学前教育专业思想调查分析

根据专业思想教育的价值与目标分析，我们向G省某学前教育本科专业学校的学生派发问卷160份，回收有效问卷为156份，回收有效率为97.50%。

（一）一年级学生专业思想调查分析

入学教育后，我们对一年级学生进行了专业思想调查，结果见表2-1。

表2-1　一年级学生专业思想总体情况（$N=56$）

维　度	均值（M）	标准差（SD）
专业认知	3.263	1.112
专业认同	2.991	1.107
专业学习	3.577	0.902
专业态度	3.429	0.884

由表2-1可以看出，经过入学教育后，一年级学生对专业的认识有了很大的提高，专业学习动力充沛，专业态度积极，但专业认同感不强。这说明一年级是专业思想教育的关键期，要抓住入学教育的机会，进行专业认知教育，培养专业思想。

（二）二年级学生专业思想调查分析

二年级学生经过一个学年的专业学习，专业思想变化呈现什么样的趋势呢？为此，我们对二年级学生专业思想进行了调查，结果见表2-2。

表2-2　二年级学生专业思想总体情况（$N=36$）

维　度	均值（M）	标准差（SD）
专业认知	3.056	1.117
专业认同	2.068	0.822
专业学习	2.491	0.877
专业态度	3.451	1.111

由表2-2可以看出，二年级学生的专业认知、专业认同、专业学习的得分都较一年级有大幅度的下降，其中，专业认同和专业学习的均值均低于理论中值3.00。这说明，二年级是专业思想教育的敏感期，学生的专业思想具有反复性，专业思想需要

不断巩固。

(三) 三年级学生专业思想调查分析

三年级已经学习了很多专业课程，专业思想理应更加成熟，所以我们对三年级学生也进行了专业思想调查，结果见表 2-3。

表 2-3 三年级学生专业思想总体情况($N=36$)

维 度	均值(M)	标准差(SD)
专业认知	3.597	0.960
专业认同	2.667	1.080
专业学习	3.009	0.877
专业态度	4.292	0.849

由表 2-3 可以看出，三年级学生专业认知、专业学习、专业态度得分较高，专业思想总体上较二年级有了很大的提高。这说明，三年级是专业思想教育的蜕变期，当学生对学前教育专业建立起较全面的知识系统后，其专业思想会有一个质的飞跃，对学前教育专业的感性认识会上升到理性认识，这时要进行专业理想教育，进一步巩固其专业思想。

(四) 四年级学生专业思想调查分析

四年级学生即将面临毕业就业，专业思想必然有所变化，因此我们对四年级学生专业思想进行了调查，结果见表 2-4。

表 2-4 四年级学生专业思想总体情况($N=28$)

维 度	均值(M)	标准差(SD)
专业认知	3.420	1.058
专业认同	2.205	1.053
专业学习	2.988	0.838
专业态度	4.152	0.858

由表 2-4 可以看出，四年级学生专业思想的四个维度均值相对三年级都有所下降，特别是专业认同，仅为 2.205，有较大幅度的下滑。这说明四年级是专业思想教育的危险期，此时学生容易受外界因素的影响，专业思想最容易动摇，因此，开展有针对性的专业思想教育就显得尤为重要。

(五) 不同年级学生专业思想的比较分析

对不同年级学生专业思想进行比较，结果见表 2-5。

表 2-5　不同年级学生在各维度上的比较

变异源		SS	df	MS	*F*	*P*
专业认知	组间	91.030	3	30.343	4.746	0.003**
	组内	971.867	152	6.394		
	总变异	1 062.897	155			
专业认同	组间	162.278	3	54.093	6.788	0.000***
	组内	1 211.312	152	7.969		
	总变异	1 373.590	155			
专业学习	组间	148.217	3	49.406	12.179	0.000***
	组内	616.623	152	4.057		
	总变异	764.840	155			
专业态度	组间	253.754	3	84.585	13.237	0.000***
	组内	971.246	152	6.390		
	总变异	1 225.000	155			
总　体	组间	1 853.818	3	617.939	10.657	0.000***
	组内	8 813.329	152	57.982		
	总变异	1 0667.147	155			

注：*：$P<0.05$；**：$P<0.01$；***：$P<0.001$.

由表 2-5 可见，以年级作为自变量，专业认知、专业认同、专业学习、专业态度作为因变量，通过单因素方差分析（One-Way ANOVA）发现，不同年级的学生对于专业思想各维度的看法均存在十分显著的差异（$P=0.000<0.01$）。于是，进一步对各年级在各维度上进行平均数多重比较（见表 2-6），以判定到底是哪两个维度之间差异显著。

表 2-6　不同年级在各维度上的平均数多重比较(LSD)

维　度	(I)年级	(J)年级	标准差(I-J)	显著性概率
专业认知	一年级	二年级	1.510	0.006**
	一年级	三年级	−0.657	0.226
	一年级	四年级	0.054	0.927
	二年级	三年级	−2.167	0.000***
	二年级	四年级	−1.456	0.024*
	三年级	四年级	0.710	0.267
专业认同	一年级	二年级	2.204	0.000***
	一年级	三年级	−0.185	0.760
	一年级	四年级	1.161	0.012*
	二年级	三年级	−2.389	0.000***
	二年级	四年级	−0.544	0.446
	三年级	四年级	1.845	0.010*

续表 2-6

维　度	(I)年级	(J)年级	标准差(I-J)	显著性概率
专业学习	一年级	二年级	2.599	0.000***
	一年级	三年级	1.044	0.016*
	一年级	四年级	1.107	0.019*
	二年级	三年级	−1.556	0.001**
	二年级	四年级	−1.492	0.004**
	三年级	四年级	0.063	0.901
专业态度	一年级	二年级	1.159	0.033*
	一年级	三年级	−2.202	0.000***
	一年级	四年级	−1.643	0.006**
	二年级	三年级	−3.361	0.000***
	二年级	四年级	−2.802	0.000
	三年级	四年级	0.560	0.381

由表 2-6 可见，在专业认知维度上，二年级与其他三个年级均存在显著性差异；在专业认同维度上，二年级、四年级差异不显著，但分别和一年级、三年级有显著性差异；在专业学习维度上，二年级与其他三个年级均有显著性差异；在专业态度维度上，一年级、二年级差异不显著，但分别和四年级、三年级有显著性差异。

对各维度进行纵向分析，可以发现，各维度都呈现出一年级到二年级有所下降、二年级到三年级又稳步增长、三年级到四年级又略有下降的这种状态。可见，二年级和三年级是学前教育专业学生专业思想变化的重要转折时期。

三、专业思想教育的策略探究

调查显示，专业思想受诸多因素的影响，培养和巩固学生的专业思想，需要政府、学校和学生个人三方面共同努力。

(一) 充分发挥政府作为学前教育责任主体的作用

《国务院关于当前发展学前教育的若干意见》指出，学前教育是国民教育体系的重要组成部分，政府是发展学前教育的责任主体。2014 年初，教育部等三部委在《关于实施第二期学前教育三年行动计划的意见》中指出，在完成了第一期学前教育三年行动计划之后，学前教育改革发展取得显著成效，教师队伍建设逐步加强，但教师数量不足、职业吸引力不强的问题没有从根本上得到解决。因此，提高学前教育的影响力和职业吸引力，需要各级政府付出更多的努力。

1. 把学前教育纳入普及范围

调查显示，学前教育专业毕业生的职业坚定性不强，主要有两方面因素：一是一旦有更好的机会，大多数学生会不加考虑地马上跳槽就走；二是只有少数学生有意愿从事幼儿教师这一职业。这两个因素可能会导致在职幼儿教师人员流动大和人才流失严重，不利于学前教育事业的稳定发展。《国家中长期教育改革和发展规划纲要(2010—2020年)》(以下简称《纲要》)指出，到2020年，全面普及学前一年教育，基本普及学前两年教育，有条件的地区普及学前三年教育。因此，各级地方政府应该积极响应国家号召，加大对学前教育资金的投入，尽快把学前教育纳入普及范围。

2. 提高幼儿教师的地位和待遇

调查显示，四个年级学生的专业认同感和专业归属感均很低，他们认为目前幼儿教师的社会地位很低，工作又很辛苦，认为幼儿教师没有前途，尤其是面临毕业、就业的四年级学生。这就可能导致学生对幼儿教师这一职业失去信心，产生抵触情绪，没有学习动力，自己看不起自己，迫切寻求其他出路，使得准幼儿教师严重流失。因此，政府应认真落实《幼儿园教职工配备标准(暂行)》，依法落实幼儿教师的地位和待遇相关政策，完善学前教育师资培养培训体系，保障幼儿教师的合法权益，使幼儿教师成为令人向往的职业。

3. 加大学前教育宣传力度

调查表明，很多学生入学前对学前教育专业并不了解或者一知半解，甚至误以为学前教育就是带小孩，幼儿教师就是托儿所的保姆，是没有发展前途的。当这部分学生成为学前教育专业的一分子时，他们就可能产生逆反心理，否定自我，导致入学后无心学习、精神涣散、自暴自弃，这会严重影响到他们的专业学习与生活。所以政府应该加大对学前教育的宣传力度，让更多的人能通过主流媒体获得学前教育的专业内涵、价值意义、发展前景等信息。

(二) 努力实现学校作为专业思想教育主体和主阵地的功能

学校是专业思想教育的主体和主阵地，要根据学生的专业思想特点和动态，开展更加有针对性的专业思想教育，提高专业思想教育的有效性。

1. 突出专业思想教育的阶段性

调查表明，不同年级学生的专业思想有不同的特点，所以专业思想教育要在符合各年级学生心理特征的基础上，贯穿学生的整个学习生涯，而不是毕其功于一役。

所谓阶段，是指低级系统的不同因素经过演变和相互影响逐渐形成新一结构。学者王洪峰认为：专业思想教育要贯穿学生在校期间的整个学习过程，要根据不同年级、不同阶段的特点和动态，开展有针对性的专业思想教育。[①] 通过对学前教育专业的调查分析，我们发现，一年级是专业思想的关键期，此时应进行专业认知教育，邀请有关专家、有经验的一线优秀教师开设一系列的专题讲座和座谈会，开展专业特色课程，培养学生的兴趣；二年级是专业思想的敏感期，此时应进行职业道德教育，开设思想教育课程，定期召开学生座谈会以实时了解学生思想动向；三年级是专业思想的蜕

①王洪峰，李健睿，黄海鹏．构建“三全、三分”专业思想教育体系培养高素质复合型人才[J]．长春理工大学学报，2012，(3)：110.

变期，此时应进行职业理想教育，组织学生去幼儿园见习以树立对学前教育的信仰；四年级是专业思想的危险期，此时应进行职业定向教育，开展个别和专门的心理咨询活动，开展就业讲座，使学生明确自己的毕业去向。

2. 突出专业思想教育的渗透性

调查显示，学生的专业思想容易受诸多因素影响，所以要把专业思想教育渗透到各个方面，使传统、枯燥的专业思想教育灵活化。

所谓渗透，是指一个系统逐渐融入到其他系统。学者胡英芹认为，专业思想教育就是在专业教育中渗透思想教育。通过对学前教育专业的调查分析，我们认为，突出专业思想教育的渗透性，一是教师在传授专业知识的同时，要利用教材中的专业思想因素展开教育，结合自己的专业实际和学生的思想实际教学[①]，把专业思想教育渗透到学科中，潜移默化地提高学生的专业思想；二是发挥教育合力，实现共育，教育者、受教育者和教育环境是相互作用、相互影响的，学校应该加强与社区、家长的联系；三是把专业思想教育渗透到校园文化艺术活动中，把教育内容渗透到学生喜爱的课余活动中。

3. 突出专业思想教育的实践性

调查显示，有一部分学生认为，心理学、教育学等专业理论知识在幼儿园中是用不到的，他们不知道为什么学和怎么运用，由此可能会产生应付心理，所以要增加学生的实践机会。

所谓实践，是指把理论知识付诸于社会行动。社会意识的能动作用是通过指导人们的实践活动实现的。[②] 学生对事物初步的感性认识只有通过反复的实践活动的不断验证和深化，才能真正形成系统化的概念。通过对学前教育专业的调查分析，我们认为可以从两个方面入手，一方面学校可积极举办各类基本功比赛、技能成果汇报会等活动，促进学生全能发展；另一方面，增加见习实习和社会实践时间，让学生在实践中自主学习。

（三）积极调动学生作为专业思想教育对象的自我教育主动性

学生是有思想的个体，有自我教育的能力。作为专业思想教育的对象，专业思想的培养和巩固离不开学生自身的努力。

1. 提高专业认知的水平和能力

专业认知，是指学生认识所学专业的过程，即通过形成概念、知觉、判断或想象等心理活动来获取专业知识的过程。专业认知能力是人们完成专业学习活动最重要的心理条件。“提高专业认知能力是形成正确的学业认知、职业规划、职业意识、职业道德、自我认知、人生价值观认知的良好开端，是提高自身综合素质的关键，使学生充分

---

①胡英芹. 浅谈成人高教学生的专业思想教育[J]. 继续教育研究，2008，(2)：32.

②逢锦聚、陶德麟、王展飞，等. 马克思主义基本原理概论(第四版)[M]. 北京：高等教育出版社，2010：59.

感受到未来职业的挑战和责任”。[①] 专业认知能力越是有所提高,专业认知就会越深刻,兴趣就会越浓厚,自主学习的动力就会越充足。学前教育专业调查发现,大部分学生学习学前教育专业知识的途径都是传统的教师讲授,缺乏学习的自主性。因此,专业认知态度急需转变,专业认知能力急需提高。自主学习是学生自我教育的最好方式。自主学习以学生为主体,强调学生的自我选择、自我探索、自我创造和自我检验。学生自己能自我分配和决定什么时候要学什么和通过什么方式去学,主动适应本专业的要求和社会对幼儿教师职业的需要,掌握学前教育的专业知识、技能和方法,才能不断提高专业认知的水平和能力,巩固专业思想。

2. 培养持久而坚定的专业情感

专业认知高并不一定代表其专业思想水平就高。因此,在提高专业认知的基础上,需要进一步提高专业情感。著名社会心理学家沙莲香教授认为,情感是人们对客观事物是否满足自己的需要而产生的态度体验,是一种持久而坚定的高层次的情感。[②] 具有持久而坚定的专业情感,则个人需要无论是否得到满足,都能够自觉地调节情感并使之保持适度的状态。

调查显示,经过一段时间的专业教育和专业学习之后,大部分学生认同学前教育专业的社会价值,但并不满意目前幼儿教师的经济待遇和社会地位,专业思想容易受到影响,出现动摇。

专业情感具有强烈的主观能动性,需要更多的理性思维和主观意志的参与。因此,专业情感的培养,仅仅依赖学校和教师单方面的教育是无法培养出来的。学生要主动、积极地参与学前教育实践活动。实践活动在本质上是一种价值创造活动。成功的实践活动能使人产生正向的情感体验,只有在实践活动中才能真实地感受并形成现实的情感体验。实践活动越丰富、越深入,情感世界就越丰富,承受情感挫折的能力、情感的灵活性和情感的效能性就越强。要主动、积极地开展各种与学前教育相关的业余文化活动,缓解或消除心理压力和精神障碍,发展积极进取的精神和乐观开朗的性情。要敢于探索、大胆创新,勇于承受情感上和意志上的严峻考验,增强心理承受能力。开展学前教育职业理想和信念的自我教育,更多地关注与他人利益及社会利益的相关性和一致性,排除各种外部或内部因素对情感运行过程的干扰,理智地思考自身行为的社会价值,严格约束自己的思想和行为,自觉脱离本能或低级情感的控制和驱使,让自己的情感变得高尚起来,使之具有更强的社会性和责任感。

3. 锻炼坚强的专业意志品质

调查发现,影响学前教育专业思想的因素,除了幼儿教师的经济待遇和社会地位之外,幼儿教师职业的辛苦、繁杂,是一个非常重要的因素。在许多学生看来,幼儿教

---

①谭睿,张波.探讨专业认知与职业规划的教育过程与方法[J].华中师范大学学报:人文社会科学版,2012,(2):130.

②沙莲香.社会心理学(第三版)[M].北京:中国人民大学出版社,2011:147.

师集教师、保姆和家长的身份于一身，承担着幼儿教育、保健、安全和发展等多重责任。巨大的压力，容易让未来的幼儿教师对专业失去信心，出现动摇，甚至见异思迁。事实证明，如果没有对学前教育事业的炽热情感和坚强意志，即使有一定的理论知识和实践能力，也难以有效地发挥出来。

意志是个体自觉地确定目的并根据目的调节支配自身的行动，克服困难，实现预定目标的心理过程。[①] 意志是意识能动性的集中表现，对人的行为具有发动、坚持和制止、改变等方面的控制和调节作用。

专业意志品质的培养和锻炼要从明确专业的社会意义做起，树立明确的目标，自我分配和决定什么时候要学什么和通过什么方式学习，主动适应本专业的要求和社会对幼儿教师职业的需要，掌握学前教育的专业知识、技能和方法，否则就容易受到暗示，从而失去独立性。要善于明辨是非，对专业选择、专业学习和专业工作，理智、理性而不是草率、鲁莽地做出决定和执行决定，否则就容易迷失自我，失去方向和定力。面对学前教育的艰难处境和幼儿教师的巨大压力，要敢于和善于克服各种困难和障碍，努力完成既定的任务和目标，而不是见困难就躲，遇障碍就绕，更不是见异思迁。在市场经济的大潮中和物欲横流的现实里，要学会自我调控和自我支配，及时调整自己的情绪、行为、状态，自主、自立、自制，自己教育自己，自己约束自己，既不固执己见，也不任性妄为。

第二节 学前教育专业学生专业承诺现状的研究

随着科学技术的快速发展，国家对人才的需求越发强烈，科技在促进经济发展的同时也对教育提出了更高的要求，在培养人才的问题上已经从劳动型人才转变为科技创新型人才，社会对于教育发展改革的呼声也愈发激烈。无论是卢梭倡导的自然教育还是蒙台梭利所推行的感官教育，都在要求我们重视学前教育事业的发展。近年来我国陆续出台了相关的政策和指导性文件，《国家中长期教育改革和发展规划纲要(2010—2020年)》就提出了"积极发展学前教育"以及"重视0至3岁婴幼儿教育"的规划，以促进学前教育事业的发展。2010年下发的《国务院关于当前发展学前教育的若干意见》中也明确指出，学前教育是各级各类教育中的薄弱环节，师资问题是解决学前教育问题的重点和关键，因此，加强高素质专业化幼儿教师队伍的培养势在必行。同时，《幼儿园教师专业化标准(试行)》从基本理念、基本内容和实施建议上，针对幼儿园教师的从业标准做出了详细说明。这些改革措施对新时期的幼儿教师提出了更为明确的要求，这些国家政策文件的出台反映出当前社会对学前教育专业教师的认可和期待。

但目前学前教育的数量和质量却没有得到和谐发展，幼儿园各种各样的教师问

①林崇德，杨治良，黄希庭．心理学大辞典[M]．上海：上海教育出版社，2003：155.

题和环境问题仍然层出不穷,使我们不由得反思是否在培养学前教育专业人才方面出现了问题?而在学前教育专业人才的培养上,我们发现专业承诺的高低对于大学生专业思想的稳定、学习动力的激发、学业成就的取得、职业的合理规划至关重要。在日常教学中也发现,学前教育专业的学生对自己所学专业并不乐观,并且由于其就读校同时承担着培养学前教育本科人才及专科人才任务的特殊性,该专业的本、专科学生存在更多对所读专业的疑虑与误解,教师在教学过程中也遇到了诸多困惑。所以本文希望通过对专业承诺的调查研究,发现学前教育专业在培养人才方向上存在的问题,并从提高学前教育专业学生专业承诺的角度,为学前教育专业合理设置课程、培养合格教师奠定基础,为学前教育事业得到科学合理的发展探寻道路。

一、专业承诺的内涵及特点

在我国,对于专业承诺的概念界定一般采用福建师范大学连榕教授的定义,即"大学生的专业承诺指大学生认同所学专业,并愿意付出相应努力的积极态度和行为"。他将专业承诺划分为:情感承诺、继续承诺、规范承诺、理想承诺四个变量[①]。情感承诺,即大学生对本专业的情感倾向;继续承诺,主要涉及大学生由于自身能力、发展机会以及与本专业对应的工资待遇等经济情况而希望留在本专业学习;规范承诺,指大学生认可本专业的行为规范和对应的要求,而留在所学专业是出于道义上的义务和责任的考虑;理想承诺,反映为大学生觉得所学专业能发现自己的特长和有利于实现自己的期望。

段陆生和李永鑫通过对大学生专业承诺、学习倦怠与学习投入的关系的研究发现,专业承诺和学习倦怠对于学习投入具有显著的预测作用[②]。2010 年,何香仪以师范院校学生为对象,对学习倦怠、学习压力与学业成绩的关系进行了研究,结果表明,师范生的学习倦怠水平与学业成绩显著负相关,学习倦怠水平与学习压力水平显著正相关[③];吴兰花研究了大学生专业承诺与学习风格的关系,发现积极主动型学习风格和规范承诺、总承诺显著相关,总体统揽型学习风格和情感承诺、理想承诺显著相关[④];严瑜发现大学生的一般自我效能感对大学生的感情承诺和经济承诺都有显著的影响,但对大学生规范承诺和机会承诺没有显著的影响[⑤];刘永贤探讨了处于就业困难期的大学生的职业兴趣、择业效能感与专业承诺的关系,结果显示:大学生的职

---

①连榕,杨丽娴,吴兰花.大学生的专业承诺、学习倦怠的关系与量表编制[J].心理学报,2005,37(5):632-636.

②段陆生,李永鑫.大学生专业承诺、学习倦怠与学习投入的关系[J].中国健康心理学杂志,2008,16(4):407-450.

③何香仪.地方高师院校学生学习倦怠、学习压力与学业成绩的关系研究[D].长春:东北师范大学,2010:30-31.

④吴兰花.当代大学生专业承诺与学习风格研究[D].福州:福建师范大学,2004:30.

⑤严瑜,龙立荣.大学生专业承诺的心理结构及影响因素研究[J].高等教育研究,2008,29(6):90-97.

业兴趣与专业所需兴趣类型的对等程度对专业承诺的影响并不显著①。在对专业承诺的影响研究中，大学生的专业性学习直接影响社会职业的态度和素质，而不同专业所对应的专业承诺也呈现出各自的特点。而学前教育专业作为近年来国家逐步重视的专业，随着二孩政策的推行，国民素质的提高，越发具有价值和意义。

二、学前教育专业承诺调查结果与分析

我们对韶关学院韶州师范分院学前教育专业学生的基本情况，进行了调查，采用分层随机抽样法，使用连榕教授与吴兰花等人共同编制的《专业承诺量表》问卷。问卷共发放 200 份，最终收回 200 份，有效问卷 192 份，回收率 100%，有效问卷率 96%。采用 SPSS 24.0 社会科学统计软件包对原始数据进行统计分析，并结合 Excel 2011 制作相关的更为直观易懂的数据表格。

（一）学前教育专业学生专业承诺整体情况

通过对学前教育专业学生专业承诺整体情况进行分析，发现学前教育专业学生的专业承诺总体水平处于中上。其中继续承诺最低，规范承诺和理想承诺最高，且规范承诺稍高于理想承诺，情感承诺处于中间状态。可见绝大部分的学前教育专业学生是因为规范承诺，即认同所学专业的规范和要求，出于义务和责任的考虑而留在该专业学习，并且对该专业对口的职业意愿水平稍低。具体见表 2-7。

表 2-7　大学生专业承诺的描述统计

维　度	N	平均值	标准差	理论中数
情感承诺	200	27.49	5.399	28
理想承诺	200	20.14	4.787	21
规范承诺	200	18.39	4.031	19
继续承诺	200	17.65	3.024	18
专业承诺总分	200	83.66	14.689	85

（二）学前教育专业学生专业承诺社会统计人口学变量的差异检验

1. 学生性别之间专业承诺的比较分析

通过对男生和女生的性别差异分析表得知，两者的显著性为 0.000，小于 0.01，说明男女生在专业承诺上存在着极其显著的差异，即性别上的不同会影响专业承诺的水平。具体见表 2-8。

对性别差异情况进行交叉分析可知：男生的情感承诺平均分为 2.36，女生的情感承诺平均分为 3.5；男生的理想承诺平均分为 2.28，女生的理想承诺平均分为

①刘永贤.大学生职业兴趣.择业效能感量表的编制及其与专业承诺的关系研究[D].长春：吉林大学，2007:41-44.

2.96；男生的规范承诺平均分为3.2，女生的规范承诺平均分为3.93；男生的继续承诺平均分为2.64，女生的继续承诺平均分为3.0；男生专业承诺平均分为2.62，女生专业承诺平均分为3.3475。结果表明，女生在情感承诺、理想承诺、继续承诺、规范承诺上均高于男生，其中情感承诺平均分相差有1.14，是差值最高的承诺因子。

表2-8　性别的单因素方差分析(ANOVA)

	平方和	自由度	均　方	*F*	显著性
组间	4 435.760	1	4 435.760	22.779	0.000
组内	38 557.120	198	194.733		
总计	42 992.880	199			

2. 学生不同学历的专业承诺比较分析

表2-9反映的是本科与专科两个学历在专业承诺上的差异检验，两者的显著性为0.000，小于0.01，这说明本科生与专科生在专业承诺上存在着极其显著的差异，即学生不同的学历也会影响专业承诺的水平。

对不同学历的专业承诺情况进行交叉分析可知：专科的规范承诺平均分为4.09，本科的规范承诺平均分为3.6，即专科的规范承诺比本科高；专科的继续承诺平均分为3.27，本科的继续承诺平均分为2.66，即专科的继续承诺比本科高；专科的理想承诺平均分为3.01，本科的理想承诺平均分为2.75，即专科的理想承诺比本科高；专科的情感承诺平均分为3.57，本科的情感承诺平均分为3.16，即专科的情感承诺比本科高；专科的专业承诺平均分为3.485，本科的专业承诺平均分为3.0425，即专科的专业承诺比本科高。

通过数据分析我们可以发现，在四个承诺因子中，专科的分数都比本科要高，且都相差在0.4左右，所以在提高本科学生的专业承诺上应该多加分析。

表2-9　学历的单因素方差分析(ANOVA)

	平方和	自由度	均　方	*F*	显著性
组间	2 755.003	1	2 755.003	13.557	0.000
组内	40 237.877	198	203.222		
总计	42 992.880	199			

3. 学生不同年级的专业承诺比较分析

我们抽取的年级段有大一、大二和大三，由表2-10可知，年级上的差异与专业承诺差异不显著，即专业承诺的高低不受年级分布的影响。事实上，虽然从专业承诺的总分来看不受年级分布的影响，但在不同年级，情感承诺、规范承诺、理想承诺、继续承诺上得分高低各不相同。

表 2-10 分年级的单因素方差分析(ANOVA)

	平方和	自由度	均 方	F	显著性
组间	416.805	2	208.402	0.964	0.383
组内	42 576.075	197	216.122		
总计	42 992.880	199			

4. 学生高中所属科目之间的专业承诺比较分析

通过分析大学生在高中时所属的科目，即理科、文科、术科在专业承诺上的影响可知，两者的显著性为0.043，小于0.05，即高中所属的科目和专业承诺有显著性差异，即学生高中所属的科目会影响到学生专业承诺的水平(见表2-11)。

对高中所属科目的专业承诺进行交叉分析可知：情感承诺的平均分由高到低分别为：术科3.41，文科3.36，理科3.33；理想承诺平均分由高到低分别为：文科2.98，理科2.77，术科2.76；规范承诺平均分由高到低分别为：文科3.93，理科3.77，术科3.65；继续承诺平均分由高到低分别为：术科3.24，文科3.08，理科2.74；专业承诺平均分由高到低分别为：文科3.337 5，术科3.265，理科3.152 5。

由数据分析可知，文科在理想承诺、规范承诺和专业承诺上都比另外两科要高，术科在情感承诺和继续承诺上都比另外两科要高，理科在四个因子中都属于偏低的水平，所以理科学生在转入学前教育专业这种文科性质的专业时应该多注重进行适当的引导和疏导。

表 2-11 高中文理分科的单因素方差分析(ANOVA)

	平方和	自由度	均 方	F	显著性
组间	1 353.147	2	676.574	3.201	0.043
组内	41 639.733	197	211.369		
总计	42 992.880	199			

5. 学生不同家庭来源的专业承诺比较分析

家庭来源主要分为农村、县城、大城市，家庭来源和专业承诺的显著性差异为0.01，小于0.05，即两者存在显著性差异，即学生不同家庭来源对专业承诺的水平是有所影响的。

通过对不同家庭来源的专业承诺进行交叉分析可知：继续承诺平均分由高到低分别为：农村3.09，县城2.87，市区2.63；规范承诺平均分由高到低分别为：农村4.01，县城3.76，市区3.33；理想承诺平均分由高到低分别为：县城2.94，农村2.89，市区2.63；情感承诺平均分由高到低分别为：农村3.49，县城3.35，市区2.74；专业承诺平均分由高到低分别为：农村3.37，县城3.23，市区2.832 5。

结果显示，来自农村的学生在继续承诺、规范承诺、情感承诺和专业承诺方面都比县城、城市高，县城来的学生在理想承诺上要比另外两个高，而市区来的学生在所有的承诺因子中都属于最低水平(见表 2－12)。

表 2－12　家庭来源的单因素方差分析(ANOVA)

	平方和	自由度	均　方	F	显著性
组间	1 752.144	2	976.057	4.685	0.010
组内	41 040.766	197	208.329		
总计	42 992.880	199			

6. 学生选择专业的自主性的专业承诺的比较分析

专业选择时有自主性选择和服从调配，结果显示，两者的显著性差异为 0.000，小于 0.05，即选择专业时的自主性与专业承诺有显著性差异。具体见表 2－13。

对专业选择的自主性进行交叉分析可知：情感承诺平均分由高到低分别为：自主选择的学生为 3.56，而服从调配的学生为 2.57；理想承诺平均分由高到低分别为：服从调配的学生为 2.33，自主选择的学生为 2.03；规范承诺平均分由高到低分别为：自主选择的学生为 3.96，服从调配的学生为 3.38；继续承诺平均分由高到低分别为：自主选择的学生为 3.1，服从调配的学生为 2.4；专业承诺平均分由高到低分别为：自主选择的学生为 3.1625，服从调配的学生为 2.67。

由数据分析我们可以发现，自主选择的学生在情感承诺、规范承诺、继续承诺、专业承诺方面都比服从调配的学生高，而服从调配的学生在理想承诺上却比自主选择的学生要高。所以即使是一开始并不喜欢这个专业的学生也有在理想承诺上表现得比自主选择的学生要高的情况。对于专业承诺水平是可以通过采取一些措施对调配的学生进行引导的。

表 2－13　专业选择的单因素方差分析(ANOVA)

	平方和	自由度	均　方	F	显著性
组间	6 649.695	1	6 649.695	36.228	0.000
组内	36 343.185	198	183.551		
总计	42 992.880	199			

对以上六组学生的差异性进行检验，我们可以得出对专业承诺有显著性差异的因素有：性别、学历、高中所属科目、家庭来源和专业选择的自主性。而与专业承诺没有显著性差异的因素只有年级。

三、影响学前教育专业学生专业承诺的原因

通过对学前教育专业学生的调查和访谈及数据分析，本校学前教育专业学生专业承诺特点比较凸显，探究其原因，不仅涉及学校课程设置、管理模式、教学方式，也涉及社会对这个专业的看法和自己对这个专业的兴趣。

(一)对学前教育专业的传统误解

由于我国在学前教育事业上起步和发展都处于缓慢进行的阶段,社会上对学前教育还停留在“带小孩”“高级保姆”“青春饭”这样的观念上,导致大学生进入幼儿园工作一直处于尴尬的地位,大众意识中大学生不应该进入幼儿园教学,认为这是一种人才浪费;而且,长期以来,幼儿园工作者的学历一直都是中专水平或更低,这样的实际情况会让人产生幼儿园工作很简单、不需要太高文化水平的错觉。面对来自社会特别是亲人的一些误解,直接导致学前教育专业学生不希望在这个领域工作,故调查显示继续承诺低下的现状。而性别上女性较之男生专业承诺水平要高,也与传统守旧观念相关,认为男生应该有远大抱负,而“带孩子”不是男人该干的事。殊不知幼儿园长期的“阴盛阳衰”也对幼儿个性发展造成了一定的负面影响,学前教育同样需要充满阳刚之气的男生教师。

(二)缺乏对学前教育价值的认识,幼师的待遇和编制问题突出

长久以来,幼儿园都是独立于教育制度而存在的,虽然近年学前教育事业有所发展,但是相比传统的中小学教育,其重视程度还是有所差距的。在农村不上幼儿园的情况比比皆是,即使是在城市,也因为幼儿园高额的学费和稀缺的学位,让很多的人望而却步。更重要的是,在访谈中发现,对于没有接触过学前教育专业的人来说,很难意识到学前教育的重要性,认为幼儿园就是让孩子“瞎玩”,社会上对于学前教育的信息也是微乎其微。内外因的结合使学前教育一直处于不被重视的地位,对于学前教育的不重视自然也会让学习学前教育专业的学生感觉到社会的冷淡,感受不到应有的价值,自然就会降低理想承诺的水平。

从调查数据分析可以看出,学前教育专业学生的继续承诺是最低的,所以可以看出影响这个专业的最大的问题就是职业问题,可见幼儿园的待遇问题是非常关键的。据相关调查,通过一些公办幼儿园工资情况可知,很多幼儿园编制内外差别非常大,但就任务量来说,编制外的一些教师很多时候甚至超过编制内的教师。对于择业者而言,工资待遇问题无疑是第一条线,如果待遇跟不上,即使对这个职业再喜欢也会使人望而却步。

(三)学前教育专业课程设置不合理,教师教学形式和内容过于守旧

学前教育是一种特殊的师范类教育,它的特殊性表现在课程设置上不仅仅对学前教育的专业知识有要求,还对技能上的学习有很高的要求。但往往就是这种特殊的技能要求使学生迷失在更多提升艺术技能的怪圈里,学校一些专业的氛围不够好,太偏重技能,过多地表演,训练时间也很长,导致专业学习的重心偏移。而让学生走进这样的怪圈的原因就是学校课程设置的不合理,被访者透露,学校对技能的要求很高,而且专业上的活动都是技能表演,理论上的交流和学习很少,即使有也会被其他的技能训练冲淡。学校对技能课的重视会让学生忽视对专业理论的学习,远离学前

教育而偏向艺术教育。

在调查数据分析中可以发现，学前教育专业学生的理想承诺并不是很高。在专业上，教师对于学生的影响应该是积极的，但在调查中发现学校老师的积极性也不是很高，讲的知识点不新也不全，讲课模式也偏向传统守旧，思想不够开放，有时候自己去看相关的专业书籍的时候会觉得这些知识很有趣，但上课内容还是索然无味，学生自己看书学习的偏多。学校里面的老师无论在教学形式上还是内容上都偏向于守旧，不能很好地调动学生学习的兴趣，运用传统的方法单方面地教授，没有和学生进行互动性学习；在内容上，根植于教材，仅仅以教材为中心，甚至部分“有经验”的老师，一个 PPT“走天下”，知识和内容都没有得到很好的更新。这样无疑会对学生的兴趣有很大的影响，而且教师不重视专业教学也会导致学生产生不重视专业学习的后果，降低情感承诺的水平。

（四）实操训练没有发挥应有的作用

在和同学们的访谈中我们得知，在实操训练上过于形式化，教学法和微格室的模拟课堂，都是让本班的同学充当幼儿进行教学，但这可能与幼儿的真实反应千差万别，所以这些实操学习并没有收到应有的效果，反而因为一些不应该出现的教学错误削弱了学生对幼儿教学的兴趣。见习制度上也存在很多“走过场”式的学习，学生只是观察幼儿的一日生活，根本不能进入真正的教学环境中，学校安排的一些见习往往因为路程原因而让学生疲惫不堪。对师范生而言，学习教师技能非常重要，但是怎么能让学生真正地得到实操训练这是一个难题。而那些模拟的、“走过场式的”，以观看为主的实操显然意义不大。在这种模拟的实操中只会让学生在还未真正接受这个职业就备受这些“模拟”的打击，直接降低了学生继续承诺的水平。

（五）自我效能感的缺失，“混文凭”的学习态度

学习是一种自主性很强的过程，专业承诺水平的高低更多地会被学生自身要素所影响。因为对自己的认识不充分，从而不相信自己能学好，这样的心理会降低学生的专业承诺水平，特别是在大学这样松散、自由的环境下，一旦没有了外界的监督和指引，很容易就会对专业产生迷惘，从而懈怠专业学习，就更难以学好，这样的恶性循环就会导致自我效能感的缺失及形成学习无助从而降低专业承诺水平。

越来越多的大学生出现学习懈怠、懒散逃课现象，进入大学只是为了享受大学生活，放纵自己，考试往往是只要不挂科就万事大吉，不重视专业上的学习，只要拿到文凭就好，学到什么都无所谓。正是这样的态度，导致翘课、逃课都是常事，更不用说学习了。因为缺少对专业知识的学习，就不能正确地认识专业现状，从而大大降低了专业承诺的水平。

四、提升学前教育专业学生专业承诺水平的建议与措施

（一）深入了解专业，提升学生对所学专业的认可度

一直以来，幼师的社会地位也是影响学生报考学前教育专业的因素。在以往人们普遍的认知中，只要能管住孩子不让其受伤害就是最好的学前教育。殊不知，这只是学前教育任务当中最基本的部分。当前学前教育对于孩子的培养承担了更多的责任，包括传递知识、学会最基本的社会技能及社会性发展等，这对老师的专业化程度有了非常高的要求。多宣扬学前教育事业的知识，让更多的人能意识到学前教育的重要性，只有当人们意识到这份工作是有意义且重要的，才会让更多的人想从事这项工作，增强学生对所学专业的价值认可度从而提高专业承诺水平。目前，包括国家出台的一系列相关政策，对于学前教育及教师，在待遇、生存环境、职后发展等方面都有相关提升或支持，也让幼儿教师的社会地位得到了相应的提高。正因此，当前就读学前教育专业的学生也应该摆正对专业的态度，以积极的姿态来进行专业的学习，而非受他人或环境影响而否定自己的专业。提升专业认可度，作为祖国花朵的培育者，积极努力结合专业特点挖掘自身优势，何乐而不为？此外，高校也必须重视专业思想教育，及时调整学生对专业的科学认识，进一步提升对所学专业的认可度。

（二）设置合理的培养目标和课程内容，调动学生专业学习的兴趣

通过调查发现，学生对于学前教育专业课程的总体满意程度仍不高，他们主要认为培养目标较笼统，课程设置存在一些问题：一是知识类课程缺乏系统性，理论联系实际不够；二是技能类课程授课方式不合理，练习时间不足，有些缺乏实用性；三是实践类课程内容不够系统，方式单一，指导与评价力度不够。课程设置与实施上存在问题的原因；一是学校课程理念有待提高；二是资源的缺乏和利用率低；三是激励机制不够完善和有效。目前学前教育专业课程结构存在不合理之处，除了对学生的心理逻辑和学科逻辑不重视外，最关键的问题在于忽略了课程的实用性。理论性的课程需要学以致用，而不是停留在泛泛而谈或空谈上。要调动学生的学习兴趣，在课程设置以及实践性环节中一定要让学生多参与。在教学实操的练习中可以让学生走进幼儿园进行教学或者让幼师进入大学课堂，一起分享在教学过程中的宝贵经验，做到理论和实践真正地相结合，使学生不再靠模拟和想象来进行教学，得到真正的训练和学习。纯粹地见习观摩以及模拟微格室教学无异于隔靴搔痒，要注意区分斯皮罗所提出的高级教学法和初级教学法，决不能明明是高级学习却用初级教学方法，这样对学生的学习热情是不利的。学前教育专业课程要想更适应幼儿园课程改革的步伐，培养具备专业化素质的学前教师，需要进行一系列的改革与调整。

（三）增强学生综合竞争力，找准自我发展目标定位

相对于该专业的大、中专学生，本科专业的学生要求理论性更强，技能上也要求

达到一定的水平。其中知识类课程在学前教育课程体系中占重要地位,学前教师面对的是迫切需要了解周围世界,掌握生存知识与技能并激发潜能的儿童,其职业的特殊性,决定着学前教育专业的知识类课程要实用且门类广泛。知识类课程应涉猎健康、科学、社会、语言、艺术五大领域,帮助学生获取全面、丰富的知识背景。而技能学习部分,大部分同学反映课时太少,但练习需要花费大量时间,学得泛而不精;幼儿教师也反复强调技能的重要性,认为一旦工作后技能上如果存在差距是很难弥补的。因此,要提高学生的综合实力,就应该综合考虑,既不能只重视技能培养而忽略理论知识的提升,也不能只重视理论教育而放弃技能培养,所以需要适当地调整培养模式。

(四)及时剖析专业就业新动态,增强学生对职业前景的信心

当下学前教育专业正如朝阳一样冉冉升起。作为学前教育专业学生,应认真分析当前的形势,对自己的就业前景有清醒的认识。早期教育是21世纪幼儿教育的大趋势。截至2016年,我国共有幼儿园23.98万所,在园儿童(包括附设班)4413.86万人,学前三年毛入园率达到77.4%,基本普及学前教育。然而与此同时,最为核心和关键的问题在于我国幼儿教师队伍除了数量不足外,更存在素质不高、待遇偏低的情况。这也反映出幼教事业具有广阔的市场潜力,与之配套的幼儿教师和管理人员的需求激增,幼儿师范毕业生供不应求。尽管近年来各地一些院校增设了学前教育专业,但仍不能满足整个社会的需求。过去幼儿园对老师的素质要求不高,会跳会唱就可以了。而近年来,社会对幼儿教师的素质要求提高了,老师的道德素养、教育能力、是否经过正规培训是更关键的因素。因此,正规"科班"出身的学前教育毕业生供不应求,福利待遇也明显提高。而高职学前教育专业毕业生职业意识强、技能高、基础理论知识较系统、知识面较宽等,正符合社会对幼儿教师的要求。而对于本科、研究生等更高层次的学前教育专业毕业生,除了可以选择当幼儿教师外,也可以到跟幼儿研究方向相关联的杂志社、研究所工作,当然也可以自己创办幼儿园,就业领域也非常广阔。

(五)加大对幼儿园的财政拨款,加强行业待遇保障

从调查数据可知,学生在继续承诺上的得分是最低的。就一个职业的吸引力和稳定性而言,工资待遇就是最直接和决定性的因素,所以政府应该加大对幼儿园的财政拨款,并且要监督拨款的用处,使拨款透明化,用到实处,真正为幼儿教育做实事。近年社会各界虽然对学前教育事业的重视日益明显,各类型学校都扩大了对学前教育专业学生的招收,各地方也扩建了很多符合资质的幼儿园,但是,幼儿教师的工资待遇却没有得到实质性的改善,即使是公办幼儿园也有超过一半的幼儿教师不是在编的,更不用说私营的幼儿园的工资待遇了。对于一个职业而言,如果没有合理的工资待遇,再高的教学热情也会消退。

总的来说,学前教育专业是近年较为热门的专业,但是新兴的专业总是面临着各

种问题,专业承诺的低下会影响到大学生的就业倾向和态度,而提高学前教育专业关注度的措施更应该多个方面的有效整合。

第三节　学前教育专业男生专业认同研究

随着我国教育事业的不断完善和发展,学前教育也日益受到全社会的重视。然而,男性教师入职学前教育的状态始终不尽如人意,一直以来幼儿园男性教师都非常少,男性幼师严重稀缺是一个亟待解决的问题。据统计,每一百名专任幼儿教师中男性不足两人。① 认同(identification)意指个体得到比自己地位或成就高的人的认可,以消除个体在现实生活中因无法获得成功或满足时而产生的挫折所带来的焦虑。心理学家弗洛伊德认为认同是个体与他人、群体或被模仿人物在感情上、心理上趋同的过程。② 专业认同内涵则十分广泛,“专业认同是价值内化的过程,也是个人自我形象的形成过程。”③“对于师范生而言,专业认同是对于整体社会的学习环境的主观评估,透过环境逐渐形成对于教育专业的价值看法,内化并表现在自己的行为和思想上,亦是个体藉由各种方式、途径与社会环境的不断接触,而逐渐习得作为一名教师所需具备的专业知识与专业技能。”④综合上述研究成果可见,专业认同是在对所学专业知识、技能初步理解的基础上,接受并转向于行为、思想上表现出来的过程。

学前教育专业在教育体系中扮演着相当重要的角色,而男生在学前教育体系中的作用越来越大。在学前教育这支庞大的“娘子军”中,男生与女生的比例严重失衡。显然,学前教育专业男生的专业认同是影响这一现象的主要因素,分析男生专业认同存在的因素,解决相关的问题显得尤为重要。研究学前教育专业男生专业认同,有利于男生更好地把握学前教育专业在他们心中的位置;有利于打破学前教育男女分配严重失衡的格局,利于高校合理地管理和引导学前教育专业男生的学习发展,并全面了解专业特点和更好地发挥自身的优势;有利于为社会提供对学前教育专业男生的认识的参考和借鉴。

一、研究设计及实施过程

本次调查研究主要采用了文献法、问卷调查法和访谈法。调查问卷的分发对象是韶关学院韶州师范分院学前教育专业的13级、14级和15级三个年级本科和专科的31名男生,发出31份调查问卷,收回有效问卷30份,回收有效率为96.8%。调

①王佳媛,贾玉霞,王西明,等.高师院校学前教育专业男生培养中的问题与对策[J].当代学前教育,2008,(5):10-13.

②车文博.弗洛伊德主义原理选辑[M].沈阳:辽宁人民出版社,198:375.

③王俪静,邱淑玫.成为教师:师范生的专业认同[J].教师研究月刊,2002,(9):9-10.

④李胜男,岑国桢.生态环境说、人生历程说——儿童心理发展的两种理论[J].宁波大学学报(教育科学版),2001,(6):24-27.

查问卷内容主要涉及:大学入学志愿填报情况、专业认识程度、对本专业的满意度、专业前景和就业前景、专业学习主动性、职业定位和职业发展目标、个人以及亲朋好友对男性从事学前教育工作的认同情况这7个因素。

访谈法对象的选取采取目的性抽样方法,由于考虑到访谈内容的全面性而在韶关学院韶州师范分院学前教育专业大四的四名男同学中抽取一名作为个案,主要围绕专业选择、专业学习、专业前景与职业规划这三个方面来设计访谈提纲。访谈资料的获得是在征得受访者同意的前提下,对访谈全程进行录音,之后经过整理形成文字。为保护受访者个人隐私,本次访谈全程用X同学来代替受访者真实姓名。

(一)访 谈

1. "对学前教育专业的选择有什么看法?"

X同学在大学入学前对学前教育专业并不了解,只是因为服从调剂才从事学前教育专业的学习。长期以来。社会观念一贯将学前教育视为专属于女性的领域,而男性则应当从事更加男性化的工作,若进入女性领域则被视为异类。[①]"(幼儿园的教育工作)都是些阿姨做的啊,要一个本科生去做完全是大材小用啊,而且还很吵。"而这也是他对学前教育专业的初始认识。

2. "学前教育专业学习存在的困惑和问题。"

有研究表明:男生的左脑占优势,在视觉空间能力、数学能力、实验观察能力和逻辑思维能力方面优于女生。[②] 现实中也不难发现,大多数女生无论是在学习学前教育课程的理论知识方面还是技能方面都会比男生强,就如X同学提到的在舞蹈课程的设计上就没怎么考虑男同学的特点,老师在教学舞种的选择上,所选的舞种过于柔和,这也和男生的体格不相适应,给人一种别扭的感觉。X同学认为"大学课程的设计直接影响了他对专业学习的主动性。"

3. "对学前教育专业前景与职业规划有什么想法?"

X同学认为,把幼教工作作为一个还没考上公务员前的"稳定工作"是可行的,而对考研来讲,则想都没想过,因为在他看来,考研除非是考本专业,跨专业的话难度太大了,而他本人又对本专业的考研没兴趣。形成这种矛盾心理的原因除了男性幼儿园教师的社会地位低下以外,还有一个因素就是他对幼儿园男教师的发展前景没有多大的信心,个人的能力不能在未来的职业上更好地发挥出来。

(二)访谈统计

对韶关学院韶州师范分院学前教育专业的2013级、2014级和2015级三个年级本科和专科的31名男生发出了31份调查问卷,进行统计后有效收回30份,回收有效率为96.8%,见表2-14。

---

①于晓梅.学前教育专业男生的心理问题及对策[J].内蒙古师范大学学报(教育科学版),2005,(1):80-82.
②陈雅芳.关于学前教育专业男生心理健康教育的思考[J].福建教育学院学报,2007,(1):40-44.

表 2-14 访谈调查样本对象统计表

/份

学习层次/年级	大一	大二	大三
本科	14	4	5
专科	4	3	0

二、调查结果及数据分析

(一) 本科与专科学前教育专业男生的专业认同调查情况及分析

通过调查问卷来对比分析本校学前教育专业本科生与专科生在专业认同上存在的差异,有助于更加全面地分析不同学历之间存在的专业认同影响因素。

1. 志愿填报的选择

本科生中主动选择学前教育专业的只有 1 人,其余 22 人均为服从调配,主动选择的约占全部本科生的 4.4%;而专科生中主动选择学前教育专业的有 5 人,其余 2 人为服从调配,主动选择的约占全部专科生的 71%。在对本专业的满意程度方面:本科生对学前教育专业满意的有 3 人,约占全部本科生的 13%,对学前教育专业不满意的有 20 人,约占全部本科生的 87%;专科生对学前教育专业满意的有 3 人,约占全部专科生的 43%,不满意的有 4 人,约占全部专科生的 57%。无论是本科生还是专科生,不满意的原因大多为对本专业不感兴趣。

2. 毕业后去向意愿选择

本次调查问卷显示,有约 21%的本科男生毕业以后选择从事学前教育工作;60%的人选择继续升学;19%的人则选择创业。而专科男生毕业后绝大部分都选择从事学前教育工作,约占全部专科男生的 79%。无论是本科生还是专科生,都对专业前景与就业前景持“担心找不到工作”的心态。

3. 专业学习主动性选择

表示不会主动去阅读本专业的相关课外辅导书来拓展理论知识的本科男生占全部本科男生的 72%;而专科生方面也有高达 87%的男生表示不会主动阅读相关课外辅导书。其中本科生中缺乏主动性的原因有 66%的认为“课程重理论轻实践且内容烦琐”。

4. 职业规划及亲友支持度选择

在本科生里,对个人职业定位和职业发展规划“非常明确”的占 28%;“比较明确”的占 44%;“不明确的”占 26%。在个人以及亲朋好友对男性从事学前教育工作的认同情况方面,本科生的家长绝大部分都持“强烈反对”的态度,约占调查的本科生的 83%,而专科生则只占 16%,表明在专业认同上,家长的干预有一定的影响。学前教育专科生相对于本科生而言,更加乐意与其他非学前教育专业的好友介绍自己所学的专业知识。

调查数据表明，学前教育专业本科男生与专科男生在大学入学前的专业选择主动性上就存在很大的差异，相对于本科生而言，专科生表现得更加主动。无论是本科生还是专科生，都有超过一半的人表现出对学前教育专业课程的不满意倾向，学前教育专业的课程设计直接影响到他们的兴趣。课程的“重理论轻实践且内容烦琐”也直接地导致了他们在学习过程中一直处于被动的状态，久而久之产生厌学情绪。面对未来就业前景，本科生和专科生都表示“担心找不到工作”，这里的“工作”更多的是理想的工作，因为一位拿到文凭证书顺利毕业的男幼师找一份相应的工作还不是一件难事，只是薪水高低的问题而已。身边亲朋好友对学前教育的态度也间接地影响了男生对学前教育的认同。而这一点在本科生与专科生中差异显得尤为突出，本科生家长的干预力度比专科生的家长大得多。本科生的家长更加在乎自己孩子从事的职业，而且家长和学生往往把所从事职业的价值和服务人群相挂钩，认为教幼儿就一定比从事其他行业差。其实工作的价值和投入事业所付出的贡献是挂钩的。由此看来，本科生与专科生在专业认同上存在差异主要是因为专业倾向的主动性和家长对孩子专业选择的干预力度这两点，因而加强男生的职业信仰与专业理解，提高男生的专业认同感和归属感迫在眉睫。

（二）不同年级的学前教育专业男生的专业认同差异及分析

通过调查问卷来对比分析本校学前教育专业三个不同年级的男生在专业认同上存在的差异，有助于分析不同阶段的男生之间存在的专业认同差异。三个年级被调查人数中各年级所占比例见图 2-1。

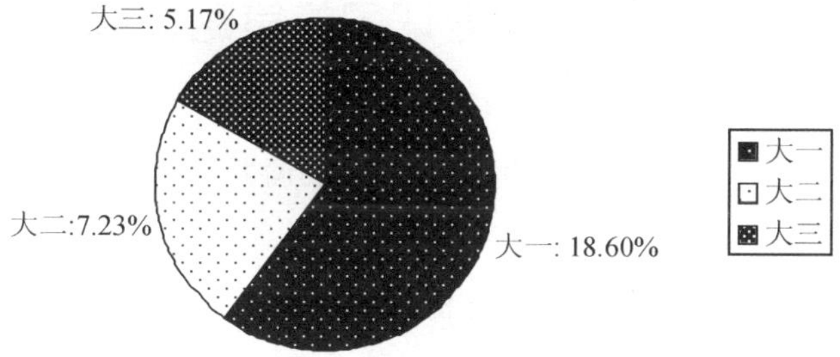

图 2-1　调查样本中各年级人数比例图

从志愿填报情况来看，三个年级有一个共同特点：服从调配的人数所占比例每年都高于 50%，甚至 2013 届的达到 100%。这也从一个侧面可以看出学前教育专业在男生的初始认知中还处于不平衡的位置。可喜的是自 2013 年以来，服从调配比例是处于下降趋势的，也就意味着主动选择学前教育专业的动机加大；其中还有一个干扰比较强的因素——广东高考卷在 2016 年将改成全国卷，有些男生不愿意冒这个风险而选择服从调配。而从专业认识程度上看，男生对于学前教育的认识呈上升趋势，但对学前教育专业的满意程度上绝大部分男生还是持“不满意”的态度，而且都归因于对专业知识的不感兴趣，这一点大三的男生表现得尤为突出，五个男生都对学前教育表示出不感兴趣。在就业前景方面，大一和大三的男生有着明显差异，由于大三男生处于将要毕业阶段，相比大一男生要显得“忧虑”，大三男生开始更加在意将要面临的工作选择。对于是否选择从事学前教育工作，大一男生的关注点倾向于“薪酬和福利”以及“社会认同”；大二男生倾向于“薪酬和福利”以及“教育工作内容”；大三男生则倾向于“薪酬和福利”以及“社会认同”。可以看出三个年级都比较看重“薪酬和福利”这一物质方面，薪水是他们共同优先考虑的，不同的是大一男生比较在意社会认同，因为他们刚进入大学，学习的专业将来很有可能是自己从事的相关工作内容，自然而然地把周围人的看法放在第一位；而大二男生已经把重心放在自己已经投身并且学习了一年的专业课程上，所以对教育内容显得尤为在意；大三的男生将要面临毕业就业的难题，所以对社会认同又开始关心起来。专业学习的主动性低是三个年级男生的共同特点，需要调动他们对专业学习的主动性，所谓兴趣是最好的老师，他们缺乏对学前教育专业的兴趣自然就显得消极而被动，课程的设计直接起着影响作用。三个年级的男生对职业定位和职业规划不明确的占据大部分，甚至大三男生还有80％对自己的职业定位和职业规划感到一头雾水，其中部分原因是自己对毕业后的打算犹豫不决，更大一部分原因是大学期间没有一个提前审视职业的计划与过程。从个人以及亲朋好友对男性从事学前教育工作的认同情况方面分析，绝大部分都还是持“中立”态度的，极少数家长持“支持”的态度和“强烈反对”的态度，父辈以及周围人的态度也间接影响男生对学前教育的专业认同感，男生容易受外界因素的影响，容易动摇，所以加强专业理解、专业前景设计与职业规划显得尤为重要。

三、学前教育专业男生专业认同的策略探究

学前教育专业男生专业认同受诸多因素的影响，巩固和加强男生的专业认同感，需要政府、社会、幼教机构、学校和学生个人五个层面共同努力。

（一）政府层面

2010年，《国家中长期教育改革和发展规划纲要（2010—2020年）》的出台为学前教育的发展保驾护航；值得注意的是，《纲要》指出，到2020年，全面普及学前一年教育，基本普及学前两年教育，有条件的地区普及学前三年教育。[①]《纲要》并没有全面地把学前教育纳入义务教育。《国务院关于当前发展学前教育的若干意见》也指出，学前教育是国民教育体系的重要组成部分，政府则是发展学前教育的责任主体。这些文件都为学前教育的长远发展提供了有力的政策保障，然而针对保障男生在学前教育专业方面的政策则很少，男生对从事学前教育专业工作的欲望不强，导致学前教育师资队伍建设的男女失衡现状没有大的改观，加强男生专业认同感还需要真正把

①教育部基础教育司．幼儿园教育指导纲要（试行）[M]．北京：人民教育出版社，2002：219-253.

男生利益放入政策保障体系中。调查显示，男生对学前教育专业就业前景是很不乐观的，主要顾虑就是薪酬福利方面，《幼儿园教育指导纲要（试行）》中指出，"幼儿园教育是基础教育的重要组成部分，是我国学校教育和终身教育的奠基阶段。"然而学前教育却一直没有真正纳入到我国义务教育体系中，学前教育经费也没有纳入我国公共财政保障范围。[①] 所以要加大资金的投入，认真落实《幼儿园教职工配备标准（暂行）》政策以及出台针对男生的扶持政策，为男生的就业前景打下坚实的物质基础和提高切实的政策保障。

（二）社会层面

中国传统的社会观念里，男主外、女主内，从父系社会到现在延续几千年，可以说是根深蒂固。大部分人仍然认为，男孩子长大成人了就应该从事土木工程、金融等看上去"很有前途"的职业，而从事教育事业特别是学前教育则"没什么好的发展前景"；反观女生，社会上对女性从事学前教育工作反而很欣然接受，因为他们觉得女性就应该相夫教子，找一份稳稳当当的工作。而这种性别压力产生的原因是整个社会在性别观念上仍然缺乏宽容度，只有当社会的性别观念更加开放与合理时，男女两性才有可能打破各自性别的限制，进入更广阔的职业领域。[②] 此外，需要慢慢形成一种学前教育很重要与学前教育理应有男性一席之地的社会共识。从调查结果分析得出，社会对学前教育的认识还停留在表面浅显阶段，即使是大学生，也普遍是上大学后才知道学前教育这一专业，所以应该动员全社会的力量，大力宣传学前教育的重要性，让群众对学前教育有一个全面、理性的认识，通过提高学前教育的社会地位间接增强男性从事学前教育的使命感和归属感。

（三）幼教机构层面

学前教育专业男生毕业之后面临的第一个问题便是就业问题。调查结果显示，面临职业选择的时候，男生往往把薪酬与社会福利放在优先考虑的位置。在学前教育还没有真正纳入到我国义务教育体系以及学前教育经费还没有纳入我国公共财务保障范围的时候，幼教机构应该做到对自身的发展有一个合理的规划，保障学前教育事业长远健康地发展。有研究表明，学前教育是青春事业，18～35 岁可能是男女教师从事学前教育一线工作的最佳时期，过了一定的年龄阶段，如 40 岁后，再从事本行业确有困难。[③] 所以要提供相应的途径和机会来加强男性教师的再发展，加快职能的转型和加强能力的提升。面对专业选拔和单位聘任机制，应该多一些对男生特点的考虑，分别以男女教师两个标准来衡量能力，为男性公平就业提供支撑。

---

①傅小芳.高师院校学前教育男生专业认同的影响因素分析——以人类发展生态学为视角[J].贵州师范学院学报，2013，(8)：69-72.

②叶飞.学前教育专业男生的性别压力探究[J].学前教育研究，2006，(6)：50-52.

③于晓梅.学前教育专业男生的心理问题及对策[J].内蒙古师范大学学报：教育科学版，2005，(1)：80-82.

（四）学校层面

学校是学前教育专业男生专业认同感的培养和形成的最主要场所，调查结果显示，这是男生职业信仰和专业认识程度加强的重要阶段，在此阶段的学习生活各方面都会对他们的就业前景以及职业规划产生重大的影响，所以要注意以下两点。

1. 课程的设计要兼顾男生女生的心理以及生理特征

研究表明，“高等师范院校的课程设置和教学对高师生教师职业认同的培养起着关键性的作用。”[①]学校培养学生的基本目的是向社会输送相应的专业人才，男生从事学前教育事业有利于为“阴盛阳衰”的学前教育环境带来阳刚之气，合理的课程设计有利于培养男生形成良好的心理素质和人格特质。而有研究得出结论：“专业课程的设置并没有考虑到男性的特点，而基本是以适合女性的课程为主。”[②]不合理的课程，如偏女性化的舞蹈，不仅会让男生产生抵触而影响学习主动性，还有被女性同化的危险，所以有必要开设针对男生的专业课程，进而提高其专业认同感。

2. 加强和完善男生与幼教机构链接的枢纽

在这一点上，我认为本院校做得非常好：从大一开始，每个学期都规定为期一个星期的时间，让学生进入幼儿园见习。在这期间，男生可以提前了解将来职业的工作内容，便于他们提前进行职业规划和对就业前景有一个宏观的认识，逐渐培养专业认同感进而增强专业学习的主动性和自信心。

（五）学生层面

前面四个层面都是从外界的客观层面对学前教育专业男生的专业认同感提出策略，主观层面的深刻认识才是最主要的因素。专业认同感的培养和提升离不开男生自我的发展，即学习方面、工作方面以及个人品质方面。

1. 高专业认知水平和学习能力，为职业生涯打下基础

调查研究表明，绝大部分男生在大一入学时对学前教育专业认识程度普遍偏低、片面，专业认知水平和学习能力低下。提高专业认知水平和学习能力应该贯穿整个学生阶段。努力学习专业知识，扩大知识面和增强专业学习能力有助于专业学习主动性的逐渐提高。因此，学生要主动、积极地参与学前教育实践活动。实践活动在本质上是一种价值创造活动，学生在实践中培养对专业学习的兴趣，认真学习理论基础课、专业课、技能课，不断地提高自己的专业素养，不断地提高自身的专业认知水平，充分发挥自身的优势，让自己赢在学前教育事业的跑线上。学生作为社会的主体，应该主动地投入社会。哲学上说人不仅能能动地认识世界，还应该能动地改造世界。对于就业前景我们应该心怀憧憬，提前对自己的职业做好规划，在日常学习中提高职

①薄艳玲．高师生教师职业认同研究——以广西师范大学思想政治教育专业为例[D]．南宁：广西师范大学，2008：59.

②梁万生．学前教育专业男性本科生专业认同研究[D]．金华：浙江师范大学，2012：12.

业信仰以及专业归属感。

2. 提高个人意志品质修养，为学前教育发展保驾护航

目前，在我国就业形势十分严峻以及理想和现实发生严重矛盾冲突的情况下，男生要有充分的心理准备去迎接各种挑战。提高个人意志品质的修养，在不被社会所认同的时候都能始终保持自信、乐观、豁达的良好品质，迎难而上，撑起教育事业的一片天。

个人意志品质的形成，需要学会自我调控和自我支配，及时调整自我情绪和心态。要找准自己的定位，明白自己肩负的责任，不满足于现状，有开拓进取的精神。遇到困难时做到不卑不亢、自尊、自爱、自强，在日后的学前教育领域严格约束自己的思想和行为，使自己具有更强的社会责任感。

近年来，国家和社会各方面都对学前教育日益重视，而对学前教育专业男生的专业认同进行研究有着重要意义。本书通过从大学入学志愿填报情况、专业认识程度、对本专业满意度、专业前景和就业前景、专业学习主动性、职业定位和职业发展目标、个人以及亲朋好友对男性从事学前教育工作的认同情况这 7 个因素入手，对三个年级学前教育专业本科和专科男生专业认同进行调查分析，从政府、社会、幼教机构、学校和学生五个层面探究专业认同的策略，以实现提高专业认同感的目的。

第四节　学前教育专业学生儿童观的调查研究

儿童观是成人对儿童的总的看法和基本观点，不同地域、不同时代以及不同的社会成员会产生不同形态的儿童观。作为人的一种观念，儿童观实质上是一个历史文化的产物。在中世纪的西欧，在基督教教义的影响下，人们认为儿童生而有罪，并用体罚的方式教育儿童。在文艺复兴时期，以卢梭为代表的思想家发现了儿童，认为儿童是独立于成人之外的。随后，更有杜威提出儿童中心论，蒙台梭利、古尔德（古生物学家）及蒙塔古（人类学家）等许多学者从 19 世纪到今天反复表达一个隐喻的主题——“儿童是成人之父”，儿童从而成为教育的中心，现代儿童观就此基本确立。

而在中国传统封建社会里，传统儒学认为：君让臣死，臣不得不死；父让子亡，子不得不亡。当时出于工具主义的儿童观，儿童被看作传宗接代的工具。20 世纪初，随着两千多年来封建帝制的结束，人民开始向往自由、追求自由。五四运动时期这种风潮更是达到了高潮，鲁迅、周作人等有志之士吸收西方现代儿童观的教育理念，提出儿童要独立于成人之外，随后更是有陈鹤群和陶行知等教育家提出尊重儿童、解放儿童，为儿童教育事业做出了巨大的贡献。新中国成立初期，儿童作为社会主义建设事业的接班人，被誉为“祖国的希望”“祖国的花朵”。改革开放之后，儿童教育经过多次改革，期间，教育部先后颁发了《幼儿园工作规程》(1996)，试行了《幼儿园教育指导纲要》(2001)，确立了幼儿教育的重要地位。

笔者根据自身见习与实习的经历，发现大部分实习幼儿教师在实际工作当中所表现出来的儿童观与政策文件所倡导的有一定的差异，而实习幼儿教师的儿童观将会对未来从事教育工作的教育目的、教育内容以及教育手段的选择产生深远的影响。因此，笔者认为对幼儿教师儿童观的研究具有十分重要的意义。具体体现在两个方面：一是理论意义。国内对于儿童观的研究还是比较薄弱的，探究儿童观的文献也多从哲学思辨的角度出发，如探究我们需要什么样的儿童观？在实证研究上，关于准幼儿教师儿童观的研究是较为少见的，多数是研究某一群体幼儿教师的儿童观。因此本研究可以突破儿童观研究范围上的局限，以及进一步丰富学前教育的理论建设。二是实践意义。儿童观是成人对儿童的总的看法和基本观点，而教育观是基于儿童观之上的，直接影响儿童所接受的教育的质量。通过分析和比较不同年级的学前教育专业学生的儿童观，揭示出当前准幼儿教师的儿童观的差异性，随后在此基础上为高等院校在学前教师职前培养中如何渗透儿童观教育方面提供参考意见。

一、儿童观的初步认识

（一）儿童观的界定

《教育大辞典》把儿童观界定为"看待和对待儿童的观点的总和。涉及儿童的特性、权利和地位，儿童期的意义以及教育和儿童发展之间的关系等问题。"学者虞永平(2001)指出，儿童观是指人们对儿童的根本看法[①]。刘晓冬(2000)认为儿童观是人们对儿童观总的看法和基本观点，或者说是人们在哲学层面对儿童的认识[②]。庞丽娟(2001)总结认为，儿童观是指教师关于儿童的基本看法，包括对儿童身心发展特点、规律和心理发展动力等一系列问题的一般性认识及由此形成的对儿童的特定期望等[③]。在儿童观的构成上，卢乐山对此界定为"儿童观主要涉及这样一些问题：儿童的地位和权利，儿童期的意义，儿童的特质和能力，儿童生长发展的形式与原因等。"[④]总结以往学者对于儿童观的界定，笔者把儿童观界定为成人对儿童的总的看法和基本观点。主要包括儿童的权利和地位、儿童期的意义、儿童的身心发展特点、儿童的特质和能力以及儿童的个体差异等。

（二）国内外学者的研究

改革开放以来，中国的学前教育事业进行了大规模的改革，一方面发展有自己特色的教育理念，一方面吸收西方先进的教育理念，逐步形成现代化的儿童观内涵。虞永平先生(1995)指出，科学的儿童观至少包括以下几个观点：①儿童是稚嫩的个体，身心各方面尚不完善，需要合理的、科学的保护和照顾。②儿童是独立的个体，应有

---

①虞永平.论儿童观[J].学前教育研究，1995，(3)：5-6.

②刘晓东.儿童教育新论[M].南京：江苏教育出版社，1998：26.

③庞丽娟.教师与儿童的发展[M].北京：北京师范大学出版社，2001：80.

④卢乐山.学前教育原理[M].北京：北京师范大学出版社，1991：23.

充分活动、自由活动以及主动活动的权利和机会。③儿童是完整的个体，必须高度重视其在身高、情感、个性、认知、品德等方面的全面发展。④儿童是正在发展中的个体，除了有充分的发展潜能，还存在发展的个性差异，应遵循其身心发展规律，尊重个体差异，充分发掘其潜能。⑤儿童是成长在一定的自然、文化、社会环境中的个体，应注重给他们提供指向环境的体验、交往、操作、思考的机会。[①] 姚伟、万磊俊(1997)认为正确的儿童观，至少含有以下三层含义：①儿童是人，儿童与成人在人格上是平等的，同样有被尊重、被爱的需要。②儿童是具有主观能动性的人。③儿童是具有独立个性的人。[②] 刘晓东(2000)指出，现代化的儿童观至少应包含以下几个方面：①儿童是人，他具有生存权、人的尊严和其他一切基本人权。②儿童是一个全方位不断发展的人，他具有发展需要和满足生存的权利。③儿童期不只是为成人期做准备，它具有独立存在的价值。④不同性别的儿童应该受到平等的对待。⑤儿童有其内在的生动的精神生活，成人应珍视和尊重这种精神生活；除此之外，儿童还具有形之以外的丰富多彩的文化生活，成人应注意理解和参与儿童的文化生活和精神生活，不应该将成人文化无条件地强加给儿童。⑥儿童的文化世界和精神生活可以给成人以启示，成人应当向儿童学习。⑦每位儿童都有接受教育的权利，也就是说教育的目的不仅在于儿童的发展，还在于儿童是否获得了幸福。⑧儿童有权拥有欢乐自由的童年。[③] 张娜(2013)指出，现代儿童观主要包括以下几个方面：①承认儿童的独特地位。②尊重儿童的自然天性。③肯定儿童的未成熟状态。④关注儿童当下的生活。⑤重视儿童的能动活动。[④]

相比国内的研究，西方发达国家在此领域的研究更为深入。西方现代儿童观肇始于18世纪，自卢梭的"发现了儿童"、教育心理学运动的发展以及儿童心理学的诞生，西方社会开始普遍关注儿童的身心发展、权利和地位。蒙台梭利指出：儿童是具有潜在生命力的个体，具有心理胚胎期，具有吸收性心智，具有敏感期以及具有阶段性等，确立了新的儿童观。而杜威更是主张把儿童放在教育的中心，作为教育的起点。意大利的瑞吉欧教育模式所体现的儿童观，就是带有后现代儿童观的色彩、作为瑞吉欧教育体系的代表人物，洛里斯·马拉古奇指出"成人应当和儿童一起工作，并学会向儿童提出正确的问题"；"成人应当学会享受与儿童之间的关系"；"儿童不是抽象的，每个儿童都有自己的特点，成人应当考虑到每个儿童的具体表现"；"儿童是有能力的，我们不应当想象儿童是脆弱的、无能的"；"每个儿童都身处森林中，这个森林是美丽的，充满梦幻的，但是森林是没有路的，我们应当学会寻找森林的路"。[⑤] 总而

---

①虞永平．论儿童观[J]．学前教育研究，1995，(3)：5-6．

②姚伟，万磊俊．论儿童观[J]．吉林教育科学，1997，(4)：37-38．

③刘晓东．儿童教育新论[M]．南京：江苏教育出版社，1998：85．

④张娜，陈佑清．现代儿童观及其学前教育课程设计的意义[J]．全球教育展望，2013，(3)：91-98．

⑤Loris Malaguzzi. Your Image of the Child：Where Teaching Begins. [EB/OL]. [1994]. http://eccdc.org/wp-content/uploads/2016/07/Where_Teaching_Begins.pdf.

言之，当今西方仍然把儿童作为教育的主体和中心，但增添了一些后现代主义的色彩，如重视关系、多样性、文化背景以及其本身的积极主动性。

二、学前教育专业学生儿童观的调查方案及实施

(一) 调查样本的选取

基于研究的可行性与方便性的原则，本次调查研究对象选自韶关学院韶州师范分院。调查选取样本时，采取随机分层抽样的方式选取学前教育专业的大一、大二、大三以及大四每年级各30名学生作为调查对象。其中101名为女生，所占总人数的比例为84.17%，19名为男生，所占总人数的比例为15.83%。

此外，在进行访谈调查时，笔者也同样采取随机分层抽样的方式选取学前教育专业的大一、大二、大三以及大四每年级各2名学生作为访谈对象，共8名学前教育专业的学生。其中5名为女生，所占总人数的比例为62.5%；3名为男生，所占总人数的比例为37.5%。此次的访谈调查是辅助性调查，因此访谈对象的数量会偏少。

(二) 调查的手段和方法

本次研究主要采取文献法、问卷调查法和访谈调查法。

1. 文献法

通过中国知网等网站进行文献检索和阅读相关书籍，对儿童观的概念以及内涵进行探究、分析和综合归纳，在思考探究中，形成自己的理解，并了解国内外儿童观的研究现状，为本次研究奠定理论和技术基础。

2. 问卷调查法

在查阅大量文献的基础上，结合现代科学儿童观的内涵，对幼儿教师应当具备的儿童观进行理论构想，并据此设计出《学前教育专业学生儿童观的调查问卷》。随后通过采取随机分层抽样的方式选取不同年龄、性别、地域的学前教育专业学生进行问卷调查，主要想通过问卷调查的方式了解他们对儿童的权利和地位、儿童期的意义、儿童的身心发展特点、儿童的特质和能力、儿童的个体差异等的理解和看法，更重要的是对不同年级学生的儿童观进行分析和比较。本次调查研究共发放问卷140份，回收问卷125份，经检查，有效问卷为120份。具体情况见表2-15。

表2-15 各年级调查样本分布一览表

年　级	发放问卷(份)	回收问卷(份)	有效问卷(份)
大一	35	33	30
大二	35	32	30
大三	35	30	30
大四	35	30	30
总　计	140	125	120

3. 访谈调查法

同样也是通过查阅大量的文献资料，并结合现代科学儿童观的内涵，对幼儿教师应当具备的儿童观进行理论构想，随后设计访谈提纲，通过对学前教育专业学生进行访谈，进一步深入了解他们的儿童观，作为问卷调查的辅助调查，访谈对象的数量较少。但在调查过程中会针对儿童观的相关问题，与被访者进行较为深入的交谈，并且采用笔录和录音的方式对访谈内容进行记录。

（三）调查过程和时间安排

2017 年 7—8 月份主要任务是阅读收集到的相关文献，了解国内外儿童观的研究现状和现代科学儿童观，获取了足够的理论支撑后，设计并修改问卷。9 月中旬，到预定的班级发放问卷并当天回收问卷，9 月下旬笔者对问卷进行整理和统计，数据通过问卷软件“问卷星”和统计软件 SPSS20.0 进行统计分析。11 月份进行访谈调查研究，在查阅以往笔记和相关文献的基础上，进行访谈提纲的设计，并于 11 月中旬进行访谈调查及分析访谈结果。

三、学前教育专业学生儿童观的调查结果

本研究的结果及分析主要涉及两个方面：一是学前教育专业学生儿童观的现状；二是不同年级学前教育专业学生儿童观的差异性。

（一）学前教育专业学生儿童观的调查结果

对学前教育专业学生儿童观现状的研究主要从以下五个方面来进行：对儿童的权利和地位的看法、对儿童期的意义的看法、对儿童的身心发展特点的看法、对儿童特质和能力的看法、对儿童的个体差异的看法。

1. 对儿童的权利和地位的看法

（1）几乎所有的学生都认为幼儿园应该为幼儿分别设置男女厕所

对于“幼儿园应该为幼儿分别设置男女厕所”这一问题，55.83%的学生表示非常赞同，35%的学生表示基本赞同，只有 9.16%的学生表示不赞同，这表明几乎所有的学生都认识到不同性别的儿童应该受到平等的对待，也意识到儿童享有身体隐私权。具体见表 2－16。

表 2－16　对儿童权利的了解

问　题	问题选项	百分比
幼儿园应该为幼儿分别设置男女厕所	很不赞同	0.83%
	不太赞同	8.33%
	基本赞同	35%
	非常赞同	55.83%

（2）超过一半学生不赞同教师经常请忽略指令的幼儿在一旁静坐

从表 2-17 可以看出，20%的学生很不赞同教师的做法，35.83%的学生表示不太赞同，认识到幼儿有受教育和人格尊严被尊重的权利；而 39.17%的学生对教师的做法表示基本赞同和 5%的学生认为非常赞同，对儿童地位的认识还不太到位。

表 2-17 对儿童地位的认识

问题	问题选项	百分比
对于某个我行我素、完全忽视教师指令的幼儿，教师经常请他在一旁单独静坐一会	很不赞同	20%
	不太赞同	35.83%
	基本赞同	39.17%
	非常赞同	5%

2. 对儿童期的意义的看法

学前教育专业学生重视儿童期意义的学生人数与不重视的人数差不多。表 2-18 显示，36.67%的学生基本赞同幼儿的童年期是为成人期做准备的，也有 12.5%的学生表示非常赞同这一观点。也就是说有接近一半的学生没有真正理解和重视幼儿儿童期的意义。

表 2-18 对童年期的看法

问题	问题选项	百分比
童年时期，成人应培养幼儿发展各方面的能力为成人期做准备	很不赞同	6.67%
	不太赞同	44.17%
	基本赞同	36.67%
	非常赞同	12.5%

3. 对儿童身心发展的特点的看法

（1）大部分学生赞同后天环境对幼儿的影响更大

由表 2-19 可以看出，70%的学生认为相比先天因素，后天的环境对幼儿的发展更重要，但也有 30%的学生持相反意见。

表 2-19 对决定儿童发展因素的认识

问题	问题选项	百分比
影响幼儿发展的决定性因素不是先天条件，而是后天的环境的影响	很不赞同	3.33%
	不太赞同	26.67%
	基本赞同	59.17%
	非常赞同	10.83%

（2）超过一半的学生不赞同成人纠正幼儿一些不符合成人标准的行为

由表 2-20 可以看出，21.67%的学生表示很不赞同成人纠正幼儿一些不符合成人标准的行为，同时 51.67%的学生表示不太赞同，然而有 26.22%的学生是赞同成人的做法的，说明还有小部分的学生对儿童身心发展的特点不熟悉，不知道儿童身心发展的特点是循序渐进的，具有阶段性的，我们不能以成人的标准去要求儿童。

表 2－20　对儿童行为发展的认识

问　题	问题选项	百分比
当幼儿有一些行为不符合成人的生活经验和行为时，成人应及时对其进行纠正	很不赞同	21.67％
	不太赞同	51.67％
	基本赞同	22.5％
	非常赞同	4.17％

4. 对儿童特质和能力的看法

（1）几乎所有的同学们都赞同幼儿会主动地研究自己感兴趣的事物这个观点

由表 2－21 可以看出，只有 4.17％的同学不赞同幼儿会主动地研究自己感兴趣的事物这个观点，除此之外几乎所有学生都认识到幼儿有主观能动性和主动吸收的能力。

表 2－21　对儿童特质的看法

问　题	问题选项	百分比
幼儿会主动地研究自己感兴趣的事物	很不赞同	2.5％
	不太赞同	1.67％
	基本赞同	42.5％
	非常赞同	53.33％

（2）超过一半的学生不赞同多让幼儿尝试超过自身能力范围的事情

由表 2－22 可以看出，66.66％的学生对多让幼儿尝试超过自身能力范围的事情表示不赞同，认识到儿童的生理发展还不成熟，经常做超过自身能力范围的事情可能会导致儿童身心受挫，然而还有 33.34％的学生没意识到这一点。

表 2－22　对儿童能力的认识

问　题	问题选项	百分比
应该多让幼儿尝试超过自身能力范围的事情	很不赞同	8.33％
	不太赞同	58.33％
	基本赞同	29.17％
	非常赞同	4.17％

5. 对儿童个体差异的看法

（1）大部分学生都不清楚幼儿睡午觉存在个体差异

由表 2－23 看出，对于个别不喜欢睡午觉的幼儿不午睡的情况，15％的学生表示很不赞同，53.33％的学生表示不太赞同，也就是说不同意幼儿不午睡的学生超过半数。而26.67%的学生表示基本赞同，只有5%的学生是非常赞同的。这说明大部分学生都不清楚幼儿睡午觉存在个体差异。幼儿都是独一无二的个体，个体之间存在着差异，儿童对午睡的需要也具有个体差异性。《指南》中的健康领域身心状况部分规定："保证幼儿每天睡11～12小时，其中午睡一般应达到2小时左右。午睡时间可根据幼儿的年龄、季节的变化和个体差异适当减少。"

表2-23　对儿童是否进行午睡的看法

问题	问题选项	百分比
午休时，个别不喜欢睡午觉的幼儿可以不午睡	很不赞同	15%
	不太赞同	53.33%
	基本赞同	26.67%
	非常赞同	5%

(2) 大部分学生都赞同教师让小朋友们向聪明、听话的同学学习

由表2-24可以看出，4.17%的学生表示很不赞同教师让小朋友们向聪明、听话的同学学习，同时26.67%的学生表示不太赞同，而有69.16%的学生赞同教师的做法。这说明只有小部分的学生尊重儿童的个体差异。皮亚杰认为儿童的发展具有阶段性特点，这只是多数儿童的共同发展规律。塔夫茨大学心理学家费尔德曼关于认知发展的非普遍性理论，说明儿童发展具有个性化特点，这就要求成人差异化、个性化地对待每一个儿童，而不是定一个标准让儿童去效仿。

表2-24　对儿童个体差异的看法

问　题	问题选项	百分比
××同学聪明、听话，教师赞扬她并让全班小朋友向她学习	很不赞同	4.17%
	不太赞同	26.67%
	基本赞同	58.33%
	非常赞同	10.83%

(二) 不同年级学前教育专业学生儿童观的差异性调查结果

对不同年级的学前教育专业学生的儿童观的差异性研究主要从以下方面进行：一是检验学前教育专业学生的儿童观的显著性差异；二是对大一与大二、大一与大四、大三与大四学生分别进行组间差异t检验；其中问题(一)、(二)反映儿童的权利和地位；问题(三)反映儿童的期的意义；问题(四)、(五)反映儿童身心发展的特点；问题(六)、(七)反映儿童的特质和能力；问题(八)、(九)反映儿童的个体差异。

1. 学前教育专业学生儿童观显著性差异的调查结果

不同年级的学前教育专业学生儿童观的差异检验结果见表2-25。

表 2-25 不同年级的学前教育专业学生儿童观的差异检验表

问 题	大一 （M±SD）	大二 （M±SD）	大三 （M±SD）	大四 （M±SD）	*F*	*P*
（一）	3.80±0.407	3.43±0.626	3.37±0.765	3.23±0.774	4.052	0.009
（二）	2.13±0.860	2.43±0.817	1.90±0.759	2.63±0.718	5.027	0.003
（三）	2.50±0.731	2.53±0.900	2.43±0.680	2.77±0.900	0.966	0.411
（四）	2.87±0.629	2.57±0.728	3.00±0.643	2.67±0.661	2.572	0.058
（五）	2.27±0.740	2.13±0.730	1.97±0.718	2.07±0.907	0.785	0.504
（六）	3.40±0.723	3.67±0.479	3.27±0.828	3.57±0.504	2.225	0.089
（七）	2.27±0.691	2.03±0.718	2.33±0.711	2.50±0.572	2.456	0.067
（八）	2.27±0.828	2.20±0.714	2.17±0.791	2.23±0.680	0.097	0.961
（九）	2.87±0.776	2.73±0.691	2.53±0.776	2.93±0.521	1.911	0.132

方差分析的结果显示，不同年级的学前教育专业学生对儿童期的意义、儿童身心发展的特点、儿童的特质和能力、儿童的个体差异这四个方面的看法没有显著性差异；但不同年级的学前教育专业学生对儿童的权利和地位的看法存在着非常显著的差异（$P<0.01$），经过 Scheffe 事后检验，大四年级学生对儿童权利和地位的看法明显比大一、大二和大三年级的学生更接近现代幼儿教师所应该具备的儿童观。

2. 各组间差异 t 检验的结果

大一与大二学生的组间差异见表 2-26。

表 2-26 大一与大二学生组间差异 *t* 检验表

问 题	大一 （M±SD）	大二 （M±SD）	*t*	*p*
（一）	3.80±0.407	3.43±0.626	2.690	0.000
（二）	2.13±0.860	2.43±0.817	−1.385	0.708
（三）	2.50±0.731	2.53±0.900	−1.58	0.233
（四）	2.87±0.629	2.57±0.728	1.708	0.138
（五）	2.27±0.740	2.13±0.730	0.703	0.718
（六）	3.40±0.724	3.67±0.479	−1.682	0.048
（七）	2.27±0.691	2.03±0.730	1.282	0.414
（八）	2.27±0.828	2.20±0.714	0.334	0.455
（九）	2.87±0.776	2.73±0.691	0.703	0.887

t 检验结果显示，大一与大二学生对儿童权利和地位的看法有非常显著的差异

($P<0.01$),对儿童能力与特质的看法有显著的差异($P<0.05$),其余都没有显著差异。

大一与大四的组间差异见表2-27。

表2-27 组间差异 *t* 检验表

问　题	大一 (M±SD)	大四 (M±SD)	*t*	*p*
(一)	3.80±0.407	3.23±0.773	3.550	0.000
(二)	2.13±0.860	2.63±0.718	−2.443	0.559
(三)	2.50±0.731	2.77±0.898	−1.262	0.137
(四)	2.87±0.629	2.67±0.661	1.201	0.348
(五)	2.27±0.740	2.06±0.907	0.936	0.150
(六)	3.40±0.724	3.57±0.504	−1.035	0.137
(七)	2.27±0.691	2.50±0.572	−1.424	0.782
(八)	2.27±0.828	2.23±0.677	0.171	0.501
(九)	2.87±0.776	2.93±0.521	−0.391	0.077

t 检验结果显示,大一与大四学生对儿童权利和地位看法有非常显著的差异($P<0.01$),除此之外,没有显著差异。

大三与大四学生的组间差异见表2-28。

表2-28 组间差异 t 检验表

问　题	大三 (M±SD)	大四 (M±SD)	*t*	*p*
(一)	3.37±0.765	3.23±0.774	0.671	0.761
(二)	1.90±0.759	2.63±0.718	−3.844	0.858
(三)	2.43±0.679	2.77±0.898	−1.622	0.047
(四)	3.00±0.643	2.67±0.661	1.980	0.164
(五)	1.97±0.718	2.07±0.907	−0.473	0.030
(六)	3.27±0.828	3.57±0.504	−1.696	0.135
(七)	2.33±0.711	2.50±0.572	−1.000	0.582
(八)	2.17±0.791	2.23±0.679	−0.350	0.895
(九)	2.53±0.776	2.93±0.521	−2.344	0.001

t 检验结果表明,大三与大四学生对儿童期意义的看法和对儿童身心发展特点的看法有显著的差异($P<0.05$),对儿童个体差异的看法也有非常显著的差异($P<0.01$),除此之外,其余都没有显著差异。

四、学前教育专业学生儿童观调查结果的分析

从整体上看，学前教育专业学生的儿童观存在着一定的差异，他们对于儿童观构成的一些看法参差不齐，而且高年级学生的儿童观明显比低年级学生的更成熟、科学。

首先，在调查过程中发现，大部分学生对儿童权利和地位的看法是符合科学儿童观的内涵的，都知道儿童的权利和地位是儿童观的重要组成部分。科学的儿童观认为：儿童是人，也是权利的主体，儿童和成人一样具有人的尊严和权利。但通过进一步的访谈，发现大一的学生不太了解儿童的权利，不知道儿童拥有的最基本的权利是生存权，都认为给儿童足够的自由就是尊重儿童的权利和地位。但其他高年级的学生对这方面的看法就比较成熟、科学，特别是大四学生，基本熟知儿童的各种权利，也知道在教学或者生活中如何做到尊重儿童的权利和地位。

对儿童期意义的认识，访谈过程中发现所有的被访者都很重视儿童期的奠基作用。然而，大一、大二、大三年级的学生普遍认为儿童期是为以后的生活打基础，这其实间接反映出他们忽略了儿童期的真正意义。另外，大一、大二、大三学生比较重视在儿童期对儿童良好行为习惯的培养，而大四学生普遍重视儿童期对儿童良好行为习惯和道德情感的培养。

调查研究发现，大一的学生对儿童身心发展特点不熟悉，不知道儿童身心发展的特点是循序渐进的，具有阶段性，所以不能以成人的标准去要求儿童。除此之外，各年级的学生都知道影响儿童身心发展的因素有环境、教育和遗传等，都理解先天因素与后天因素对儿童影响的关系。

几乎所有的学生都能正确看待儿童的特质和能力，儿童是具有主观能动性的个体，是主动发展的个体，儿童通过自己的主观努力可以获得发展。但对于儿童个体差异，各年级学生认识都还是停留在浅层，在访谈中，大家基本都认为个体差异主要包括性格和智商，很少涉及影响教学方面的如发展速度和水平、学习兴趣等。《指南》强调，要充分理解和尊重幼儿发展进程中的个别差异，支持和引导他们从原有水平向更高水平发展，按照自身的速度和方式达到《指南》所呈现的发展“阶梯”，一定要避免用一把“尺子”衡量幼儿。

五、对树立学前教育专业学生正确儿童观的思考

通过对学前教育专业学生儿童观现状的揭示、解释，我们可以看出：学前教育专业学生的儿童观很多方面与现代科学儿童观一致，但存在着明显的深层、浅层之分。除了大四学生，其他年级学生的儿童观都基本属于浅层的。如何使学前教育专业学生浅层的儿童观转化为能在教育实践中运用的深层儿童观呢？如何使学前教育专业学生的儿童观更科学、更加符合幼儿的身心发展特点呢？针对这些问题，笔者提出以

下建议。

(一) 注重课堂中科学儿童观的渗透

儿童观是教师进行教育活动的心理背景,而教师的教育观是基于儿童观之上的,也就是说教师的儿童观影响着其对待儿童的方式和态度。儿童观在教师的教育观念、素质结构中占据着非常重要的地位。因此,培训学前教育专业学生时,应该在各种课程的讲授中尽量多渗透科学儿童观的相关内容。但以笔者三年多来参与课堂教学的经历来看,学校针对学前教育专业学生儿童观方面的培养还是不够重视,多以技能方面的培养为重。但在幼儿园见习过程中,笔者发现教师们弹唱跳等方面的技能在幼儿园各领域教学活动中发挥的作用很重要,但更为重要的还是幼儿教师对待幼儿的态度,当一个教师用欣赏的眼光或用质疑的眼光去看待孩子时,对孩子产生的影响是截然不同的。因此,笔者认为学校里的职前教育应将培养工作的重心向教育理论方面偏移,以形成对学前教育专业学生理论方面的培养也同等重视的格局。

(二) 课堂中注重学生学习的主体性

根据以往参与课堂活动的经验,笔者认为学前教育专业的大多数课程模式过于单一,依然停留在过去的"教师讲解、学生听"的模式。课堂主要以教师为主体,导致学生的参与度过低,不利于发挥学生的主动性,这容易导致学生吸收知识的质量不高。人唯有发挥主体性,才算得上真正意义上的人,才是自己的主人,才能更加自由、更加充分地发挥自己的智慧进行实践。因此,在课堂上,教师应提供学生参与的机会和空间,给学生参与讨论、发表自己的见解和意见的机会。学生之间不同的看法和见解还能引起学生自己认知上的冲突,在这个过程中,学生也能适当更改自己的认知角度,而且学生的切身参与会使他们自己对教育理念有更加深刻的见解,加深对知识的理解。因此,在教学过程中,教师应适当丰富课程模式,尽量做到以学生为主体。

(三) 增加学生直接或者间接参与一线教学的机会

根据以上的分析我们可以得知,大部分学前教育专业学生的儿童观是很浅层的,其中一个重要的原因是我们对于儿童观研究的局限。如很多学生认为给儿童足够的自由就是对儿童权利和地位的尊重,对于儿童权利的相关问题的了解还是不够深刻,例如如何保障幼儿权利的实施,大一、大二的学生基本认为以幼儿的意愿为前提,但大三、大四的学生会更深入地提及到以安全为前提,等等。其实这主要还是因为大三、大四学生的见习或者实习经验丰富,导致他们对儿童观很多方面的看法都比较深层。可见,深入到幼儿教育教学一线,是有利于学生儿童观的深层化和科学化的。但在访谈过程中,大一的学生反映从来没去过幼儿园见习,而大二与大三的学生去的次数也很少,一学年大概只能去一次。总的来说,学前教育专业学生实习或者见习的机会还是太少,学校应多重视丰富学生的实习与见习经历。

第五节 教育实习:一种反思性的实践活动

教育实习是师范院校最主要的实践教学形式。作为一种反思性的实践活动,分析教育实习的"反思性"特征,探索教育实习反思的路径,这对于提高教育实习反思的层次与效果,从而最终提高教育实习的质量,实现培养合格教师的目标,无论从理论上还是从实践上来说,都显得尤为重要。

一、何谓反思性的实践活动

反思不是舶来品,中国人并不缺乏反思的传统。

思之不慎,行而不当。在中国古代社会,孔子、荀子和朱熹就提出了"省""自省"的主张。所谓"省""自省",就是反思的意思。在孔子等先哲们看来,"省""自省"就是通过自我意识来省察自己言行的过程,强调的是自我提升道德修养的方法。

西方哲学史上最早关于反思的系统研究应当追溯到美国哲学家、教育家约翰·杜威。杜威在其著作《我们如何思维》中指出:反思既是内隐的思维活动,又是外显的探究活动,是基于事实基础上形成进一步结论的目标,对假设或信念进行认真、主动和持续的思考。① 在杜威看来,反思不是一种能被简单包装起来供教师运用的手段,而是面对问题和反映问题的一种主人翁态度。② 此外,英国哲学家约翰·洛克认为,反思是人心对本身所做活动的注意和知觉,是人经过反省心灵的活动及活动方式,取得有关它们的观念。③ 可见,反思作为一种意识行为,是主体自身有意识地去总结思考一些既定的问题,自发地去探索、解决问题,是对问题层层深入,反复、严肃的深思。

由此我们可以界定,反思是人认识真理的一种途径,是对某个问题进行反复思考探究的一种验证升华活动。

关于对"教育实习"概念的解释有诸多版本。《教育大辞典》是这样界定的:教育实习是各级师范院校学生到实习学校进行教育、教学专业实践的一种形式④;《中国教育百科全书》则认为:"教育实习是师范生参加教育教学实践的学习活动,是各级师范学校教学中不可缺少的组成部分。"⑤两个权威版本的解释尽管略有不同,但都具有明确的指向:教育实习是一种实践活动。两千多年前,《礼记·学记》第一次把反思与实践活动联系在一起,指出"学然后知不足,教然后知困。知不足,然后能自反也;知困,然后能自强也。"教育实习的过程既是"学"的过程,也是"教"的过程,是"学"与

①Dewey, J. (1933). How We Think: A Restatement of the Relation of Reflective Thinking to the Educative Process. Boston: D. C. Heath and Company. 9.

②卢真金.反思性实践是教师专业发展的重要举措[J].比较教育研究,2001,(5):53-54.

③洛克.人类理解论[M].关文云,译.北京:商务印书馆,1959:93.

④顾明远.教育大辞典(第2卷)[M].上海:上海教育出版社.1998:773.

⑤张念宏.中国教育百科全书[M].北京:海洋出版社.1991:118.

“教”相结合的实践过程。在这个过程中,反思的意义不言而喻。

在教育领域,真正提出反思性实践这一理论的是美国前麻省理工学院教授唐纳德·肖恩。肖恩于1983年在《反思性实践者——专家如何在行动中思考》一书中指出,“实践情境是流动、复杂且有价值冲突性的,在与情境的互动过程中发展处理问题的方式;实践是实践者借助实践性知识和实践情境展开‘反思性对话’,寻求问题解决并丰硕自身的实践性知识的进程。”①他认为,反思有两种类型:一是在事前事后对行动的反思,二是在行动过程中的反思。表现为:与情境的对话—行动中的新发现—新的行动中反思,螺旋式上升—再欣赏。②

由此我们可以界定,反思性的实践活动是一种经验性学习,是建构知识与情境进行反思性对话和批判分析的过程。

目前,国内对教育实习进行反思的系统研究并不多,研究主要集中在两点:第一,从高校角度出发,提出对教育实习模式的反思、教育实习课程的改革、实习基地的建立及实习教师的指导。如宋汪洋提出,要构建“多元·反思·发展”的教育实习模式,通过实习内容多样化、实习形式丰富化、实习时间全程化、实习评价多维化、实习合作多元化等对教育实习进行反思,以此培养实习生教育能力和研究态度,促进专业可持续发展。③第二,从实习生角度出发,注重培养实习生的反思意识和实践能力、进行教学反思的方式方法等。如徐美嫘希望,一方面高校通过优化课程建设、重视反思指导并采用多元评价方式等途径来创建反思发展的外部环境;另一方面,通过提高实习生的批判性思维能力、增强收集和处理教育实习的能力等途径培养实习生自身的反思能力。④

从教育实习反思的现状来看,缺乏全面性、系统性,反思的层次和效果较差。主要表现在:反思主体过于单一,没有重视政府部门及幼儿园在教育实习中的地位及作用,反思主体缺乏多元性;反思内容不够全面,多局限于某一方面,没有做系统的归纳;对反思时机的选择多倾向于事后反思,忽略实习前及实习中的反思,时机的选择性不合适等。因此,本研究立足于S大学学前教育专业教育实习现状进行反思,从反思主体多元性、反思内容多样性、反思时机的选择性和反思方法的多样性等角度和维度对教育实习进行反思,并对反思的路径进行探讨,从而提高教育实习与教育实习反思的水平和质量。

二、教育实习的反思性特征分析

教育实习是一种反思性的实践活动,受各种主客观因素的影响和制约。根据反

---

①王艳玲.培养“反思性实践者”的教师教育课程[D].上海:华东师范大学,2008.

②李莉春.“行动中反思”的实践认识论评述及其对教师发展的意义[J].教师教育研究,2007,(11):15.

③宋汪洋.多元·反思·发展——论教育实习模式的构建[J].中国成人教育,2012,(5):7-9.

④徐美.加强师范生实践反思能力的培养[J].中国教育学刊,2016,(1):94-97.

思的主体、内容、时机和方法等不同因素，基于S大学的教育实习及其反思现状，对教育实习的反思性特征进行分析，旨在加深对教育实习反思的认识，提高反思的层次和反思的效果。

（一）反思主体的多元化

研究反思的主体，就是要解决“谁来反思”的问题。

任何反思都是主体的反思。教育实习的主体是指对教育实习具有认识能力和实践能力的个体和群体。从S大学教育实习的情况来看，参与教育实习的主体是多元的，既包括实习生、实习生所在学校和实习所在学校的指导教师，还应包括实习生所在学校和实习所在学校、教育主管部门等，他们都在不同的程度上承担着反思的责任。因此，反思的主体也是多元的。因反思的主体的不同，教育实习反思可以分为个体反思和群体反思。

个体反思，是指反思主体以独立的个体的视角对教育实习的过程和结果所进行的自我检查和自我评价。独立的个体既可以是实习生，也可以是实习指导教师和实习管理者，他以教育实习参与者的身份，总结其中的得与失。因此，也称为内在反思。

群体反思，是指反思主体以群体的视角对教育实习的过程和结果所进行的相互检查和相互评价。群体反思的视角、反思的方式与方法具有多维性和多样性，因此，反思更具全面性与深刻性。因为群体反思的主体是由独立个体之外的其他主体构成的，因此，也称为外在反思或平行反思。

（二）反思内容的系统化

研究反思的内容，就是要解决“反思什么”的问题。

从S大学教育实习的情况来看，在教育实习的不同阶段，反思的内容是不同的，因而反思的指向性也是不一样的。因反思的内容不同，教育实习反思可以分为目标反思、行为反思和结果反思。

目标反思是对教育实习所期望达到的目标所进行的反思。目标反思，主要反思的是目标表达的期望高低与效价大小的关系。目标表达的期望太高，容易脱离实际而难以实现，目标表达的期望太低，则会缺乏激励作用。效价是教育实习主体感觉到的所要达到的目标对于自己的意义。效价越高，目标就越能体现主体的需要，主体也就越是渴望实现这种目标。期望与效价适切，这样的目标才是相对优化的。这就是目标反思的价值。

行为反思是对教育实习所期望达到的目标而付诸实践的行为所进行的反思。行为反思，主要反思的是行为与目标的契合程度，即行为的有效性。行为与目标的契合程度越高，说明行为的有效性越高，反之，则意味着行为的有效性越低，甚至是无效行为、错误行为。行为反思对于行为纠偏具有重要的意义。

结果反思是对教育实习的结果与教育实习所期望达到的目标的契合程度进行的反思。现实结果与所期望达到的目标契合程度越高，说明达到了目标，甚至超越了目标，反之，则意味着目标没有实现。通过结果反思，分析目标实现的程度，探讨其中的原因，总结经验教训，这是结果反思的意义所在。

(三) 反思时机的选择性

研究反思的时机，就是要解决“什么时候反思”的问题。

对教育实习反思来说，准确把握反思的时机，具有重要的意义。从S大学教育实习的情况来看，因反思的时机不同，教育实习反思可以分为实习前反思、实习中反思和实习后反思。

实习前反思，也称为行动前反思或实践前反思。对师范院校而言，教育实习是一种循环式的、不间断的实践活动。在新一轮实习开始之前，对上一轮实习进行反思，总结得与失，避免出现同样的问题，有针对性地完善实习计划，做到未雨绸缪。因此，这是一种预期性的反思、期盼性的反思，是对行动的反思、对实践的反思。

实习中的反思是一种即时性的反思，它使教育实习主体在觉察自身外显行为与内隐精神的基础上，对实习过程中不适的部分适时进行调控或调节，使其与自身的感觉相协调。因此，实习中的反思也可以称为“现场决策的反思”。①

实习后的反思，也称为延迟性反思、回顾性反思。顾名思义，就是指在实习结束后，对实习的情况和结果进行分析与评价，为下一轮的实习提供实践的参照。因此，这是一种总结性、追溯性的反思，是对实习的反思。

(四) 反思方法与形式的多样化

研究反思的方法与形式，就是要解决“怎么反思”的问题。

不同的反思方法，往往会导致不同的反思结果。从S大学教育实习的情况来看，因反思的方法不同，教育实习反思可以分为自省式反思、交互式反思和综合式反思。

自省是一种内心的自我反思，是自我能动性的一种表现，它不是外在的行为，也无须依靠外在的强制。从心理学上来说，自省属于自我评价系统。对自己的内心世界进行自我解剖，说到底，是对自己精神世界的一种承担，是对自我心理原动力的一种有效管控。对教育实习主体来说，任何反思首先都必须从内心开始，扪心自问、反躬自省，这既是一种优秀的品德，也是在心理上战胜自我的过程。

交互式反思是教育实习主体围绕实习过程中的某个问题展开平等交流和自主互动的一种反思方法。不同主体之间对话交流、相互探讨、取长补短，共同寻求解决问题的办法，使自己和群体得到共同提高、共同发展，这样才能实现交互式反思的全部价值。

综合式反思是教育实习主体把实习与教育教学研究、社会调查、毕业论文准备等任务结合起来一并进行反思的一种方法。王叔新认为，综合式反思是联结思想探究

---

①马克斯·范梅南. 教学机智——教育智慧的意蕴[M]. 李树英，译. 北京：教育科学出版社，2001：102.

与行动研究的纽带，是实现教育实习内在价值的主要途径。[1] 这样的反思态度更积极，目的更明确，效果更显著。

反思形式是对反思的过程与结果的呈现。从S大学教育实习的情况来看，因反思的形式不同，教育实践反思的模式可以分为内隐反思和外显反思。

内隐反思是指外部表现微弱或几乎没有表现的反思。一般而言，反思首先都发生在主体的内心世界，内隐反思人皆有之。内隐反思往往表现为教育实践主体将自己重新置身于教育实践的过程，在自己的内心对教育实践的经历进行重新解读和分析，找出问题与不足，思考解决问题与不足的方法。

外显反思是指反思的过程或结果能够为他人感知的反思，它是内隐反思的外化。通过口头语言或书面形式把反思的过程与内容表现出来的口头反思、书面反思，是外显反思的主要形式。

由此可见，反思方法与形式具有多样化的特征。选择和运用不同的反思方法、反思形式，反思的层次和效果是不一样的。

三、教育实习反思的路径探索

研究教育实习反思的特征，旨在为探索教育实习反思的路径提供理论支持和实践指导。在教育实习反思的过程中，如何规划与选择反思的路径，对于提高教育实习的水平与质量、提升教育实习反思的层次与效果、实现教师培养的目标具有重要的意义。

（一）充分发挥多元反思主体的主观能动性

充分发挥多元反思主体的主观能动性，是教育实习主体多元化的必然要求，对于反思层次与反思效果的提升，具有决定性的意义。

分析S大学的教育实习，实习管理者统筹整个教育实习工作，负责教育实习的组织、管理、调节等。实习管理工作是实现实习目标的关键。管理者通过管理教育实习，使实习生在实习工作中加以巩固与运用已学的理论知识，将感性认识上升到理性认识，认识上产生新的飞跃[2]；重视指导教师的指导和协调功能。而幼儿园指导教师和高校指导教师应正确定位自身的角色，相互支持，让实习生在实习中更深入地理解幼儿、教学和周围的工作环境，养成经常反思的习惯，为日后的教师专业发展打下良好的基础[3]；实习生在实习过程中应做到时刻观察反思，在教学中通过反思形成教学智慧，在管理中反思总结经验等。积极地来看待整个实习过程中反思意识的培养，并

---

①王叔新.反思性教育实习探索[J].淮阴师范学院学报：哲学社会科学版，2007，(2)：265-266.

②王桂英.五年制学前教育专业教育实习管理问题研究——以菏泽学院为例[D].济南：山东师范大学，2014.

③武文斌.教育实习中大学实习指导教师角色履行的状况及其影响因素研究[D].长春：东北师范大学，2014.

且有意识地针对教学的突发事件以及学生的要求和意见进行反思①;教育管理部门应重视教育实习工作,把教育实习纳入工作计划中,提供资源平台,通过政策引导,引领高校和幼儿园"联姻"。在高校与幼儿园的合作中给予便利,促使教育实习活动更加高效。②

任何反思都是主体的反思,任何反思都需要从个体开始,但个体反思与群体反思必须有机地融合起来,这样,反思才不会陷入冥思苦想,才能更好地集思广益,才能更有广度和深度。

反思最能体现主体的主观能动性,没有主体的主观能动性,就没有反思。因此,主体的主观能动性的发挥程度,直接影响反思的层次与反思的效果。在教育实习反思活动中,两种现象必须引起高度重视:一是缺位,即主体不在场;二是失位,即主体在场,但没有发挥应有的作用。第一种现象反映的问题,暴露的是参与教育实习管理和指导的主体在管理与指导上的缺位。教育现象学认为,认识教育世界的起点是我们身处教育世界中,教育的本质不是通过归纳、抽象形成的,而是从教育体验中直观得到的,只有这样,才能从根本上保证教育认识的可靠性。③ 教育实习反思也一样,脱离现场,何来体验,没有体验,哪有对教育实习本质的认识,教育实习反思又从何说起?第二种现象反映的问题,暴露的是参与教育实习管理和指导的主体在管理与指导上的失位。因各种主客观方面的原因,学校放松了对教育实习的管理,"放羊式实践"从无奈之举逐渐演变成了一种趋势,放羊式的管理和蜻蜓点水式的指导逐渐演变成了一种常态。因此,对教育实习本质的认识是表面的,教育实习的反思是肤浅的。教育实习管理和指导上的缺位、失位,造成的严重后果是,虽说教育实习反思的主体是多元的,不同的反思主体既在不同的程度上承担着教育实习的责任,也在不同的程度上承担着教育实习反思的责任,但在教育实习反思中,真正"在场"的往往只有学生这一个主体,教育实习和教育实习反思变成了学生专场表演的"独角戏",其他主体与之无关或关系不大,不同的主体之间没有形成一个良性互动的有机的整体,所谓的群体反思大多流于形式。因此,必须充分发挥多元反思主体的主观能动性,才能为改变和扭转这种局面创造更加有利的条件,从而提高反思的层次和反思的效果。发挥多元反思主体的主观能动性,实现反思主体的多元化,就是强调不同的反思主体都要回到教育实习的现场去,"回到事情本身去"。这样才有体验,体验才深。有了深刻的体验,才能触动反思、引发反思,最终在自己的内心世界形成一个灵动的"反思场",提高反思的层次和效果才有真正的保障。

---

①王克萍.师范生教学实习中反思意识和反思能力的培养研究——以历史学专业教育实习为例[D].桂林:广西师范大学,2013.

②段作章.基于"标准"的教育实践模式构想[J].江苏师范大学学报,2016,(11):6.

③王卫华.我们如何认识教育世界[J].教育研究,2016,(9):4.

（二）努力实现反思内容的系统化

教育实习从内容上来说，是复杂的，这就决定了教育实习反思在内容上必须是系统化的。

分析S大学的教育实习，其反思的内容涉及教育实习计划、管理制度、实习指导、实习评价和实习考核与总结等方方面面。管理者和实习生要根据现实情况制定好实习计划，在实习过程中根据情况灵活处理实习计划，使计划发挥更佳的指导作用；完善的实习管理机制是实习工作科学进行的保证；科学合理的指导是实习生取得更好实习效果的保证。在指导过程中要坚持时效性，内容的全面性。而被选派的指导教师要坚持择优性原则。[①] 实习评价是对实习生教育实习工作的评定和认可，它既可以测定实习生在实习过程中的发展情况和日后从事教学工作的发展潜力，也能从特定的角度发现专业教学中存在的问题，为提高教学质量、促进教学改革提供有力的依据。科学的评价方式和信息回馈是实习评价反思的重点。[②] 实习考核与总结工作是实习工作的终结阶段，只有认真做好总结工作，才能使教育实习发挥更大的效益。

关于反思的内容，学者汤姆（Tom）认为大致包括四大问题领域：教与学的过程、学科内容知识、蕴含于教学之中的政治和道德伦理原则，以及在广阔的社会背景下的教育制度。[③] 四大问题领域是目标反思、行动反思和结果反思的具体体现，是一个紧密关联而又相互兼容的有机整体。但在通常的情况下，教育实习反思的问题领域遭遇了严重的窄化处理，片面化反思的倾向越来越严重，从而导致反思的内容零散而不系统，这就严重割裂了目标反思、行动反思和结果反思之间的相互关系。在教育实习反思中，目标反思，重点是评价目标表达的期望高低与效价大小之间的相互关系，重新考量怎样的目标才是符合期望与效价的适切性的。因此，目标反思不仅是反思的开端，更是行动反思与结果反思的前提和基础。行动反思，重点是分析行动与目标之间的契合程度，评价行动对目标的实现是否有效。因此，行动反思是连接目标反思和结果反思的关键环节，直接关系着教育实习目标的实现和教育实习效果的达成。结果反思，重点是评价教育实习的结果与教育实习所期望达到的目标之间的契合程度，通过分析目标实现的程度，探讨其中的原因。因此，结果反思不是目标反思和行动反思的终结形式，而是新的又一个反思的开端。正确处理好目标反思、行动反思和结果反思之间的相互关系，尽可能做到既不挂一漏万，也不顾此失彼，这样的反思，才能体现反思内容系统化的特征，才不会导致反思的价值遗失和功能偏废。

---

①朱永新，杨树兵．教育实习指导中存在的问题及对策[J]．扬州大学学报：高教研究版，2001，(1)：47-50.

②林晖．高校师范专业教育实习评价改革初探[J]．广州大学学报，2010，(8)：65-68.

③A. Tom. Inquiring into Inquiry-oriented Teacher Education[J]. Journal of Teacher Education，1985，36(5)：35-44.

(三)选择合适的反思时机

对教育实习反思来说,准确把握反思的时机,具有重要的意义。

分析S大学的教育实习发现,在以往的教育实习反思中,我们更多关注的是实践后的反思,鲜有实践中的反思,更谈不上实践前的反思,反思的滞后性现象非常突出。实践前反思、实践中反思和实践后反思在过程上是一个密切相关、不可分割的有机整体。实践前反思是前瞻性的反思。通过反思以往教育实习的得失,总结经验教训,避免重蹈覆辙,这就是实践前反思的价值所在,是为了实践的反思。实践中反思,用舍恩的话来说,是与"具体的教育教学情景对话",能否在瞬间意识到情景中的教育价值,把握住情景中的教育时机,是对主体的教学机智和实践智慧的极大考验。舍恩认为,这"不仅是问题情境的反思,而且也是对于'实施该活动的实践者自身的反思'","一个问题的解决又在实现着背后更大问题的展开。"[①]范梅南尽管质疑"行动中的反思"的可能性,但却非常强调"教育情境中的智慧性行动",认为"教学机智"蕴含着教育智慧。[②] 因此,实践中反思,就是一个通过"教学机智"不断激发和增长教育智慧的过程,是一个不断消除疑惑、避免问题积累的过程。实践后反思是对教育实习行动的反思。根据范梅南关于对行动的反思的理解和阐释,教育的时机不仅要求行动中的反思,更要求对行动的反思。他说,对行动的反思总是在问"我本应该怎样做?"通过对"我本应该怎样做?"的反复追问和全面反思,决定我将来想成为什么样的人,我可能的行动依据的是在回忆性的反思中获得的智慧。因此,从深层次的意义上来说,实践后反思不仅仅只是实践前反思和实践中反思在时间与过程上的延续,更是一种面向未来的反思。教育实习是一个循环往复的过程,因此,教育实习反思也是一个循环往复的过程。教育实习反思作为一种意识,伴随着教育实习的始终;教育实习反思作为一种行为,贯穿于教育实习的始终。在教育实习的过程中,要通过反思意识的引导,把握和珍惜反思的每一次时机,实现反思过程的可持续性,在持续不断的反思中提高反思的层次与效果。

(四)灵活运用多样化的反思方法和反思形式

从哲学的意义上来说,方法是人们认识和改造客观世界应遵循的某种方式、途径和程序的总和,黑格尔把它称之为主观方面的手段,主观方面就是通过这个手段来与客体发生关系的。[③]

教育实习反思,通过自省式反思、交互式反思和综合式反思等多样化的、多向度的手段与教育实习发生关系。分析S大学的教育实习,在以往的教育实习反思中,自省式反思变成了单纯的闭门思过、面壁思过,导致反思者无法从自己封闭而

---

①Donald A Schon. The Reflective Practitioner: How Professionals Think in Action[M]. New York: Basic Books, 1983. 39.

②马克斯·范梅南. 教学机智——教育智慧的意蕴[M]. 李树英,译. 北京:教育科学出版社,2001.

③列宁全集(第38卷)[M]. 北京:人民出版社,1984:236.

狭小的世界里走出来;交互式反思真正的价值没有通过不同主体之间的交流对话、共商共赢而体现出来。因此,特别需要强调多样化的手段相互之间一定要形成互补,而不能各执一端、各执一词。不仅要有批评与自我批评的素养,更要有民主的气氛和包容的态度,否则,就有可能演变成为形式主义,徒有交互的形式,难以实现反思的价值;综合式反思强调不同的主题要有共同的目标,如果不同主题之间互不相关、甚至相互干扰,那么"综合"最终就可能演变成为大杂烩,反思的目标就会发生偏移。

形式是事物内在要素的结构或表现方式。马克思在分析形式与内容的相互关系时指出,如果形式不是内容的形式,那么它就没有任何价值了。教育实践反思形式的价值,就在于它是教育实践反思内容的结构和表现形式。

杜威认为,从某种意义上说,反思既是一种内隐的思维活动,又是一种外显的探究行动,作为一种"考虑",它是内隐的,作为一种"探索",它又是外显的。一般而言,反思作为一种意识首先都是从人的内心开始的。当剧烈的内心活动积聚到一定程度的时候,需要通过一定的形式表现出来,这就是外显。内隐反思是外显反思的基础,没有内隐反思的存在,就不可能有外显反思的出现。外显反思是内隐反思的外在表现,外显反思中内含着内隐反思的内容和结果。内隐反思与外显反思是相互联系的,在一定的条件下可以相互转化。内隐反思主要在内心世界展开,外显反思需要通过口头语言或书面语言把反思的过程和内容表达出来。内隐反思与外显反思不是层次上的区别,两者之间仅仅是形式上的不同而已。通过对 S 大学的教育实习分析发现,在过去的教育实践反思中,我们过分注重了外显反思,尤其是书面反思,忽视了内隐反思的过程,导致反思形式单一、流于表面,缺乏灵活性。教育实践反思是一个内化于心、外化于形的过程。没有内隐反思的过程作为基础,外显反思,尤其是口头反思和书面反思,就只能是一种没有内容的形式。当然,我们也需要防止另一种倾向,那就是内隐反思不能局限于内心的苦思冥想,要通过口头或书面这样的外显反思表达出来,让更多的人能分享、能受益,这才是反思的目的,这样的反思才有更高的价值。

第六节 学前教育专业教育实践困局及破解

学前教育专业实践课程的有效开展关系着幼儿教师的职前培养质量,关系着幼儿教育事业的发展前途。① 在学前教育师资培训体系中将教育实践环节置于如此重要的地位,可见实践之于人才培养的重要意义。从 2007 年国家教育部、财政部共同出台《关于实施高等学校本科教学质量与教学改革工程的意见》以来,国家对教育实践环节的重视程度和扶持力度逐渐加大,如 2010 年国家正式公布的《国家中长期教

①彭海蕾,刘莹.中美高校学前教育专业实践课程的比较[J].学前教育研究,2012,(2):49-54.

育改革和发展规划纲要(2010—2020年)》中,在“职业教育基础能力建设”等章节中明确提出“提升职业教育实践教学水平”的目标。2011年教育部、财政部关于“十二五”期间实施“高等学校本科教学质量与教学改革工程”的意见中进一步列出了“整合各类实验实践教学资源,建设开放共享的大学生实验实践教学平台”的专项建设目标,以北京、广东为首的全国大部分省市为此项目已如期规划并下拨了专项资金,大部分高校已经受益,长期困扰各高校的教学实践困局开始得以缓解。

然而,要圆满破解学前教育专业教育实践困局可能需要全社会付出更大的智慧和决心。当前中国学前教育实践环节面临的困难之大、局面之复杂是其他师范类和非师范类专业所难以比拟的,这主要是源于以下两大原因。其一,学前教育专业自身的特殊性。学前教育学段是我国从学前到高中四个学段中的初始阶段,此学段受众的幼龄性、教育活动的脱课程性,以及教育活动中的高不确定性使得学前教育学段在本质上不同于小学[①]和中学。其二,社会对学前教育认知的争议性——究竟该给予学前教育一个怎样的社会地位?该不该列入正式的国民教育序列?如果列入正式国民教育序列,能否等同于义务教育?这些根本上的问题在中国至今无解。这种认知混乱状态使得学前教育的监管与指导基本处于失控状态。比如学前教育法至今缺位,一个无“法”保障的庞大行业连基本运作都问题重重,更何况是想为其上游教育链的实践环节提供满意的解决方案了,其难度之大可想而知。

一、学前教育专业教育实践困局

学前教育专业教育实践面临的具体困局可以说是千头万绪,然而循其大要主要有以下两点。

(一)师范院校与托幼机构实践衔接脱节

目前国内学前教育专业的教育实践主要采取校内实训与校外实践两种形式,即一方面依托校内的实训、实验室开展基本专业技能的学习及训练,另一方面分阶段借助校外实践基地(主要是托幼机构)开展见习和实习。这种内外结合的模式中,内训是基础性的,也是辅助性的;外实是综合性的,也是实战性的。显然,实践成效的取得主要取决于校外托幼机构的实践活动这一环节,然而,恰恰这一环节也正是当下学前师范院校的一普遍性短板。

1. 实践互动地位不对等

学前师范类院校和院校所在地的部分托幼机构协议形成实践合作关系是国内的通行做法——园方为高校方在适当的时间提供实践的环境和岗位,高校方为园方的师资培训、业务指导提供便利条件,虽然看起来条件互惠、资源共享,但在实际操作

---

①何善平,杨淑丽,张新娅.论学前教育小学化的成因及去小学化的策略[J].陕西教育学院学报,2011,27(4):17-21.

中，托幼机构强势、高校方弱势的局面还是比较明显的。原因是其一，高校方对托幼机构的实践需求是硬性的，即不可或缺的，而托幼机构对高校方的需求则是软性的，是可有可无的。其二，校园之间的合作协议是基于双方自由选择的结果，其约束力不强，教育实践必然是高校方常态化的教学工作，但并不一定是托幼机构方的常态选择。其三，高校方的实践方案虽然名义上由双方协商约定，但实质决定权是掌握在托幼机构方，这样，教育实践的强度、时长及内容往往受到较大的制约，自然实践效果也会大受影响。因此，由于校园双方实质上地位的不对等使得大部分学前类院校都很难比较理想地实现自己的实践意图。这种被动局面即使如湖南省长沙一师这样拥有融托幼、教学、实践、研究为一体的附属幼儿园的师范名校，在面对毕业实习时也难免有束手束脚之感。

2. 价值理念建设不协同

健康的学前院校与托幼机构其专业互动的模式应该是这样的：高校负责理念更新，引领专业方向，提供业务指导；托幼机构通过在职培训及研究合作，结合自身优势，开展特色教育。但目前国内实际状况却恰恰相反：托幼机构各种名堂层出不穷，学前院校疲于跟进。以广东为例，幼儿园不论大小，均有自己的主打理念，常见的如蒙台梭利、奥尔夫音乐、黄金学习、分享阅读、感统训练……，随便一座城市的学前教育理念之繁杂都足以令人叹为观止。托幼机构的这种“理念强制植入”现象倒逼学前院校不得不随之响应，校园双方教育价值链的上下位关系完全错乱。

之所以出现这种局面，根本原因在于教育价值顶层设计上对学前教育的忽视以及由此带来的宏观管理上的缺位，使得学前教育基本处于与正常国民教育序列脱离的状态，这样在专业价值理念建设上自然难以协同。当前社会上学前教育理念“百花齐放”现象的出现恰恰是学前教育被失当推上市场后无序发展的一种真实反映，貌似的繁荣事实上有名无实，掩盖的却是实实在在的教育健康及秩序的缺失。

（二）学前教育专业培养方案与岗位应用脱节

因社会对学前师范生“应用能力”的要求，近年来，各学前类院校应该说在人才培养方案上普遍作了较大的调整，比如优化课程结构，增大专业技能课程比例；强化实践设计，要求在几乎所有理论课中均设有一定比例的实践课时。这些举措在一定程度上确实提升了学生的动手意识和实践能力，但从真正培养优秀的“应用型”学前专业人才角度来审视，核心问题并未解决，这就是学前教育专业人才培养方案不能适应岗位应用的要求，具体表现在以下三方面。

1. 师范院校师资实践经验欠缺

专业建设首先离不开师资队伍建设，没有好师资就不会有好专业。要切实做好专业实践环节，就需要一大批专业精良，并深谙一线教学及教研经验的双师型专家队伍。这就要求学前院校的教师既要具备本专业精深的理论素养，又要对幼儿园的管理及教学十分熟悉。目前国内学前教育领域师资通常都具有高校高端专业学历及学位，理论储备不是问题，但在幼儿园实践方面却是明显短板，这将直接造成以下三方面教学工作的不利局面。首先，教学效果不佳。实践教学脱离理论教学，①教学效果打折扣。其次，实践指导无力。教师自身缺乏实践能力，自然也难具备实践指导能力。最后，业务培训无用。身为培训者却不了解幼儿园一线教学实际，怎能针对幼儿园的业务需求量身定做培训教程？业务培训因此毫无用处。

2. 课程教学转化实践应用不畅

学前教育与高等教育模式有着重大区别，学前教育以活动组织为主要教育模式，而高等教育采取的却是传统的课堂学科教学模式。课堂教学如何能有效地迁移为师范生综合活动的组织能力，这始终是一个困扰国内学前教育院校的难题。虽然在学科教学中专业训练与岗位实践之间设置有见习和实习过渡环节，但过渡的跳跃性是显著存在的，师范生普遍性的首次见习的新奇感和首次实习的无力感其实已经一再印证了这一问题的存在。学前师范生的这类强烈不适感来源于长期以来学前教育专业课程教学的如下缺陷：学前教育专业课程学习是分科的，而学前教育活动却是综合的；学前教育专业课程学习是严谨性的，而学前教育活动却是适切性的②；学前教育专业课程学习是以知识技能为明确指向的，而学前教育活动却是情商和智商的泛化指向；学前教育专业课程学习是仅以个体自我呈现式认知习得（如演奏）为目标的，而学前教育活动却还需要高辐射性的认知习得（如幼儿编舞）目标。正是这些区别构成了课程教学到实践应用的鸿沟。

3. 教育实践内涵建设欠缺

即便在备受重视的教学实践领域，也存在着设计单一、管理粗放、内涵不够、效率不高的浅实践现象。如目前不少院校能够实现保证每学期组织学生赴各托幼机构开展为期不少于一周的教育见习，但在见习环节中见习生见习什么？有无细化项目？阶段重点在哪儿？见习指导如何实现？大多数院校并无细致规划。在实习环节中，广东的院校通常做法是在顶岗实习前一学期，集中组织学生开展不少于 6 周的上岗实习。但实习环节中的实习目标如何确定？实习过程如何监控？实习指导如何保证？实习评价怎样形成？这些问题均显著影响着教育实践的质量，因而也是一个亟待深耕的领域。

二、学前教育专业教育实践困局的破解

学前教育专业教育实践困局已深深阻碍了学前教育专业的健康发展，虽然问题复杂，破解难度大，但从国家教育战略和民族复兴的高度来看，以实践环节为突破口，

---

①欧阳洁，陈朝晖．当前高师学前教育专业实践教学的问题与思考[J]．当代教育理论与实践，2011，3(8)：47-48.

②朱红，凯伦·阿诺德，陈永利．制度的基石、保障与功能——中美大学生实习比较及对就业的启示[J]．北京大学教育评论，2012，10(1)：107-123，190.

整体推动教育改革已到了刻不容缓之际。针对学前教育专业教育实践面临的主要矛盾，需从以下两点着手开展工作。

（一）强制推动学前教育专业与托幼机构的联动建设与运行

学前教育专业实践困局的形成既然源于顶层体制设计不足，那么从体制层面进行改革就难以回避。从教育规律角度来说，各个教育段之间显然不是孤立的，从低到高，不仅存在着明显的继承性，而且相互之间有着极其紧密的互动作用，比如学前教育与学前教育专业就是如此——学前教育为个体一生的教育成长奠基塑形，学前教育专业则以成形的教育成果反哺学前教育。既然学前教育与学前教育专业高等教育有如此密不可分的关联，那为什么在建设与运行中要将二者割裂，甚至对立起来？

1. 推动经营型托幼模式向经营-研究型托幼模式转变

所谓推动经营型托幼模式向经营-研究型托幼模式转变，就是将学前教育与学前专业高等教育进行强制性专业关联，迫使二者协同发展。具体做法是，托幼机构必须在学前类高等院校或有合法资质的学前类研究院所的专业指导下建园和开园，以确保国家对学前教育的宏观指引和业务引导。同样，学前类高等院校或有合法资质的学前类研究院所有义务为关联的托幼机构提供专业诊断和技术服务，并要为关联单位的专业问题承担一定的法定责任。如果这种协同关系能够确立，可以想见，校园双方的互动关系将会发生多么深刻的转变，不仅教育链的上下位关系得以理顺，教育管理部门也可借此将业务指导职责合理分流，而这种转变从长远来说更能极大地促进我国学前教育的健康发展。

2. 将接收专业实践列为专项评估指标

鉴于实践环节对于人才培养的重要性，无论从姿态上，还是在操作上，将专业实践列为托幼机构水平评估专项指标都是必要的。政府需要尽快主导这一进程，明确师范院校和托幼机构各自的权利义务。事实上，托幼机构作为教育实践成果的直接受益者，并不缺乏接收教育实践的主动意愿，但究竟是作为岗位职责的份内工作，还是非份内的附加工作，托幼机构的主观能动性将有巨大的区别。如果作为前者，面对实习生将不是接不接收的问题，而是如何尽量做好接收工作的问题；如果是后者，接不接收都可以作为一个自由选项，则根本不用谈接收质量优劣的问题了。从这个意义上讲，教育实践其实首要的是需要一个合法或合规的官方地位认定，地位认定了，实践关系才能随之确定。

（二）学前教育专业人才培养方案的整合与创新

高校作为人才培养的教育机构，责无旁贷地成为人才质量工程的第一责任者，高校应该在人才培养方案的基础上做系统化的调研和调整，以切实有效地释放教育实践环节的教育效能。

1. 建立师范院校专职教师在托幼机构兼职制度

教育实践实际就是经验性认知的习得，因此高校首先要解决高校教师的经验性认知习得不足的问题。学前院校教师要通晓幼儿园工作实际，途径不外有二，一是兼职从教，二是深入蹲点。这两点无论哪一点得到良好贯彻，均可较好地弥补高校教师实践经验不足的缺陷，因此，建立师范院校专职教师在托幼机构兼职制度不失为一个具优势的解决方案。然而这一方案的形成至少需要同时得到校园双方的共同的制度性安排和支持，而这一制度性安排的达成同样需要政府职能部门的适当切入。

2. 整合学科课程，创设综合性活动课程

高校学科课程的设置在根本上是要服务于专业应用的，然而，对课程内容与培养目标不匹配①的抱怨充分显示，学科课程仍有较大的调整余地。校内学科学习与专业实习比较，其最大的区别在于，实践总是要面对并非总是“结构良好”的、“杂乱而模糊的情境”，而在过去20年，各专业的实践者和批评观察家越来越清醒地认识到：实践中的这些模糊领域恰恰是专业实践的核心。因此，创设综合性活动课程，训练学生应对结构“不良”情境的能力应该是引领学生进入并初步适应“模糊领域”的有效途径。如将“幼儿舞蹈创编”课改造为“幼儿舞蹈游戏及排练”课，将“幼儿游戏”课改造为“幼儿游戏及组织”课，增设类似“角色扮演”“混乱控制”等活动专题课，均可作有益的探索。

3. 细化教育实践项目，提升教育的“有效性”

细化教育实践项目有两层含义，其一，在现有实践环节中将实践内容精细化，如在见习环节，从见习时期、见习时长、见习主题、见习指导、见习评价、见习反馈，到见习交替制度（指见习对象、见习内容的变换）的完备等加强规划与管理。其二，针对性地加强专项实践项目。如针对重大节假日活动的专项见实习（如六一儿童节活动）、针对专题活动的见实习（如趣味运动会活动）、针对幼儿关键阶段的专项见实习（幼儿新生入园阶段）等。当实践活动方案能够细致并丰富到让学生有足够经验和准备面对实际挑战时，教育的“有效性”②自然得以实现。

师范类院校人才培养的“有效性”问题不仅是中国教育界需要面对的一项重大课题，即便在发达国家，如美国，也不断地在反思和改进师资培养新机制。美国大学教育学院教师教育者提出，教学是一种“反思性实践”。这意味着，人们越来越清醒地认识到，没有良好“实践”的教育不是好的教育，没有良好“实践”环节的学前教育专业不可能培养出合乎社会需要的学前教育教师。面对学前教育专业教育实践困局，中国的学前教育从业者们任重而道远。

---

①孟亨含.高职学前教育专业全程实践模式的构想[J].开封教育学院学报，2012，32(1)：68-71.

②周钧.当前美国大学教育学院教师教育改革[J].教师教育研究，2010，22(1)：71-75.

第七节 学前教育专业实践教学体系的建构研究

作为师范教育过程中不可缺少的一个重要环节,师范生的实践教学效果的好坏直接关系到未来教师的质量。师范生实践教学模式,是在实践教学环节形成的可操作的实践活动及其管理方式。改革实践教学模式,就是构建以实践能力培养为核心,包括课程体系、课程教学与基本功训练体系、实践基地和实践教学师资建设体系、见习与实习体系和管理与评价体系的师范生实践教学体系。

韶关学院韶州师范分院是一所以培养合格小学、幼儿园师资为主要目标的师范专科学校。近年来,通过对师范生实践教学模式的不断改革和探索,初步构建起了以实践能力培养为核心的实践教学体系。

一、改革课程设计模式,构建以实践能力培养为核心的课程体系

实现实践能力培养目标,需要相应的课程体系的支撑和保障,因此必须从实用、够用的原则出发,改革课程设计模式,对传统师范教育课程体系进行重构。

(一)构建实用、够用的基础理论课程体系

实践教学体系离不开基础理论学习的支撑和保障,基础理论知识是师范生实践能力和整体素质提升的重要保证。因此,师范生基础理论课程要围绕教育与心理、学科与专业兼顾的原则来构建。

教育与心理课程主要是针对教师工作的职业特性和专业化发展需要而设置的,它有助于师范生形成先进的教育理念、良好的职业态度和全面的教育技能与方法,有助于师范生了解学生的心理发展和自我成长的心理状态,使未来的教师能调整好自己,有效地实施教育。以学前教育专业为例,通过不断的改革和探索,"教育与心理"课程优化整合为"教育学""心理学"和"健康与心理教育"等课程。学科与专业课程是指教师任教的学科类别,既要反映学科基础、学科认知方式和学科发展前沿,又要反映基础教育课程改革的现实需要。以学前教育专业为例,通过不断的改革和探索,学科与专业课程优化整合为"学前儿童教育学""学前儿童心理学""学前卫生学""中外学前教育史""幼儿园管理学""音乐基础""美术基础"等课程。

(二)构建培养一般实践能力的课程体系

一般实践能力是师范专业学生必须具备的实践能力,是所有教师必须具备的实践能力。因此,也可以称为教师通用或公共实践能力,它包括语言文字能力、计算机运用能力、教学工作能力等。以学前教育专业为例,通过不断的改革和探索,培养一般实践能力的课程优化整合为"普通话口语训练""实用写字""公文写作""计算机应用基础""现代教育技术"五门课程。

(三)构建培养特殊实践能力的课程体系

培养特殊实践能力的课程,就是培养专业实践能力的课程,以学前教育专业为例,这类课程旨在使师范生深入了解学前教学的精髓和核心的价值理念,形成学前教育专业学生具体化的实践教学能力的课程①。通过不断的改革和探索,培养专业实践能力的课程优化整合为"学前儿童语言教育"和"学前儿童语言教学技能"、"学前儿童数学与科学教育"和"学前儿童数学与科学教学技能"、"学前儿童艺术教育"和"学前儿童艺术教学法"等课程。

二、改革教学设计与基本功训练模式,构建以实践能力培养为核心的课程教学和基本功训练体系

构建以实践能力培养为核心的课程体系后,抓好师范生实践能力的培养,就成了一个至关重要的环节。因此,要改革课程的教学设计与基本功训练模式,弥补师范生"道理都懂,就是不会做"的缺陷,促进知识向能力的转化。

(一)改革课程的教学设计模式

传统师范教育课程体系中培养实践能力的课程教学基本变成了完全的理论传授,缺乏能力转化的教学设计②。通过不断的改革和探索,在培养一般实践能力的课程体系和培养特殊实践能力的课程体系中,在学时中增加实践、实训时数,使学生有更加充分的时间在教师的指导下进行自主学习和专门训练。对涉及实践、实训时数的教学内容,要求在人才培养方案、教学过程和评价考核等各个环节中能明确地体现出来。

(二)改革基本功训练模式

基本功训练是知识与能力转化的最主要的途径和方法,只有经过长期而有效的专门训练,才能最终形成实践能力。

1. 建立导师制

建立导师制,规定专业教师为学生的基本功训练导师。导师不仅要负责培养一般实践能力的课程体系和培养特殊实践能力的课程体系中的实践、实训内容的指导,而且还要负责学生课余时间(早上、下午和晚上)基本功训练的指导。这样,教师的指导更有针对性,学生的训练避免了盲目性。

2. 建立学生助理员制

建立学生助理员制,选拔高年级优秀学生作为助理员,指导和监督低年级的学生

---

①苏智欣.美国教师教育改革中的思想争论[A].全国比较教育研究会.国际教育纵横——中国比较教育文选[C].北京:人民教育出版社,1994.18.

②谢艺泉.国际比较视野中的教师教育伙伴合作[M].北京:光明日报出版社,2010:56.

进行基本功训练，参与基本功训练的管理。学生去指导学生、管理学生，自己就必须有扎实的基本功。一个学期后，经过考核，学生助理员参与基本功训练的指导和管理的时数，可以折合一定的社会实践的时数。这样，既锻炼了学生的管理能力，减轻了教师的压力，也增强了学生基本功训练的主动性和积极性，提高了基本功训练的效果。

3. 建立基本功比赛制

建立基本功比赛制，每学年组织一次科技文化艺术体育节，开展各种各样的基本功比赛，如"三笔字比赛""手工制作比赛" "演讲比赛""课件制作比赛"等。通过比赛，展示和检验基本功训练的成果。

4. 建立基本功考核制

建立基本功考核制，规定每学期期末考试前一周为基本功考核时间。考核时，专业教师组织若干个小组，对学生的基本功进行逐项考核，考核成绩纳入学科成绩。通过考核，查漏补缺，明确努力的方向。

5. 建立基本功汇报演出制

建立基本功汇报演出制，每届毕业班的学生在教育实习前组织一次基本功汇报演出，既汇报和展示了基本功训练的成果，也给其他年级的学生提供了学习和借鉴的机会。

三、改革实践基地和实践教学师资建设模式，构建以实践能力培养为核心的实践基地和实践教学师资建设体系

实践基地建设是高校扩招后出现的新问题，为了解决这一新问题，通过不断的改革和探索，结合高校质量工程建设，初步构建起了以实践能力培养为核心的实践基地和实践教学师资建设体系。

（一）建设教师教育综合技能实训基地

建设教师教育综合技能实训基地，利用普通话及教师口语技能实训室、微格教学实训室、多功能语音实训室、多媒体素材与课件制作实训室、书法实训室、美术教育实训室、音乐教育实训室和教师教育技能展示平台，虚拟教学场景，实现教学观摩、实践教学、名师指导的简约化和理论课程教学、教学实践训练的优化。

（二）实现实践基地的共建化

深化学前教育改革，促进了师范院校适应学前教育改革的发展，促进师范院校与幼儿园的联系和协作，实现实践基地的成功共建。

知名教师教育专家古德莱德明确指出：师范院校必须将模范中小学作为实践的场所，教师必须主动积极地深入到中小学，研究中小学教育，以便他们能在课堂教学

以及科学研究中注入实践的元素①。实践基地共建使师范院校建立并稳定了实践基地,双方优势互补、资源共享、互利双赢、共同发展,一方面拓展了师范教育的专业深度,为培养合格的学前教育师资奠定了深厚基础;另一方面拓展了专业广度,有助于实现基地教育实习、教学研究和就业的三大功能和任务。

(三)实现实践教学师资的共建化

建立"双导师制",是实践教学师资共建化的最具体体现。"双导师制"是指在实践教学中,幼儿园指导教师与师范院校指导教师结成对子,组成导师组。幼儿园的指导教师由优秀的中青年骨干教师组成,他们在教学实践基地为师范生提供实战指导,教授教学和课改经验。师范院校指导教师通过挂职锻炼、兼职任课等形式,成为幼儿园各学科教科研指导教师,深入到幼儿课堂,与幼儿园教师合作开展教研活动,共同提升教师的专业发展能力。师范院校为幼儿园教师的专业发展提供了广泛的支持,幼儿园也为师范院校实践教学师资的建设提供了坚实的平台,有利于"多种途径加强幼儿教师队伍建设"②任务的实现 。

四、改革见习与实习模式,构建以实践能力培养为核心的见习与实习体系

见习与实习是知识与能力转化的最直接的途径和方法。通过教育见习与实习,检验课程学习和基本功训练的效果。学生以准教师的身份直接参与教育教学活动,促进实践能力的形成,实现准教师到教师的转变。

(一)优质课程示范观摩力求常态化

利用教师教育综合技能实训基地中的教师教育技能展示平台,每学期邀请幼儿园老师和学生开展优质课程示范观摩活动,通过优质课程的展示、点评与讨论,了解幼儿园教学的过程,明确幼儿园教学对教师的能力要求。

(二)教育见习力求全程化

利用共建实践基地,一到三年级每学期安排一周的时间,组织学生到幼儿园见习,实现教育见习的全程化。开展专项见习,当幼儿园举行大型的教育教学活动时,组织学生到幼儿园观摩或直接参与活动。通过见习,了解幼儿园教育教学常规,明确幼儿园教育教学的目标和要求,跟踪学前教育改革动向。

(三)模拟实习力求全真化

利用教师教育综合技能实训基地中的微格教学实训室,模拟教学场景,进一步加强模拟实习,尤其是教育实习前的模拟实习,教师和学生对模拟实习进行讨论与点

---

①陈永明.国际师范教育改革比较研究[M].北京:人民教育出版社,1999:89.

②马敏.变革中的教师教育[M]武汉:华中师范大学出版社,2012:34.

评，每个学生必须通过模拟实习，才能参加真正的教育实习。这就要求必须根据课程要求和幼儿实际，认真备好课，设计好教学过程中的每一个环节，制定好课堂教学中偶发事件的应对预案。这种全真化的模拟实习，对接下来要进行的教育实习具有非常重要的意义。

（四）教育实习形式力求多样化

传统的教育实习是单一的集中实习模式，高校扩招后，由于实践基地的问题，多数高校又无奈地采用了放羊式的分散实习模式。集中实习模式和分散实习模式，基本上是一次性的、终结性的教育实习，形式简单、内容单一，反馈与跟进余地太小，因此丰富实践形式和加强内容建设极其关键。

1. 集中实习

集中实习是学前教育专业最主要的一种实习形式，一般安排在第五学期进行。集中实习由学校统一安排，分散定点到实践基地实习。集中实习能做到实习前有计划，实习过程中有检查指导，实习结束后有总结反馈，以保证实习效果和质量。

2. 分散实习

分散实习由学生自主联系实习，一般与集中实习同步。学生自主申请，学校提供绿色通道。此环节的关键是校方的有效质量监控。

3. 顶岗实习

顶岗实习模式大致可以分为三类：一是“置换培训”，即师范生到幼儿园顶替原教师岗位实习，学校为被替换出岗的教师提供相关课程的培训；二是顶岗支教，为农村和山区等师资薄弱地区提供教育服务；三是就业顶岗实习，即师范生以准教师的身份实岗任教，实践与就业相结合。“置换培训”和“顶岗支教”一般安排在第五学期进行。就业顶岗实习是教育实习的延伸和补充，一般安排在第六学期进行。

4. 专项实习

专项实习是针对某项实践能力的培养而开展的实习，如针对重大节假日活动的专项实习，如六一儿童节活动；针对专题活动的实习，如趣味运动会活动；针对幼儿关键阶段的专项实习，如幼儿新生入园教育等。专项实习的特点是针对性强，“针对性”确保了实践教学的“有效性”。

以上实习均为校外实习，校外实习需建立在校内基本功训练、模拟实习、常态性教育见习的基础之上。

五、改革实践教学管理与评价模式，构建以实践能力培养为核心的实践教学管理与评价体系

在以实践能力培养为核心的实践教学体系中，实践体系是师范生形成实践能力

的最直接的途径和方法，是关键中的关键①。要把握好这一关键，改革实践教学管理与评价模式，构建以实践能力培养为核心的实践教学管理与评价体系，就显得尤为重要。

（一）建立“双管理制”

建立“双管理制”，就是师范生在见习与实习的全部过程中，以学生的身份到幼儿园见习与实习，因此，必须接受师范院校管理制度的管理，尤其是见习与实习管理制度的管理；见习与实习生以准教师的身份到幼儿园见习与实习，因此，必须接受实习学校管理制度的管理。如在见习与实习期间需要请假，必须经过实习学校和师范院校双方同时批准，方能准假。“双管理制度”有效地实现了实习学校和师范院校管理的衔接，避免了管理上的脱节和漏洞。双管齐下，方能保证管理到位。

（二）建立“双导师制”

建立“双导师制”，就是在见习与实习中，幼儿园教师与师范院校教师结成对子，组成导师组，对学生共同进行指导。师范院校教师有着较高的理论素养，幼儿园教师有着丰富的实践经验，在共同指导学生的过程中，优势互补，相得益彰，共同促进师范生实践能力的形成。

（三）建立“双评价机制”

建立“双评价机制”，就是在对见习与实习生进行过程评价和成绩评定时，综合幼儿园教师与师范院校教师的意见，使过程评价和成绩评定更加客观、公正。综合平衡，共同制约，确保了过程评价和成绩评定的科学性。

（四）建立《实践教学手册》

建立《实践教学手册》，就是把原来分散的关于实践教学的各种制度、表格合并成册，每个阶段的实践教学结束后，由相关部门签署评价意见、评定成绩，平时由学生保管，方便学生总结和反思，毕业时交回学校，作为档案材料保管。《实践教学手册》记录和反映了学生实践教学的全过程，建立《实践教学手册》，不仅仅是把分散的东西归类成册，更重要的是强化了管理。

六、结　语

在以实践能力培养为核心的实践教学体系中，课程体系是培养实践能力的基础，课程教学与基本功训练体系是培养实践能力的重要环节，实践基地和实践教学师资建设体系是培养实践能力的重要保证，见习与实习体系是培养实践能力的关键，管理与评价体系是培养实践能力的保障机制，要紧紧围绕实践能力培养这个核心，统筹兼顾，相互协调，最终实现培养合格学前教育师资的目标。

---

①陈涛，刘霄．教育实习的实践与创新［M］．郑州：河南大学出版社，2006：78.

第八节　学前教育专业理论课程实践教学改革的研究

一、幼儿园教师职前实践能力培养的现实观照

当前我国学前教育师资职前培养沿袭的是学前教育中职、大专、本科三级体系。无论是职校，还是大专院校，在专业能力培养方面均普遍遭遇“理论高于实践”和“实践能力差”的评价，毕业生存在入职适应期较长、入职早期实践能力欠缺等典型问题。究其原因，不外乎以下几点：一是缺乏理论联系实际的能力，即理论脱离实践，专业知识无法转化为专业能力。如教学法课程中学过与幼儿园教育教学活动组织的相关知识，并且有一定的上台实践机会，但当真正接触幼儿时，却不知如何组织与开展。这一方面说明学前专业课程体系存在着与幼儿园实际教学要求相脱节的现象，学生学到的知识与在幼儿园中的实践体验之间存在显著差异；另一方面也说明学生缺乏理论联系实际的能力，最终将影响到人才培养的规格和效果。二是基于实践基地建设的投入不足及实践教学时间与成本的制约，多数学生实践时长及强度不足，对幼儿园实际教学缺乏足够的感性认识，无法面对各种实践情境。三是在非常重要的实践环节——教育实习中，高校与幼儿园缺乏有效的沟通和合作①。学前教育专业学生的教育实习是在学校实习指导教师和实习基地幼儿园指导教师的共同指导下，将所学理论知识运用于工作实践的过程。然而在实践操作中，高校指导教师与幼儿园指导教师在诸如“如何具体指导实习生实习”等问题上既缺少协同，更难以提供实质性帮助，实习生依然面临“孤独摸索”的窘境，大大地影响了幼儿教师职前培养的质量。

值得欣慰的是，《国家中长期教育改革和发展规划纲要（2010－2020 年）》要求在高等教育领域创新人才培养模式，坚持教育教学与生产劳动、社会实践相结合，不断强化实践教学环节，着力培养学生的实践能力和创新能力，同时，近年来随着国家及省市等各级政府部门对学前教育的高度重视，各高师院校对学前教育专业实践教学体系建设进行了大量富有成效的探索，积累了丰富的实践经验②③。然而，仅仅依赖自下而上或局部性的探索并不能真正扭转专业能力培养不力的颓势，如果不能自上而下进行顶层的、框架式的全盘设计，当前的实践困境将难以破解。

二、顶层设计理念下的学前教育专业理论课程实践教学改革的思考

顶层设计是工程学概念，其意指运用系统论的方法，从全局的角度，对某项任务

①张鹏妮．全程实践视角下学前教育专业教育实习有效性的探索[J]．教育观察，2012，1(8)：49-51.

②王小鹤．地方院校本科学前教育专业全程实践教学模式的构建[J]．教育探索，2013(1)：89-90.

③王新兴．专科层次学前教育专业全程化实践教学体系建构研究[J]．教育探索，2013(5)：145-147.

或者某个项目的各方面、各层次、各要素统筹规划，以集中有效资源，高效快捷地实现目标[①]。其主要特征有三：一是自上而下的机制，顶层设计是自高端向低端展开的设计方法，核心理念与目标都源自顶层；二是有机整体性，顶层设计强调系统内部要素之间围绕核心理念和顶层目标所形成的关联、匹配与有机衔接；三是可实施性，设计的基本要求是表述简洁明确，设计成果具备实践可行性。

（一）教学目标层面的分析

顶层设计理论指出，明确目标是达成改革目标的首要条件。目前学前教育专业学生实践能力与学校人才培养的预期目标及社会发展需求之间的差距显而易见，我们的教学改革目标很明确，就是要提高学前教育专业学生的岗位实践能力。就学前教育专业而言，其岗位实践能力主要包含以下两方面的能力：通用能力和专业能力。其中通用能力又由沟通能力、逻辑分析能力、科研能力、组织管理能力、观察能力等次级能力组成；专业能力则包括保育能力（一日生活护理、营养饮食设计、急救处理等）、幼儿教育能力（五大领域活动的组织及家园合作教育）、艺术能力（钢琴弹奏、舞蹈表演、歌唱、绘画、美工）等。值得注意的是，与中小学教师相比较，幼儿教师作为独立的专业技术岗位，具有与其他类型的教师能力不尽相同的特殊性，主要体现在以下两方面：

一是职业态度。爱心、诚信、责任心及敬业精神是所有教师职业道德及其态度的基础。幼儿教师则应更进一步，其爱心应建立在较一般的儿童亲密照看人更为科学理性的基础上，即基于自身所拥有的儿童心理学教育学知识而相信并坚信每一个儿童都乐于学习、善于学习，都能够快乐成长并积极融入成人社会；具有相应的更专业的知识，以致能将普通的知识转化为儿童喜闻乐见的知识，并搭建好儿童的学习和成长的平台，为每一个儿童的快乐成长奠定良好的基础。

二是专业知识与技能。幼儿园教师的职业特点决定了其知识结构与其他诸如小学或中学教师有所不同。针对幼儿教师，并不强调对具体学科高深知识的理解与掌握（更进一步来说，具体学科的高深知识对于幼儿而言是无法理解与掌握的，对艰深知识的学习在更大意义上是直接体现在教师的自身进步进而间接影响针对幼儿的教育教学活动上的），而更强调宽泛的知识面，因而对幼儿教师而言，应更重视自身的知识更新，不断提升文化素养，并在实践中凝聚成新的教育智慧和创造能力。

另外，顶层设计的思想高度强调目标的明确性，明确实践教学体系的目标应有两方面的含义：一是行政管理人员、任课教师（包含校外实习基地指导教师）是明确教学目标的主体，只有所有的行政管理人员、任课教师都明确改革的目标，改革进程才可能得以有效推进。如果对应达到的教学目标没有明确的认识或认识模糊不清，就无法抓住在教学实践中存在问题的本质，最终可能事倍功半；二是学生也应明确并认同

①纪大海，杜萍．顶层设计：高校人才培养新视角[J]．中国高等教育，2010(7)：40-42.

教学目标，学生是达成教学目标的主体，只有自身的学习目标明确，学生才会有更强的学习动力并愿意为此付出艰辛的努力。

（二）教学整体性层面的分析

明确的目标为实践教学改革指明了努力的方向。然而，制约学生实践能力培养的实践教学体系是个复杂系统，其组分及其影响因素非常繁复，包括具体的技能类课程（音乐基础、钢琴基础、舞蹈基础、绘画造型、实用手工等）、幼教实践类课程（学前儿童语言教育、学前儿童社会教育等）、支撑各类实践技能的理论课程（普通心理学、普通教育学、学前心理学、学前教育学等）、各类实践类活动（教育见习、教育实习等）、校园文化、校外相关影响因素，等等。如果不能在顶层设计层面统一思想并整体推进，实践教学改革目标将很难实现。

专业理论课程作为其中的一个子系统，其实践教学活动的开展应服务于核心目标，即既注重理论知识的传授与学习（这是专业实践技能提升的重要基础），又要在共时性条件下开展实践教学。首先应要求在课堂上根据教和学的需要灵活运用多种多样、能充分发挥学生主体作用的教学形式。以“学前心理学”课程为例，“学前心理学”是学前教育专业的核心理论课程，是学习学前教育专业的其他理论课程（如“学前儿童教育学”等）和学前儿童各领域教育课程的理论和知识基础；它为从事学前儿童教育工作的未来的幼儿教师提供学前儿童心理发展的基本规律、一般特点和各个年龄阶段儿童的心理发展特点等基础知识；但同时，它又是应用性很强的学科，在紧密联系学前儿童心理活动和学前教育活动实际中学习，是这门学科的突出特点。因而，实践教学是“学前心理学”教学的重要组成部分，能在职业态度的培养、专业理论知识的深入掌握、通用能力的加强、专业技能的提升等方面发挥应有的作用。

三、理论课程实践教学改革的具体实践——以“学前心理学”为例

如何正确理解理论课程与实践课程的关系、理论课程中实践教学活动的开展方式等问题一直是教师关注的焦点。众所周知，在教学实践中，理论教学和实践教学总是交织在一起的。学生既可以在实践教学中学习到理论，又可以在理论教学中学到实践知识和技巧，这为我们在专业理论课程中开展实践教学活动、提高学生的实践能力提供了明确的思路。

我们将“学前心理学”实践教学分为课堂案例分析、实习基地心理调查、实训室观察和开放式研究四大模块。其中，课堂案例分析、实训室观察与理论课程结合，与理论教学同时进行。幼儿园的心理调查则在各学期见习周期间以及理论课程即将结束时，学校统一组织学生到幼儿园进行心理调查和心理分析，开放式心理研究则是在学生的假期实施。除了明确的实践活动外，平时我们还广泛开展有教学计划、教师有明确要求的学生实践活动，以加强课堂教学中的学生实践能力的培养，如开展研究性学

习活动。在“学前心理学”课程教学中，我们在每次课中腾出 10～15 分钟让学生上讲台汇报自选研究主题的学习成果，并与同学们相互探讨。这样的活动使学生有两方面的收益，一是通过上讲台汇报，勇气与胆识、讲演能力等通用能力有了进一步的提升；二是通过汇报演讲，使自己及同学在学前儿童相关领域大大拓展了专业理论知识面。

当然，“学前心理学”实践教学除了课程实习（包括参观、访问、调查研究、设计、创作、制作、教育见习等）之外，还应该在其他重要的实践教学环节提高效益，如假期社会服务（包括假期临时工作、社会实践等）、毕业设计、毕业实习等。“学前心理学”的教学对上述实践活动也有着非常重要的影响作用，我校在开展实践教学过程中，特别强调以课程为单位，并以课程为中心进行实践教学的设计，而所有的实践教学，都应有评估考核。在建立这些评估体系时，应以实践过程为核心，以参加实践活动的数量及质量为评估基础，以能促进实践能力的提升为基本原则。

四、结　语

学前教育专业学生的实践能力的提升须依托实践教学体系的完善构建，而专业理论课程的教学活动对实践能力的培养也将产生重要的影响。学前教育专业理论课程的实践教学体系的改革，决不是单纯地增加实践活动形式与时间的问题，其关键是转变观念和研究学前教育中实践教学的目标，围绕教学改革的根本目的来研究新的教学内容和新的教学模式，唯有如此，培养学前教育专业学生的岗位核心实践能力的目标才能落到实处。

第九节　本科学前教育专业学生对口就业意向研究

对口就业作为衡量大学生人力资源开发和利用有效程度的一项重要指标，是保障大学生人力资源向人力资本转化的重要途径。有数据显示，仅 2016 年的高校毕业生就有 765 万人，加上中职毕业生，就业人数高达 1 200 多万。[①] 学前教育专业作为国家重点发展的教育行业，就业形势却是另一番景象，一边是大学毕业生就业的“冷”，一边是幼儿保育机构就业的“火”。2015 年 10 月，党的中共十八届五中全会决定，全国统一实施一对夫妇可以生育两个孩子的政策，以此来优化人口结构，缓解人口老龄化的压力。全面二孩政策从 2016 年 1 月 1 日开始正式实施。社会对幼师的需求，尤其是高素质的人才需求量将更大，“幼儿园和幼师资源短缺”等问题可能成为家长担忧的问题。“最好大学网”根据各高校公布的毕业生就业质量的年度报告，对各专业的本科毕业生就业率进行了统计、比较和排名，2016 年高校本科专业就业率

①吕景美．学前教育专业专科毕业生就业意向与对策研究——以长沙师范专科学校为例[D]．长沙：湖南师范大学，2008：2.

排行榜中显示学前教育专业排名第49名，就业率达93.11%。学前教育虽然是就业率排名较靠前的专业之一，但是学前教育专业的在校生的对口就业意向仍然是值得关注的问题。

就业意向是个人希望未来从事某项职业的态度倾向，是学生在进行职业选择时所表现出来的较初步和浅层的就业需要，可能会消退而不能成为实际的就业选择行为，这与职业稳定性息息相关。[①] 本科学前教育专业学生的职业选择与幼师队伍建设密切相关，而对口就业意向影响着职业选择，本科学前教育专业的学生对未来教师职业的意向和能力准备，不仅对自己未来的发展，而且对国家未来幼儿保育事业的发展都有着十分重要的现实意义。所以以韶关学院韶州师范分院为例，对其本科学前教育专业学生的对口就业意向进行调查，分析影响其对口就业意向的主要因素，将有助于增强个体就业选择的合理性，并结合实际情况提出对策及建议，为本科学前教育专业学生的职业生涯提供参考。

一、研究设计的理论背景及研究过程

编制关于本科学前教育专业三个年级的学生的对口就业意向及其对口就业意向影响因素的调查问卷。通过调查问卷的方式，对数据进行简单的计量分析，对本科学前教育专业学生的对口就业意向的比例进行统计分析，再对不同性别、不同年级的本科学前教育专业学生的对口就业意向进行差异性比较。通过对调查结果的统计分析，总结出影响本科学前教育专业学生对口就业意向的主要因素，最后针对问题提出相应的对策及建议。

本研究向韶关学院韶州师范分院本科学前教育专业三个年级的在校生发放问卷138份，收回有效问卷136份，其中2013级学生的42份，2014级学生的37份，2015级的学生57份，见表2-29。

表1-1　研究对象的构成

年级＼性别	男生	女生	合计
2013级	5	37	42
2014级	4	33	37
2015级	13	44	57
合计	22	114	136

二、调查结果与数据分析

（一）本科学前教育专业学生的对口就业意向分析

由表2-30可见，在三个年级的本科学前教育专业的学生中，有74.3%的学生

①郑威.关于对所学专业不满意的大学生职业生涯规划的若干思考[J].南方论刊，2011(6):52-53.

选择的毕业预期去向是就业,因此,毕业后直接求职是大多数本科生的主要打算。18.4%的本科生选择了继续升学,表明一部分学生在条件允许的情形下选择继续升学来进一步储备知识,以增强实力来寻求更大的发展空间。而毕业预期去向选择自主创业的人数占7.4%,表明创业已经成为当代大学生的一项毕业选项。

表2-30 毕业预期去向

毕业去向	人　数	百分比	排　序
就业	101	74.3%	1
继续升学	25	18.4%	2
自主创业	10	7.4%	3

在对口就业意向的问题上,在被问及以后想选择的工作时,三个年级的本科学前教育专业的学生中选择对口工作的人数仅为40.4%,而其余的59.6%的学生打算毕业后选择其他工作(见表2-31)。学生的就业意向影响着他们毕业后的就业选择,所以较低的专业对口意向可能会造成严重的教育资源浪费,造成人力资本投资收益不能更好地实现,造成人力成本的浪费,使学生学非所用。对于学前教育专业来说,会造成人力资源的不合理配置,导致师资队伍的流失。

表2-31 学生以后想选择的工作

工　作	百分比
幼儿保育机构工作	40.4%
其　他	59.6%

(二)同性别本科学前教育专业学生对口就业意向的差异

在三个年级的本科学前教育专业学生中,接受研究的男生人数是22人,男生中选择对口就业的人数是4人,占男生总人数的18.2%;而三个年级中接受研究的女生人数是114人,其中选择对口就业的人数是51人,占女生总人数的44.7%。由此可见,男生选择对口工作的比例明显低于女生。将就业意向与性别作交叉列表分析(见表2-32),$x^2=5.399$,$p=0.02$。通过研究表明,本科学前教育专业学生就业意向在性别上有显著性差异(见表2-33)。

表2-32 性别与就业意向交叉制表

性　别	就业意向		合　计
	不对口	对口	
男生	18	4	22

续表 2-32

性 别	就业意向		合 计
	不对口	对口	
女生	63	51	114
合计	81	55	136

表 2-33 卡方检验

	值	df	渐进 Sig.(双侧)	精确 Sig.(双侧)	精确 Sig.(单侧)
Pearson 卡方	5.399[a]	1	0.020		
连续校正[b]	4.353	1	0.037		
似然比	5.901	1	0.015		
Fisher 的精确检验				0.031	0.016
有效案例中的 N	136				

注:a. 0 单元格(0.0%) 的期望计数少于 5。最小期望计数为 8.90;b. 仅对 2×2 表计算。

虽然"让男性走进幼儿教育"的呼吁发出已久,但男生真正走上幼教岗位的,目前还是凤毛麟角。在学前教育专业中,男女性别比例严重失衡,这种严重的性别比例失衡将会给极度稀缺的学前教育专业的男生带来心理和精神上的压力,他们会开始怀疑自己所就读的专业,从而形成一种社会职业危机感和不认同感。当今社会认可幼儿教师这一职业,但是传统文化和社会的舆论对男性就职于这类工作的认同度并不高,学前教育领域被视为传统的女性就职领域,这使学前教育专业的男生背负着一种无形的压力,自己都有可能产生性别角色的认同危机,很难找到归属感,这会导致男生对对口工作望而却步。

经调查,在全部 22 个学前教育男生中仅有 1 位男生是自愿选择了学前教育这一专业,其他都是被调剂。在被问及"对所学专业是否满意"时,81.8%的同学选择了"不满意"或"很不满意"(见表 2-34),而在选择"对专业不满意的最主要原因"时,高达 81.8%的男生选择了"自己不感兴趣",是被调剂到了自己不感兴趣的专业,这是影响男生不选择对口工作的原因。此原因还会影响学生的学习热情,学习热情是促进学生努力学习的直接的内在动力①,学生的学习热情不高不利于对专业知识和技能的掌握,使得学生在校时或毕业后给自己另谋出路。

表 2-34 三个年级本科学前教育专业学生对专业的满意度

满意度 / 年 级	很满意	基本满意	不满意	很不满意
2013 级	0	1	3	1
2014 级	0	0	3	1
2015 级	0	3	8	2
合计	0	4	14	4

①董文娜. 大学生专业兴趣调查及对策研究[J]. 德州学院学报,2014,30(2):104-107.

(三)不同年级本科学前教育专业学生对口就业意向的差异

将每个年级学生的对口就业意向比例进行分析比较可知(见表2-35),2013级本科学前教育专业学生选择对口就业的人数有21人,占2013级本科学前教育专业学生总人数的50%,2014级本科学前教育专业学生选择对口就业的人数有13人,占2014级本科学前教育专业学生总人数的35.1%,2015级本科学前教育专业学生选择对口就业的人数则有21人,占2015级本科学前教育专业学生总人数的36.8%。2013级选择对口就业人数的比例高于2014级和2015级。

表2-35　三个年级本科学前教育专业学生选择对口就业的人数和比例

年　级	选择对口就业人数	占年级被试人数百分比
2013级	21	50%
2014级	13	35.1%
2015级	21	36.8%

在三个年级中,当被问及“是否有明确的职业定位和职业发展目标”时,2013级的学生中有66.7%的人选择了“非常明确”或“比较明确”,2014级的学生中有32.4%的人选择了“非常明确”或“比较明确”,2015级的学生中有42.1%的人选择了“非常明确”或“比较明确”,而其他人则选择了“不太明确”和“不明确”。根据数据可知,2013级的本科学前教育专业学生对自己的职业发展目标有比较明确的定位。2013级的学生即将迎来自己大四最后一年的学习时间,即将步入社会,所以须提前为自己的职业生涯做好打算和规划。认识到当前的就业形势的严峻,也可能受先就业再择业的观念的影响,选择对口就业的人数比例比低年级的高。

三、影响本科学前教育专业学生对口就业意向的因素分析

根据表2-36对学前教育专业学生的对口就业影响因素的调查分析,学生中选择教师编制、自身技能和课程设置这些影响因素的人数较少,由调查结果可以发现,影响学生选择的主要因素是外在因素,再而才是考虑对自身的提升与强化。还有几位学生补充学校小、环境差、实操机会少、社会地位低是影响其不选择对口就业的因素。

表2-36　学前教育专业学生对口就业意向的影响因素及排序

影响因素	选择人数	排　序
个人发展空间不大	43	2
薪酬和福利低	61	1
学校课程设置不合理,没有竞争力	4	8
教师编制难考	13	5
对就读专业不感兴趣	38	3

续表 2-36

影响因素	选择人数	排　序
师范技能欠缺	8	6
父母影响	5	7
缺乏社会认同	26	4
其　他	1	9

（一）薪酬和福利低

在对不选择幼儿保育机构工作的本科学前教育专业学生的调查中显示："薪酬和福利低"是影响本科学前教育专业学生不选择对口就业的首要因素。"入园难"使得幼儿的入园费用水涨船高，但是幼儿保育工作的工资水平并没有明显的提高。而且在我国教育机构中，教育对象越幼小，其专业管理人员的薪资结构就会越低，薪资待遇低以及不同幼儿保育机构之间的待遇差别大是导致在校的学前教育专业学生不愿选择对口就业和工作人员流失严重的主要原因。[①] 在幼儿园中，有些民办幼儿园教师的工资水平甚至与最低工资标准几近持平。本科学生对薪资福利有较高要求，所以对口工作在现实中要达到本科学前教育专业学生的收入期望值还是比较困难的，虽然学前教育事业对于专业人才的学历、技能、素质等方面要求越来越高，但还是较难吸引高素质的人才到幼儿保育工作中来。

（二）个人发展空间不大

本科学前教育专业学生的第二大对口就业影响因素是"个人发展空间不大"。在幼儿园中，幼儿教师的个人发展空间就是从初级职称晋升到中级或高级职称，而最好的结果就是成为一园之长，但这样的晋升并非易事，需付出诸多努力。有同学说："幼儿园教师都是比较操劳的，不想美好的青春在这日复一日枯燥的操劳中度过，况且我认为年轻人应该多在社会上闯荡才能有所沉淀，幼儿保育工作的发展空间满足不了我的野心。"

（三）对就读专业不感兴趣

影响本科学前教育专业学生选择对口就业的第三大因素是"对就读专业不感兴趣"。部分学生所学专业并非高考填报志愿时自己填写的志愿，而是因为填了服从调剂而被分配到了学前教育这个专业，因此他们从一开始就对学前教育专业不感兴趣，不喜欢自己所学的专业，但学生知道，既然已经选择了，就不得不被动接受，硬着头皮学下去。于是，他们的学习积极性很低，大学生活缺乏动力，就会感觉到困乏、疲倦、挫败和沮丧，从而开始出现逃避学习等不良的学习行为。这些学生对自己的前途尤其是将来的职业感到很迷茫，本着当一天和尚撞一天钟的想法，只为拿到毕业证书，

①董文娜.大学生专业兴趣调查及对策研究[J].德州学院学报，2014，30(2)：104-107.

因而影响了高校的教学质量。有同学提到:“找工作要从兴趣出发,在不能满足兴趣时也要找一份相对适合自己的工作,自己对现专业课程的学习感到厌倦”。该同学觉得自己的性格和兴趣很不适合幼儿保育方面的工作。对学前教育专业不感兴趣这一因素会影响学生的学习自我效能感,学生的学习自我效能感越低越容易产生学习倦怠,①这会影响他们的学业成就以及对未来目标的设置,对学生的学习和一生的发展都有着至关重要的影响。

(四)缺乏社会认同

此外,对本科学前教育专业学生对口就业意向影响较大的另一因素是“缺乏社会认同”。当今社会,人们对于幼儿保育工作者的职业认同度偏低,这是一个长期困扰着学前教育专业学生的棘手问题。得不到社会的认同使得学前教育专业学生和幼儿保育工作者缺乏应有的职业自我认同,职业队伍的稳定受到极大影响。很多人对幼儿保育工作缺乏正确的认识,片面地认为他们的工作就是简单地带孩子,认为他们每天的工作都很轻松,甚至觉得没有受过专业训练也可以胜任这项工作,这种观念在农村尤为突出,再加上出现的个别“虐童”事件就更容易让人们对这个职业产生更深的误解。② 而学前教育专业学生对自我缺乏社会认同表现在工作的辛苦程度高、成就感却不强上。幼儿保育工作辛苦且繁琐,既要在幼儿的一日活动中给予他们无微不至的照顾和爱护,又要促进孩子在各个领域的发展。在日复一日的工作中认识不到自己价值的独特之处、感受不到自己的成就感的这种感受会影响学前教育专业在校学生的对口就业意向。

(五)父母影响

本科学前教育专业学生在被问及“最影响其就业意向的人是谁”时,有45.6%的学生选择父母,48.5%的学生选择不受他人影响,极少数的学生选择受到教师和同学的影响。由此可见,学生在进行职业选择时,不只是根据自身的想法,很大程度上还会受父母的影响。家庭教育受父母价值观念的主导,对子女的职业选择往往是以一种特定的期望来深刻影响着其价值判断和心理活动的,对子女的就业意向产生很大的影响。这些对学生的毕业选择、就业地区的选择、就业单位的选择等都会有一定的影响。有同学谈到:“父母期望她是小学或者中学的老师”,这是她不选择对口就业的原因。

四、对策与建议

(一)学生要更新就业观念,增强自身竞争力

①刘秀兰.幼师生就业意向调查与对策分析[J].河南教育,2014(6):58-59.

②洪文建.大学生初次就业与专业对口情况调查分析——以福建省某高校为例[J].高校教育管理,2013,7(4):111-118.

1. 树立正确的就业观

大学生在进行就业意向选择的时候往往会比较注重选择"高薪资福利待遇""优越舒适的工作环境""名声好、社会认同度高"的职业，这从个人主观意愿上来看无可厚非。但从现实情况来看，面对当前大学生就业紧张的形势，必须正视现实，树立合理的就业观，考虑就业要切合实际，提高自身专业竞争力，更好地体现出自身本科学历的优势。树立正确的世界观和价值观，调整自己的期望值，做到择业时能够理性对待。在考虑自身发展的同时，能够考虑社会的发展，坚持个人利益与社会利益结合起来的原则，把对职业的期望与社会需要统一起来，投身到为祖国人民做出贡献的职业，积极面向基层和经济不发达地区，为我国的幼儿保育事业贡献自己的力量。

2. 培养专业兴趣，增强竞争力

"兴趣导致爱好，爱好引发迷恋，迷恋促发创造。"从某种意义上讲，兴趣是天才的火花、创新的萌芽。[①] 学习兴趣是专业人才成长的诱因和动力，本科学前教育专业学生应清醒地意识到目前祖国建设事业对幼儿保育工作的迫切需要，从而通过自己的主观努力，积极培养自己对学前教育专业的兴趣，主动练好基本功，学好理论知识，珍惜各种实践机会，为祖国的建设事业做出自己的贡献。提高自己的参与意识，在学习和时间过程中重视与同学进行探讨、讨论和总结，多利用见习和假期实习的机会了解和接触幼儿保育事业，亲身体会幼儿保育工作的魅力，从而调整好自己的就业心态，激发自己的求知欲和工作热情，谋求更好的发展。

（二）政府应加大扶持力度，提高薪酬待遇

1. 促进学前教育均衡发展

我国的教育经费在高等教育和义务教育阶段上的投入比较多，而学前教育阶段的投入较少。政府应积极落实好调整优化幼儿园的结构布局，不断加大对学前教育事业的资金投入力度，[②]特别是乡村地区、偏远地区的学前教育，促进城乡学前教育的均衡发展，更新学生只有在经济发达的城市和地区才能寻求更好的待遇和发展的观念，吸引学前教育专业学生投身于农村的幼儿教育事业，引导学生在就业意向问题上的倾向，给他们在就业时提供更多地域上的选择。

2. 保障幼教工作者的权益

政府应积极稳妥地做好深化幼儿教师职称制度改革工作，保障幼儿教师的权益，充分调动学前教育专业学生和在职幼师的积极性，确保幼儿教育中两教一保的配备，减轻幼儿教师的工作压力。落实民办幼儿园教师的有关待遇，应将拥有雄厚的经济基础、合理的聘任制度列为开办幼儿园的必备条件，提高幼儿园的审批门槛，以防开发者在教师身上节约成本，为民办幼儿园教师落实五险一金的办理，让民办幼儿园教

---

①刘超侠. 从就业对比看幼师发展的广阔前景[J]. 安徽教育，2009(1)：17-18.

②王晶. 幼师专科生专业认同与成就动机、社会支持的关系研究——以石家庄市幼儿师范高等专科学校为例[D]. 石家庄：河北师范大学，2012：13.

师基本的待遇能够得到保障。保障他们享受到应有的福利待遇是稳定师资队伍、吸引优秀人才加入的基本前提。待遇水平更趋近于学前教育专业学生的期望值，才能吸引学前教育专业学生投身于幼儿师资队伍的建设当中。

（三）高校因材施教，给予学生就业指导

师范院校应为学生提供各种实践机会，努力培养高素质的学生，增强学生的就业竞争力。但在调查的学前教育专业学生中，高达64.7%的学生对未来就业处于迷茫状态，表明他们对自己尚未有准确的定位，所以高校在加强学前教育专业学生的职业素质和技能训练的同时，需要注重加强对学生的就业指导工作。师范院校应积极鼓励和引导学前教育专业学生面向基层教育事业，最大限度地发挥学生的专业特点，发挥自身优势，以此实现学以致用。高校还应注重对学生开展全程化的就业指导工作，从学生刚入学到毕业的时间里多对学生进行职业生涯规划教育，[①]逐步培养学生的职业意识，让他们客观地认识到自己的兴趣和爱好，再因材施教，让学生能够在学好自己专业知识的同时发挥自己的特长，逐步了解自己的优势和感兴趣的职业，有针对性地进行训练和培养，制定自己未来的职业计划，改变部分学生对学前教育专业不感兴趣但在面临毕业之际又对自己职业生涯感到迷茫的状况。

（四）重视家庭教育，引导学生积极就业

家长的期望对学生的就业意向影响尤为突出，父母的价值观对孩子有着潜移默化的影响，[②]部分家长望子成龙、望女成凤的心理体现在希望孩子在学习时期能取得优异成绩，在毕业工作后有份高薪体面的工作上。这种价值期望会使学生产生焦虑的心理，驱使他们在选择就业方向时追求薪金偏高的职业。所以在家庭教育中，家长应纠正自己片面的人才观，树立正确的人才观和价值观。俗话说“三百六十行，行行出状元”，每个职业、每个岗位上都有出类拔萃者，家长应根据社会的需要，从子女的专业所学与兴趣所向为出发点，帮助孩子正确认识自我，鼓励孩子在艰苦环境中磨练自己，结合实际情况选择适合自己的工作，能够在利益上做到个人与社会的统一，在社会实践中成长。所以家长应充分发挥出家庭的纽带作用，用良好的家庭教育来调整学生的就业心态，积极转变学生的就业观念，为学生的就业意向起积极的导向作用。

第十节　全面发展：幼儿教师专业发展的困境与对策

教师专业发展是教师个体专业不断发展的历程，是教师不断接受新知识、增长专

①王邦勇，马明龙.学前教育专业男生职业角色压力探究及成因分析[J].天津市教科院学报，2013(4)：75-78.

②贺伟，龙立荣.大学毕业生专业对口就业指标体系的构建[J].教育研究与实验，2009(1)：87-91.

业技能的过程,是一个教师的职业理想、职业道德、职业情感、社会责任感不断成熟、不断提升、不断创新的过程。许多学者在教师专业发展的基础上对幼儿教师专业发展进行了较为全面的概括,[①]即幼儿教师的专业发展是幼儿教师主体在幼儿园及相关教育部门的制度环境、教育和体制等客观因素的保障和促进下,通过自身学习和实践活动等,使得职业观念和行为发生改变,不断实现主体专业结构改组、更新、提高和完善的历时过程。

当前,随着我国对幼儿教师专业发展研究的不断深入,受各种因素影响,幼儿教师专业发展不全面的现象也不断暴露出来。例如,幼儿教师队伍的科研能力较为薄弱,[②]职业倦怠现象普遍存在于幼儿教师这一职业群体中[③],幼儿教师持续发展的内在动力不足,等等[④]。这种片面发展的现状,大大限制了幼儿教师职业发展的空间,不利于幼儿教师的专业发展,不利于幼儿的健康成长,严重影响了我国幼教质量和水平。因此,通过本课题的研究,可以使幼儿教师培养机构得以警醒,以利于幼儿教师的健康成长,更好地促进我国幼儿教育事业的发展。

一、全面发展的现代诠释

(一)马克思主义全面发展观

人的发展问题,早在古希腊时就得到了思想家和哲学家的关注。随着历史的不断发展,人全面发展理论的内涵不断丰富,直到马克思主义的诞生,人的全面发展才有了系统科学的诠释。马克思主义理论指出,人的全面发展不只是简单地指体力劳动和脑力劳动的结合与人在多个技术方面的掌握,它还包含了感情、意志、社会关系和个人多方面的能力等领域和层面。它有广义和狭义两个层面,广义上,人的全面发展是指群体的全面发展;狭义上,人的全面发展仅指个体的全面发展。

马克思主义的全面发展观,内涵是十分丰富的[⑤],主要有以下四点:

第一,人的全面发展体现在人的社会关系得到全面的发展。谈论人的发展,必须分清人与动物的区别。这区别的关键之一就是,人是唯一以社会关系为存在基础的动物,只有人才存在社会关系。因此人的全面发展是不可以单个人的发展来看的,它必须联系社会的发展、人和社会之间的关系来看。一个人的发展能到达什么程度,就要看他的社会关系到达怎样的程度。生活在狭隘的社会空间,人的发展空间就会被限制。因此,人要得到全面发展,就必须不断拓展自己的社会空间,即不断扩大自己的交际范围、视野,才能不断学习、不断进步、不断追求全面发展的理想状态。

---

①陈守红.珠海市幼儿教师专业发展现状调查与分析[D].武汉:华中师范大学,2007.

②宋广文,魏淑华.论教师专业发展[J].教育研究,2005(7):71-74.

③张书皓,刘昊馨,李靖阳等.幼儿教师工作倦怠的调查研究[J].教育教学论坛,2018(21):74-75.

④宋广文,魏淑华.论教师专业发展[J].教育研究,2005(7):71-74.

⑤顾相伟.马克思人的全面发展思想的当代价值研究[D].上海:上海师范大学,2010.

第二,人的全面发展是指人的劳动能力得到了全方面的发展和提高。这里的劳动能力并不只是体力上的劳动,它还包含智力、个性及交往等能力的提升。马克思认为,人的能力是人的本质力量的公开展示,人的能力是人类表现和确证自己社会本质的内在力量。①

第三,人的全面发展还表现为人的需要的不断满足和发展。人的需要可分为生存、享受和发展需要,人的需要的全面发展是人的全面发展的重要前提和基础。需要是人类生产和活动的重要动力和源泉,人的一切生产活动和社会活动都是通过不断满足生存需要、享受需要和发展需要所进行的。因此,人的发展就是跟随着需要的发展而产生,是一个不断前进的过程;满足了一个需要就促进了人的发展,然后再产生另一个新的需要,如此反复,促进人不断发展。需要是个无止境的过程,人的全面发展也是一个无止境的过程。因此,人的全面发展也是一个不断追求理想状态的过程。

第四,人的全面发展意味着人的个性得到自由而全面的发展。世界上有千千万万的人,我们用什么来区别人的不同,那就是用人的个性。人之所以成为独立的个体,是因为每个人的个性都是独立的,个性把不同的人区别开来。若是将所有的人都发展成为相同的完美的人,那人就与机器无异了。人的全面发展是根据每个人自身的内在与外在条件不断地去发展自己,不断地认识自己,发展自己的个性。我们通过个性来区别个体的不同,每个个体又会产生自己不同的需求,不同的需求使得不同的个体不断去发展自己的能力和社会关系,去满足个体的不同需求。说到底,人的需求就是人生产生活的动力,人的需要促使人将自己的能力、个性和社会关系发展为能满足需要的形态。因此,在历史长河中,人就是通过实现自己的需要,然后不断发展自己的能力、个性和社会关系,然后产生新的更高需要的一个不断发展的过程,以此来实现人的全面发展。

(二)我国的教育方针

教育方针是国家在一定历史时期提出的有关教育工作发展总的方向,是整个教育事业发展总的行动纲领。每个历史阶段的教育方针都会根据每个时期的教育发展阶段进行调整,从而使我国的教育适应时代的发展,不断促进我国教育事业的发展。新中国成立以来,我国的教育方针和教育目的在不断地更新和发展。1957 年,毛泽东提出了“使受教育者在德育、智育、体育等方面得到发展,成为有社会主义觉悟的有文化的劳动者”教育方针;1982 年颁布的《中华人民共和国宪法》强调,国家在教育事业方面要培养青少年、儿童在品德、智力和体质等方面得到全面发展;1985 年,《中共中央关于教育体制改革的决定》提出,教育要培养具有“四有、两爱、两精神的新型人才”;1995 年颁布的《中华人民共和国教育法》也指出,教育要为社会主义现代化建设服务,培养德智体美全面发展的社会主义建设者和接班人;党的十八大会议提出,我

①汤建.中国共产党关于人的全面发展思想之历史考察[D].扬州:扬州大学.2013.

国目前最新的教育方针和目标是"努力办好人民满意的教育,坚持教育为社会主义现代化建设服务、为人民服务,把立德、树人作为教育的根本任务,全面实施素质教育,培养德智体美全面发展的社会主义建设者和接班人。"

虽历经多年的完善和修改,但我国教育的核心始终围绕着两点:一是我国的教育培养的是社会主义的建设者和接班人,坚持政治思想素质、道德品质素质与文化知识能力的统一;二是我国的教育是要促进学生的道德、才智、体质的全面发展。"全面发展"作为我国教育的主线,一直引领着我国教育事业的发展。

(三)科学发展观

科学发展观的主要内容,包括"坚持以人为本,树立全面、协调、可持续的发展观,促进经济社会和人的全面发展"和"五个统筹"。它是胡锦涛同志于 2003 年提出的。[①] 科学发展观是以邓小平理论和"三个代表"为指导思想,是中国共产党坚持解放思想、实事求是、与时俱进的思想路线,总结我国在现代化建设上的经验,从全新的格局出发,提出的重大战略思想和指导方针。科学发展观是马克思主义人的全面发展理论的中国化的成果。人的全面发展是马克思主义的重要组成部分和核心思想,科学发展观中的核心和要义"以人为本",就是继承了马克思主义人的全面发展理论思想的核心。

教育是实现人的全面发展的重要路径,用科学发展观作为指导思想来开展教育,才能让我国教育走上正确的道路。教育的科学发展旨在要求学校、教师要以学生为本,充分了解学生的身心发展规律,尊重学生,用科学合理的方式教育和指导学生全方面的发展,考虑学生长远的、一生的发展,树立学生正确的三观,让学生学会做人与做事,学会学习与合作,而不是一味地谋求成果、分数的教育。

二、幼儿教师全面发展的必要性

(一)幼儿教师角色的要求

幼儿教师的职业特点决定了幼儿教师的角色是多样的,《幼儿园教育指导纲要(试行)》指出,幼儿教师在幼儿日常学习活动中扮演着支持者、合作者和引导者的角色,这是从幼儿教师与幼儿的关系角度来定义的。作为幼儿学习活动的支持者,幼儿教师要为幼儿在园学习提供物质支持和心理支持。物质支持即创造良好的物质环境,提供自由的时间、空间和丰富的材料等;心理支持则是幼儿教师要尊重幼儿,鼓励他们自主探究,对有困难的幼儿给予适当帮助,细心聆听并接纳幼儿的想法和感受。只有这样,才能保护幼儿在学习活动中的积极性、主动性和创造性。作为幼儿学习活动的合作者,幼儿教师要与幼儿建立起合作伙伴的关系,以一种平等的姿态去引导幼儿发展。作为幼儿学习活动的引导者,幼儿教师在日常教育教学活动中,要因势利导

---

①李琳.科学发展观:人的全面发展理论的新发展[D].成都:电子科技大学,2008.

地引导幼儿，从发现问题到探索问题，最后寻求答案。掌握这种教育艺术，需要幼儿教师不断完善和丰富自己的教学方式和内容，从而收到最理想的效果。

从幼儿教师与教育实践的关系来看，幼儿教师又是教育实践的研究者。在教育实践中，幼儿教师掌握了较大的自主权，幼儿教师作为教育实践的研究者，要将自己的理论知识与实践经验相结合，对教育活动进行研究，包括确定教育目标、设计教育文本、丰富教育内容、采用多种教育形式、记录教育反思与心得等，对每次教育活动进行具体研讨，以教研促教学，不断积累、丰富教育教学经验，不断提高自身的教育教学水平。

同时，幼儿教师在工作中还扮演着“人际交往的艺术家”的角色①。幼儿教师在工作中要善于处理好各种关系，包括与管理者的关系、与同事的关系以及与家长的关系等。只有具备良好的合作精神和能力，幼儿教师才能处理好与管理者的关系，做到相互支持与理解，使幼儿园不断发展和进步；教师与教师之间要形成良好的氛围，互相学习、互相尊重，进行更深入的交流与沟通，通过学习和讨论、课程资源共享等，加强彼此之间的合作，发挥团队精神，形成命运共同体，才能实现相互促进，共同发展；家园共育是近几年一直被提及的一个重要话题，幼儿教师与家长的良好沟通与交流是搞好幼儿教育的重要因素，幼儿教师应主动、积极地与家长沟通，成为家园合作的纽带和桥梁，让幼儿家长理解、支持并接纳幼儿园的教育要求和教育理念，这样才能保证幼儿园各项教育活动的顺利开展，形成家园合力，更好地促进幼儿的发展。

从幼儿教师自身角度出发，幼儿教师是一名学习者。面对知识、信息快速更新的时代，作为一名教育工作者，幼儿教师应将终身学习理念扎根于心底，不断提醒自己，要在不断的学习中促进自身各方面的不断进步和发展。作为幼儿教师，应广泛学习各种新知识，不断提高自身的综合素质，才能给予幼儿更为全面的指引。通过不断学习和接受新知识、新理念，并且身体力行地去实践，才能不断形成自己的教育新方法、新模式。

（二）幼儿教师劳动特点的要求

既全面又细致是幼儿教师的工作特点，幼儿教育工作是幼儿教师根据教育目的和任务，通过保教结合的方式对幼儿进行健康、社会、语言、科学和艺术五大领域的教育，从而促进幼儿全方位的发展。这是《幼儿园教育指导纲要（试行）》对所有幼儿教师的教育要求，这就决定了幼儿教师劳动的特点是全面性的。除了全面性外，幼儿教师的工作任务还应是细致的。幼儿作为较为弱小的群体，他们在生活和活动中需要得到细致的照顾，才能保证幼儿的健康成长。

幼儿教育的首要任务和本质特征之一是保证幼儿身心健康发展②。《幼儿园教师专业标准（试行）》中强调：“要关爱幼儿，将保护幼儿生命安全放在首位，重视幼儿

①胡海建，李晖．现代幼儿教师的多元角色定位[J]．学前教育研究，2010(8)：54-56.

②程秀兰．当代幼儿教育本质研究[J]．陕西师范大学学报：哲学社会科学版，2012，41(5)：143-148.

身心健康全面发展。”幼儿教师要充分了解幼儿心理和身体的发展特点，制定合理的教育教学活动，不断调动幼儿参与活动的积极性，做到保教结合，让幼儿在活动中身心都能健康发展。幼儿教育的任务与中小学教育任务大不相同，中小学教育任务的重点是注重知识的传授。而幼儿教育注重的是保教结合，要在照顾好幼儿的生活和身体的前提下进行适当的教育，主要以游戏的方式进行，没有明确的传授知识技能的具体要求，主要是让幼儿掌握独立生活的初步能力和形成良好的行为习惯。

（三）幼儿教育课程改革的要求

2001 年教育部颁布《幼儿园教育指导纲要（试行）》，提倡幼儿教育课程改革，强调传统幼儿教育中的分科教学应向综合性教学转变。在以往的幼儿教育课程中，过于强调分科、分领域的教学，导致幼儿教师只注意某一科、某一领域的教育价值，在教学过程中只注重幼儿对某一学科、某一领域知识的掌握，忽视了幼儿在活动中所涉及的其他学科、领域的发展，这种分科教学不利于幼儿的全面发展。由于幼儿的认知特点具有无意性、直观形象性，思维逻辑处于初步的发展阶段，因此实施综合化的教学更有利于幼儿的全面发展。开展综合化教学并非将各领域各学科进行简单的拼凑，[①]综合化教学的特点是“主题性”，即综合教育是由某个单元内容组成主题，由主题组成系列内容，对每个主题和系列进行研究、设计和组合，使教育活动不断渗透和深化，从而促进幼儿的全面发展。

幼儿园课程综合化的趋势对幼儿教师的能力提出了更高的要求。综合化提倡的是各领域知识的整合，要实现多维度的课程目标，与传统教学相比，教学难度明显加大，这需要幼儿教师不断提高自身的综合素养和能力。

三、幼儿教师全面发展的困境

（一）幼儿园经营者功利思想的影响

当前，我国有许多幼儿园，尤其是民办幼儿园，办园的主要目的是出于经济考量。为了经济利益，经营者极力提高幼儿园的知名度，过度重视一些节假日的文艺演出，通过让教师、幼儿参加各类技能技巧的比赛，以此展示幼儿园的教学成果、教学水平和教学实力。这种现象迎合了不懂得幼儿教育的家长的胃口，迎合了社会市场的需求，为此，很多幼儿园在招聘幼儿教师的时候，忽视教师的理论基础，注重幼儿教师技能技巧的表现，特别青睐艺术能力强的师范生或者其他应聘者。此外，有些民营幼儿园，为了减少幼儿园的开支，增加幼儿园的收益，甚至聘请一些没有幼儿教师资格证或没有经过任何在职培训的从业人员。

（二）师范学校传统办学思想的影响

以往，我国大部分的幼儿教师都是毕业于中等师范学校的中专生，中等师范学校

---

①张丽. 幼儿教育课程改革研究[D]. 济南：山东师范大学，2003.

成为我国幼儿教师的主要培养机构。因此，中等师范学校的办学理念和思想对我国幼儿教师的培养产生了较为深远的影响。一方面，中等师范院校的生源通常是初中毕业生，由于知识水平较低，理论基础较为薄弱，因此许多中等师范学校侧重于培养学生的技能技巧，将音乐、舞蹈、美术等技能作为学前教育的主要课程，忽视理论知识的教授。随着我国历史的变迁，虽然中等师范学校停办了，但中等师范学校的这种办学理念却依然影响着我国许多师范学校，尤其是中职学校、专科学校和地方院校。这种过分注重技能技巧的现象对学前师范生产生了不合理的诱导，导致学前师范生重技轻理。另一方面，我国的许多高等师范院校，长期注重理论知识的教学，忽视技能技巧的训练，导致学生重理论轻技能。这种现象在重点大学特别明显。

（三）对学前教育专业核心课程的误解

教育部 2012 年 9 月颁布的普通高等学校本科专业目录中显示，学前教育的核心课程分别为“学前教育学”“学前儿童发展科学”“学前儿童保育学”“学前教育史”“学前教育研究方法”“学前特殊儿童教育”“幼儿园课程”“学前儿童语言教育”“学前儿童健康教育”“学前儿童艺术教育”等。[①] 大部分教师教育培养机构都开展了较为完善的课程，但课程的设置并不合理，表现在许多院校对学前教育专业的部分课程性质产生误解，如认为“学前儿童艺术教育”是核心课程。许多教师教育培养机构注重的不是学前儿童艺术教育，而是注重唱歌、跳舞、绘画等技能的学习。一些院校的技能学习时间为两年，而艺术教育的理论课程只有一个学期，明显侧重于学生的技能训练而非教育教学理论的学习，这会使得一些教师教育培养机构只是培养会弹、唱、跳、画等的艺术生，而不是培养符合幼儿教师专业标准的合格的学前师范生。

（四）对幼儿教师核心素质的误解

过去，有许多人认为，唱歌、绘画、舞蹈等技能是教师的核心素质，因此在教师教育培养机构中，都特别注重对学前教育师范生技能技巧的培养和训练。但随着社会的发展，过去那种将技能技巧作为幼儿教师核心素质的观点已经不合时宜了，不符合我国当代学前教育的要求。随着社会的发展，幼儿教师的观察能力、分析能力和反思能力逐渐成为幼儿教师核心素质的一部分。[②] 新时期的幼儿教师不仅要成为知识的教授者，更应该成为能在实践教学中激发幼儿学习兴趣、与幼儿共同成长的专家型教师。由于存在对幼儿教师核心素质的误解，教师教育培养机构和学前师范生产生了错误观念，导致学前师范生的片面发展。

（五）师范生自身的因素

每个人都有自己的兴趣，有些人的兴趣过于狭隘，只对少数感兴趣的课程积极、认真学习，与这些课程有关的知识、技能和能力都能得到比较好的发展，对其他不感

①教育部. 普通高等学校本科专业目录[Z]. 2012.

②牛翠平. 幼儿教师的核心素质探讨[J]. 盐城师范学院学报：人文社会科学版，2010(5)：109-111.

兴趣的课程则缺乏动力，有关知识和能力也就得不到应有的发展。例如，有的学生对美术感兴趣，对音乐课程不感兴趣，于是，就花大量的时间和精力学习美术，在美术方面有比较大的收获和发展，而音乐方面的知识、技能和能力却很欠缺。

多元智能理论认为，人有八个方面的能力。但是，这些能力并不是均衡发展的，有些能力比较强，就成为优势能力，有些能力比较弱，就成为劣势能力。学习劣势能力方面的课程，由于学生基础和能力较为薄弱，若方法不当，课程成绩不好，会严重打击学生的自信心，久而久之就会使学生对这一课程失去兴趣，影响学生在这方面的发展。

四、幼儿教师全面发展的对策

（一）幼儿园经营者要端正办园思想

如前文所述，由于幼儿园经营者受功利思想影响，过于重视表面现象，采取哗众取宠的方式吸引家长的注意，以便招揽更多生源。为此，幼儿园在招聘教师时过分注重技能技巧，忽视应聘者的理论知识。这种行为错误地诱导了师范学校和学前教育专业师范生，导致学前教育专业师范生片面发展。这不仅不利于幼儿教师的可持续发展，不利于幼儿健康成长，也不利于幼儿园的长远发展。虽然，在短时间内，幼儿园的上述行为能“忽悠”不懂幼儿教育的家长。但是，随着社会的发展，上述行为迟早会被社会和家长识破，幼儿园也会被唾弃。因此，幼儿园经营者应端正办园思想，强化“内功”建设，想方设法，扎扎实实提升幼儿教师的综合素质，这才是幼儿园生存的根本之道。

（二）克服偏科思想，贯彻全面发展的专业培养目标

高校要明确培养目标，正确理解学前教育的本质，克服重“技”轻“理”或重“理”轻“技”思想，并落实在课程设置、教学等方面。幼儿教师作为一个需要全面发展和学习的职业，各级师范学校在课程设置上应该构建一个全方位、多维度的知识、技能体系，艺术素养只是幼儿教师需要具备的一部分素养，并不能当成最主要的部分。重技能、轻理论的课程设置，虽然暂时能让毕业生更适应市场的需求，但会严重影响幼儿教师职业生涯的发展。① 才艺在幼儿教育的过程中应归为教学和组织手段，教师还需要其他专门的教育能力，如科学的儿童观和教育观、活动的设计能力和组织能力教育资源的整合能力，等等。因此，各级师范学校在设置课程方面应协调好理论课程与艺术课程的比重，做到理论与技能兼顾，使学前师范生全面发展。

（三）明确学前教育专业核心课程和幼儿教师的核心素质，并妥善处理

专业核心课程反映专业中最基本、最原理性的知识点，不会因时间推移而有太大

①胡海建，李晖．现代幼儿教师的多元角色定位[J]．学前教育研究，2010(8)：54-56.

变化，这些课程体现了该专业的基本面貌。通过学习核心课程，师范生就能够掌握本专业的核心知识体系，形成具有核心意义的专业素养，这就是专业核心课程[①]。从上述教育部2012年颁布的学前教育专业核心课程来看，主要是学前教育学等理论课程，并不涉及音乐、美术等艺术课程。因此，在课程设置和教学实践中，我们应该突出重点、强化核心课程，使学前师范生掌握从事学前教育的核心知识体系。当然，非核心课程并非不需要，而是要分清主次、妥善处理，否则就会出现主次颠倒、鸠占鹊巢的乱象。

如前所述，幼儿教师的核心素质是幼儿教师的观察能力、分析能力和反思能力等，而非社会上和幼儿园广泛流传的唱歌、绘画、舞蹈、环境设计等能力。既然如此，在教师教育中，我们就应该大张旗鼓、重点培养这些能力，使学前师范生毕业后能成为合格的幼儿教师。

(四) 幼儿教师资格证考试的改革

幼儿教师资格证考试是国家经过长期不断的探索和改革制定出的一种幼儿教师认证制度，这种认证制度有利于保证幼儿教师队伍的质量，成为把关教师质量的重要标准。

随着国家对学前教育重视程度的加深，对处于基础教育核心地位的幼儿教师的准入标准也越来越高。[②] 幼儿教师资格认定制度的形成、规范和提高有利于促进幼儿教师队伍素质的全面提高。因此国家在近几年对幼儿教师资格认定制度进行了不断的探索和改革，尤其是2013年颁布的《中小学和幼儿园教师资格考试标准（试行）》，对教师资格证制度进行了较大的改革，实行“国考”，打破了教师资格证终身制和师范院校学前教育专业获得毕业证就能获得幼儿教师资格证的制度，考试科目和内容都有所增加，难度也加大了。教师资格证的考试改革后，更倾向于测试考生的专业水平、专业能力和实践能力，这在很大程度上提高了幼儿教师的准入标准，提高了幼儿教师的专业水平，从而提高了幼儿教师队伍整体的素质。

虽然我国的教师认证制度在近几年有了很大的发展，但由于我国教师认证制度起步晚、发展较慢，还处于初级发展阶段。因此，改革永远在路上。我们认为，教师资格证考试改革还应考虑以下两点：首先，从上述幼儿教师劳动特点来看，考试内容应具备全面性；其次，从教师核心素质考虑，考试内容应重点考核教师的核心素质。

(五) 培养幼儿教师的专业自觉

幼儿教师的成长和专业化是一个不断进步、不断完善的过程，每个教师都应如此，这是由教师的职业特点所决定的。为此，每个幼儿教师都应该具备专业自觉。专业自觉有三个特点：[③]一是自觉意识到提升专业水平的紧迫性，并为提升专业水平表现出极强的主动性和积极性。二是自觉意识到专业活动中存在的问题，加以创造性

①汪明义. 实施专业核心课程制度 培养高素质复合型应用人才[J]. 中国高等教育，2012(10)：21-22，30.

②万莉. 我国高师院校学前教育专业课程设置与优化研究[D]. 赣州：赣南师范学院，2013.

③舒志定. 论教师的专业自觉[J]. 教师教育研究，2007(6)：10-13，23.

地解决。三是形成教师的精神世界。第一个特点主要涉及的是认识与动力问题。每个教师都有自觉的职业规划，要实现自己的人生理想，就必须不断提高自身的专业水平。只有认识到提升自身专业水平的紧迫性，才能产生努力改善自身专业水平现状的动机。第二个特点主要强调的是目标和能力问题。每个教师要促进自身在专业方面的发展，就必须反思或批判自己的教育教学现状，找出自身的优势与不足，明确今后努力的方向，并且想方设法对存在的问题加以解决。第三个特点主要也是动力问题。教师要具备第三点，就必须具有上下求索的职业精神。只有将自己的职业认同内化为专业信念和专业理想，才能真正做到持之以恒地提升自身专业水平，做到以教师为荣、以教育为乐。

幼儿教师要实现全面发展，除受客观因素影响外，也受教师主观因素的影响，这就需要教师要具备专业自觉。只有具备专业自觉，幼儿教师才能有针对性地发展自觉、完善自己，努力做到全面发展，成为合格的幼儿教师。

第三章 学前教育环境创设的研究

第一节 幼儿秘密空间设置的研究

在幼儿园的活动环境中，有的孩子会积极地投入游戏中，有的孩子却更愿意在角落里出神，而如何让这些更愿意独处的孩子们积极地投入到集体中去，是很多幼儿教师们讨论的话题。但是，换个角度看，孩子们有选择的权利，同时也包括选择独处的权利。秘密是什么？马克思·范梅南与巴斯·莱维林合著的《儿童的秘密——秘密、隐私和自我的重新认识》一书中提到："秘密是一个普遍存在却很少为人所讨论的现象。"[①]儿童的秘密总是被他们隐藏起来，却又无处不在。而拥有秘密，正意味着儿童自我意识发展的开始。而秘密的共享，意味着儿童之间微妙亲密关系的建立和产生，也丰富了儿童的内心世界。秘密空间对于幼儿满足其独处的需要和很多情绪情感的需要来说是相当重要的，当幼儿产生不良情绪时，他们能够在秘密空间中通过独自游戏以及自省得到排解。秘密空间的存在是尊重和保护幼儿秘密的前提条件，而幼儿园作为幼儿生活的主要环境之一，创幼儿园设秘密空间是势在必行的[②]。

一、幼儿园秘密空间设置情况的探讨

(一) 秘密、空间、秘密空间等相关概念的界说

秘密(Secret)一词来源于拉丁语中的 secretus，意为"分离、拆散、隐私"，指事物和资料有意识不对外公布的状态，社会无法透过公开途径得知其存在或者内容，也指代在该状态下的事物和资料。秘密不仅指那些藏在我们内心深处的东西，也可指那些我们只愿意和某些人分享的东西。[③]

空间，大致上是指物质存在所占有的场所，物体与物体之间的界线，或是物体与物体之间的相对位置等，是抽象化之后形成的概念。亚里士多德将空间定义为事物的"场所"。[④]

秘密空间，是指保持人、事物或资料不被外界得知其存在或其内容的状态的场

---

①马克思·范梅南，巴斯·莱维林．儿童的秘密——秘密、隐私和自我的重新认识[M]．北京：教育科学出版社，2004：4.

②顾颖颖．浅谈幼儿园班级私密区的创设[J]．学前课程研究，2007(7)：36-39.

③卢彦玮．秘密[EB/OL]．维基百科，2016(5) [2016-08-10]https://zh.m.wikipedia.org/wiki/秘密.

④Jesper Lee．空间[EB/OL]．维基百科，2016(7) [2016-08-10]https://zh.m.wikipedia.org/wiki/空间

所。幼儿园秘密空间，则是指在幼儿园中，能供给幼儿在不被他人打扰的情况下进行自主游戏或活动、体验自我、获得秘密体验的相对隐蔽的场所，主要包括：(1)幼儿园建设规划中包含的为幼儿提供能获得秘密体验的场所；(2)教师根据其所在班幼儿的情况为幼儿设置的秘密空间；(3)幼儿自主发现的、幼儿园中天然存在的秘密空间；(4)幼儿藏匿自己的秘密和“宝物”的秘密空间等。

(二) 幼儿园秘密空间的设置情况的探讨

1. 国内学者的研究

国内关于秘密空间设置的资料较少，其主要论述秘密空间存在的价值以及存在的必要性，或是幼儿园教师在工作时所做的实践反思。如《低成本有质量的幼儿园环境创设》一书提到：“秘密场所能够帮助儿童缓解集体中的压力，使其体会到家一般的感觉。向儿童提供秘密空间，不仅是因为幼儿喜欢，更因为这样的空间具有教育的价值，能够让幼儿在生活化的环境中获得发展。”[①]还有部分研究发现孩子喜欢躲在桌子底下，并用椅子遮住桌子底的入口。研究者们认为秘密空间的创设是必要的，但却缺少对秘密空间的实际使用。国内的大部分幼儿园的室内环境都是从幼儿的社会性发展的角度出发，为幼儿创设了很多不同的区域活动，例如：娃娃家、建构区、数学区、美工区、音乐区、体育区等。这些空间布置都是开放的，虽然可供教师轻易监控到幼儿的行为，但是却忽略了幼儿的个体发展，忽略了幼儿园秘密空间的存在，因此，对秘密空间设置的情况以及记录也是相对较少的。

2. 国外学者的研究

1995 年，加拿大阿尔伯达大学和荷兰语奇特大学开展了一项关于儿童的“秘密心理”的大型研究项目，研究得出：“秘密心理”使儿童明白自己逐渐拥有内心的外部世界以及内部世界，这种认识帮助幼儿建立起了自我意识、责任感以及与周围的人建立亲密关系的能力。同时，在研究中发现：儿童的“秘密心理”对周围环境有特别的需要，换言之，儿童的“秘密心理”需要被周围环境以及场所通过一些方式方法关照，即儿童在生活中需要一些“秘密空间”。[②]

在瑞典斯德哥尔摩有一所名为 Sjötorget 的幼儿园，也被称为“秘密之所”。设计师在设计这所幼儿园时，在公共区域内使用了明亮的颜色，而其他空间则根据功能需求使用了特别的颜色。有许多空间的设计都体现了多元的功能，例如：嵌在墙上的储物柜既可以当作彩色的壁龛，也可以作为幼儿玩耍时的小洞穴、小木屋；在楼梯的底下，设计师专门设计了一个安静、光线较黑暗的小空间，那是一个可供幼儿藏身的“秘密空间”。[③]

---

①鄢超云.低成本有质量的幼儿园环境创设[M].北京：教育科学出版社，2013：21.

②任文杰.关于在儿童场所设计中关照儿童“秘密心理”的研究[D].新疆：新疆师范大学，2008.

③Anders Rotstein，Rickard Rotstein，Rotstein Arkitekter.“秘密之所”——斯德哥尔摩 Sjötorget 幼儿园[J].现代装饰，2014，(1)：40-45.

澳大利亚的很多家庭都有自己的后院，而对于家里有后院的孩子们来说，后院就是他们的秘密空间，那里可以让他们获得一定程度上的独立，同时他们可以玩各种想象游戏，自己解决和消化问题，甚至可以根据自己的需求，对这个空间进行一定的改造。加拿大人是非常尊重和保护幼儿的秘密的，其中也包括幼儿独处的小天地，不会未经孩子同意就在孩子的“秘密空间”里“检查”一番[①]；一位生活在新西兰的母亲说：“新西兰的文化认为，小婴儿已经是独立的生命，需要和大人一样被尊重”，并讲述了宝宝3岁时独处在自己的秘密空间里工作，父母忍住不打扰，等孩子出来后才发现他刚刚在秘密空间里做了一个磁力棒造型的小小展示会的故事[②]。此外，还有很多关于秘密空间描述的图画书，其故事里所表现的秘密空间可以反映出其背后的特殊文化，也在某种程度上体现了秘密空间存在的重要性及合理性。尽管大部分资料显示儿童的秘密空间主要存在于家庭中，但幼儿园作为幼儿生活的主要环境之一，可想而知，幼儿园秘密空间的存在也是非常必要并且意义深远的。

西方国家及很多发达国家非常重视个人的隐私以及秘密。而中国文化通常认为孩子是父母生命的一部分，认为对儿童有各方面支配的权利，习惯从成人的角度看待和解读孩子的问题，却缺少从儿童的角度出发去了解儿童内心真正的需要，使儿童缺少了体验秘密的条件，造成了儿童秘密体验的缺失。成人，包括幼教工作者及家长，要正确地对待儿童的秘密空间，尊重儿童秘密空间的存在，并在必要时将之付诸实践，为幼儿创设适合其发展的秘密空间。

（三）对于韶关市幼儿园秘密空间设置情况的假设

根据文献查阅、中外文化的差异对比以及笔者在见习期间的观察了解，可推断出：(1)韶关市属于三、四线城市，经济条件相较于广东省内一二线城市落后，由此，预计韶关市幼儿园秘密空间设置普遍较少；(2)出于常识的考量，预计韶关市公办幼儿园的幼儿园秘密空间设置情况优于私立幼儿园；(3)广东省内先进、发达地区及城市，例如深圳市，经济条件优越，文化、思想观念较先进，由此，预计这些地区幼儿园秘密空间设置情况优于韶关市等欠发达地区。

二、幼儿园秘密空间设置情况的调查

（一）调查方案

1. 调查目的

通过对教师进行访谈、实地考察等方法对韶关市及省内（主要地区为深圳市）部分幼儿园秘密空间的设置情况进行调查研究，大致了解韶关市及部分省内幼儿园秘

①凯丽·梅兰. 图画书中的秘密游戏空间——儿童心理发展在文学作品中的反映[J]. 东方宝宝：保育与教育，2014(Z1)：7-11.

②李晓娅. 尊重隐私，从baby开始[J]. 海外育儿，2015(2)：15-16.

密空间设置的情况，进而对调查所获得的资料进行分析、探讨，提出改进建议，并希望借此提高幼儿教育者对于儿童秘密空间设置的重视，为高等院校及幼儿教师培训提供一定的指导意见。

2. 调查样本

调查样本的选择主要为韶关市幼儿园（包括公立和私立幼儿园）以及省内部分地区幼儿园（主要地区为深圳市）。

本次调查对象包括：韶关地区幼儿园共 4 所，分别用字母代替为 JS、JEY、MRZX、JYY。其中，JEY、JYY 幼儿园为省一级公办幼儿园，JS、MRZX 幼儿园为私立幼儿园，其中 JS 幼儿园为市一级示范园，MRZX 幼儿园为区一级园；深圳地区调查幼儿园共 3 所，分别用字母代替为 XZHY、PH、FREE。其中，XZHY 幼儿园及 PH 幼儿园为省一级公办幼儿园，FREE 幼儿园为一所结合了西方教育理念的私立幼儿园。

本次调查笔者对 13 位教师进行了访谈，分别为 JS 幼儿园的 T 老师和 H 老师；JEY 幼儿园的 L 老师；MRZX 幼儿园的 X 老师、JYY 的 B 老师、D 老师、E 老师、Y 老师、Z 老师以及 K 老师；XZHY 的 W 老师；PH 幼儿园的 C 老师；FREE 幼儿园的 T 园长。

3. 调查的手段和方法

本次调查的主要手段和方法包括：①访谈法。首先我们对幼儿园教师进行访谈，提问从幼儿园教师对“秘密空间”这一概念的了解情况以及得知这一概念的途径入手，了解幼儿园教师所在班级乃至所在幼儿园的秘密空间设置情况（如秘密空间的具体构建情况、搭建空间所使用的材料、空间内所投放的材料、颜色搭配等）了解没有设置秘密空间的幼儿园的教师对秘密空间的看法等，从而了解幼儿园秘密空间在幼儿园中的设置情况。教师作为幼儿园中对幼儿影响最大的群体，教师的专业知识以及对孩子的自我认知等都会影响教师决定是否在班级内为幼儿创设一个适合他们发展的秘密空间或是私密区角，要深入了解幼儿园秘密空间设置情况及原因，了解教师对幼儿秘密、秘密空间等概念的了解以及态度也是极其重要的。其次，我们还会对在所在班级设置了幼儿园秘密空间的教师进行具体细节的提问，目的是了解幼儿园秘密空间设置的现状，从而更好地借鉴经验，或是提出改善建议和意见。最后，还对幼儿进行抽样访谈，并以此作为资料帮助我们思考应为幼儿创设怎样的秘密空间。笔者分别了解了所在班级有或无设置秘密空间的幼儿对秘密空间的态度，从他们的日常生活出发，引导幼儿说出自己是否有独处、或在老师较少监控区域活动的需要，说出自己的“秘密空间”是什么样子的，包括秘密空间的形状、颜色、搭建材料等，通过图片的引导，帮助儿童表达他们想象中的、心目中的“秘密空间”是什么样子的，从而迎合幼儿需要，创设更适合他们心理、喜好和需要的幼儿园秘密空间（访谈提纲详见附录 1、附录 2）。②实地考察法，在见习或实习期间对所在幼儿园进行观察记录。③问卷调查法，尽量扩大数据收集的范围，以弥补实地考察及访谈所触及范围较小的不足。

（二）调查结果

笔者在韶关地区JS幼儿园见习一周期间，对幼儿园的教师做了问卷形式的调查及部分访谈调查。JS幼儿园共设有14个班级，其中有2个班级设置了秘密空间，均为小班，用字母代码JS－A、JS－B代替。JS－A所在班级教师将秘密空间设置在娃娃家，使用柜子搭建，在秘密空间内投放了水果、小桌子、小娃娃、玩具，幼儿轮流进入；JS—B所在班级教师将秘密空间设置在区域角，空间内投放了布娃娃、玩具。笔者对JYY的六位老师进行了访谈，六位老师所在班级的年龄层次分别是：大班3个、中班1个、小班2个。其中，所在年龄班级有2个创设了（或创设过）秘密空间，分别为小班和中班。所在班级有创设秘密空间的E老师表示过往多次在班级内根据幼儿的情况设置秘密空间，使用过拱桥及半透明的布、小帐篷搭建秘密空间，空间内会投放一些毛绒娃娃等。但班级多为小班及中班，因为年龄小的孩子相对情绪比较不稳定，当幼儿带着哭闹的情绪进入秘密空间时，会有二三个幼儿也进入空间对这个哭闹的幼儿进行安慰或鼓励，而同伴的安慰或鼓励往往比教师的话语更有效，于是E老师认为这样的空间设置是有一定道理的，且更适用于较低年龄层次的幼儿。K老师表示在班级内图书角也为幼儿创设了类似的空间，使用了粉色的帐篷搭建，帐篷内投放了一些柔软可爱的卡通抱枕（见图3－1）。另外，Y老师表示此前在书上了解过秘密空间这一概念，但由于班级内空间的限制，并没有为幼儿设置秘密空间的打算。B老师则表示此前在参观其他幼儿园时了解过秘密空间，但更偏向于为幼儿创设综合使用的空间，如将娃娃家作为幼儿的秘密空间等。而D老师及Z老师则表示没有了解过秘密空间这一概念，也不会考虑为幼儿创设这样的秘密空间。通过对JEY幼儿园的L老师访谈得知，其曾经设置过类似的区域，但是近年来没有在班级内设置秘密空间，但表示会根据幼儿的需要决定是否为幼儿创设秘密空间，也认为秘密空间的设置是有必要的。而MRZX幼儿园的X老师说："秘密空间？没有听过，都没有的，哪里有什么秘密空间，除非是那些大城市的幼儿园，这个教室那么小，就一个长方形，哪里有什么秘密空间。"表示所在幼儿园没有设置秘密空间。

笔者分别对深圳地区两所公立幼儿园的两位教师进行了访谈，得知两位教师所在的幼儿园均为省一级公立幼儿园。在两位老师所在的幼儿园班级内，均设有符合笔者所定义的"秘密空间"。PH幼儿园的C老师表示会使用废旧的大纸箱或是帐篷作为幼儿的"私密区"。"就是用纸皮箱搭起来然后里面放一些东西，但是它很小只能让一到两个小朋友进去。小朋友也可以带自己喜欢的东西进去。有的小朋友喜欢安静、喜欢自由，不喜欢被打扰，在里面自己想做什么就做什么；有的小朋友很喜欢躲起来，就会一个人在里面看书什么的。"C老师说。而XZHY幼儿园的W老师则表示所在幼儿园没有特别设立名为秘密空间或是私密区等的区角，但是每个班级都配备了一个小帐篷作为幼儿表演区的一部分，"我们原来是给每个班发过一个类似小帐篷这样的一个东西，就是比我们户外的帐篷要小一点，它只能容纳一两个孩子，孩子可以在里面放一些小毛绒娃娃、纱巾这些东西”；或是为幼儿提供一个区域，以及各种材料，幼儿可以自行搭建自己的小空间。W 老师说：“这样的一个秘密空间，我觉得既培养了孩子在建构方面的能力，也满足了他对这种空间的材质和大小的这种需求。”

(a)

(b)

图 3-1 XZHY 幼儿园的 K 老师所在班级图书角内秘密空间

另外，笔者曾在一所私立幼儿园进行实习，在园内设有 11 个班级，其中有 2 个班级为幼小衔接班，其余 9 个为幼儿班。通过对 T 园长进行访谈以及笔者对幼儿园的实地观察，在幼儿班中，所有的班级都设有符合笔者定义的秘密空间，且部分班级秘密空间的设置数量达 2～3 个，多以“情绪区”命名。T 园长表示：“在幼儿园中，幼儿的所有情绪都是被允许的，但是教师也必须给予正确的引导。幼儿可以选择在任何时间进入“情绪区”，并不是因为惩罚有情绪的孩子让他们在“情绪区”待着，而是他们自主地想要在“情绪区”里发泄自己的情绪。”T 园长还表示，“情绪区”的设置是幼儿园规划中所涉及的，每一个幼儿班都是统一设置的，每个“情绪区”会被设置在教室的一角，区域内的布置很温馨，投放的材料多以娃娃、抱枕、垫子为主，班级内的教师可以根据幼儿的情况在环境中添加照片墙等。

(三) 结果分析

1. 韶关地区幼儿园秘密空间设置情况调查结果分析

韶关地区幼儿园设置秘密空间的数量较少，私立幼儿园以 MRZX 幼儿园、JS 幼儿园为例，MRZX 幼儿园基本没有设置幼儿园秘密空间。JS 幼儿园设有 14 个年龄班，笔者对 JS 幼儿园的教师进行了问卷调查以及访谈调查，以问卷调查形式为主。本次调查共涉及的教师有 45 位，发放问卷 45 份，回收 36 份，回收率为 85.71%。

JS幼儿园的问卷调查结果显示：班级内设有秘密空间的班级数量为2个，均为小班，设有秘密空间的班级数量占JS幼儿园班级总数的14%。问卷调查结果表明：JS幼儿园中设置了秘密空间的两个班级均将“娃娃家”作为班级内的秘密空间，而大部分班级都没有设置秘密空间。原因大致总结如下：①对秘密空间这一概念不了解/尚未接触；②幼儿园没有规定；③幼儿园设施不完善；④幼儿园内班级空间较小，场地受限；⑤认为幼儿年龄较小，没有设置秘密空间的需要；⑥已在一日活动中为幼儿组织分享秘密的活动，认为不需要搭建秘密空间。

其中，有8位教师表示，不会为幼儿创设秘密空间，原因大致总结如下：①对秘密空间概念模糊；②不知道如何设置；③幼儿园班级空间小、环境受限；④幼儿园设施不完善；⑤没有设置此类空间的经验，缺少设计方案，不知道如何设置；⑥鼓励孩子共同交流(不需要设置秘密空间)。

另外，有21位教师表示会为幼儿创设秘密空间，具体操作方式大致有以下几种：①使用大纸箱，搭建温馨的小屋(铺上床铺)；②在区域角中，以娃娃家分享区的形式，将娃娃家装饰成一个温馨的家的样子，供幼儿进行角色扮演或分享自己的秘密；或投放生活中使用到的，如煮饭的碟、碗、筷子等，让孩子模仿平常大人在家的一些活动；③利用花草等材料将秘密空间装饰成花海或花园；④在班级一角，标记出秘密空间，里面投放了一些小纸条，供幼儿将秘密画在上面；或摆设桌椅、茶水、玩具，让幼儿邀请自己的朋友进去坐一坐、聊一聊；⑤用大布块围一个空间；⑥利用环保材料搭建；⑦将秘密空间设置在单独的课室，布置温馨舒适，以粉色为四周颜色，贴上各种动物图片，设置不同的区域分类；⑧在楼梯口用空纸箱搭小房子，投放纸笔，用于幼儿将秘密画下；⑨设置小木屋，外面有透明的小窗帘，里面投放娃娃、软软的坐垫等，为幼儿创设感觉能放松的地方；⑩在班级放置柜子，里面投放布偶娃娃。

此外，因笔者调查所在的公立幼儿园内不支持使用问卷调查的形式，所以笔者在见习与实习期间以访谈调查为主，对7位教师进行了访谈调查，其中包括JEY幼儿园的L老师，JYY幼儿园的B老师、D老师、E老师、Y老师、Z老师以及K老师。在7位教师中，有5位教师表示了解过幼儿园秘密空间这一概念，有3位教师表示所在班级有创设秘密空间或过去创设过秘密空间，且均为小班或中班。

总的来看，韶关市幼儿园秘密空间设置情况总体较少，其中，公立幼儿园的秘密空间设置情况优于私立幼儿园。

2. 省内部分地区幼儿园秘密空间设置情况调查结果分析

省内一二线城市，经济发展较先进地区(如深圳地区、广州地区)中笔者调查所涉及的三所幼儿园(包括两所省一级公立幼儿园及一所私立幼儿园)班级内多数设置有符合笔者所定义的区域空间。其中，FREE幼儿园中的幼儿班均设有秘密空间。在笔者的调查数据中，秘密空间的具体设置大致总结为：①使用废旧的纸皮箱子在教室一角搭建秘密空间；②将小帐篷设置在表演区或娃娃家内作为秘密空间；③使用木头小屋子在教室一角搭建“悄悄话屋”作为秘密空间；④在教室一角用书柜等围成半封闭的区域，投放垫子、抱枕、玩偶，设置照片墙（见图 3－2）。

图 3－2　广州某幼儿园

综上所述，省内经济较发达地区（如广州、深圳）幼儿园秘密空间设置情况优于韶关地区幼儿园；就韶关地区来说，公立幼儿园的秘密空间设置情况优于私立幼儿园的；但总的来说，大部分幼儿园中一般是将此区域空间作为区域活动（例如娃娃家、表演区）内的一部分，而很少将此区域作为一个独立的活动区域，创设专门的私密空间。

三、反思及解决问题的对策

（一）反　思

笔者主要是在见习、实习以及暑假期间以幼儿园的教师为调查对象进行问卷或访谈调查，但因在幼儿园内的时间较短，所以数据相对较少。而进行问卷调查时，得到了设置秘密空间班级数量的数据，但没有注意留下所在班级秘密空间的图片数据。另外，对幼儿进行的访谈时，因他们年龄较小，理解能力有限，且笔者的提问方式不够贴合他们的生活，故也无法得到问题的答案，导致幼儿访谈部分的数据较为欠缺。其中深圳地区的数据均为公办省一级园的调查，缺少了私立幼儿园及其他等级幼儿园的调查数据。

韶关市乃至我国幼儿园秘密空间设置情况相对于国外来说是相当少的，笔者尝试归纳列举了以下原因：

(1) 文化观念的不同。我国以及其他东方国家对秘密、隐私等观念相对于西方国家或部分发达国家来说较为淡薄，较少关注儿童的秘密及隐私方面的问题，从而导致秘密空间这一概念对于我国大部分幼儿教师来说是很模糊的；而在西方等发达国家，或采用西方教育理念的幼儿园，他们更尊重幼儿的秘密，更关注幼儿情绪的发泄和表达，故幼儿园秘密空间的设置更为普遍。

(2) 政府政策。我国对于幼儿教育事业的关注程度不及小学、初中、高中和大学教育事业。幼儿园教育作为幼儿的基础教育，却并未被列入义务教育。

(3) 教师的培训内容：秘密对于儿童来说是具有意义的，我们应该尊重和保护它。但是，儿童的秘密也是我们在日常生活中容易忽略的。教师培训作为教师成长最直接的手段，其内容对儿童秘密的涉及、讲述以及拓展会对幼儿教师在教学实践中对儿童秘密的观念、看法以及实际的做法产生影响。

"秘密空间"的创设迎合了幼儿的不同需要，我们在实际设立的时候需要注意一些问题：

第一，不同年龄阶段的幼儿有不同需要，材料的投放也可以相应有所调整。如小班的幼儿处于独立活动阶段，他们进入秘密空间时，也许是希望获得安全感，所以材料的投放可以偏向于毛绒玩具、抱枕等能给予幼儿安全感的物品；而大班的幼儿进入秘密空间也许则更偏向于希望构建自己的个人空间，获得独处的乐趣，以及通过对空间的改造、布置从而获得一定的成就感等，所以在材料投放的时候就可以偏向于图画书、故事书、画纸笔、小桌椅、小盆栽、窗帘等环境布置材料。在实际创设的时候，秘密空间作为一个提供情绪宣泄、获得独处体验的区域或区角，我们可以更加关注幼儿的内心感受，在他们进入秘密空间时，给予他们独处的自由；而当活动结束后，可以请幼儿分享内心的感受，使他们的情绪得到真正的排解；又或是与其他幼儿分享独处的乐趣，让每个幼儿都有机会认识自己、表达自己。

第二，秘密空间作为一个半封闭式的区域，只能容纳一至两个幼儿，因此，安全问题就显得尤为重要，教师既要给予幼儿充分的自由，也要适当巡视确保儿童的安全，同时，也要注重材料的安全性。

第三，我们设立区域时的理想状态并不代表实际幼儿使用区域时的状态，设立秘密空间的初衷是为了给予幼儿调节自身情绪、体验独处乐趣的机会，教师不应在幼儿的活动过程中进行过多的干涉或打搅；同时，也尽量避免其他幼儿打搅秘密空间内的幼儿或扰乱秘密空间内的秩序，因此，秘密空间的进入也需要有一定的进入准则或规则。

(二) 加强幼儿园秘密空间设置的对策

(1)政府及企业方面：首先，政府和企业应加强和重视幼教事业的管理和建设，完善和更新幼儿园的基础设施；其次，加强对幼儿园管理者的培训，普及并深入秘密空间这一概念，让幼儿园管理者及时更新观念，了解到秘密空间在幼儿成长阶段中的重要性，并在幼儿园中实践和推广开来。

(2) 幼儿园方面：首先，幼儿园的规划建设在幼儿园环境设置中起主导作用，很多幼儿园有自己的园本特色，并愿意花费较多的精力将自己的园本特色办得更好。但是，鉴于秘密空间在幼儿形成自我意识和良好人格、给予幼儿安全感和存在感方面是非常重要的，所以幼儿园可以更多地鼓励和倡导教师为班级幼儿创设这样的秘密空间，帮助幼儿更好、更顺利地培养适应社会的能力。其次，幼儿园管理者在自身不断学习和更新观念的同时，可以多邀请有创设秘密空间经验的幼儿园教师或幼教工作者前来指导，分享各自的经验，互相交流学习。最后，也可以派遣教师到有创设秘密空间经验的先进城市或先进示范幼儿园进行借鉴学习，并加以实践，在幼儿园中推广开来。

(3) 幼儿园教师方面：首先，幼儿园教师是幼儿园班级环境创设的主力军，在环境布置中，应多观察留意幼儿的秘密活动，更好地关照幼儿的秘密心理，为幼儿创设一个舒适温馨的秘密空间，并谨记秘密空间创设的初衷，当幼儿寻求帮助时，给予他们积极的回应，但不过多干涉他们在秘密空间活动。其次，幼儿园教师可以多跟幼儿交流，了解他们内心的需要，为他们创设贴近幼儿喜好、受幼儿欢迎的秘密空间。此外，幼儿园教师除了为幼儿创设物理的秘密空间外，还应该尊重幼儿心理的秘密空间，即通过一些策略使儿童在心理上感觉自己是独立的，不会被他人打扰。儿童的秘密可能发生在一日活动中的任何环节，例如，当组织教学活动时，幼儿的身体在场，但是幼儿的思维及注意力也许被分散到了其他的地方，或是坠入了自己的世界中，教师习惯通过各种方式方法，闯入儿童的思维领地，提醒及强调幼儿回归到教学活动之中，使儿童回到教师的掌控，这在教学活动的组织和把控中本无过错，但如果教师能够及时调整教学策略，改变活动的组织方式吸引幼儿，使其积极参加到活动中来，这种方法不失为更积极有效的方法，同时也在很大程度上尊重和保护了幼儿的心理秘密空间；当幼儿之间发生小纠纷时，因为害怕被责罚而双方协调达成了一致的“理由”，教师询问时听见的即便是不成熟、不成立的理由，也不必刨根问底，因为幼儿懂得通过协调和解来保护他们之间的秘密，也是幼儿通过秘密建立亲密关系中的一个进步。①

(4) 高等院校方面：教师可在课堂上为学生拓展关于儿童秘密以及儿童秘密空间的相关内容，积极鼓励对儿童秘密或儿童秘密空间感兴趣的学生，在教师的指导下，开展相应专题的调查研究。在见习及实习期间对所在幼儿园做详尽的记录，深入研究儿童秘密以及儿童秘密空间方面的专题，并争取在幼儿园中进行实践，在实践中不断改进、不断完善。

(5) 幼儿教师职后培训方面：第一，为教师培训开设有关儿童秘密专题的培训，

---

①边亚华.解读儿童的秘密——以儿童的秘密体验为例[J].学前课程，2009(5)：18-20.

使教师更深入地了解儿童的秘密,才能更好地尊重和保护幼儿的秘密。第二,加强对秘密空间创设方面的关注,积极探索如何为儿童创设更适合其发展和使用的秘密空间(如秘密空间搭建的选材、空间内材料的投放、空间的颜色、环境布置、空间的实用性等)。第三,鼓励教师外出学习,或开展幼儿教师交流会,创设平台,鼓励不同地区、不同的幼儿园教师之间分享各自的经验,相互学习、相互交流、相互借鉴。第四,教师应多与幼儿交流,了解幼儿真正的需要,为他们创设真正适合他们的秘密空间。第五,教师应自身加强学习,不断更新知识,在实践中进步。

四、结　语

秘密是童年经历的一项重要内容,在儿童的生活中具有不可忽视的作用。拥有秘密能够丰富儿童的自我发展,有助于儿童内在能力和个性的形成;分享秘密有助于儿童之间微妙亲密关系的建立和产生。而幼儿园秘密空间的存在则是尊重和保护幼儿秘密的前提条件,甚至,当幼儿产生不良情绪时,他们能够在秘密空间中通过独自游戏以及自省得到排解。因此,作为幼儿生活成长发展于斯的主要环境之幼儿园,理所当然地应加强秘密空间的设置,而这些合理而巧妙的幼儿园秘密空间的设置将更有利于儿童的自我成长。

第二节　幼儿园室内环境对幼儿社会规则习得的影响及现状研究

在发展心理学中,幼儿的社会认知发展和社会化发展是两个重要的研究领域,而幼儿的认知发展是幼儿社会化发展的前提,对幼儿往后的社会化发展有着很大的影响。社会规则认知是幼儿认知发展的一部分,也是幼儿社会教育中的主要任务。在幼儿园里,教师虽会对幼儿反复强调社会规则内容,但实践时,幼儿仍会违反这些规则。如此一来,教师就要不厌其烦地对幼儿强调社会规则,幼儿则通过时间和社会经验的积累去理解教师所说的规则内容。而在每个学期的幼儿园见习中,研究者发现幼儿园的室内环境也可以起到教导幼儿社会规则的作用,且环境的特征是潜在的、长久的、广泛的①,环境也是客观存在的,可以让幼儿在成长的过程中,潜移默化地记住社会规则并且理解社会规则的内容,这也是让幼儿规则内化的过程。

幼儿从"自然人"转化为"社会人"的过程中,需要理解他们周围世界的规则,让幼儿明白哪些事能做,哪些事不能做,并养成良好的行为以及做事习惯。瑞吉欧曾经说过"环境是'幼儿的第三位教师'",而在幼儿园里,幼儿园的环境就相当于幼儿的"第三位老师",且幼儿待在幼儿园室内的时间较室外长,因此,通过研究幼儿园的室内环

①邢铁志.论隐性课程的育人功能[D].沈阳:沈阳师范大学,2014:21.

境，引导幼儿认识、体验并理解基本的社会规则，对逐渐形成规则意识具有一定的实践意义。

本研究利用见习、实习等机会，对所在幼儿园进行观察分析，主要有：幼儿园的室内环境创设，幼儿园室内环境创设的内容，幼儿遵守社会规则的行为，幼儿是否会观察室内环境创设的内容。并通过访谈，了解教师对幼儿园室内环境创设的想法，以及幼儿园室内环境创设对幼儿社会规则影响的认知，了解幼儿是否会注意室内环境的创设内容并根据创设的内容践行社会规则。

一、幼儿园室内环境对幼儿习得社会规则的意义

（一）引起幼儿关注规则

在教导幼儿社会规则时，教师通常会采用口头传授的方式让幼儿知道规则的内容，让幼儿耐心听完规则后就要求幼儿服从规则。但是在短时间内，幼儿并不能内化规则的内容，即使教师不厌其烦地督促幼儿执行规则①，仍会有幼儿违反已定的规则。在传统的规则教育中，幼儿充当的是被接受规则的人，教师说，幼儿听，幼儿并没有明确认识规则。

幼儿在幼儿园中，在室内待的时间较室外长，教师可以在室内的环境创设中加入一些容易引起幼儿关注的有关社会规则的图片或图标（贴图，方便撕扯）等内容，如在环境创设墙中向幼儿展示各种有关社会规则行为的图片，并在图片旁边设置颜色不同的小圆点（如红色小圆点表示违反规则，绿色小圆点表示遵守规则，红色、绿色圆点数量均与班上幼儿数量相同），并让每一个幼儿都能参与判断规则行为的正误。在幼儿判断的过程中，一边讨论一边操作，能够提高幼儿的学习兴趣，在不知不觉中学到规则的内容。判断行为正误后，教师可以让幼儿自己进行一个小结并对贴图进行分类，引出规则的内容，知道什么是可以做的，什么是不可以做的，借助图片、图标让幼儿对规则内容有一个系统性的认识。在整个活动过程中，环境的图片、图标起到引起幼儿注意的作用，启发幼儿对图片内容进行思考，幼儿能够主动参与，与同伴讨论，相互促进对规则的理解认识，且图片、图标能让幼儿对规则内容有形象具体的印象。

（二）帮助幼儿认识规则

幼儿的社会生活经验多是从家庭和幼园中获取，且3～6岁的幼儿思维带有直觉行动性，其对事物的认知理解是通过自身的感知和活动形成的，想象力丰富、自制能力弱，容易受外界影响。

根据蒙台梭利对儿童的观察和研究，社会规范敏感期是2.5～6岁②，可知，幼儿

①嵇珺.我国幼儿园社会领域教育研究[D].南京：南京师范大学，2012：34.

②何航.基于蒙特梭利教育理念下的幼儿园设计方法研究——以云南映像幼儿园设计为例[D].昆明：昆明理工大学，2013：13.

期是规则习得的关键期。室内环境中的多彩图片能够有效地刺激幼儿的视觉神经，带动幼儿感受图片内容，有利于幼儿自觉地接受活动规则。教师可在活动中让幼儿感受形象生动的图片，帮助幼儿更好地了解规则的意义。如在盥洗室中张贴洗手的过程，按顺序排列好，用直观具体的图象让幼儿掌握正确的洗手方法，又能激发幼儿洗手的兴趣，为培养良好的生活习惯打下基础。教师还可以在毛巾架上设置每个幼儿的标志（可以是幼儿的照片），帮助幼儿辨认自己的毛巾，并让幼儿知道毛巾应该放在设定好的位置，让幼儿养成不乱摆放毛巾的良好卫生习惯。

（三）促进幼儿理解规则

幼儿的思维主要以具体形象思维为主，此阶段的幼儿多是通过形象、声音、色彩以及动作来进行思考的。而在幼儿进行社会规则习得时，幼儿园室内的环境为幼儿提供了良好的学习规则环境，幼儿可以利用室内的活动材料理解规则的意义。

教师可以为幼儿制作色彩鲜艳、画面大且清晰的图片，在日常活动中，教师可以在一日生活中讲解图片的意思，帮助幼儿理解规则内容。如：幼儿在上完厕所后会有浪费水的现象，教师可以针对这个现象，在厕所的墙面上设置水龙头哭泣的图片，并在图片上标上醒目的斜杠，图片意思清晰明了，幼儿通过观察思考，会发现图片的意思是要节约用水，不浪费水资源。幼儿在看到图片的时候，会观察、思考，可促进幼儿对规则内容的理解。

（四）增进幼儿记忆规则

幼儿的记忆保持时间很短，以无意识记忆为主，对形象鲜明、能引起兴趣的事物或强烈情绪体验的事能记住①。对一些有目的的活动，幼儿记忆以机械记忆为主，比如教师让幼儿记住一件事，幼儿是需要长时间的重复才能记住的。

幼儿园的室内环境能增进幼儿记忆规则。其一，规则内容的图标形象生动、色彩鲜明，幼儿在幼儿园室内环境活动时，能够引起幼儿的无意注意，在幼儿理解规则内容的基础上，能有效帮助幼儿重复记忆规则。其二，幼儿记忆规则是需要时间的，需要记忆的对象不断在幼儿身边出现。幼儿园的环境就很符合这一要求，幼儿在幼儿园室内环境活动的时间长，它能多次出现在幼儿眼前，幼儿能够重复多次见到记忆对象，相当于幼儿的机械记忆。

（五）便于幼儿执行规则

幼儿在幼儿园中活动，在参与活动的过程中会涉及各种规则，而幼儿的记忆是具有短暂性的，幼儿园室内环境的图标有利于幼儿在记忆规则的同时，有效地进行活动。在幼儿借助环境中图标内容执行规则时，又再一次对规则内容进行了学习。

在活动进行时，幼儿可以通过环境中的活动材料去规范自己的活动。如在活动

---

①俞兰妹．巧用图标，建立规则——利用图标培养小班幼儿的规则意识[J]．科学大众：科学教育，2010(10)：104.

室中，教师会通过粘贴颜色鲜明的胶带在活动室中围成一个范围，作为幼儿取饭或喝水时的“指定路线”，幼儿在进行取饭、喝水的活动时，借助指定路线执行规则，多次活动后，幼儿内化了规则内容，在日后活动中可起到督促幼儿行为的作用，使幼儿在执行规则时互相督促，并修正违反规则幼儿的行为，加深幼儿对规则的认同感，促进良好行为的产生①。幼儿内化规则后，在规则执行的过程中，幼儿化被动为主动，不再需要教师多次提醒，也能遵守规则。

二、影响幼儿社会规则习得的幼儿园室内环境创设的问题

（一）幼儿园的室内环境创设问题

1. 活动区设置的图标方面

在幼儿园室内环境中，创作图标是帮助幼儿认识规则较为常用的方法，图标直观、方便、提示性强、色彩鲜艳，更能吸引幼儿的注意力。

笔者在观察某幼儿园的活动室时发现，有部分班级的规则是用黑白纸打印，没有丰富的色彩，给幼儿一种沉闷感，不能吸引幼儿的注意力，这样的一种黑白纸规则就没有了它应有的教育意义。如图 3 - 3 所示，黑白纸张的规则内容大部分为文字，图案所占纸张的比例过小，色彩暗淡，难以吸引幼儿的注意力。幼儿理解社会规则多是靠教师口传和图片帮助，且幼儿识字量较少，一整行的文字规则内容对于幼儿来说，可能只是一个奇怪的图案，这对幼儿认识规则并没有多大的成效。除了规则的内容外，教师在设置图标的时候还要考虑图标的位置。如图 3 - 4 所示，图标的红色很鲜艳，放在幼儿能见到的位置能吸引幼儿的注意力，但笔者在观察中发现，这个图标的位置高于幼儿头顶。设想一下，幼儿只有在活动中攀爬梯子到了一定的高度才能看到这个标志，而标志的内容正是让幼儿不要攀爬梯子，那这个标志还有什么教育作用呢？

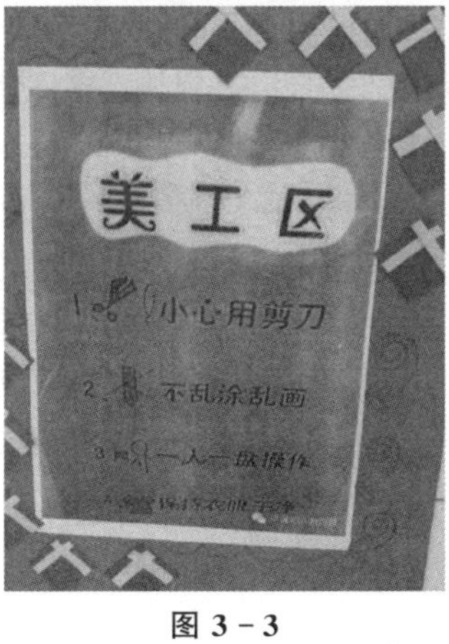

图 3 - 3

图 3 - 4

---

①邵蕾.幼儿对班级规则的认同研究[D].重庆:重庆师范大学,2015:26.

2. 投放活动材料的数量方面

幼儿对事物的认知理解是通过自身的感知和活动形成的。在活动中,幼儿可以通过对材料进行操作建构自己的认知结构。教师可以通过控制材料的数量,进而引导幼儿对所要学习的规则形成初步的认知。幼儿在多次的操作实践活动中可以了解材料数量与人数的关系,从而习得所学习的规则内容,获得经验,为内化规则打下良好的基础。

材料投放的数量要适宜,投放活动材料过多,幼儿活动时随心所欲,这样很难让幼儿在活动中体验规则的内容。如教师在活动中教导幼儿等待的规则,但是在幼儿自由活动的时候,提供的活动材料数量过多,幼儿有过多的材料进行自己的活动,并不需要耐心等待其他幼儿以换取自己所需的活动材料。此种现象造成教师教导的等待的规则仅仅只是口头教导,并不能在幼儿日常的活动中得以体现,幼儿保持记忆的时间本身就短,若教师不能长时间重复所要遵守的规则,幼儿很快就会忘记。当然活动材料数量也不宜过少,活动材料过少,大部分幼儿不能在合适的等待的时间内得到需求,等待的时间一旦过长,幼儿就容易不耐烦,在活动中就可能违反等待规则并引起幼儿间的争执①,不利于幼儿习得社会规则和社会性的发展。教师应在投放活动材料时做到数量适宜,合理控制幼儿的等待时间,让幼儿在活动中执行等待的规则内容,在生活中习得良好的规则意识。

3. 物品放置的位置方面

幼儿园中的每个物品都应放置在特定的位置,创建一个整洁有序的环境,帮助幼儿建立内在秩序。幼儿在一个有秩序的环境中活动,会使他们身心愉悦,养成整理物品的好习惯,为今后的学习和生活打下良好的基础。

教师与幼儿设定物品的摆放位置,为室内的物品建立属于它们的“家”(见图 3-5)。当幼儿用完物品或玩具后,在放错位置或乱放物品时,教师可适当提醒,或由幼儿相互监督,让幼儿知道自己把物品放错了位置,并对自己的行为进行修正。在长时间的活动中,幼儿会明白从哪里拿的东西,就要放回哪里的规则,并且保持室内环境的整洁,建立幼儿的内在秩序。

杂乱无章、窄小拥挤的环境会使幼儿产生烦躁、疲劳、不知所措的感觉。见图 3-6,故事书随意摆放,没有为书建立一个适宜的“家”,直接放在桌面,幼儿看完书后,不会整理书籍,而是随意摆放,当下一个幼儿要看书时,又要翻很久才能翻出自己想要看的书,容易使幼儿烦躁,在翻动的过程中,也容易弄坏书籍,从而会养成乱扔物品的习惯。

①嵇珺. 如何帮助儿童习得适宜的社会行为[J]. 幼儿教育:教育科学,2011(3):27-30.

图 3-5

图 3-6

4. 活动区域规划方面

明确的空间秩序和空间行为限制能够给幼儿一个有序的、有行为界限的环境。在 0～6 岁的年龄段，幼儿的空间敏感期是持续发展的，教师可以利用这一敏感期，在教室内设置界定空间的桌椅或者物品，让幼儿知道在那个区域应该怎么做。

教师要有目的地把活动区域划分成安静和活跃两部分区域①。把安静的区域设置在不易被打扰、避免幼儿走动的地方，可用家具或软垫作区界。以图书角为例，当幼儿要到图书角活动时，进入以软垫界定的图书角（见图 3-7），四周的图书和柔和的灯光会告诉幼儿，这个区域是不能大声喧哗的区域，幼儿要安静地看书。图书角不宜设置在较为热闹的地方，例如教室门口（见图 3-8），因为出入的人多，四周也较为吵闹，幼儿不能专注地看书。把活跃的区域设置在幼儿教学或常活动的四周，每个区域可以用颜色、家具或地板材料进行区分，并在四周布置属于该区域的活动材料，使幼儿对该区域的认同感更强，让幼儿知道每个区域的活动内容是不一样的，不能把 A 区域的活动材料和活动内容带到 B 区域进行。

图 3-7

图 3-8

①李伟. 幼儿园室内外空间环境设计研究[D]. 成都：西南交通大学，2009:16.

5. 区域光线强度方面

对于幼儿来说，白天和晚上的概念控制着他们的生理节奏，他们对光的变化较为敏感。在生活中，父母和老师有时候会和幼儿说：天黑了，小宝宝要安静地睡觉了；天亮了，小朋友们去找小伙伴玩吧。其实这无意中就教给了幼儿一个潜在的规则：天黑、光线暗的时候，小朋友们要安静、要睡觉；天亮、光线充足的时候，小朋友们就可以开开心心地去玩了。在设置室内区域的时候，教师可以根据幼儿对光线的认识进行布置。如睡眠区，幼儿园会为幼儿准备不透光的居室作为睡眠区，或者为幼儿设置帘布遮挡光线，为幼儿营造一个安静的氛围和良好的睡眠环境，并与幼儿一起遵守这个"天黑安静"的默认规则（见图 3-9）。

图 3-9

（二）幼儿园室内环境创设者

1. 教　师

部分幼儿园的教师即使知道环境对幼儿发展的重要性，但还是缺乏对环境创设的积极性，班级内的环境布置大多还是装饰类物品[①]，单纯把环境布置等同于装饰环境，没有教育性和目的性，那就达不到借助环境的影响潜移默化的这一特点去帮助幼儿习得规则、建立规则意识。

对此，笔者认为教师在对班级进行环境布置的时候，可根据幼儿的认知和规则教育内容进行有教育性的布置，把规则教育内容更好地渗透在幼儿的一日生活中，更好地进行有目的、有意识的"随机教育"，帮助幼儿习得社会规则，养成良好的生活习惯。除了简单的日常规则外，教师还可针对教导幼儿的规则内容，把规则的内容反映在幼儿能看见的地方，一来是在幼儿活动中能够提醒幼儿遵守规则；二来可以在幼儿违反规则的时候，教师或其他幼儿可适时对违规幼儿的违规行为进行修正。

①夏小芳. 幼儿园班级环境创设有效性之研究[D]. 济南：山东师范大学，2014：37.

2. 幼　儿

环境的教育性不仅蕴含在创设好的环境中，还蕴含在创设环境的过程中。规则制定者可以通过讨论制定规则后，再把规则内容通过环境创设进行内容体现，并在环境创设的过程中对所制定的规则进行再次的记忆和了解的方法，便于规则的执行。

而幼儿园中环境的创设较多是由幼儿园教师一手包办的，即使有幼儿参与，也是局限于把幼儿在活动中完成的作品作为环境点缀直接放在活动室中[①]，幼儿并没有参与到环境创设的讨论中。班级中所制定的社会规则也只是教师决定后告诉幼儿，幼儿并不参与规则的讨论和制定，在规则教育中幼儿长期处于被动地位；在环境创设中，幼儿也没有融入创设过程，教师只是将自己认为能够体现规则内容的环境创设展示出来，并没有询问过幼儿真正所需要的是什么。幼儿是环境的主体，教师应是幼儿的引导者，引导幼儿了解环境，使幼儿从服从者变成规划环境的计划者、参与者。

三、幼儿园室内环境创设的策略建议

（一）幼儿园应重视室内环境创设

当前，在幼儿还在幼儿园的时候，很多家长就为了让幼儿“成龙成凤”而报各种各样的兴趣班，让幼儿从小学会念诗写字。部分幼儿园则为了投其所好，在幼儿养成良好习惯的关键时期让幼儿接触小学内容，活动时间成了授课时间，越来越不重视环境的教育功能，部分幼儿园更是一个学期才换一次环境布置，而环境布置的内容更是越来越“小学化”。

幼儿园应该明确环境的教育功能可以对幼儿的成长产生教育影响，使教师更好地利用这一点，精心创设环境，让环境能够说话，在幼儿时期为幼儿习得规则、养成良好习惯创设条件，促进幼儿的身心发育成长。幼儿园还可以建立一个合理的评价机制[②]，主要围绕所创设的环境是否符合幼儿对规则的认知，是否满足幼儿该年龄阶段的需求，以及能否体现幼儿的主体性等。评价内容还可以包括内容、材料、幼儿的参与度。在教师的技能水平方面，评价的标准要有一定的弹性，合理的评价机制可激发教师对创设环境的积极性，创设出能够教导幼儿社会规则的会说话的环境。

（二）教师应做好幼儿园的室内环境创设

1. 教师要有意识地创设环境，使其能起到对幼儿进行规则教育的作用

《幼儿园教育指导纲要（试行）》中指出：幼儿园要创设与教育相适应的良好环境，为幼儿提供活动和表现能力的机会与条件，促进每个幼儿在不同水平上的发展。可知，环境是重要的教育资源，在幼儿教育的活动中，教师应有意识地利用环境对幼儿进行规则教育，使幼儿习得社会规则。教师应当积极地参与相关的师资培训，主动学

①董晶．幼儿园学习环境创设中幼儿参与的研究[D]．重庆：西南大学，2015：25．
②赵艳虹．乡镇中心幼儿园室内环境创设的个案研究[D]．西安：陕西师范大学，2015：37．

习相关的知识,在实际的环境创设中结合所学的知识把规则教育融合在环境创设中,给幼儿一个有序的室内环境。

2. 教师应提供多样化的活动材料

即使是同一年龄阶段,每一个幼儿的规则认知发展都是不尽相同的,他们所需要、所感兴趣的活动材料也是不一样的。对此,教师应提供多样化的活动材料,引发幼儿的兴趣。幼儿喜欢看动画片,色彩鲜艳的物品可以吸引幼儿的注意力,教师可以提供娃娃、玩具、卡片等活动材料。如幼儿在园生活需要遵守日常规则,教师可用不同的活动材料展示规则的内容,通过不同的活动材料,引发幼儿的好奇心,引导幼儿在活动中对规则的内容进行交流讨论。教师还可根据与幼儿共同制定的规则内容让幼儿参与活动材料的制作,自己动手制作的材料幼儿也会较为珍惜,那么在活动的过程中,幼儿会更乐意参与,且幼儿热爱表现,会在与其他幼儿交流讨论的过程中讲解自己作品的内容,自己能再次了解作品的制作意义,其他幼儿也能从中学到更多的规则内容。多样化的活动材料能为规则认知发展不一样的幼儿提供选择的空间并通过材料进行充分的探索。

3. 教师应注意创设过程中的细节

教师应以幼儿为主体,在创设室内环境的过程中,要注意表达规则内容的图标应直观易懂,图标色彩应鲜艳,这样才能吸引幼儿的注意力;另外图标摆放的位置应以幼儿的身高为准,这样幼儿在日常活动中才能看到图标的内容,并提醒自己要遵守图标所表达的规则内容。活动材料的摆放应有秩序,让幼儿从小养成整理物品的习惯,能明白从哪里拿的东西,就要放回哪里的“归位”规则,从小建立幼儿的内在秩序。区域光线强度也要根据区域活动的内容来进行调整,如活动区的光线则应充足明亮,睡眠区可以设置帘布使光线昏暗,适合幼儿睡眠,从而让幼儿潜移默化地认为,光线昏暗就不应大声喧哗,并遵守“天黑安静”的规则。

4. 教师应充分发挥室内环境的作用

除了常见的功能室和区角空间外,班级的活动室还有许多小空间,教师可以根据活动室的大小划分小空间,并为小空间赋予该空间的意义。如教师可利用光线阴暗这一特点,在室内楼梯的下方角落设置“悄悄话房间”,①房间的入口处画上 4 个小脚印,告诉幼儿进“房间”时要脱鞋,一次只能进两个人。光线阴暗这一特点则告诉幼儿进房间要安静,不能喧闹。虽然空间小,但有一个专门的空间让幼儿说悄悄话,让幼儿无拘无束自由玩耍。教师也可设置有趣的学习规则的小型活动室让幼儿进行“冒险”,室内空间可以变化丰富,让幼儿在小型活动室中探寻自己感兴趣的规则内容并在学习的过程中感受到快乐。这种有趣的活动室更能让幼儿集中注意力,专注于对事物的探索。

---

①何航.基于蒙特梭利教育理念下的幼儿园设计方法研究——以云南映像幼儿园设计为例[D].昆明:昆明理工大学,2013:27.

（三）让幼儿参与部分活动环境的创设

现有的幼儿园室内环境基本上都是按教师的想法创设的，从创设主题的确定、内容的挑选到材料的选择，每一次的环境创设，教师都是担当着策划人和执行人的角色，幼儿只是配合教师的环境创设，幼儿的主体性得不到充分的体现。

虽然，以幼儿的年龄和对事物的认知特点，室内环境创设不能完全交给幼儿决定，但是幼儿可以参与确定主题、挑选内容、选择材料的过程。在规则教育中，幼儿由于参与了环境创设的过程，会对创设的内容（即规则内容）有初步的了解，当环境创设出来后，幼儿对内容再次进行理解。挑选内容的过程，其实就是规则内容的讨论，由幼儿全体讨论出的规则内容，幼儿会更乐意去遵守。在活动中，当某幼儿违反规则时，其他幼儿或教师可监督违反规则的幼儿通过创设的环境进行修正，幼儿对所学的规则再次理解，习得社会规则。环境创设的评价也可让幼儿参与，教师引导幼儿进行自我评价，教师形成最终的评价结果。从环境的创设过程到评价都体现着幼儿的主体性，让幼儿感受到自己是环境的主人，深刻理解环境所体现的内容，对幼儿进行规则习得有着更好的帮助。

第三节　幼儿园规则教育的问题与对策

幼儿园的规则教育在保教工作中扮演着重要角色，对促进幼儿社会性发展具有重要意义。而在幼儿园实践中，规则教育的问题不少，表现为教师仅仅注重教学活动的顺利进行，不惜违背幼儿心理发展规律，忽略幼儿的认知、情感、意志、个性等方面的发展。教师的权威意识使教师成为教学活动的主宰，规则教育成为教师束缚幼儿的手段，幼儿处于被动状态，天性被湮灭，直接或间接导致幼儿园里问题幼儿层出不穷，幼儿身心健康受到严重威胁。

目前国内对幼儿园规则教育的研究之中，以下几位研究者的探索比较有代表性：赵学菊（2002）主要阐述了幼儿园班级规则教育的内涵及类型，分析了教师在规则教育中的教育方式、教育过程，从教师的角度揭示规则教育出现的问题，并提出完善班级规则教育的思考和建议。[①] 崔春华（2009）从文化视角下审视规范教育，首先阐述师生文化的冲突，再从师生文化融合的桥梁——规范教育，来深度探讨班级规范教育的形成以及制定班级规范的原因及方法。[②]张小翠（2011）在《幼儿园班级规则教育》当中指出，幼儿园规则教育中存在人文关怀、儿童观的缺失，忽视了幼儿天性及社会性发展。其倡导以“尊崇幼儿天性”作为宗旨，以“幼儿规则意识的内化”为规则教育的目的。[③] 韩冬梅（2013）的论文是从教师的教育观念、儿童观以及对常规教育的制

①赵学菊．幼儿园班级规范教育研究[D]．合肥：安徽师范大学，2002.

②崔春华．自在与规范[D]．上海：华东师范大学，2009.

③张小翠．幼儿园班级规则教育——基于幼儿园日常生活活动的研究[D]．重庆：重庆师范大学，2011.

定方式、制定内容、对幼儿的要求程度等进行调查研究，提倡教师树立正确的常规教育观念以及常规教育评价观；采用多元化的常规教育方法；创设愉悦、轻松的环境。[①]综合以上，我们可以总结出以往对幼儿园规则教育的研究主要是集中于从教师的观念、行为、教育方式如人文关怀缺失、儿童观缺失的角度进行了研究，部分从幼儿主体性的角度进行了研究，而从幼儿的心理的角度对幼儿园规则教育进行研究的比较少，只是在部分文献中零星提到。因此，本文在前人研究的基础上，主要从幼儿心理的视角对幼儿园规则教育问题及对策进行分析，以引起教师的反思，使之正确认识规则教育，从而完善教育行为，促进幼儿身心健康发展。

在《辞海》中，“规”是规划、谋划，“则”一般被理解为法则、准则。《现代汉语词典》中规则的定义：①规定出来供大家共同遵守的制度或章程；②法律、法则；③在形状、结构或分布上合乎一定的方式。[②]从以上的解释可见，规则是一种行为的标准，是人们制定出来的供大家共同遵守的行为规范。而幼儿园规则，从字面上理解即为幼儿园教育活动中的行为标准、法则。

学者赵学菊从教育社会学的角度，认为幼儿园规则是师幼互动中，帮助幼儿理解学习社会规则，促进幼儿社会化的行为标准；王涪蓉提出了幼儿园规则是维持幼儿生活秩序及课堂纪律，关注幼儿安全的准则和规范；根据傅芳芳的研究，其认为幼儿园规则是保证幼儿园各项活动秩序，促进幼儿内化规则，维护幼儿身心健康的基本规范和准则。

本文认为幼儿园规则是幼儿进行一日生活中各种活动，如入园、上课、户外活动、游戏、进餐、如厕、喝水、离园等的具体行为准则，即幼儿园规则教育就是教师对幼儿正确进行一日生活中各种活动基本规范和秩序的教育，以促进幼儿内化规则，并保障幼儿身心健康发展的过程。

一、幼儿园规则教育的问题、原因分析及不良后果

幼儿园的规则教育对促进幼儿社会化、促进幼儿的健康与成长具有重要意义。国外研究者马琳・坎特提出规则教育行为应该是一种人性化的管理过程，管理者应该尊重幼儿的主体地位，尊重幼儿的内在需求。而在现实中，教育者对规则教育的理解与实施却出现了异化。[③]

（一）问　题

1. 重行为习惯养成，轻情感体验

首先，幼儿的思维特点是直观、形象，幼儿主要通过自身体验获得直接经验，这种

①韩冬梅.幼儿园常规教育的现状研究[D].重庆：西南大学，2013.

②中国社会科学院语言研究所词典编辑室.现代汉语词典[M].北京：商务印书馆，2002：474.

③李志芳.幼儿园常规教育研究——以武汉市A园中(四)班为例[D].武汉：华中师范大学，2014.

亲身体验让幼儿内心印象深刻,从而真正理解并接受外界的知识。当前幼儿园教师授予幼儿规则知识时,只是不断地口头提醒、催促或者惩罚,很少让幼儿去体验规则的好处。比如幼儿插队时,教师只是口头阻止幼儿行为,往往强调的是利他行为,并没有让幼儿体验到规则的意义所在。幼儿教师的这些行为对幼儿来说都是外部力量,幼儿内心并没有真正构建起内心的知识体系,不能真正地理解规则和内化规则。

其次,在认知过程中,幼儿内心总是伴随着种种的情感体验——内心感受。当客观事物满足人的需要时人就会产生满意、愉快等积极情绪,当满足不了人的需要时就会产生焦虑、恐惧等消极情绪。积极的情感体验使幼儿更愿意接受规则,从而形成良好的行为和性格,促进幼儿社会性发展。实践中,教师过于重视幼儿行为目标,在进行规则教育时常常忽略幼儿内心的感受。当幼儿违规时,教师经常用“不要”“不许”“不可以”等强制性否定的命令,让幼儿产生负面情绪,容易导致幼儿认为遵守规则只是为了达到教师所希望的行为,出现抵触心理,无法真正地接受规则。

2. 忽视幼儿的内在需要

在幼儿园中,规则一部分来源于传统教育要求或教学经验,另一部分是教师根据自己班幼儿的特点来定的。规则的制定者是教师,那么教师便有了主导权。教师制定的规则往往站在成人的角度来审视幼儿的问题行为,表面上看教师是在保护幼儿,实则是给幼儿制造了障碍物,没有理解幼儿问题行为背后的真正原因,幼儿真正的需求被忽视。

3. 重管理、轻自由

幼儿心理发展不成熟,自我控制能力比较弱、行为散漫,需要一定的规则来束缚。教师将严格的活动规则贯穿于幼儿的一日生活中,当发现幼儿违规时,就立即给予警告、纠正或制止。教师总是限制着幼儿的一言一行。如上课时要举手才能发言,吃饭、睡觉时不能说话,不要弄乱玩具,不许到处跑,打闹,不许吃饭吃太慢,不许浪费粮食等,各种各样的禁令无处不在。教师凭借权威意识束缚幼儿。管理幼儿,剥夺了幼儿的自由,在这样的环境中,幼儿几乎没有权利支配自己。这种过分的约束完全限制了儿童的自由,严重压抑了孩子的情绪,这种压抑使幼儿变得被动、消极。

(二)原因分析

1. 教师受陈旧教育观念的制约

在中国古代,人们把“教”字理解为师长手执鞭子教训幼儿的情景。由此可见教师在人们心目中扮演着控制、监督、惩罚幼儿的角色,是一种严肃、权威的象征。古代教育家强调教师与学生的关系是“上所施,下所效也”,是一上一下、控制与被控制的关系。由此可见教师被赋予执行管理的职责,教师被理想化、神圣化。这些“权威观”影响着幼儿园教师的教育行为。幼儿园中,教师的权威意识代替了规则,成为规则教育的主体,把规则教育当作一种管理控制的手段,当幼儿做出不符合规则的事时,便上前阻止,即使幼儿不愿接受规则,也会强制性要求幼儿遵循。教师过分强调规则的管理功能，习惯于把自己的思想强加到幼儿身上，幼儿呼吸不到自由的空气，认知、情感、意志被压制。

2. 教师先进儿童观的缺失

儿童是一个完整的、独立的个体，都有着独特的个性和尊严是独一无二的个体。我国于 2001 年颁布的《幼儿园教育指导纲要（试行）》也明确指出，“幼儿园教育应尊重幼儿的人格和权利，尊重幼儿身心发展的规律和学习特点，以游戏为基本活动，保教并重，关注个别差异，促进每个幼儿富有个性地发展。”但在教育实践中，部分教师违背了上述的理论要求。儿童心理发展尚未成熟，是一个被动的个体，对教师具有依赖性。教师成为教育的主体，仅仅把幼儿当作接受训练的工具，教师说什么就是什么，幼儿必须言听计从，幼儿的情感、思维、需求被远远抛在脑后。成人并没有真正了解幼儿，没有把幼儿当作幼儿来看待，没有尊重幼儿，而是让幼儿脱离自身的生活，时刻扮演着成人的角色，把幼儿雕刻成大人们心目中的形象，压制了幼儿的个性和社会性发展。

3. 教师未能透彻理解幼儿的心理特点和需求

在幼儿园的规则教育中，教师倾向于站在成人的角度看待幼儿的违规行为，把自己认为正确的强加到幼儿身上，不能真正地理解幼儿的心理特点和需求。在幼儿园中，教师制定的一些规则违背了幼儿的身心发展特点，比如对于“吃饭的时候不许说话”这条规则，笔者曾对 6 位幼儿教师针对其制定该规则的原因进行了访谈调查，从中了解到，有的教师说吃饭时说话容易让幼儿噎到，怕影响他们进食，这个出发点其实并没有考虑到幼儿的需求，教师总把自己认为是好的、对的强加到幼儿身上，殊不知幼儿期是语言发展的关键期，幼儿需要通过语言获得认知、人际交往，是幼儿的心理发展需求。

（三）不良后果

1. 幼儿过于压抑，内心不一

人总是有一种与生俱来的特点——趋向于积极的情感体验而回避消极的情感体验，幼儿也不例外。当幼儿遇到自己感兴趣的事或受到肯定、表扬时，会引发其内在动机，心情愉悦地认同并转化为自己的意愿和行动。在幼儿园中，教师更加注重的是幼儿的行为习惯的培养，注重其行为是否符合规则要求，而忽略了幼儿的内心感受。无处不在的规则、教师的权威让幼儿喘不过气来，这给幼儿带来了消极的情绪体验。老师们每天嘶声力竭地强调“不能这样”“不能那样”，但是老师只要一放松，幼儿就又不遵守规则了，很明显幼儿内心并没有认同规则。教师强制性的、否定的语言、行为是无形的杀手，一点点积累，一点点侵蚀，导致幼儿心灵压抑，其内心将更加抵触，没有办法真正接受规则，只是把它当做教师所希望的外在要求。

2. 心理需要不被满足，易引起违反规则的行为

当幼儿的心理需要不被满足时，内心便会产生不安全感和紧张感，内心机制会将个体所抵触的消极的思想或经历隔绝在意识域之外，以致个体不能觉知从而解除自己内心的不安全感和紧张感，但其实这种消极的情绪体验并没有真正地消失，而是隐藏在某个角落。弗洛伊德认为，个体将痛苦经验的记忆或不为社会认可的冲动予以压抑，“只是从意识的境界转入了潜意识的境界”，只是暂时的潜伏，“若有机会仍将逸出”并影响人的行为。比如在幼儿园中，幼儿的一些无意识行为，如吮吸手指、舔脚、咬嘴唇、哭闹、发脾气，与其说是坏习惯，不如说是幼儿在释放内心的压抑。若幼儿内心过于压抑，还可能产生违规行为，比如打架、摔东西、破坏玩具等，甚至还会产生残忍行为，如把动物的头扭断、用石头砸死动物、把动物扔进水里等。

3. 影响幼儿的个性和创造性

过多的规范以及不合理的规则对幼儿的身心健康成长有不利的影响，尤其是对幼儿的个性和创造性发展。教育家认为，对幼儿的管教的目的应该是把幼儿培养成一个自律的人，而不是管住幼儿。我们对幼儿提出一些规则要求，不应是套住幼儿，让幼儿百依百顺，而应是让幼儿内化规则，从他律发展到自律而且形成有自己特色的价值观，形成稳定、完整、独特的人格特征。所以我们应该尊重幼儿的身心发展特点，尊重幼儿个性，给予其足够的自由空间，让他们的创造性得到充分发挥。在幼儿园中以束缚为目的的规则教育与幼儿的个性和创造性相违背。有些教师制定严格的规则，时时刻刻束缚着幼儿的行为，他们要求幼儿规规矩矩地坐着，不能乱动，不能随便发言……幼儿一旦犯规就会被点名、斥责，甚至严厉惩罚。幼儿的行为无时无刻被限制着，在这种压抑紧张的氛围里幼儿会害怕犯错，会变得小心翼翼，不敢大胆表达自己、表现自己，这无形之中扼杀了幼儿的个性和创造性。

二、针对幼儿园规则教育存在问题的解决策略

（一）教师应树立正确的规则教育理念

规则教育应以幼儿的终身教育发展为理念，以促进幼儿身心健康发展为最终目标，在尊重幼儿身心发展特点、满足幼儿心理需求的基础上，培养幼儿良好的态度情感和自我意识，让幼儿形成自律。因此，进行规则教育时并不能扭曲规则教育的目的，不能把重点放在幼儿的外在行为上，而应注重培养幼儿的规则意识，使之内化。在教育实践中，教师不能被陈旧的教育观念所束缚，不应该认为自己的任务就是管理、控制幼儿，而幼儿就是被管治的。教师应该认识到这种强制性控制、威胁恐吓的教育效果是短暂的，并不能从根本上改进幼儿的行为习惯，反而会让幼儿有消极的情感体验，阻碍幼儿对规则的认知，使之行为与内心不一。教师应以幼儿为中心，以幼儿为主体地位，建立平等、和谐的师生关系，尊重幼儿，不要强制、约束幼儿，多给予幼儿自由。

（二）重视幼儿对规则的体验与实践

幼儿由于心理发展不成熟，思维直观形象，认知能力有限，对一些抽象的规则难

以理解，难以内化规则。有研究表明，当幼儿通过亲身经历获得对规则的情感反应，则可以促进幼儿对规则的理解。因此体验与实践对幼儿的规则内化具有重要意义。教师应该重视幼儿的体验与实践。首先，教师可以结合实际情境，引导幼儿体验规则的含义。例如：当幼儿排队时，老师最常做的就是督促、呵斥幼儿按秩序排好队，这样做往往没有什么效果。正确的做法是，教师可以首先引导幼儿思考怎样才能排好队，让幼儿去探索什么是按秩序排好队，以此让幼儿构建自己内心的知识，深刻理解其中的含义。其次，教师可以采用“自然后果法”，当幼儿出现违规行为时，不要马上去制止、惩罚，而是让其体验违规的后果，幼儿体验到消极情绪后，便不会随意犯规。比如幼儿睡觉前没有将鞋摆在规定的位置，当幼儿起床找了许久后，此时老师便可以引导幼儿反思自己的行为，让幼儿体验到违规带来的不便，下次幼儿便能很好地遵守规则了。在实施规则教育的过程中，教师不应该过多地限制幼儿、否定幼儿，应该营造一个良好的、融洽的氛围，给幼儿带来安全、愉悦等积极的情感体验，使幼儿能积极参与到活动中，使幼儿内心更加认同成人的要求并愿意按要求行动。

（三）满足幼儿的心理需要

人有各种各样的需要，如受尊重、情感、安全感等需要，当幼儿的需要得不到满足时，便会对外界产生恐惧、焦虑，甚至引起自卑、抑郁等消极情绪，严重影响幼儿身心的健康发展，甚至还会引发一些行为问题，例如发脾气、哭闹、注意力不集中、打架等。因此创造一个符合幼儿心理需要的环境，对幼儿的心理健康发展具有重大意义。首先教师应该创造一个以幼儿为主体的环境，尊重幼儿、关爱幼儿，给予他们适当的关注，让幼儿体验到温暖，让他们健康快乐地成长。其次要满足他们的安全感需要，幼儿并不是与生俱来就抗拒规则的，相反他们对秩序有强烈的需求，幼儿在一个稳定有序的环境中，会感到安全自在，如果处在混乱的环境中，幼儿就会感到焦虑紧张，所以我们应该顺应幼儿的秩序感，以有序的环境为基础，适当给予幼儿自由，多鼓励、多赞扬，让幼儿自信，并且对外界产生信任感。

（四）提供合理宣泄的机会

幼儿心理不成熟，对外界的抵抗能力比较弱，当幼儿在认知外界事物遇到不顺心的事时，便会产生消极情绪，如果长期压抑，阻止幼儿宣泄消极情绪，幼儿身体内攻击性的能量处于压抑紧张状态，就需要释放以此来获得平衡，最终便会产生难以预料的更为猛烈的攻击性行为。在教育实践中，教师应该为幼儿创造宣泄的机会，让他们释放内心消极的能量，而不是让幼儿默默地吞咽这些不良情绪。比如幼儿园应该积极为幼儿提供一些可宣泄的设施，如沙包、涂鸦墙、纸、泥巴等，让他们自由、随意地玩，或提供一个小屋子让他们随意哭闹、发泄；可以适当地让幼儿参加一些运动量比较大的有挑战性的游戏。另外，当教师发现幼儿心理压抑时应该及时疏导，引导幼儿表达自己真实的内心感受，多与幼儿沟通，让幼儿体会到教师对他的关心。

第四节　乡土材料在幼儿园美术活动中的应用

著名儿童教育家陈鹤琴提出："大自然、大社会是孩子的活教材。"大自然、大社会是幼儿良好的、最有吸引力的学习环境，乡土材料正是大自然中可以直接、方便、快捷提取出来的资源。《幼儿园教育指导纲要（试行）》明确指出，教师要学会从实际生活中挖掘教育资源，让孩子通过体验获得知识和技能。美术活动是促进幼儿手、眼、脑协调发展的幼儿园的重要活动，而体验式教学是幼儿园美术活动最常见的形式，乡土材料满足了开展美术活动的重要条件，因此，我们有必要探索它在幼儿园美术活动中的应用情况。

一、乡土材料的含义

在相关文献中，"乡土材料"这个词语没有明确统一的界定。乡土材料又称本土材料，是经过长期实践的验证，在符合当地文化审美情趣的基础上，同所在地域环境和自然气候条件长期适应下的产物。[①] 倘若要从微观角度阐述乡土材料的含义，亦可将"乡土材料"一词分为"乡土"和"材料"进行概念界定。"乡土"是指本乡本土，是人们出生的故乡或者生活居住的地方，具有地方特色、地方区域性特点。乡土最初是指一个相对狭小的空间范围，随着人类活动范围的拓展，乡土所指的范围也在不断扩大，从村镇到城市，甚至到国家。同时，它也不再单纯地指地域空间范围，更成为了人们的一种精神寄托。[②] "材料"若按照来源进行分类，可以分为自然材料和人工材料，自然材料是还没有进行加工处理的原始的素材，而人工材料是指加工完成后的物质成品。就本研究的方向而言，将"乡土材料"定义为具有本土特色的自然材料，如海边各种奇形怪状的贝壳，多纹路的石头，农家村落的稻草、竹等，都可以归为幼儿园美术教学的乡土材料。

二、乡土材料对幼儿园美术活动的意义

材料选择是幼儿园美术活动的首要任务，基于幼儿园开展美术活动的教育目标，乡土材料符合生活化材料范畴。乡土材料是一种蕴藏本地特色和丰富教育价值的资源，将其融入到幼儿园教育中，有利于促进幼儿全面发展。[③] 幼儿教师需要在教学中学会开发利用身边的乡土材料，把得天独厚的乡土材料融入美术活动中，这将对幼儿的自身发展和美术活动起重要作用。

①张晶晶，吴晓华．乡土建筑元素在乡村景观设计中的再生与应用［J］．山西建筑，2017，43(29)：25-26．
②王镙．乡土教育研究［M］．上海：新亚出版社，1935：1-3．
③牟眺眺．乡土教育资源在幼儿园教育中的应用探析［J］．科技展望，2016(15)：190．

(一) 促进幼儿调动多种感官，提高智力发展水平

皮亚杰曾提出"儿童的智慧源于操作"，他认为幼儿在对身边材料进行操作、加工、装饰的过程中，智慧才能得到发展及提高。在操作的同时，幼儿把他们的听觉、视觉、触觉等感官都融入实践过程中，能够不断发现新的事物和新的问题，探索解决问题的方法。倘若幼儿要用乡土材料制作完成一副漂亮的手工作品，他们必然在教师的指导下开动脑筋、积累经验，不断体验失败与成功的感受。这些真实的、形象的、生动的资源不仅符合幼儿亲近自然的天性，以它们为乡土教育的素材，更是能极大地调动幼儿学习与探索的积极性和主动性。①

(二) 给予幼儿自主发展平台，满足自我表现力

选择材料是对幼儿自主能力发展的一种训练，幼儿在面对各式各样的乡土材料时，他们可以自主选择自己喜欢的材料进行操作，这样既给予了幼儿独立自主地支配自己行为的空间，让幼儿能够按照自己的意思和想法，自主地进行创新、探索和思考，也给予了幼儿自我表现的一个平台，满足了自我表现的需要。在幼儿完成作品后，幼儿教师给予适当的鼓励，可以提高幼儿的自信心，幼儿会拥有成就感。

(三) 培养幼儿的团队合作能力，学会分享

幼儿园之所以开展的是美术活动，而非小学化的美术教学，根本原因在于幼儿园旨在培养幼儿的团队合作能力。在幼儿园开展美术活动，孩子们经常是与同伴一起合作完成操作，他们互相讨论如何运用这个材料才能完成作品，教师也经常组织孩子们说说各自的意见，号召孩子们互相学习，分享自己美术创作的心得，在收获分享的快乐时，也潜移默化培养了幼儿的团队合作精神。

(四) 推动幼儿回归自然、回归生活，培养幼儿发现美的能力

乡土材料具有自然性、生活化特点，它能让幼儿贴近大自然、贴近生活、开阔视野。在幼儿园内投放乡土材料，将浓浓的乡土材料气息传递给幼儿、影响着幼儿，从小让幼儿接触乡土材料，可以培养他们的观察能力和发现能力。当幼儿离开幼儿园，可以加强家园互动，让爸爸妈妈在带着孩子逛超市或者外出旅游时，又或者是在节假日回家乡探亲时，引导孩子观察身边可利用的乡土材料，这时幼儿会以自己在幼儿园学习到的知识和经验来收集和处理这些乡土材料，将这些普普通通的乡土材料进行加工。这其实就是在培养幼儿发现美的能力，而重要的是带领幼儿回归到了自然。

(五) 丰富美术活动形式，节省幼儿园开支，节能环保

乡土材料的资源丰富，它成为美术活动材料投放的重要渠道。乡土材料的多样性赋予了新颖的元素，对美术活动形式创新起着积极的推动作用，满足了幼儿及幼儿

①赵海燕. 幼儿园乡土教育的价值及内容选择[J]. 学前教育研究，2012(2)：40.

园美术活动更多的发展需求。而且乡土材料就围绕在我们身边，随手可得，所以成本较低，不需要投入很多费用购买美术材料，可以让农村幼儿园在投放、收集材料上减少一点开支。与此同时，乡土材料可循环利用的价值高，这也是节约能源的方式，属于绿色教学。

（六）美化幼儿园环境，凸显幼儿园办园理念及特色

幼儿园的环境创设也是美术教育活动的重要内容，环境是幼儿成长的第三位教师，幼儿园的环境是影响幼儿身心发展和行为习惯的重要因素。乡土材料是幼儿身边熟悉的事物，运用乡土材料创设环境容易让幼儿产生亲切感。幼儿园在使用乡土材料的过程中可逐步形成自己的办园理念，并在某一领域凸显特色。

三、乡土材料在美术活动中的应用现状

本研究以广东省城乡幼儿园为对象，通过对广东省10所不同性质的城乡幼儿园的幼师进行访谈，了解在美术活动中使用乡土材料的现状及使用前、使用时存在的问题。10所城乡幼儿园分别位于花都、从化、韶关、番禺、增城，其中省级幼儿园有2所，市级幼儿园有3所，区级幼儿园有5所，并选取省级园所和市级园所各1所进行实地观察。

通过对这10所城乡幼儿园的教师进行访谈，了解到了以下几种情况：

（一）收集乡土材料的方式单一，管理和保存材料的方法简单

在访谈中，提到“请问您是如何收集乡土材料，如何管理这些乡土材料？”的问题时，2所省级园所的幼师表示会与幼儿家长共同分工合作，家长也比较积极配合教师的安排，帮幼儿准备材料。市级和区级园所的幼师表示会由教师去收集、整理，然后教师之间相互共用。教师有时也会通知家长帮助收集，但实际家长收集回来的材料并不多，因为大部分家长都没有配合好老师的工作。但是，10所幼儿园有一个共同点，那就是幼儿均没有参与收集材料这个过程，仅仅是材料的使用者。教师也很少安排幼儿与教师、幼儿与家长共同收集材料。在管理材料方面，2所省级园所有特定的摆放空间，让幼师方便取用；而市级和区级的园所收集完材料之后，只是进行简单的清洗，风干后，放置在幼儿上课的课室中，并没有专门的场地存放收集回来的乡土材料。由此看出，在材料的收集及保存上，缺乏计划性和科学性，方式方法比较简单。

（二）对乡土材料认识不全面，对材料的应用不够了解，缺乏创新

虽然乡土材料的使用比较常见，是生活中比较容易得到的东西，在幼儿园美术活动中也都有涉及。但是部分教师对乡土材料的认识还是比较模糊。访谈中当问到“在美术活动中应用乡土材料有什么困难，哪些地方需要改进？”的问题时，首先，大部分幼师表示不知道如何选择适合幼儿使用的材料，也就是对不同年龄层幼儿的发展

水平不了解;大部分幼师表示不知道如何运用乡土材料去引导幼儿,使作品更加富有创新性。由此可以看出,教师对乡土材料的特性还不够了解,创新能力还有待提高。

(三)乡土材料的种类少,使用频率不高

从访谈中得到的活动信息有:省级园所一个星期安排两节美术活动课,市级和区级园所一个星期安排一节美术课或者是两个星期一节美术课,平时大部分是让幼儿自主选择不同的区域活动。幼师平时组织的美术活动,通常都是老师示范,然后幼儿根据老师的要求画画。在美工区摆放的是剪刀、色彩纸、水彩笔、一次性纸碟、废旧材料、橡皮泥等,占整个美工区的大部分,而小部分是摆放石头、清理干净的树叶、树枝、贝壳等。由此得出,幼师组织的美术活动以绘画或做一些简单的手工为主,如剪纸、粘贴、黏土。使用乡土材料的频率较低,并且收集的乡土材料种类少,没有发掘具有地方特色的乡土材料。

(四)材料涉及的年龄层仅限于中、大班

在访谈中问到"乡土材料最多使用在哪个年龄层的班级?"时,教师回答的是最多使用在大班,有小部分是回答中、大班都有使用。而小班的幼儿美术活动只是简单的剪纸、画画,小班的幼儿很少接触乡土材料。教师认为小班幼儿的创造性形象思维能力比较低下,对事物的理解程度还不够深,因此没必要这么早让小班幼儿接触乡土材料,简单的绘画、剪纸更适合他们。

四、美术活动中应用乡土材料存在问题的原因分析

(一)乡土材料的局限性

乡土材料都是在大自然中提取出来的自然材料,会有诸多的局限性。首先,有些材料离开泥土或根茎,很容易与空气氧化,会容易凋谢、腐烂,颜色也会随着时间的推移而慢慢失去色彩,使用的时候效果没那么好,不利于作品的保存。其次,乡土材料在不同的季节会有不同的品种,在选择材料的时候,教师只能收集当季可以利用的材料,因此在需要材料补充或添加的时候,有季节的限定,可能找不到其他需要的材料。最后,有些幼儿可能天生对某些物质有过敏现象,例如花朵上的粉末、动物羽毛上的细菌;有些植物的根茎有小刺,或者有些材料很坚硬带有尖角,如果材料没有处理好就使用,会弄伤幼儿的皮肤,造成伤害。

(二)教师缺少乡土材料应用的在职培训

教师对乡土材料的认识不全面,这与幼儿园的实施力度不够也有一定的关联。从访谈结果来看,开展过乡土材料应用培训的幼儿园较少,尤其是私立幼儿园和农村的幼儿园,对培训教师应用乡土材料这一方面的工作基本是空白的。她们是按照自己的经验或者上网看一些其他幼儿园的幼儿美术作品,作为参考、模仿。访谈到有过培训经历的幼师,她们讲述:虽然有培训的经历,也认真做好了笔记,专心听专家讲

课，但是实际操作起来，面对着幼儿，就不知从何入手了，很难进行下去。久而久之，也就放弃了，或者直接模仿别人的作品。

（三）乡土材料缺乏存放管理

通过访谈和实地观察，省级幼儿园设置有专门的美术室摆放乡土材料，并设有专门的管理人员进行登记、摆放，教师取用比较规范。而一些私立幼儿园和农村幼儿园，没有设置专门的美术室和管理人员来存放、管理乡土材料。存放乡土材料是在幼儿上课课室的美工区，课室空间不大，而且要分别开设几个区域，每个区域面积也不大，能容纳 5～6 个幼儿之余，还要摆放各种完成好的美术作品，能存放材料的空间不足，在选择要摆放的材料时只能选择必需的材料，过一段时间再更换，这会导致材料种类不够多，使用时会有所限制。运用乡土材料来进行美术活动，不仅需要有宽敞的空间让幼儿操作、加工，还需要有地方让幼儿展示自己的作品，让同伴互相欣赏。在没有足够空间的情况下，教师运用乡土材料开展美术活动还是比较困难的。

五、乡土材料在幼儿园美术活动中的应用策略

通过对以上不同园所在美术活动中使用乡土材料的情况进行分析，再结合《3～6岁儿童学习与发展指南》的内容，以广东省城乡幼儿园为例，对在美术活动中运用乡土材料存在的问题提出对策及建议。

把乡土材料融入幼儿美术活动中，可以将这个活动过程分为三部分：一是应用材料前，即如何选择材料，如何收集材料，如何处理、存放材料等；二是应用材料时，即如何运用材料、如何加入创新元素等；三是应用材料后，即作品的保存与展示、作品的评价等。

（一）应用材料前

1. 材料的选择

合适的乡土材料是开展幼儿美术活动的前提条件，在选择乡土材料时，应注意三个原则：安全性原则、多样性原则、适宜性原则。①安全性原则。这是选择材料的必然要求，幼儿只有在安全的、有良好卫生环境的前提下，才能更好地运用乡土材料。因此，要考虑到材料的安全卫生，避免一些有安全隐患的材料。例如一些小树枝，上面会有小刺，可能对幼儿的皮肤产生伤害；细小的豆子，可能幼儿在使用的时候贪玩，不小心塞进口鼻腔里；喷洒过农药的叶子、花草，老师应将这些材料清洗、消毒干净，风干或在太阳底下晒干后再给幼儿使用。②多样性原则。单一的材料，并不能满足幼儿的需求。面对各式各样的材料，幼儿不但可以自主选择自己喜欢的材料，还可以观察它独特的特性，并思考这个材料可以和其他哪种材料搭配起来，作品才更加好看，可激发幼儿更多的想象力和创新。③适宜性原则。不同年龄层幼儿的思维形象、操作行为、认知能力、兴趣度等方面都有所不同。选择材料应符合幼儿的发展规律和年龄、心理特点。不同年龄层，所用的材料和方式都是有区别的。小班的动手能力发

展还不够完善，应选择直观性强，形状比较大的，方便小班幼儿拿取、拼接、上色的材料；中班应选择多种类、多形状、多颜色的材料；大班应选择可以引发思考和想象，比中班更加丰富、有差异的材料。

2. 材料的收集

首先，幼儿园里的老师来自不同地区、不同城镇，教师可以利用寒暑假期间回自己的老家时，收集可以代表家乡的乡土材料，并带回班级里使用；其次，教师可以发动身边的亲戚朋友去各自家乡收集，或者与其他幼师交流，借鉴其幼儿园收集乡土材料的经验；还可以根据活动所需的材料，或者在幼儿自主操作时，记录可能缺少的材料，有计划、有目的地收集材料；教师可利用微信群、网络、面谈等方式，联系家长，向家长介绍乡土材料的作用和价值，也重视乡土材料的收集与应用，积极配合老师的工作，参与到材料收集中来。幼儿园方面，则可以统一选购一些特殊的经过处理的乡土材料，例如竹子、木头、泥土、鹅卵石、沙粒等这些教师很难收集到的材料，减轻教师的工作负担；幼儿园可以每个月开展一次师生外出活动，走进大自然、感受大自然，在大自然中观察、触摸。广东湛江、汕头这些沿海城市的幼儿园，有丰富的海产类资源，如贝壳、泥沙等，可根据所在地方的本土化特点，挖掘具有本地特色的乡土材料，借助特有的海产材料，作为幼儿园发展的特色，形成独立的有特色的教育体系。在家长方面，有时因材料的数量有限，不能每个幼儿人手一份材料，这时，家长就可以在平时生活中或者外出出差、旅游时，帮忙收集一些乡土材料，让幼儿带到活动中来。平时在课余期间，教师可以带领幼儿一起去幼儿园种满农作物的小花园里，一起观察农作物的外形，一起探讨，教师与幼儿、幼儿与同伴共同摘取、收集，提高幼儿的参与度和积极性；在寒暑假，幼儿和爸爸妈妈外出旅游时，也可以收集当地有特色的乡土材料。

3. 材料的加工与存放

收集回来的乡土材料，如何处理是非常重要的问题。教师可以将收集回来的乡土材料先进行分类：树叶类、石头类、泥土类、沙石类、动物类、蔬果类、贝壳类，等等。不同的种类有不同的处理方式，比较薄的材料，应小心清洗干净，用吹风筒吹干或者自然风干后，放在阴凉处。如果想保存久一些，可以做成标本。坚硬的材料，清洗干净后，一个个独立放在一个平台上，避免相互碰撞，以保存材料的完整。动物类的材料，因为是从动物身上提取出来的材料，所以会残留细菌，应清洗干净后，再进行多次消毒，避免细菌滋生。为了能让幼儿有宽阔的空间使用材料和方便材料的存放，建议开设美术室，里面存放的都是美术用品。每种材料都分门类别，并标注此类材料的名称和图画，方便幼儿拿取。

（二）应用材料时

1. 材料的运用

运用乡土材料制作的作品可按其造型分为平面造型和立体造型。

(1) 平面造型的方法有标本法和粘贴法。可以做成平面造型的乡土材料有鸡蛋壳、树叶、种子、各种豆类、花瓣、羽毛等。下面举例介绍如何用豆类完成一幅平面豆贴画(粘贴法)：

准备材料：红豆，绿豆，西米等不同颜色、大小的豆类；

工具：白乳胶、卡纸或纸皮、镊子。

步骤一：首先在卡纸上勾画出基本图形，线条不要过于复杂；

步骤二：在卡纸上涂抹少许的白乳胶，用刷子均匀地铺开，根据豆子的大小和颜色，确定豆子要摆放的位置，比较大颗的豆子可以用手或镊子直接放上去，比较小颗的豆子可以用漏斗均匀洒在需要的地方，等放完全部豆子后晾干，用手轻轻按压一下豆子，去除多余的豆子；

步骤三：基本拼贴完成后，将粘贴图平放在桌面上，调整边线不整齐、不均匀的地方。放置一个晚上，也可以在表面涂上一层薄薄的清漆，增加作品的光泽度，一幅豆贴画便完成了(见图 3-10)。最后可以稍作点缀，压在玻璃板下，或挂在墙上。

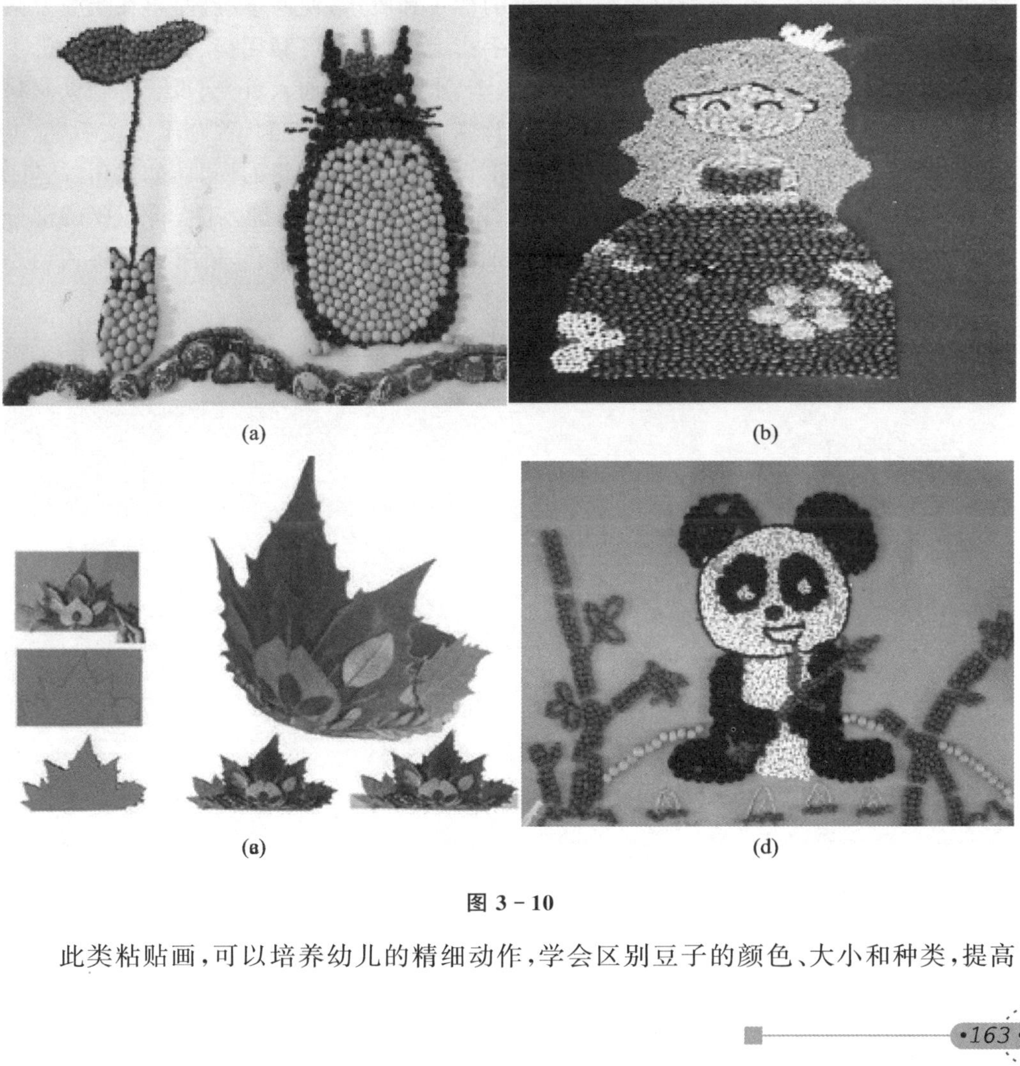

(a)　(b)　(c)　(d)

图 3-10

此类粘贴画，可以培养幼儿的精细动作，学会区别豆子的颜色、大小和种类，提高幼儿观察事物的能力和发现美的能力，按照从上到下、从左到右的顺序进行粘贴，提高幼儿的秩序感。此类粘贴画，不但可以使用豆子、种子，还可以用石头、鸡蛋壳。颜色单一的材料，也可以在材料上面添加颜色。教师可以引导幼儿举一反三，用不同种类的乡土材料也可以制作一幅粘贴画。除了粘贴画外，还可以使用树叶、羽毛粘贴出独特的面具或者漂亮的头饰，再外加橡皮筋或者木棍。

(2) 立体造型的方法有插接法、缠绕法、编织法。乡土材料本身是立体的，具有独特的颜色和纹路。可以做成立体造型的乡土材料有石头、鸡蛋壳、泥巴、麦秸、蔬果等(见图 3－11)。石头有大小、颜色之分，可以选用比较大的石头，用颜料在上面画出各种图案和不同颜色，也可以把小石头涂上各种颜色，粘在大石头上面，制作出一个石头画。鸡蛋壳也是一种不错的乡土材料，既环保又实用。首先把鸡蛋顶端用筷子穿破，将鸡蛋液全部倒出来，在蒸锅里蒸一蒸，这样的鸡蛋壳不容易破碎。鸡蛋壳的用途很多，可以制作成花瓶，将鸡蛋壳简单装饰后，加入适量的水和泥土，栽上小植物；可以做成不倒翁，在蛋壳里面加上少许的沙子和胶水，使沙子凝固，再在蛋壳上画五官；可以制作成手指偶，简单装饰后套在手指上。泥巴，可利用搓、捏、压、粘的泥工技能，制作出不同的造型，如捏成小动物、汽车、水果，或者加入贝壳、瓜子等辅助材料完成泥工作品；可以将泥巴捏成小泥球，用竹签在泥球中间穿洞，等晾干变硬后，涂上颜色，将泥球穿成一条项链；可以将泥巴压平，使用一些有纹路的模具，如硬币、树叶、贝壳，在泥巴上印出独特的图案。蔬果类，可以利用挖、插、切等技能，将不要的部分切除，用牙签将需要的蔬果连接起来，如用柚子皮做成一只兔子，利用牙签将葡萄当作眼睛；麦秸可以制作成扇子，编织成手镯、项链、戒指等。

图 3－11

此类立体造型的制作，可以提高幼儿的动手能力、创新能力及动脑思考能力，给予幼儿表现自我的机会,促进个性发展。

2. 材料的创新

每一次绘画、每一次手工等美术活动都需要创新的元素。在这方面,幼儿园可以多开展教师运用乡土材料的培训,提高教师的创新能力。乡土材料可以与废弃材料相结合,如将沙石浸泡各种颜料,放进废弃的透明塑料瓶里,做成彩虹瓶子,装饰课室;将树叶粘贴在废旧衣服上,做成不同的服饰,进行时装秀;将泥巴上颜色,黏在废旧的塑料瓶上,装饰瓶子。

3. 材料的运用范围

除了在集体教学中会运用到乡土材料外,幼儿区域活动、班级环境创设也是不能忽视的运用范围。教师可以在美工坊放置一些乡土材料,在幼儿自主选择区域时,可以在美工坊选择乡土材料来进行加工;在益智区也可以放置乡土材料,让幼儿加深对这些材料的认识。在环境创设中,老师应尽可能多地运用乡土材料,比如可在走廊里贴经过清洗风干的树叶,做成一颗大树的造型,让幼儿每天都能感受乡土材料的美。

(三)应用材料后

1. 作品的保存与展示

每当幼儿完成一件美术作品,都会有成就感和创作的喜悦,作为教师、作为家长都应认真对待,保存好幼儿的劳动成果。廊厅公共环境,是幼儿活动的延伸场所,也是幼儿展示才能的平台。平面、纸质类的作品可以放在课室外走廊的展示板上展示,吊挂式的作品可以贴在走廊的墙上、窗户上,让幼儿也能参与到环境创设中来。这样不但可以装饰课室周围环境,还可以让幼儿互相欣赏其他伙伴的作品,让家长了解幼儿园的教育教学情况。教师还可以将幼儿的美术作品统一收起来,把作品拍下来,利用家长微信群、校讯通等网络工具,向家长展示自己孩子的美术作品,让家长也参与到孩子的美术活动中来,鼓励、支持孩子继续创作更好的作品。创作得较好的作品,可以放在幼儿园的橱窗上或楼梯上展示,供不同年龄层的幼儿欣赏。

2. 作品的评价

评价幼儿的美术作品,不仅可以使幼儿提高美术水平,促进同伴间互相学习,而且还可让教育者和研究者了解幼儿的美术能力达到了什么水平,总结出幼儿美术能力发展变化的趋势和规律,从而制定出更合理的美术教育目标、计划和指导依据。教师应该树立正确的儿童观,遵循儿童的心理发展特点,尊重幼儿的作品和保护幼儿对美术的热情。我们应该站在儿童的角度,以幼儿的眼光来审视和评价孩子的作品,在教学中应尊重幼儿的个性和主体地位,允许孩子们独立思考,在自主学习和合作中体会到成功的喜悦。教师评价幼儿作品的方式可以运用以下几种:自评式,让幼儿说说自己的作品用了什么材料,为什么要做这个造型,作品的优点和需要改进的地方;互评式,同伴间相互说说作品哪个地方比较好,或者给同伴提出建议,教师也可以对幼儿说说自己的看法；推优式，让全班小朋友选出比较好的作品，进行表扬；评价表，在小黑板上画一个表格，登记比较好的作品和有进步的、有创意的作品，适当给予奖励。教师还可以将在制作过程中评价和作品完成后评价相结合，以鼓励幼儿取得进步为主，提出建设性建议。教师在评价时对每一个学生都要一视同仁，发现孩子身上的闪光点。

乡土材料是教师在美术教学活动中重要的教育资源，也是幼儿参与美术活动的兴趣与动力。乡土材料收集方便，随手可得，虽然存在局限性，但是它对幼儿的发展起着积极的推动作用，这也是我们研究的价值所在。

第五节　涂鸦美术在视觉空间智能培养中的应用研究

幼儿涂鸦美术是幼儿自发的、随意的、不受任何控制的本能行为，是幼儿身心发展过程中的自然反应和自我表达的方式，也是幼儿发挥其主观能动性，进行自我创造、发展思维的过程。

关于涂鸦美术，我国最早的资料记载是在唐代著名诗人卢全的《玉川子集・云添丁》中："忽来案上翻墨汁，涂抹诗书如老鸦"，便是最早的幼儿涂鸦的记录，大意是诗人的儿子调皮捣蛋的涂鸦行为。在西方，涂鸦美术是心理学和美术学的研究热点，其中皮亚杰的认知发展理论和罗恩菲尔德的儿童绘画发展理论在一定程度上揭示了幼儿涂鸦美术的本质，提出涂鸦是由幼儿主动发出的行为，是幼儿动作协调的结果。皮亚杰认为涂鸦的本质是感知运动水平上的活动，运用符号来表示早期感知运动阶段的发现，是动作重复习得的结果，也是幼儿探索和适应外界的行为过程。① 而罗恩菲尔德则提出涂鸦是幼儿主动发出的生命本性，是幼儿动作协调作用的结果，他还把涂鸦期划分为四个阶段，分别是未分化的涂鸦、经线涂鸦、圆形涂鸦和命名涂鸦。② 皮亚杰和罗恩菲尔德的理论对涂鸦美术的发展有重要的指导作用。

一、对涂鸦美术与视觉空间智能相互关系的认识

霍华德・加德纳认为："视觉空间智能的核心能力，是准确地感知视觉世界的能力，是一个人对最初感知到的那些东西进行转化或修正的能力，是即使在有关物体的刺激不存在的情况下，也能够重造视觉体验的某些方面的能力。即视觉空间智能是

①赵一仑.皮亚杰儿童空间概念发展的拓扑首位论点述评[J].浙江师范大学学报：自然科学版，2007(5)：225-228.

②邓智文.罗恩菲尔德的艺术教育观对涂鸦期幼儿绘画教育的启示[J].青春岁月，2012(22)：364.

对视觉世界与空间世界的细微的敏感度，在创作艺术作品的过程中再现它的能力。"[①]这项智能包括了对线条、色彩、构图和视觉再现的准确感知度。

加德纳曾提到与艺术相关的智能至少有四种，分别是语言智能、身体动觉智能、音乐智能和视觉空间智能，其中与视觉空间智能紧密相关的只有绘画。[②] 所以画家非常重视个人对视知觉的敏感性，常说视知觉能力的高低决定了绘画水平。换句话说，视知觉敏感性就是一个人对线条、色彩、空间构图和再现能力等因素的细微敏感度。通常情况下，画家的视觉空间智能会比普通人更发达，这从侧面表明对色彩、线条、构图和再现能力把握度更好的人，其视觉空间智能更发达。

幼儿美术包括色彩、线条、造型和构图等构成要素，这些构成要素与视觉空间智能紧密联系，涂鸦美术作为幼儿美术能力发展的重要阶段，自然要与视觉空间智能的培养联系起来，但是关于这方面的研究现今却寥寥无几。

二、幼儿涂鸦美术能力与视觉空间智能发展的关系研究

视觉空间智能的发展受多方面的影响，手工活动、涂鸦美术和益智游戏都会对其产生作用。但0～4岁这个阶段幼儿年龄小，手部肌肉和大脑皮层发育不成熟，动手能力较差，难以开展手工活动和益智游戏。并且视觉空间智能的开发黄金期在幼儿期，而涂鸦美术作为幼儿自主发起的本能行为，与视觉空间智能紧密联系，主要表现在对线条、颜色、构图和再现能力这些方面的细微敏感度上。为了研究涂鸦美术对视觉空间智能培养的作用，笔者收集了十七名幼儿不同年龄阶段的涂鸦作品，观察分析这些涂鸦作品每个年龄段的线条变化、颜色选择、构图方式和再现能力的表现特点，探索涂鸦美术是否能够提高幼儿对线条、色彩、构图和再现能力的敏感度，以丰富幼儿的视觉世界和空间世界，促进视觉空间智能的发展。

（一）线条的变化

图3-12～图3-16是第一名幼儿一岁半到四岁的涂鸦作品。一岁半时的线条杂乱无序，没有规律地分布在画面的左上角和右下角，并且线条深浅不一；两岁时画出的线条是纵横方向，线条交替重叠；两岁半时线条的走向变成螺旋状，重复画圆形线条，整个线条的形状像圆形；三岁半时出现简单的图形，有圆形和不规则的图形；四岁时简单的线条能组成画面，幼儿绘所画的东西都赋予了含义。

①霍华德·加德纳.智能的结构[M].沈致隆，译.杭州：浙江人民出版社，2013：210-211.

②冯敏星.多元智力理论在幼儿美术领域教学中的应用[D].太原：山西大学，2010.

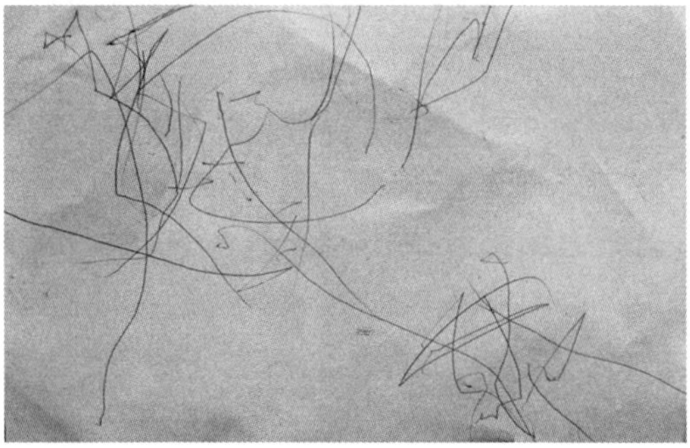

图 3-12　一岁半

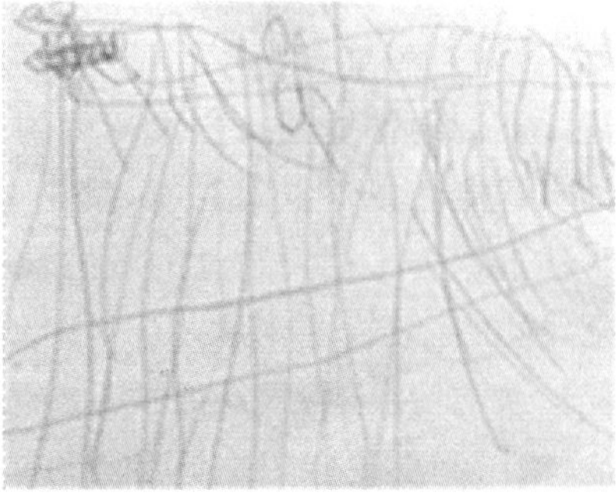

图 3-13　两岁

图 3-14　两岁半

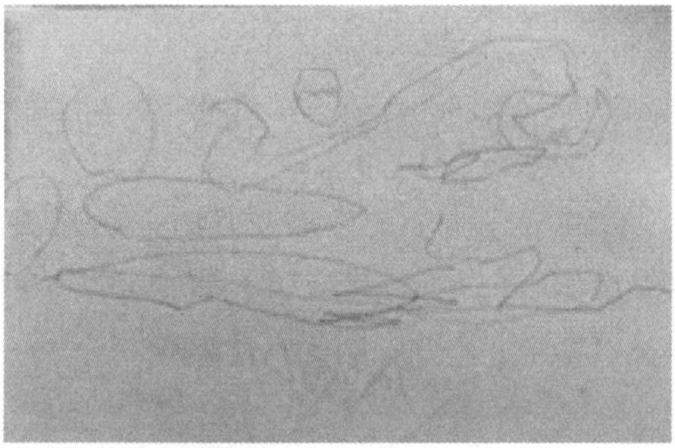

图 3-15　三岁半

图 3-16　四岁

图 3-17～图 3-21 是第二名幼儿一岁半到四岁的作品。一岁半时的线条杂乱分布，毫无规律；两岁半时线条在横向上来回画，小部分出现螺旋线；三岁时线条以螺旋线为主，圆圈有大有小；三岁半时螺旋线变成圆形；四岁时画面由线条和简单图案组成，画面中的线条和图形有含义。

图 3-17 一岁半

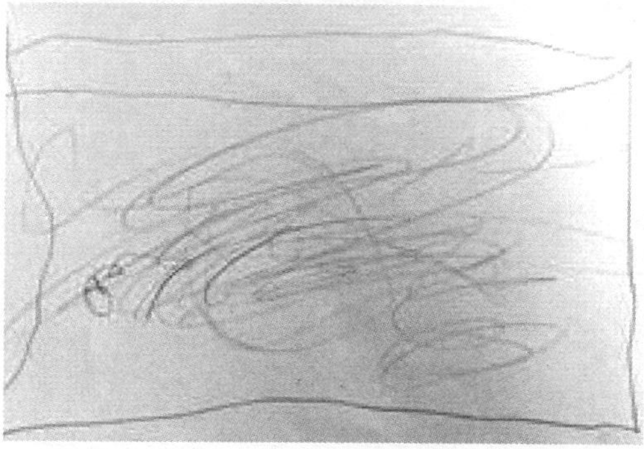

图 3-18 两岁半

图 3-19 三岁

图 3-20 三岁半

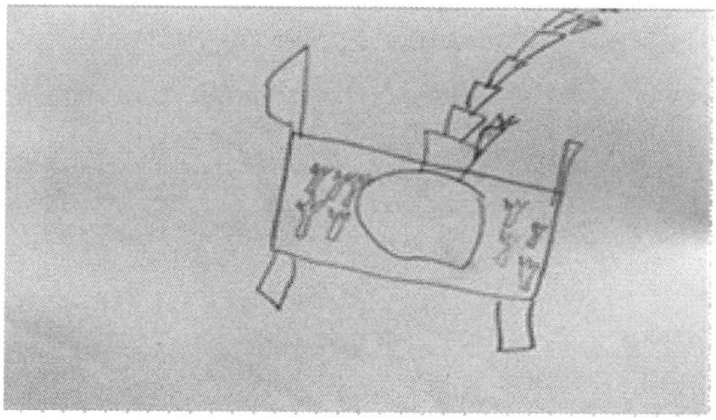

图 3-21 四岁

图 3-22～图 3-26 是第三名幼儿一岁半到四岁的作品。一岁半时线条稀稀疏疏，杂乱无序；两岁时上下方向来回画；三岁时线条变成螺旋线，小部分出现圆形和不规则图形；三岁半到四岁时图形丰富，有些图形较为接近真正意义上的绘画。

图 3－22　一岁半

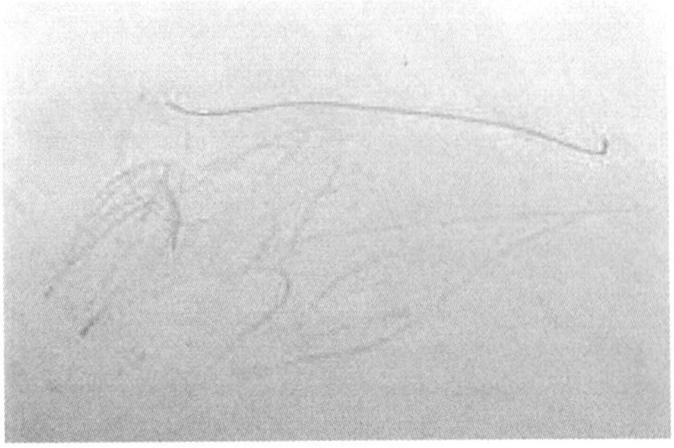

图 3－23　两岁

图 3－24　三岁

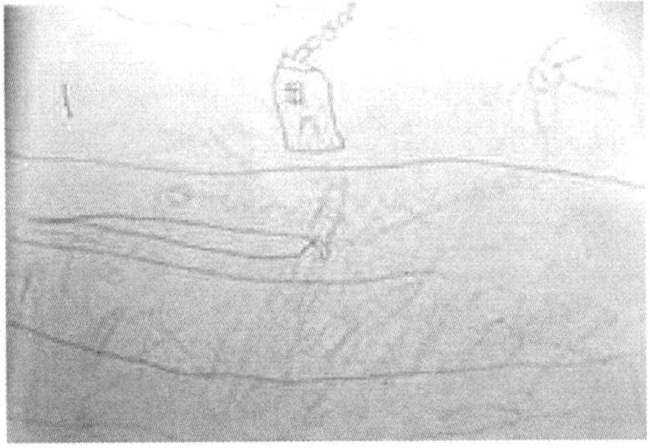

图 3－25　三岁半

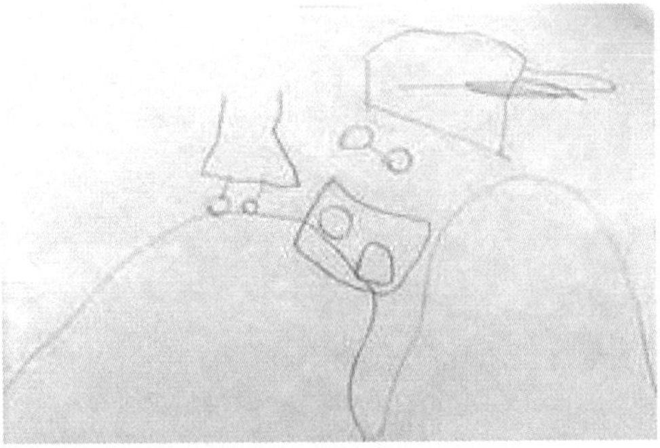

图 3－26　四岁

图 3－27～图 3－31 是第四名幼儿的作品。一岁半时线条杂乱无序，充满整个画面；两岁半时的线条开始有规律可循，纵横走向；三岁时以螺旋线为主，小部分圆形图案出现；三岁半画面由简单的图形图案构成；四岁半时的线条丰富，画面的形象接近真正绘画。

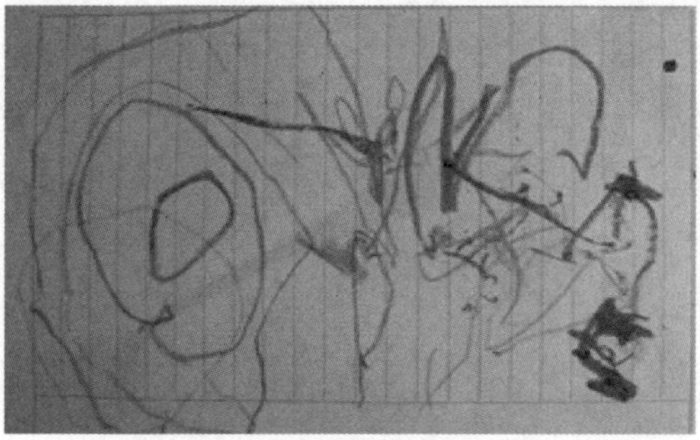

图 3-27 一岁半

图 3-28 两岁半

图 3-29 三岁

图 3-30 三岁半

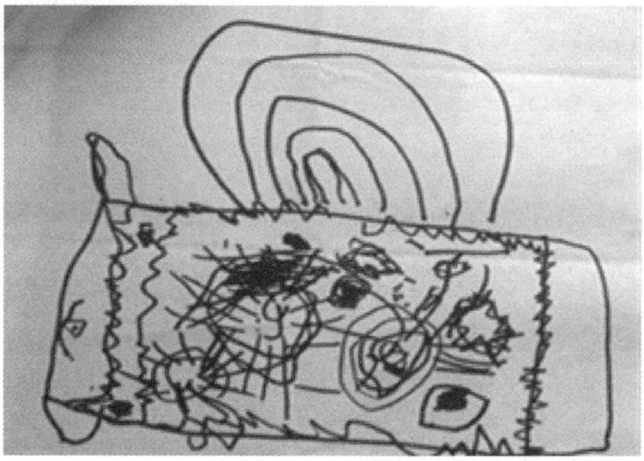

图 3-31 四岁半

从上述四名幼儿的涂鸦作品中我们可以发现,一岁半时的线条基本是不受控制、杂乱无序的,如图 3-12 所示,线条杂乱无序,毫无规律地分布在画面的左上角和右下角。两岁到两岁半时的线条是单一方向重复画,主要以纵横线条为主,如图 3-13 和图 3-18 的线条是纵横方向交替重叠。三岁到三岁半的线条以圆形线为主,由螺旋线到不规则简单图形，圆形占大部分，如图 3－19 和图 3－20 的线条，三岁时是螺旋线，到了三岁半以圆形图案为主。到了四岁和四岁半时，幼儿的画面由线条和简单图形构成，如图 3－26 和图 3－31 中的线条和图形组成了幼儿的涂鸦作品，四岁半时画面的形象接近写实绘画。从一岁半到四岁半幼儿涂鸦作品的线条变化的趋势是从杂乱无序到纵横线条到圆形再到命名线，线条从简单到复杂。从线条的变化特点我们可以看到，幼儿的手眼协调能力在不断提高，对线条的准确把握能力也在提高。这表明幼儿在进行涂鸦探索的过程中，不断地发现线条造型的新形式，慢慢地知道眼睛和手的配合变化会改变线条的走向，这是幼儿视觉神经越来越敏感的表现，能够自主地操控线条的变化，说明涂鸦美术对视觉空间智能的培养产生了作用。①

（二）色彩的选择

图 3－32～图 3－36 是第五名幼儿一岁半到四岁的作品，作品在颜色的选择上发生了变化。一岁半时，画面有橙色、绿色、蓝色和粉色，颜色之间重叠；两岁半时有红色、绿色和橙色，颜色之间重叠；三岁时选择了橙色；三岁半时选择了绿色、粉色、紫色、红色和黄色，颜色不重叠；四岁时进行了简单的太阳轮廓涂色。

图 3－32　一岁半

图 3－33　两岁半

图 3－34　三岁

图 3－35　三岁半

图 3－37～图 3－41 是第六名幼儿的涂鸦作品。两岁半和三岁时的幼儿选用了

① 刘传杰. 视觉表征在幼儿视觉空间智能培养中的应用研究[D]. 南京：南京师范大学，2008.

图 3－36　四岁

橙色、绿色和蓝色，三岁时颜色重叠；三岁到四岁时，颜色之间不重叠，以暖色为主，四岁时会简单轮廓涂色；四岁半时画面的颜色丰富，能够给图形形象地涂上对应的颜色。

图 3－37　两岁半

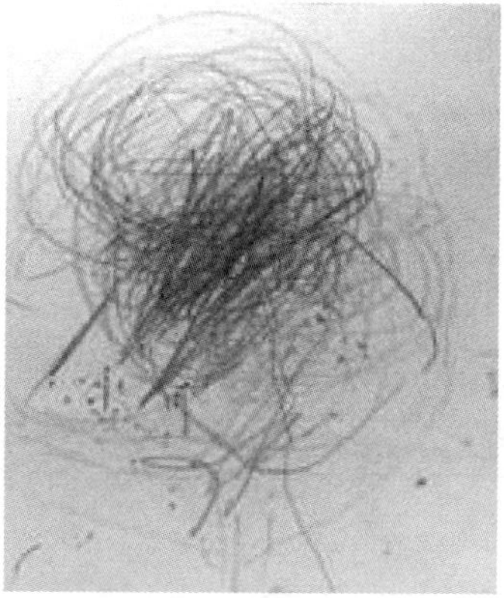

图 3－38　三岁

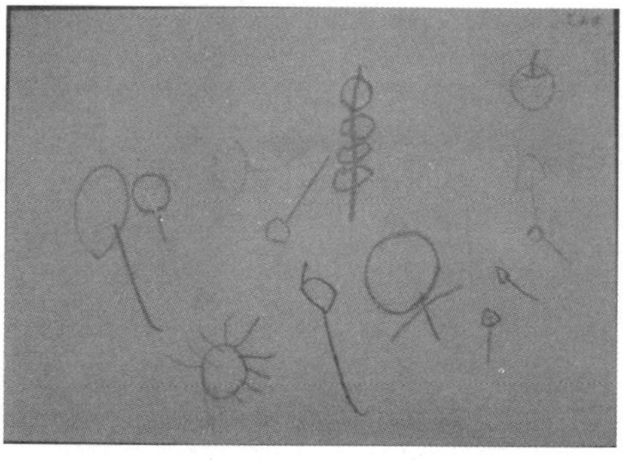

图 3－39　三岁半

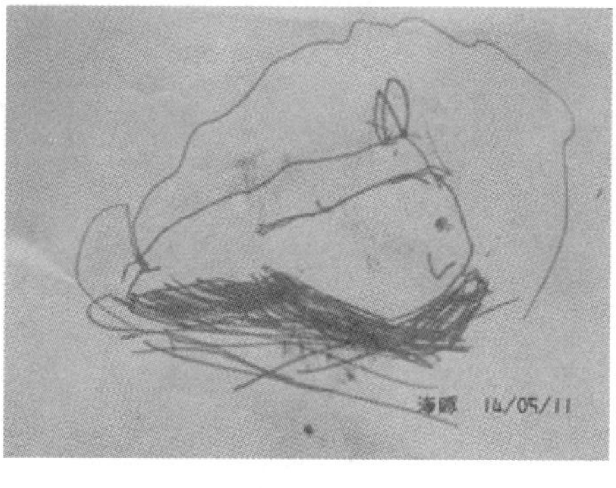

图 3－40　四岁

图 3－42～图 3－46 是第七名幼儿的涂鸦作品。两岁时，幼儿的作品出现了棕色

图 3-41　四岁半

和蓝色，颜色之间重叠；三岁时选择棕色画螺旋线；三岁半时颜色之间不重叠，并且出现圆圈的简单涂色；四岁时幼儿给图形形象地涂上了相应的颜色，色彩以红色和绿色为主；四岁半时会进行精细的涂色。

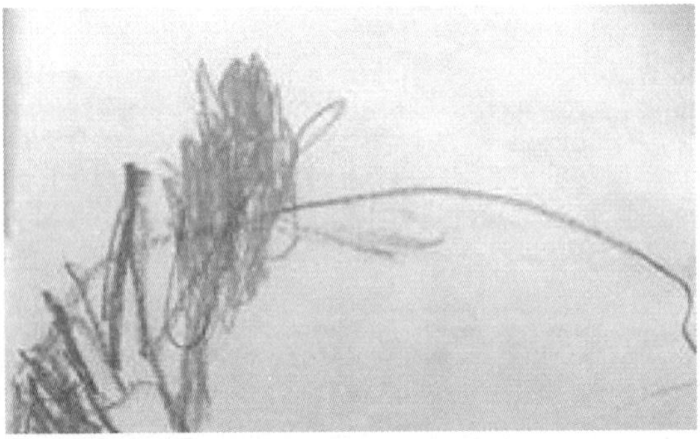

图 3-42　两岁

图 3-43　三岁

图 3-44　三岁半

图 3-45　四岁

图 3-47～图 3-49 是第八名幼儿两岁半到四岁的作品。两岁半时选择了黄色、

图 3-46　四岁半

蓝色、绿色和红色，颜色重叠；三岁半时选择了红色、蓝色、绿色、紫色和棕色，颜色不重叠；四岁时能进行简单的草地和树的涂色。

图 3-47　两岁半

图 3-48　三岁半

图 3-49　四岁

图 3-50～图 3-53 是第九名幼儿的涂鸦作品。三岁时作品中用了绿色、蓝色和红色，颜色之间重叠；三岁半时能够进行简单的颜色区分，采用了蓝色、橙色和红色、

紫色，小部分颜色之间重叠；四岁时颜色之间不重叠，采用蓝色和橙色，并进行轮廓涂色；四岁半时，采用了蓝色、黄色和紫色，为图形涂上了对应的颜色。

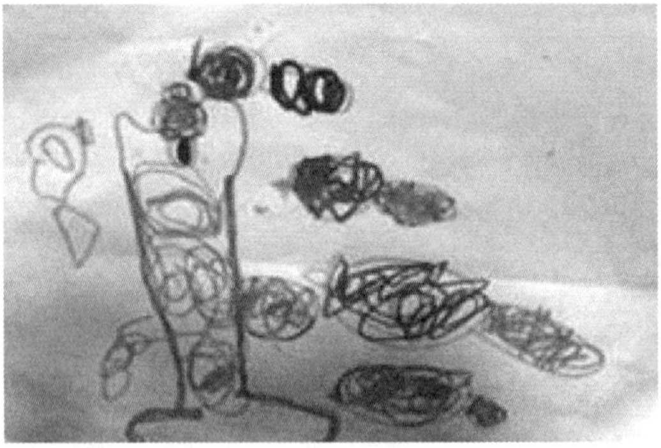

图 3－50 三岁

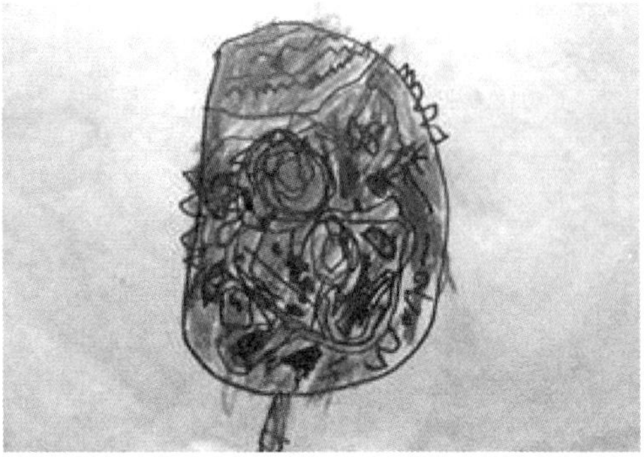

图 3－51 三岁半

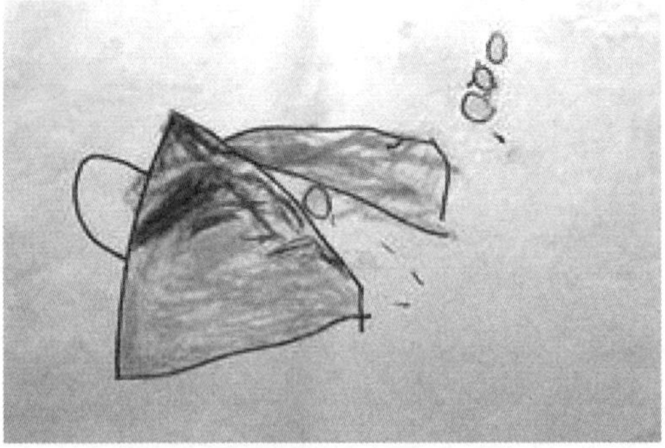

图 3－52 四岁

图 3－53 四岁半

从上面五名幼儿的涂鸦作品我们可以发现，幼儿偏好暖色调，较多幼儿喜欢选择红色、黄色和橙色。在一岁半到两岁半时，幼儿对色彩的选择是无目的的选色，只是把颜色笔作为涂鸦的工具，所以在画线时各种颜色的线条重叠在一起，如图 3－32 和图 3－38 所示，各种颜色的线条重叠画在画纸上。在三岁到三岁半这个阶段的幼儿，其色彩辨识能力提高了，能够区分颜色之间的不同，因此在涂画时，不同的颜色不会重叠在一起，如图 3－44 和图 3－50 所示，并且出现了简单的轮廓涂色。在四岁和四岁半时，幼儿能够给画面的图形轮廓涂上对应的颜色，涂色面积较均匀，不会轻易超出图形轮廓，如图 3－45 所示，幼儿给胡萝卜涂上了相应的颜色。而四岁半时，幼儿在色彩的选择上更细微，能够在同一个图形上进行不同面积大小的涂色，并且不同颜色之间不会重叠，如图 3－53 所示，幼儿对画面中的鱼身上的花纹和海底的石头进行了精细的涂色。幼儿在颜色的选择上经历了重叠用色到不重叠用色、无选择到有选择和没涂色到局部涂色的过程。这些变化特点说明了幼儿的色彩辨识能力和手眼协调能力都提高了，能够进行简单的颜色区分、选择用色和局部涂色。这说明在涂鸦的过程中，幼儿从重叠颜色涂画到区分颜色涂画，慢慢地发现了颜色之间的不同。而到了后面阶段的涂鸦探索，幼儿能够进行对应涂色，说明幼儿在涂鸦探索中，联系了现实生活，能有目的的选择用色。① 三岁半以后部分幼儿能进行简单轮廓涂色，是幼儿在涂鸦探索的过程中，手眼协调发展的结果。从辨别颜色、选择用色到局部涂色说明了幼儿的色彩辨识能力、手眼协调能力和手的控制力都在逐步提高，即幼儿视觉空间智能随着幼儿涂鸦美术的发展而变化，幼儿在不同阶段的涂鸦练习中探索色彩的变化，并对色彩刺激做出相应的反应，幼儿的色彩敏感度也在逐步提高，视觉世界变得更丰富，促进了幼儿视觉空间智能的发展。

（三）构图方式

构图方式是指把线条、色彩、造型、大小、远近位置等所有绘画的元素在画面上以何种方式摆列出来，有零乱式、垂直式等。

图 3－54～图 3－56 是第十名幼儿的涂鸦作品。两岁和三岁时的作品，造型零散地分布在画纸上，线条布满各个角落，无规律可循；四岁时，经过一段时间的涂鸦练习，幼儿画面中的形象没有两岁左右时的涂鸦作品那么密集，图形造型大大小小都有，图形在空间的排列上较为集中，整个画面的构图相对比较规整，出现上下分布的空间布局。

图 3－54　两岁

图 3－55　三岁

图 3－57～图 3－59 是第十一名幼儿的涂鸦作品。两岁半时画纸上面的线条随机分布，整个构图呈现零散分布的特点；三岁半时，经过涂鸦练习后，幼儿画面的线条和图形有了一定的分布规律；四岁时画面形象上下左右分布。

①孟威妍. 儿童视觉教育中的色彩探索与研究[D]. 大连：大连工业大学，2008.

图 3-56　四岁

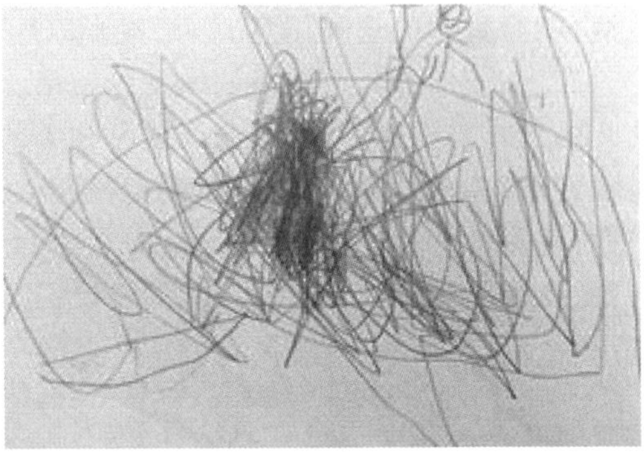

图 3-57　两岁半

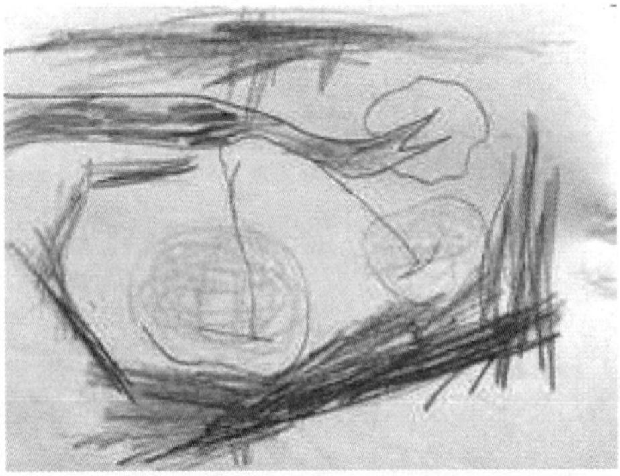

图 3-58　三岁半

图 3-59　四岁

图 3-60～图 3-63 是第十二名幼儿的涂鸦作品。两岁半时画面线条零散分布；到了三岁半时图形造型丰富了很多，整个画面的构图相对两岁左右时规整了一些，但画面形象还是较零散；四岁和四岁半幼儿的涂鸦作品，形象在空间构图上有了方向，主要呈现上下分布，同种事物在平面上平行分布，特别是在四岁半时空间上的方向更加明确，紧密地联系了现实生活。

图 3 - 60　两岁半

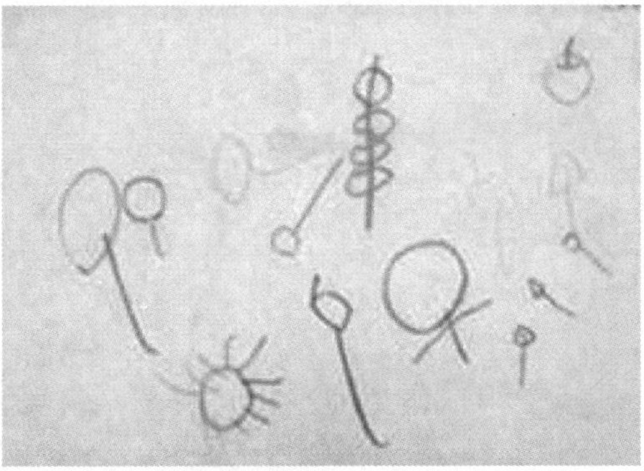

图 3 - 61　三岁半

图 3 - 62　四岁

图 3 - 63　四岁半

图 3 - 64～图 3 - 66 是第十三名幼儿的涂鸦作品。两岁半时线条布满整个画面，零散分布，无规律可循；三岁时画面零散，但相对两岁半时有疏有密；四岁时，画面中的形象有了上下之分，月亮在左上角，房子在画纸中间。

图 3 - 64　两岁半

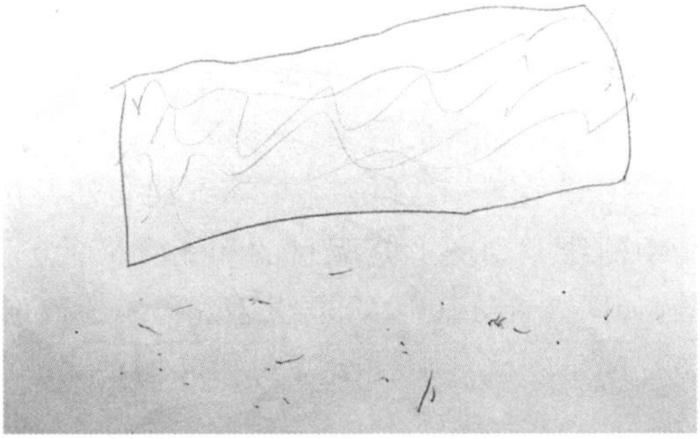

图 3 - 65　三岁

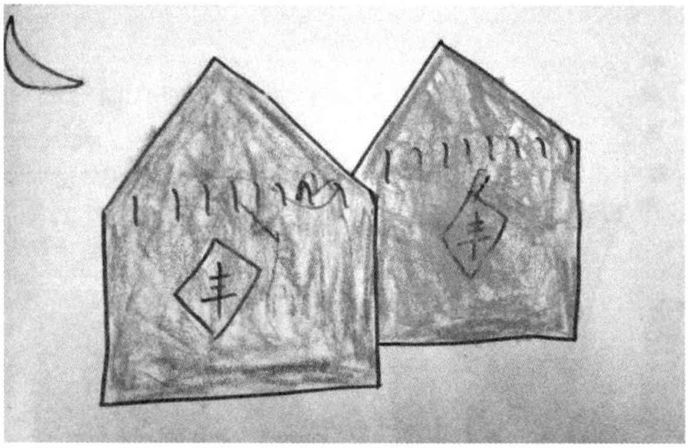

图 3-66　四岁

从上述四名幼儿的涂鸦作品中我们发现，幼儿两岁到三岁时作品中的形象分布还处于零散的状态，想到什么就画在画纸上，构图方式以零散式为主，如图 3-54 和图 3-65 所示，画面中的线条造型零散分布在画纸上，线条分布在各个角落，无规律可循。到了三岁半时，幼儿作品形象的分布有了一定的规律，画面形象不再毫无规律地零散分布，而是相对比较规整，如图 3-61 所示，画面中的图形分布比较集中。到了四岁时，幼儿作品的形象有了简单的空间关系，能够按照上下左右的关系分布，构图方式以垂直式为主，如图 3-56 所示，太阳在上面，云朵和太阳平行分布在上面，而花朵平行分布在下面。幼儿的构图方式由零散式向垂直式转变，说明幼儿有了简单的空间概念，在涂鸦练习中，幼儿不断地进行探索，每个年龄阶段幼儿的探索方向都在发生变化。两岁到三岁幼儿的兴趣点在画面的形象上，到了三岁半以后，幼儿的线条造型能力提高，开始探索画面形象的分布，在不断的涂鸦练习中，幼儿的空间感在提高。这说明涂鸦美术丰富了幼儿的空间世界，提高了幼儿的空间感，促进了幼儿视觉空间智能的发展。①

(四) 再现能力

“再现能力有心理再现和艺术再现之分，心理再现指的是记忆表象的重新浮现，艺术再现是将内心所知、所想外化，以物质手段体现出来。”②再现能力是衡量视觉空间智能高低的重要因素，再现能力高的人视觉世界和空间世界的敏感度较高。

图 3-67～图 3-71 是第十四名幼儿的涂鸦作品。幼儿一岁半到三岁的涂鸦作品中的线条和图形是无目的和无意义的。到了四岁，幼儿的线条开始有了自己的意义，如图 3-70 表达的是幼儿去爬山。而四岁半的画面不仅有意义并且更形象生动，表达的是动画片里面大怪兽战斗的情景。

①师萌. 3～5 岁幼儿绘画构图特点研究［D］. 沈阳：辽宁师范大学，2014.
②张念芸. 学前儿童美术教育［M］. 北京：北京师范大学出版社，2014.

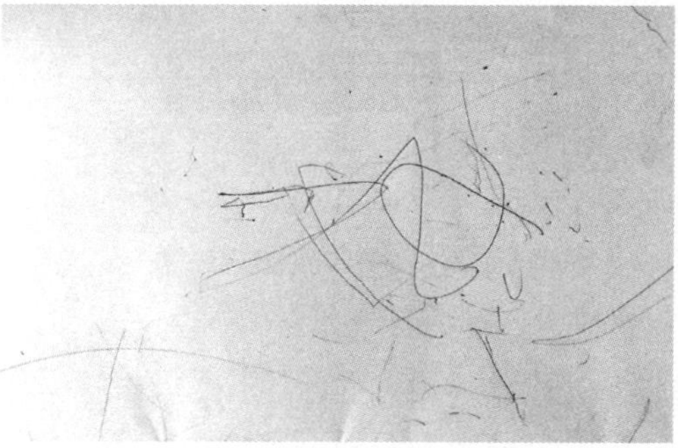

图 3-67　一岁半

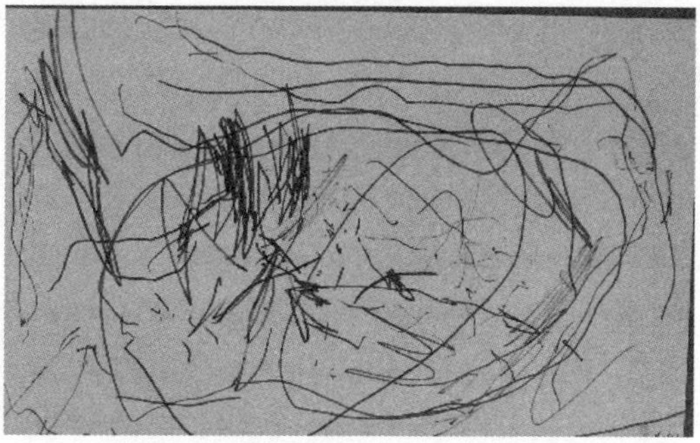

图 3-68　两岁半

图 3-69　三岁

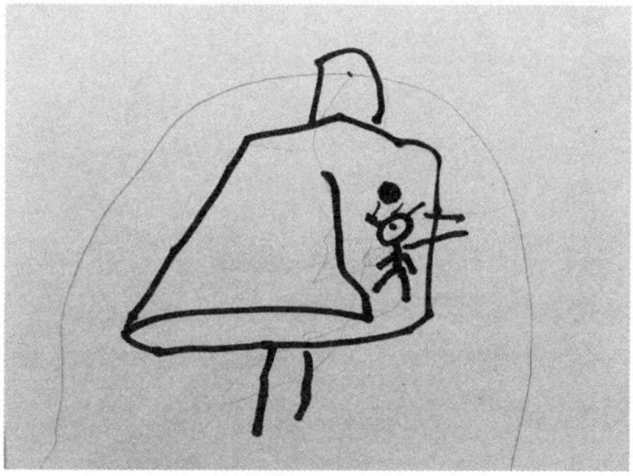

图 3-70　四岁

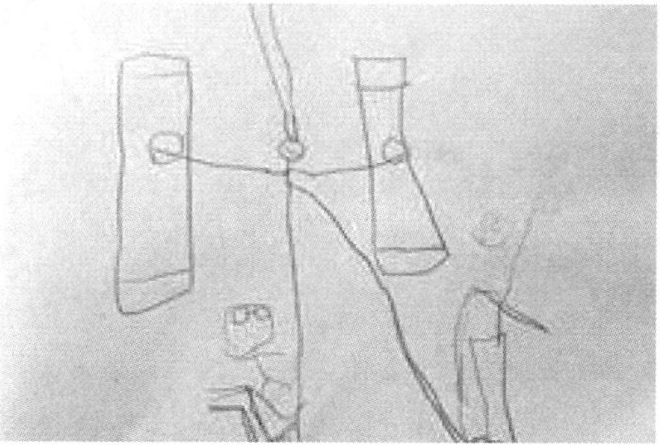

图 3-71　四岁半

图 3-72～图 3-76 是第十五名幼儿的涂鸦作品。该幼儿一岁半到三岁时所画的线条都是单纯的动作练习，没有任何目的和意义。经过涂鸦练习，幼儿的线条变得丰富，开始边画边说，图 3-75 表达的是在草地上玩耍的场景。而四岁半时的涂鸦作品目的性更强，表达的是两个好朋友在吹泡泡。

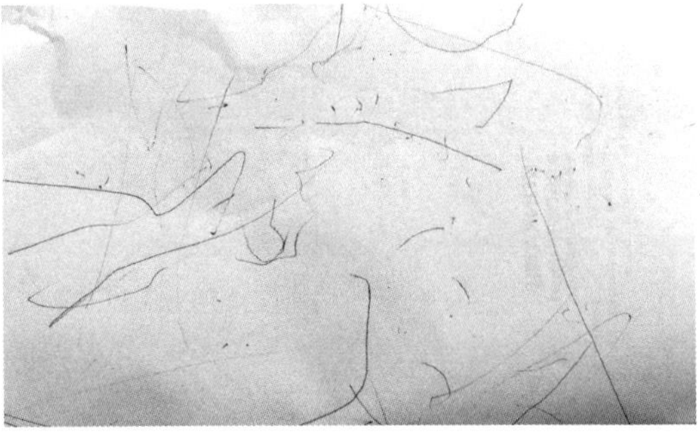

图 3－72　一岁半

图 3－73　两岁半

图 3－74　三岁

图 3－75　四岁

图 3－76　四岁半

图 3－77～图 3－80 是第十六名幼儿的作品。该幼儿两岁半和三岁时的涂鸦作品，处于线条探索时期，满足于笔画出来的东西，线条不带任何意义。到了四岁，经过涂鸦练习，线条丰富，幼儿画了一个简单的图形代表爸爸。四岁半时的作品形象生动，用图形代表葡萄。

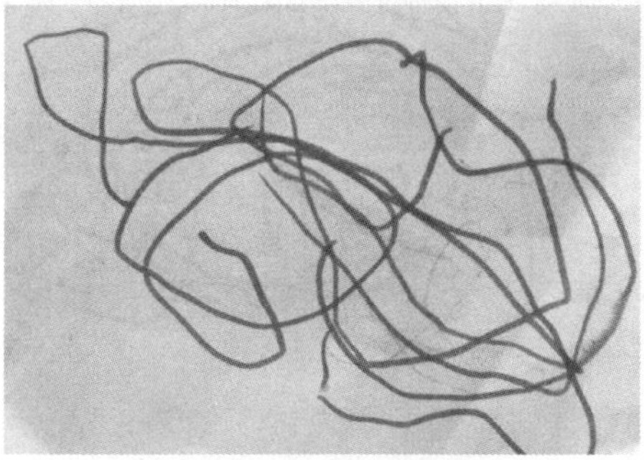

图 3-77　两岁半

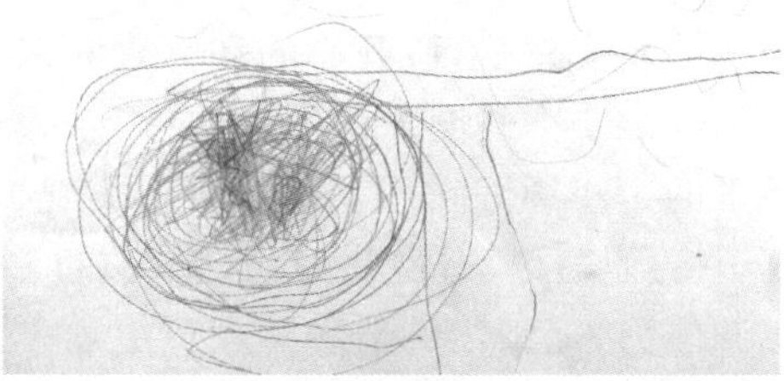

图 3-78　三岁

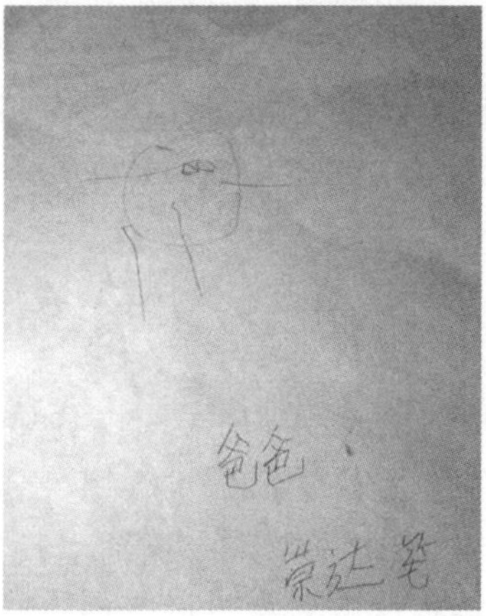

图 3-79　四岁

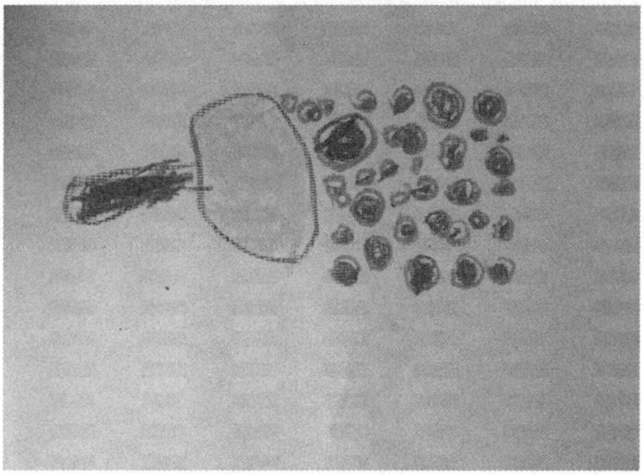

图 3-80　四岁半

图 3-81～图 3-82 是第十七名幼儿的涂鸦作品。该幼儿四岁时所画的线条造型代表的是蜈蚣在地里面被小朋友们挖出来的情景。四岁半时的作品画的是大象，形象生动。

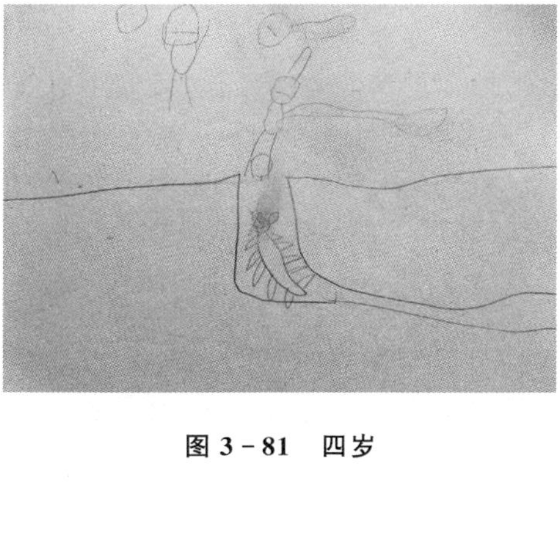

图 3-81　四岁

图 3-82　四岁半

从四名幼儿的涂鸦作品中我们发现，一岁半到三岁时的涂鸦作品中，线条是没有意义的，只是单纯的动作练习，线条随意地画在画纸上，如图 3－67 中的线条，零散分布在各个角落。三岁半到四岁半时的作品，画面中的线条和图形是有意义的，代表着幼儿的真实感受，有开心的和喜欢的东西，画面中的形象被赋予了幼儿自己的想法，如图 3－79 中的图形由一个圆形、四条线组成，分别代表了爸爸的头和手脚，并且还画了两个小圆圈表示爸爸的眼睛。到了四岁半，画中的造型更加形象生动，如图 3－80 中的葡萄，从造型和颜色都较接近写实。三岁前的涂鸦探索，提高了幼儿的手眼协调能力，让画面的造型和颜色更加丰富，为有意义的涂鸦的出现做了铺垫。从无意义的涂鸦到有意义的涂鸦，是幼儿视觉记忆再现的表现，为幼儿的视觉记忆再现提供了载体，让幼儿对生活的观察形成的视觉表象通过艺术的形式表现出来。这说明经过不同阶段的涂鸦探索，幼儿对画面形象的把握能力越来越好，能够进行记忆再现，即使画出来的东西并不像现实中的东西，却是幼儿再现能力的表现。因此，经过不同年龄阶段的涂鸦练习，幼儿在涂鸦探索中发展了再现能力，促进了视觉空间智能的发展。

三、涂鸦美术对视觉空间智能培养的促进作用

通过对上述不同年龄阶段幼儿涂鸦作品的分析，呈现出的规律如下：线条变化由不规则涂鸦到经线涂鸦再到圆形涂鸦最后是命名涂鸦；色彩的选择由重叠用色到不重叠用色、无选择到有选择和没涂色到局部涂色；构图特点由零乱式向垂直式转变；再现能力由无意义涂鸦到有意义涂鸦，是幼儿视觉记忆再现的表现。这些都说明经过涂鸦练习，幼儿的线条、色彩、空间构图关系和视觉记忆再现能力均发生了变化，各方面能力都在逐渐增强。因此，涂鸦美术对视觉空间智能的培养有积极的作用。

（一）提高幼儿对视觉世界的敏感度

我们常说眼睛是心灵的窗户，幼儿通过眼睛观察世界，获得对外部世界的信息。视觉经验丰富的人视觉空间智能相对比较发达，涂鸦美术能提高幼儿对视觉世界的敏感度。在不断的涂鸦练习中，幼儿手眼协调能力越来越强，涂鸦过程是幼儿探索视觉世界的过程。从幼儿作品中线条的变化、色彩选择和再现能力的变化，我们可以发现幼儿的视觉经验越来越丰富，线条变化更多样，色彩的辨别能力更强，视觉记忆能够表现出来，这些都表明涂鸦美术对幼儿视觉世界的变化发生了作用，刺激了幼儿视觉空间智能的内部发展。①

（二）提高幼儿对空间世界的敏感度

视觉空间智能的发展离不开空间思维的变化发展，空间思维能力的提高表现在对方向的变化、空间形象的分布上。经过不同阶段的涂鸦练习后，幼儿画面中的形象

①陶李刚，张丽苹. 培养幼儿视觉空间智能初探[J]. 学前教育研究，2003(1)：39-40.

开始有上下左右的方向变化，并且在空间分布发展上由零散分布发展到按照一定的规律分布，即构图方式由零散式到垂直式的分布。空间形象的方向和布局的变化，是幼儿的空间感在逐渐增强的表现。因此，涂鸦美术对视觉空间智能发生了作用。

四、促进幼儿涂鸦对视觉空间智能培养作用的途径

涂鸦作为儿童美术发展阶段不可缺少的组成部分，与视觉空间智能息息相关，它对培养幼儿的视觉空间智能有着重要的作用。而视觉空间智能发达的幼儿在生活上和学习上都表现出与普通幼儿不一样的优势。许多的研究都表明，视觉空间智能能力比较好的幼儿，它的视觉世界和空间世界比较敏感、方向感好、空间感强、思维活跃、观察细微、想象力丰富。年龄小的幼儿大脑皮层发育不成熟，各方面能力都比较欠缺，但幼儿涂鸦除外，它是幼儿自身主动参与的行为，是幼儿的天性和生命的本质需求，也是幼儿早期活动的主要表现形式之一，它对幼儿的视觉空间智能起到了刺激和促进的作用。所以我们应该通过一些有效的措施，去发挥幼儿涂鸦对视觉空间智能的作用。

（一）提高教师的专业素养

教师作为幼儿早期教育活动主要的成员之一，应该了解幼儿涂鸦期的年龄特点和心理特点，学习相关的知识，提高自己的专业素养。第一，教师要转变传统的教育观念，由重技巧转变为重观念，摒弃过去把传授幼儿绘画技巧作为重点的观念，接受新的理念，给幼儿营造一个自由、舒适的环境进行涂鸦。第二，教师应该多学习相关的知识，只有了解幼儿的年龄发展特点，知道幼儿的需求，给予相应的指导，幼儿的能力才能得到更好的发展。第三，教师要正确定位自己，在幼儿涂鸦时，教师的身份是引导者和支持者，教师要积极鼓励幼儿进行涂鸦，不能过度干扰和过度放任，让幼儿在涂鸦期得到一个很好的发展。第四，教师要正确评价幼儿的涂鸦作品，不可以用成人的评价标准去点评幼儿的涂鸦作品，而是要用鼓励性的语言去激发幼儿进行涂鸦活动。①

（二）涂鸦工具的创新

传统的涂鸦进行时，教师习惯于只给幼儿提供纸和笔，这样很容易让幼儿对涂鸦失去兴趣，我们应该给幼儿提供多样化的涂鸦工具，让幼儿时刻保持着好奇心和涂鸦的欲望。首先，我们提供的涂鸦工具可以是由各种材料做成的工具，例如塑料材质的、棉质的、蔬果做成的等，幼儿每次涂鸦的时候他都能拿到不一样的工具，同样的线条画出不同的效果，这种触觉和视觉上的刺激会给幼儿带来新奇感，让幼儿获得满足感，从而对涂鸦保持热度。其次，我们提供的涂鸦工具形状可以多元化，工具的大小、高低都可以变化，甚至还可以设计一些用脚的涂鸦工具，让幼儿体会不一样的涂鸦感

①赵云芳. 加强对幼儿涂鸦期的引导在幼儿美术教育中的重要性[J]. 新课程研究：下旬刊，2011(5)：29-30.

觉。这种站立涂鸦对于幼儿视觉上的刺激会更大，因为除了新奇，它的方向改变了，会带来新的体会，这样有利于刺激幼儿的视觉空间智能的发展。[①] 最后我们可以把节日元素融入到幼儿的涂鸦工具当中，例如圣诞节时可以有圣诞的涂鸦工具模型，春节时可以设计一些与春节相关的涂鸦工具。这样幼儿在涂鸦的时候，他的视觉表象会更深刻。

（三）开设新的涂鸦方式

提到幼儿涂鸦的方式，我们脑海中大多的印象就是，幼儿坐在椅子上，桌面上放着笔和纸，幼儿在上面进行涂鸦。但是研究表明，站着涂鸦比幼儿坐着涂鸦会更有趣，对幼儿的视觉冲击会更大。因此，我们可以开设一面专门给幼儿进行涂鸦的墙面，幼儿在墙上涂鸦时，可以站着、坐着、蹲着，各种各样的方式都可以，不受任何条件的约束，它可以一个人，也可以合作，这种上下左右智能的角度变化，有助于幼儿空间智能的发展。而墙面颜色可以一段时间更换一次，可以有黄颜色的、白色的、黑色的，这样也是对幼儿视觉上的刺激，让幼儿的视觉世界变得更加敏感。新的涂鸦方式可以帮助发展幼儿的视觉空间智能，丰富幼儿的视觉世界和空间世界。

（四）美术欣赏

眼睛是心灵的窗户，美术欣赏是幼儿美术活动不可以缺少的一部分，健康的艺术欣赏教育是调动幼儿的多种感官共同参与的。幼儿美术欣赏包括自然欣赏、社会欣赏和作品欣赏。成人应该给幼儿提供多途径进行美术欣赏的活动。幼儿在进行美术欣赏时不同于成人，由于其生理发展特点，通常欣赏时都伴随着动作，要摸一摸、看一看、闻一闻，调动多种感官的共同参与，只有切身的体验，幼儿才能在欣赏的过程中获得深刻的体会，在头脑中形成深刻的印象。因此，我们要采取不同的方式带领幼儿进行美术欣赏，幼儿欣赏大自然美时，我们可以带幼儿去郊外；幼儿进行社会生活欣赏时，可以让幼儿观察周围；幼儿欣赏美术作品时，可以找幼儿的作品和艺术家的作品给其欣赏，根据涂鸦期幼儿的不同特点给予不同的指导。[②] 美术欣赏是在培养幼儿的观察力，提高幼儿的审美能力。同时也是给幼儿的视觉世界提供不同程度的刺激与享受，让幼儿学会用眼睛捕捉美的事物。

五、结　语

早期视觉空间智能的开发对幼儿思维的发展有着重要的意义，对于未识字阶段的幼儿，特别是 0～4 岁的幼儿，他们对外部世界的认知是通过线条、图形等视觉符号去了解的，而视觉空间智能发达的人对线条、色彩、空间和视觉记忆再现都感知度比

①马菲菲．以空间智能培养为目标的儿童手工课教学研究[D]．聊城：聊城大学，2014．

②纪瑞祥，翁梅．美术教育与学前儿童视觉空间智能发展[J]．山东理工大学学报：社会科学版，2012(11)：103-105．

较高。因此，发展幼儿的视觉空间智能是至关重要的。

因为0～4岁涂鸦期的幼儿，动手能力较差和见识较少，不可能实现手工操作、拼图游戏等开发视觉空间智能的活动。而涂鸦美术同样作为开发幼儿视觉空间智能的活动，较符合此阶段幼儿的发展特点。通过对幼儿涂鸦作品的研究，我们发现经过反复的涂鸦练习，幼儿的涂鸦线条经历了几个阶段的变化，由不规则的线条到经线到圆形线再到命名线，色彩的选择由无目的到根据喜好再到按照一定规律选择，构图方式由零乱式到垂直式的转变，再现能力则在涂鸦阶段的后期才逐渐表现。通过一系列的涂鸦练习，幼儿对线条、色彩、构图和再现能力的感知度的提高，说明了幼儿涂鸦美术对幼儿视觉空间智能的发展发挥了作用，提高了幼儿视觉世界和空间世界的细微敏感度。为了更好地发挥涂鸦美术在视觉空间智能培养中的作用，可以从提高教师的专业素养、创新涂鸦工具、开设新的涂鸦方式和进行美术欣赏等方面来进行。

第六节　区角与教学活动关系的现状及对策研究

幼儿园教学内容和教育资源的整合一直都是幼儿园关注的重点，区角作为幼儿园重要的教育资源，也是幼儿在园时接触较多的地方，有着其独有的特点和教育价值，而教学活动是幼儿园重要的教育活动形式之一，是幼儿获取知识、培养相关能力的重要途径。

随着素质教育在幼儿园推广，越来越多的人把目光投在区角上，其教育价值也是学者探讨得比较多的内容。目前大多数学者对区角的研究都是放在区角的设计和本身开展的活动上，而在区角与教学活动结合方面相关的研究相对较少。通过长期学习，笔者发现将集体教学活动与区角结合起来，幼儿的参与度、课堂氛围以及教学效果都比单一的教学模式好。

思考着这些问题，有关思路慢慢清晰，区角与幼儿教学活动是否存在着某种关系？如何才能更好地将区角与教学活动相结合？为了解开这些疑问，将从以下方面展开论述。

一、对区角的认识

区角，又叫做活动区、活动角或者游戏区，指的是为促进幼儿身心、全面健康的发展，教师有目的、有计划地将活动室及活动室周围的空间相对划分为不同的区域，让幼儿在其中通过与材料、环境、同伴充分互动而获得学习与发展的场所。

百度百科对教学活动的解释是“以教学班为单位的课堂教学活动，是学校教学工作的基本形式”。而在顾明远所著的《教育大辞典》中对教学活动（教学事件）的解释是“为促进和激发学生学习的内部过程，由教育工作者或教师精心安排和组织的一系列外部活动”。

结合幼儿园的教学活动要注重综合性、趣味性、活动性，融教于生活、游戏之中的特点，本书中的教学活动指的是，教师在尊重幼儿身心发展的规律和学习特点的基础上，关注个别差异，有目的、有计划地选择适合幼儿的教育内容，通过适合幼儿年龄特点的教学方法，使每个幼儿富有创造性的、和谐发展的教与学的活动①。

二、区角与教学活动的特点

(一) 区　角

1. 教育性和情景性

教育家蒙台梭利曾经说过“儿童是个探索者，需赖以吸收环境中的各种印象来建构其心智”。幼儿教师通过平时对幼儿的观察，结合幼儿的年龄特点，从区角的造型、色彩、材料等方面入手，在区角中形象地再现生活中的情景，借此吸引小朋友们的目光，使小朋友参与其中(如图 3－83～图 3－86 所示)。通过融入真实的生活情境，把人们生活的相关情景和材料一定程度地再现在幼儿面前，从而帮助幼儿理解人们是如何买卖东西的，提高幼儿的动手能力、社会交往能力以及丰富其相关的知识，使幼儿的教育与现实社会生活紧密相连。

图 3－83

图 3－84

图 3－85

图 3－86

①朱明燕. 以学习者为中心的幼儿园教学活动研究[D]. 南京：南京师范大学，2014.

2. 动态性和美观性

幼儿园的区角不是一成不变的，随着相关教学活动的开展，教师会对区角的类型和数量进行增添、删减，对区角的位置进行变动，还会对原区角的相关内容如材料以及其他不适宜的环境等进行更换，以达到与当前教学内容相联系、能提高幼儿发展水平的目的。如某幼儿园中班在冬天开展“我爱冬天”的主题时，把班里的主题墙创设成如图 3－87 所示的样子；临近元旦的时候，教师打算给幼儿普及一些元旦的有关知识，因此对原主题墙进行了更改，变成了如图 3－88 所示的样子。教师通过对区角进行类似这样的更改，使区角始终对幼儿具有新鲜感，增加幼儿的参与兴趣，激发幼儿的求知欲和探索欲，有利于幼儿多元智力的开发和个性的发展。

图 3－87

图 3－88

此外，幼儿对区角的参与度还受到区角设置是否美观的影响。教师在进行相应区角设置的时候，要考虑区角位置的安排、空间布局、区角环境颜色选择是否合理，以及其他区角创设内容，如挂件的高度是否恰当、指示语是否形象等。如教师在创设植物观察区的时候，考虑到植物是需要水和阳光的，所以把植物观察室设置在靠水、靠阳光的窗边（如图 3－89 所示）。只有在区角创设的时候，注意结合幼儿的年龄特点和发展水平，以幼儿的视线或视野去创设区角，才能使区角真正具有美观性，而不是仅仅依赖成人的审美。

图 3－89

（二）教学活动

1. 目的性和计划性

《幼儿园教育指导纲要（试行）》明确指出："幼儿园教育是基础教育的重要组成部分，是我国学校教育和终身教育的奠基阶段。城乡各类幼儿园都应从实际出发，因地制宜地实施素质教育，为幼儿一生的发展打好基础。"①而幼儿园教学活动作为幼儿园一日活动中重要的一部分，是促进幼儿全面发展的重要手段，其目的是增加幼儿生活经验，培养幼儿解决生活中出现问题的能力和促进自身的发展，为幼儿一生的发展打好基础。为此，教师通过对教学活动的合理设计，有计划的地引导幼儿认识事物之间的关系，使幼儿能在已有生活经验的基础上，在教师提供的"支架"式帮助上丰富其有益的经验，让幼儿自身得到发展。

2. 情景性和操作性

一方面，幼儿思维的直观性和具体形象性使得幼儿对事物的理解有赖于情景和形象，教师在教的过程中要注意借助生动形象的教具以及营造一定的故事情景，这样有助于提高幼儿的兴趣以及有助于幼儿对知识的理解。另一方面，幼儿具有注意时间短、注意力容易分散的特点，再加上幼儿主要是通过环境中与他人共同活动来获得经验的，他们的学习以直接经验为基础，所以教学活动很强调每个幼儿的实践和参与，如鼓励他们多看看、听一听、摸一摸、闻一闻或者多摆弄，等等。

3. 互动性

师幼互动作为幼儿园教育的基本表现形式，存在于幼儿一日生活之中，表现在幼儿园教育的各个领域，并对幼儿的发展有很大的影响，且师幼互动在幼儿园教学中运用得好坏直接影响教学的质量。同时，教师在教学活动中通过与幼儿的互动可以了解不同幼儿的发展水平，从而为幼儿制定个性化的教学活动，这是教师贯彻个别差异教育原则的表现。

三、区角与教学活动的类型

每一个区角都服务于特定的发展目标，拥有相对应的材料和不同的环境创设要求。根据不同的划分维度可以将区角划分为不同的类型，如按照在区角活动时对环境的要求可以划分为安静区和活跃区，如图书区、益智区就属于安静区，而生活区、表演区、角色游戏区就属于活跃区；按照是否需要水可以划分为需要水的区域和不需要水的区域，如种植区、科学区等就属于需要水的区域，而图书区、表演区等就是不需要水的区域②。

教学活动常见类型的分法有 3 种，第一种从结构上分，幼儿园教学活动可以分为

①教育部幼儿园教育指导纲要（试行）[S]. 北京：北京师范大学出版社，2001.

②张剑春. 幼儿园班级区域划分的基本原则[J]. 教育导刊：下半月，2013(8)：87.

5大领域活动和主题活动；第二种从形式上分，可以分为集体活动、小组活动(区角活动)以及个别活动；第三种从性质上分，可以分为有教师预设的教学活动和自主生成的教学活动。

四、区角与教学活动的关系

(一)教学活动决定区角的设计

1. 教学活动对象决定区角设计的要求

幼儿是幼儿园教学活动的对象，是教学活动的主体，而区角是教学活动的一个场地，幼儿是这个场地的主人，因此在区角的设计过程中要以幼儿为中心。幼儿的思维具有直观性和具体形象性，幼儿的身心发展具有年龄特征，而做中学、玩中学、生活中学是幼儿的学习特点。为此，作为区角的主要建设者，教师在创设区角的时候，要注意区角的情景性，要贴近真实的生活，使区角的情景与幼儿真实的生活情景具有连续性。此外，区角在环境创设方面，要注意色彩的搭配、图案的选择等，力求形象生动；材料的投放要注意高结构性材料和低结构性材料相结合，让幼儿能多操作和体验；物品摆放的位置要适宜；等等。

2. 教学活动目标决定区角设计的方向

目标就像指南针，指引着人们向着一定的目标前进，如若目标不定，不仅耗时耗力，结果也常常难以令人满意。区角的创设也是一样，需要一定的目标指引，不然区角在创设过程中，由于目标的模糊或缺失，会导致区角创设内容杂乱，影响区角的教育价值。教学活动目标对于教师来说，决定着教学活动的设计和组织，而区角作为实现教学活动目标的一种手段和媒介，它的设计理应以教学活动目标为主。在某种程度上来说，区角就像一棵大树，区角范围内的物品就是大树的叶子，而教学活动目标就是大树的枝干，当枝干没有了，叶子再多也没用。因此教师只有把握好教学活动目标这个主干，才能更好地发挥教师的引导作用和区角的教育作用，才能让幼儿的身心得到全面健康的发展，让这棵大树枝繁叶茂。

3. 教学活动内容的物化程度决定区角的价值

皮亚杰的“知识建构”理论告诉我们，幼儿只有通过对物体的反复操作，与客观事物真实地接触，才能真正接触知识和促进幼儿的发展。材料是孩子探究、学习和发展的刺激物和中介，是教育内容的物化。区角的材料大致可以分为自然的和其他人工的材料，如自然的材料：叶、根、果实，动物角、贝壳、骨，石头等；如人工材料：大大小小的各种包装盒子和纸筒、玻璃、塑料、布和高低结构的操作性材料如汽车、拼图等①。

有关研究证明，教师选择能够引发幼儿产生与主题相关的探究活动的低结构材料，或提供符合主题的辅助材料，使幼儿的区域活动与主题内容同步，这样可增强幼

①孙平燕，刘丹龙. 幼儿园环境设计与布置[M]. 西安：西北大学出版社，2014：19-20.

儿在区域游戏中的趣味性，深化幼儿在情境中的学习①。因此教师在区角的创设过程中，要紧扣教学内容，否则缺少相关教育内容的支撑，区角的材料只能成为幼儿手中的玩具，区角沦为各种材料的堆积地，而不能成为帮助幼儿获取知识经验的一个平台，不利于幼儿对教学活动内容的掌握，会降低教学活动的有效性，使区角的教育价值大打折扣，影响着幼儿身心的全面发展。

（二）区角是加强教学活动联系的场所

随着幼儿园课程改革的进展以及幼儿教育观念的转变，以前教师单纯负责传授知识、幼儿机械式死记硬背的教学方式逐渐被淘汰，而多类型教学活动相结合的教学方式渐渐被人们所认识。此外，在《幼儿园教育指导纲要（试行）》精神的指导下，多注重引导幼儿，让幼儿主动积极参与探索、发现，提倡让幼儿多想、多问、多动手，鼓励幼儿敢于质疑，已成为现在教学必须遵守的基本原则，而区角的存在让这些基本原则得以更好地贯彻。

1. 区角是加强集体教学活动与区域活动联系的场所

幼儿集体教学活动中，幼儿参与的程度、幼儿的积极性、幼儿的操作性等，早已成为评价一个集体教学活动是否科学、合理以及有效的标准了。然而，现在在集体教学活动中，常常可以看见有些幼儿心不在焉，对于教师的提问也不参与回答。究其缘由是个别幼儿生活经验比较缺乏，再加上由于集体教学活动本身的特点，导致教师很难照顾到每一名幼儿。而区角的出现，有效地改善了这种情况，教师有效提高区角中区域活动的质量，将有助于提高集体教学质量②。教师在《3～6岁儿童学习与发展指南》《幼儿园教育指导纲要（试行）》的指导下，按照主题教育、教学活动的目标，有目的地创设相对应的活动区，将学习目标和学习内容融合在区角的材料、环境中，使幼儿在区角进行区域活动时，通过对物体的反复操作，在区角环境的作用下，无形中获得集体教学活动所需的前期经验，同时增强了幼儿的学习兴趣，让幼儿在集体教学活动中能积极地提出自己的疑问以及参与幼儿之间的讨论，增强幼儿的活动参与度，使集体教学活动顺利有效地进行，同时让教学活动中以幼儿为主体的原则在集体活动中得到贯彻落实。

2. 区角是加强集体教学活动与个别活动联系的场所

每个幼儿的身心发展水平不同，理想的教育方式是能针对每一个幼儿做到因材施教，然而面对我国幼儿园普遍存在班额过大的问题，这显然是不可能的，也是不实际的。可是，幼儿园集体教学活动受自身组织形式所限，无法在进行集体教学活动时给幼儿过多的个别化教育，这就使个别幼儿在集体教学活动中达不到在已有经验的基础上得到发展的目标。

---

①吴景清. 浅析区域活动中低结构材料的投放策略[J]. 早期教育：教师版，2016(9)：49.

②陈佳艺. 幼儿园区角活动质量与儿童发展结果的关系研究[D]. 杭州：浙江师范大学，2015.

区角的出现，为个性化教育提供了一个教育的契机，也为教师最大化的因材施教提供了场所。教师不仅能够在区角中进一步对幼儿身心发展水平进行观察和评估，借此来制定和完善教学活动，还可以针对在集体教学活动、日常生活中某方面有困难的幼儿进行个别化教育。如有些幼儿由于前期经验缺乏，在集体教学活动中不能很好地融入课堂，教师在区角活动时有目的地多引导幼儿到相应的区角活动，使其前期经验得以丰富；再如当教师发现某幼儿有穿脱衣服困难的现象时，就可以引导幼儿多选择服装区，在同伴和教师的帮助下，利用区角可以快速提升幼儿穿脱衣服的能力等。

（三）区角是教学活动的延伸

1. 区角有利于知识的掌握和拓展

泰勒曾经说过："任何单一的学习都不可能对学习者产生非常深远的影响。"这就要求教师要为幼儿创造机会，使其能多角度、以多种方式来学习，让幼儿真正意义上地学会了所学的，而不是记住了所学的。而区角就为幼儿多样化的学习创造了条件，如在幼儿集体教学活动中学到的知识，通过反复操作区角中相关的材 料，使知识的学习得以延伸和发展，让幼儿对于所学的知识有了进一步的认识。

此外，区角还可以成为知识的迁移地和验证地，幼儿将所学到的知识在区角中进行尝试，不仅可以让幼儿巩固所学的知识，还能发挥幼儿学习的主动性，主动地去探索知识，让知识得以拓展。

2. 区角有利于能力的培养

幼儿的相关能力不是几节教学活动就能形成的，它需要一个长期的学习、练习的过程，而区角就是一个适合幼儿形成各方面能力的场所。区角具有情景性，一定程度还原了真实生活的情景，如角色扮演区的小超市，当幼儿身处其中时，就会很容易诱发幼儿的生活经验，激起幼儿的交流兴趣，从而提高幼儿的语言发展能力；区角还具有操作性，如建构区，幼儿在区角中通过摆弄各种材料，使小手肌肉群得到多样化的锻炼，从而提高幼儿的动手能力。

此外，区角环境是教师和幼儿共同创设的，身处区角的幼儿都可以欣赏并与同伴交流。在区角环境创设过程中，制作过程就是对幼儿进行行为熏陶与感染的过程，幼儿对环境的观察、欣赏与评价会潜移默化地提升幼儿的审美感受力和鉴赏力①。

3. 区角有利于幼儿内心的发展

环境是重要的教育资源和幼儿发展的条件，环境的直观性、稳定性可以对幼儿产生持续潜移默化的影响，对幼儿生理、心理的健康发展起着至关重要的作用，而区角作为幼儿活动室的主要组成部分，是幼儿日常活动和教学活动的主要场所，其对于幼儿心理的影响更是如此。俗话说，拥有好心情的人做事事半功倍，对于幼儿来说也是

---

①夏小芳.幼儿园班级环境创设有效性之研究[D].济南：山东师范大学，2014.

一样的。一个幼儿是否拥有愉悦的心情，会很大程度地影响教学活动的质量。据相关研究得出，幼儿愉悦的心情可以减少幼儿攻击性行为的发生次数，提高幼儿社会交往的频率，还能提高幼儿参与活动的比率，反之则不是①。区角是教师有目的地创设的，从区角的色彩、形象到材质，教师都会考虑其对幼儿心理的影响，从而努力打造一个积极向上的环境，使幼儿身处区角当中时，能保持愉悦的心情，进而更好地进行相关的活动。

五、区角与教学活动关系的现状与相关认识

随着素质教育在学前教育界的推广，各地幼儿园对自身的课程、教学方法、教师的素养等方面都进行了反思和探讨，而区角可以说是素质教育推进中引人关注程度最高的一个方面。现在，一个幼儿园是否拥有区角，除了是许多家长在为幼儿选择幼儿园时需要重点考虑的因素之外，区角还成为评价一个幼儿园是否合格的重要指标。为此，各地幼儿园纷纷效仿，大力倡导区角的创设，却没有开展相对应的区角知识学习，导致现在区角的有效使用程度一直不高。

在幼儿园中，教师仅仅把区角当做单纯的区域活动的场所，在集体教学活动中很少看到教师在教学过程中利用到区角。此外，在幼儿区域活动时，也很少见到教师会指导幼儿，据某老师说，这是孩子们自由玩耍的时间，无须教师的介入。这些在幼儿园出现的情景，暴露了有一部分教师对区角的认识还是比较狭隘的，没有认清区角教育价值和教育功能的多样性。区角不仅仅是幼儿自由活动的场所，它还是教学活动中重要的组成部分，可以为教师的个别化教育提供契机，还可以充当教学活动的媒介，不限于只在区域活动的时候才用到区角。此外，区域活动不等于完全自由的活动，要分清什么时候是幼儿自主游戏时间，什么时候教师要参与其中，区角的存在与教学活动是相辅相成、互为促进的关系。

综上所述，那么区角如何创设、如何使用就成为两大核心问题。现将目前的现状总结如下：

（一）区角的创设

1. 目标和对象不清

首先，区角作为活动区、室内环境的重要组成部分，其创设的目标是让幼儿身心得到更全面、健康的发展。幼儿喜欢“有用”的环境②，而现在的区角变成了教师自己专业技能的展示平台，教师使出浑身解数，力图把自己的技能在区角的创设上都能展示出来，甚至个别教师为了装饰而装饰，以致现在的区角表面上漂亮、花哨，却缺少了环境的文化内涵、教育意义以及实用价值。

---

①单玉霜. 浅析环境因素对幼儿心理健康发展的影响[J]. 甘肃教育，2014(23)：86-87.

②陈欢. 基于儿童视角的幼儿园物质环境质量研究［D]. 长春：东北师范大学，2015.

其次，忽视了区角的服务对象是幼儿，并不是成人，区角除了装饰作用外，更重要的是其具有的教育作用。一味地追求属于成人的漂亮，忽视了幼儿的需要和感受，甚至有些环境设计由于色彩和内容的不适，引起幼儿的认知或心理的不适。例如：某班级正在进行秋天主题教育活动，目的是让幼儿了解秋天的特点和与秋天这一季节有关的事物，教师却在区角创设中加入了春天气息特别浓重的燕子；有些教师为追求效率，在区角创设过程中，使用大量高结构性的材料和文字；个别教师还以自己的审美标准单方面来决定区角的颜色和图案。

2. 材料投放不当

区角材料投放不当主要有以下几点：材料单一，缺乏多样性；材料层次杂乱；高结构性材料多，低结构材料少；与教学活动内容相关的材料投放比例较低等。例如教师在开展某次以培养幼儿动手能力为目标的区域活动时，由于区角内低结构性材料少，大部分幼儿操作的是高结构性的材料，导致这次培养幼儿动手能力的教育目标不能有效实现，在笔者看来这次区域活动的开展是不成功的。

（二）区角的使用

1. 模式单一

教师对于区角的使用，大多局限于在区角中开展相应的区域活动，较少有教师主动打破各类教学活动之间的隔膜，将区角结合到相应的集体教学活动或个别活动中。如某次幼儿社会活动的目的是提高幼儿对超市买卖活动的认识，可是教师只采用了播放视频的形式，并没有结合当时角色扮演区的小超市进行现实模拟。

2. 更新不合理

现在的区角大多存在长期没有更新的现象，一个区角从完成后开始，几个月内其材料或环境都没有较大的变化，以至于有些区角从刚开始幼儿扎堆进去到后来只有零星幼儿进去。此外，区角材料和环境的更新随意性强，没有针对性，在更换材料时，没有注意到区角的更新是与教学活动内容、目标的变化和幼儿的身心发展水平相关的，导致区角的更新多流于形式，没有实质作用①。

六、改善区角与教学活动关系的策略

（一）提高对区角与教学活动关系的认识

首先，教师应该提高认识，知道区角不仅仅是一个开展区域活动的场所或幼儿游戏的地方，区角的教育价值是多方面的，教育功能也是多样的，区角与教学活动是相辅相成、紧密联系的。教师要对区域活动、集体教学活动、个别活动有一个比较深入

①陈丽玲．关于幼儿园区域活动设置与管理的几点思考[J]．中国校外教育：中旬刊，2011(6)：150．

的认识，知道它们各自的教学特点、优势与不足。其次，教师应该对各个区角及区角的内容十分熟悉，知道什么区角对应着什么样的教学目标，哪种材料对应着幼儿的哪种能力和知识的培养，要对它们所蕴含的教育价值做到心中有数。同时，在日常生活中，应该养成阅读学前教育有关文献和书籍的习惯，要关注幼儿教育方面的动态，不断补充和更新自己学前专业的有关知识。只有这样，教师才能更好地协调区角与教学活动的关系。如教师应该知道，集体教学活动是一种接受面广、效率高、幼儿快速掌握相关知识点的教学方式，但是这种教学活动存在着对幼儿个体差异关注不足的弊端，而通过结合区角，以及在区角开展相应的活动却可以进行弥补、补充。

（二）提高区角创设的能力

1. 教师应明确区角的创设目标和服务对象

教师要清楚地知道创设区角的目标是让幼儿身心得到更全面的发展，具体表现在教师将相关的教学目标融进区角的创设中，让幼儿在区角活动时，不知不觉地实现相关的教学目标。如生活区，其创设的主要目标是使幼儿通过对生活中事物的模仿性操作和练习，发展其编、系、扣、穿、夹等基本生活操作能力；如建构区，利用积木、易拉罐、纸盒等进行的建构游戏活动，培养幼儿的空间知觉，发展幼儿的空间想象力、动手操作及交流合作能力等。只有这样教师才能为幼儿提供丰富多彩的自由活动区域，为幼儿多种能力的培养提供场地，提高教学活动的有效性。

区角的服务对象是幼儿，教师在区角设计的时候要充分考虑到幼儿的学习和身心发展特点。幼儿的学习是从兴趣出发，对感兴趣的事物学习热情高，注意力集中的时间相对较长，经常是在无意中被有声有色、新奇的事物所吸引，然后通过直接接触去获得经验。另外，幼儿的学习还受环境的影响，尤其是心理的安全氛围，当幼儿觉得所处的环境安全时，幼儿的注意力和学习效果会更好。此外，3～6岁对孩子来说是一个发育的黄金时期，认识活动以具体形象性为主，开始向抽象逻辑性发展；心理活动以无意性为主，开始向有意性发展；生理机能也随着年龄的增长而逐渐发展①。

为此，教师不能使创设出来的区角超出所属年龄幼儿的认知和操作水平，避免在区角设计当中使用大量的文字；避免区角材料放的位置过高等。

2. 教师应正确投放区角材料

（1）材料的目标性和探究性

区角是在主题目标的指导下创设的，所以材料的投放应具有目标性，根据近阶段的主题目标和幼儿的活动需求及时投放活动材料。如在开展“纸的世界”主题活动时，教师在区角投放了海绵纸、瓦楞纸、硬板纸菜单、光面明信片、杂志书籍等不同纸

---

①李友明，李城．学前心理学［M］．北京：现代教育出版社，2015：27-32．

质，让幼儿通过对纸张的触摸和操作，获得不同纸张直接的感受和体验，并且在幼儿对纸张进行折纸等活动时，达到促进其社会性发展的目的。

此外，要注意所投放的材料是否具有探究性，探究性的材料能引发幼儿动手、动脑，支持幼儿与活动环境的积极互动，引导幼儿根据自己的兴趣爱好对客观事物进行动手操作和动脑思考。例如：在建构区中投放门、轮子、窗口等积木块，让幼儿自己拼装出汽车等。

（2）材料的针对性和层次性

教师应根据不同年龄段幼儿的身心特点投放不同层次的活动材料。总体上说：小班幼儿对材料的需求与其生活经验密切相关，他们对材料的形状、色彩有较高的要求，因此教师可为小班幼儿提供种类少但数量稍多，色彩亮丽、形象逼真的主题材料，供他们开展平行游戏；中班幼儿不仅喜欢各种主题材料，对多样化的智力材料也感兴趣，因此给中班幼儿选择材料的范围可扩大；大班幼儿对各类材料都感兴趣，且在体力和智力上有更大的发展，因此教师可根据游戏情节发展的需要有目的地选择多样化、复杂化、富有挑战性的材料。

合理的区角的一大优势就是，不同水平的幼儿在区角都能找到相适应的活动材料，因此教师在投放材料的时候要注意材料的层次性。教师可以在同一个活动区提供原材料、半成品和成品，如在益智区提供制作时钟的纸张、画好表盘的纸张和已经做好的成品等。

（三）加强对区角的运用和管理能力

1. 教师应在实践中锻炼和总结

能力的培养单纯依靠知识的学习是不够的，只有通过实践才能更好地锻炼出相应的能力。教师可以把自己对区角与教学活动相关的整合想法提出来，教师之间相互探讨，然后在某个班进行实践尝试，实践后，每个老师发表自己的看法和建议，修改后，继续实践，如此反复进行。通过这种“探讨—尝试—建议—修改—实践”模式，可以快速提高教师处理教学活动与区角关系的能力，推动幼儿园在区角与教学活动这方面整合水平的提高。

2. 教师应有针对性地更新区角

首先，教师要了解本班幼儿的情况，知道幼儿处于怎样的发展水平；知道幼儿处于什么年龄阶段，该年龄阶段的幼儿的身心发展特点是什么，喜爱什么样的东西，对什么东西感兴趣。

其次，教师要对本学期的教学任务和教学目的有清晰的认识，知道各个学习时段的侧重点在哪里，对区角的材料、环境、色彩和分布等进行适量的变动。比如，这个月的主题是加深幼儿对秋天的认识，那么教师在区角材料投放的时候，就应该侧重地多投放一点与秋天这个季节相关的材料;在环境创设上多选择秋天的典型形象;颜色上也可以多倾向于本地区秋天时的颜色。值得一提的是,如果主题变动较大,教师要不怕辛苦,及时更换或撤掉个别主题特点特别鲜明的材料,以免出现教学活动内容与区角不相关的情况,影响幼儿对教学活动内容的掌握。

幼儿园教学内容和教育资源的整合一直都是幼儿园关注的重点,区角作为幼儿园重要的教育资源,也是幼儿在园时接触较多的地方,有着其独有的特点和教育价值,而教学活动是幼儿园重要的教育活动形式之一,是幼儿获取知识,培养相关能力的重要途径。因此,对区角和教学活动的整合进行相关的研究,能有效提高幼儿园的教育整合水平,有利于幼儿身心的全面发展。本次研究,笔者尝试通过将区角与教学活动作为一个整体,从研究它们之间的关系入手,探讨区角与教学活动的关系及现状,分析造成该现状的原因,提出可能解决现存影响区角与教学活动良好关系的建议,借此来提高教师对区角教育功能的认识以及整合区角与教学活动的能力,提高区角的利用率,丰富幼儿园整合教育的研究领域。

第四章　学前教育各领域的创新实践

第一节　幼教机构“奥尔夫热”的冷思考

奥尔夫音乐教学法作为我国儿童教育领域流行且较普遍的教学法，受到广大幼儿园和教育机构的热捧，但奥尔夫儿童音乐教育理念是深深根植于日耳曼民族的本土文化中的，我国的教育机构在引进的同时，因目的不明、改革不当，甚至“原样拿来”，而造成机械式模仿教学，使“奥尔夫热”出现异化的现象，变成教育领域里一个异化的神话。“奥尔夫热”这个异化的神话背后所体现的本质是一种集体意识和集体表象，而本文所运用的“神话学”符号分析理论正是对异化现象进行本质分析的一种机制，其社会集体性的固有特征正与“奥尔夫热”的集体意识和集体表象相吻合，所以，出现“奥尔夫热”这个异化的神话，用“神话学”来分析，可谓天造地设。

一、幼教机构“奥尔夫热”现象的疑惑

当今很多开办奥尔夫音乐教学法的幼儿园或幼教机构，在开办目的上存在一定问题，是哗众取宠的噱头？是用来装点门面作为创收的一种手段？还是深切为儿童思考而进行改革的新模式？这个本质问题导致了教学实施的本质差异，即是否会在引进和扬弃上出现浅表化。

如今热切地把自己的子女送进有开设奥尔夫音乐课程的机构里学习的父母，是听闻奥尔夫内容如何之丰富模式如何之创新才趋之若鹜的？还是真正了解自己子女的特点和需要，了解有开设奥尔夫音乐课程的机构的具体教学实施状况，才慎重做出选择的？这种潜藏的意识形态成为“奥尔夫热”有力的助推之手，也在一定程度上成为奥尔夫异化的助推之手。因此，本文旨在用冷思考的方式，结合“神话学”探究“奥尔夫热”背后的本质，理性分析“奥尔夫热”这种现象，从而平和真诚地看待它，为回归奥尔夫音乐教学法的本真提供正确导向。

然而，如何揭示“奥尔夫热”异化的表象与内在的本真是本研究首先面临的难题。对该研究笔者主要采用了文献分析法、访谈法和问卷调查法。其中文献分析法主要是根据所研究的内容，通过中国知网和图书查阅了相关资料，并做好读书笔记，以供论文撰写的需要；在访谈法中，访谈的对象是开设奥尔夫音乐课程幼教机构的音乐授课老师，访谈的方式是面对面访谈，访谈的过程大概如下：①根据访谈目的，制定访谈提纲；②致电访谈对象，确定访谈时间和地点；③访谈结束，整理访谈资料。

在问卷调查法中，编制并发放调查问卷，包括纸质问卷和电子问卷。其中于佛山

市三水区西南镇某早教机构和亲子乐园发放纸质问卷40份，有效回收40份；于网络发放电子问卷若干份，有效回收30份。本次调查问卷的对象是家长，调查主要是针对家长对孩子的特殊期望。问卷调查的过程如下：①设计问卷。根据问卷因子设计调查问卷，包括家长的基本情况、家长对孩子受教育的了解、家长的教育态度倾向、家长对孩子的教育要求。②问卷场地和对象选择。选择调查场地和对象前，笔者先到有关教育机构和亲子乐园进行了解，其中早教机构和亲子乐园主要包括0～6岁年龄段的儿童，确定了主体的年龄段是相符合的；之后，笔者又了解到周末是家长在早教机构和亲子乐园活动最活跃的时间段，确定了调查的时间和确保调查对象数量的稳定性。③问卷的填写。对家长进行询问并派发40份调查问卷，问卷皆是单项选择，家长只需在其选项上打钩即可。因为是一己之力，所以派发一份回收一份，因此回收问卷也是40份。④问卷的回收与整理。根据回收的有效问卷，分析数据结果。

最后，根据对奥尔夫音乐课程的访谈和对家长的调查问卷的数据分析，再结合通过中国知网和图书馆所查阅的文献，完成对“奥尔夫热”这一现象的粗浅的研究。

二、“奥尔夫热”神话是一种言说方式

奥尔夫是德国著名的音乐教育家卡尔·奥尔夫先生的姓氏，奥尔夫音乐教学法则是由奥尔夫所创建。这是一个独特的综合性音乐教育体系，集诗、舞、乐、戏剧为一体，重点是节奏学习[①]。“音乐始自人自身”是奥尔夫音乐教育思想的立论点，即强调通过儿童自己即兴演奏来设计自己的音乐，表现得好与不好，不是目标，音乐教育的首要任务是启发和提升这种本能的表现力。因此，音乐的主动权回归到儿童手中，儿童不再是音乐创作里被动的听众，而是积极的参与者。奥尔夫这种冲击传统音乐教学的新体系，以反传统的方法和观念，在世界儿童教育改革的大潮中，被许多国家和地区不断引进、改革，并设立相关教学机构和教师培训机构。与此同时，在我国，随着奥尔夫的本土化发展，它不再囿于一种教育体系，而是代表了一种理念、一股教育热潮。

1. 什么是言说方式

罗兰·巴特是法国著名的文学评论家，他在其早期作品《神话学》中开创了文化批评。巴特认为，神话是人们创建出来的，以前是神和史诗，现在是明星和广告人充斥的消费社会，而巴特的计划，就是破解神话，他认为“神话是一种言说方式”，在他的《神话修辞术》一书中[②]，讨论了电影里的演员、有深度的广告，甚至只是一张令人震惊的照片，在他看来“世上每一物都可从封闭而缄默的存在转变为适合社会自由利用的言说状态，因为无论是否合乎情理，任何法律都不禁止谈论种种事物”。因此，“奥尔夫”神话是一种有规则可循的言说方式。它作为一个炙手可热的追捧对象，对于儿

---

①王丽新.奥尔夫音乐教学法的本土化研究[D].长春：东北师范大学，2008.

②罗兰·巴特.神话修辞术：批判与真实[M].屠友祥，温晋仪，译.上海：上海人民出版社，2009.

童的健康成长而言，它摆出的是一副家长们所期盼的姿势，精准地掷中了家长们的期待。

2. “奥尔夫热”这种言说方式在现实中的反映

这股“奥尔夫热”似乎处处泛着明澈的光亮，对于幼儿园和幼教机构来说，这是一面很闪亮的旗帜，这面旗帜的宣言，就代表着先进的教育理念、新颖有趣的教学方式、优秀出色的教师素质，以让家长们听到、让家长们选择；对于教师而言，经过专门的奥尔夫音乐课程的培训，再授以教学，是一件增加自己职业的含金量，以便在职场或在家长面前增强说服力的事，而这已渐渐成为教师们所怀有的一种情愫符号①。“奥尔夫”所驰骋的地方，无不弥漫着“深层的理念”“优秀”的教育，这些让外观者得以满足的符号，正理所当然地吸引着家长们的目光。在家长们看来，奥尔夫音乐教学法不再从表面来教学，而是从儿童的隐蔽潜能之处去启发，儿童可以受到家长们所期待的心灵的教育、原始的教育。至于所开展的奥尔夫深层之内要渗透并改变的实体教学，家长们则不明确，因为机构不明确。“奥尔夫热”所承载的，是来自各方面，或功利，或殷切期盼的“神话”，持久地存在消费社会中。

三、“奥尔夫热”神话的直接意指和含蓄意指

罗兰·巴特说：“意指作用就是神话本身”，破解神话，就是破译语言符号的直接意指和含蓄意指，可想而知，符号的直接意指和含蓄意指是神话学的核心概念②。直接意指是符号直接表明的意义，已经被勾勒出来的意义，也是人们最先接触感知的概念，我们可以理解为传播层。而含蓄意指则是符号所隐匿的意义，潜藏在现象的背后，似乎不在场，却又真实地发挥其使人正视的特性，我们可以理解为象征层。弗洛伊德认为行为的潜在意义扭曲了其显在意义，在罗兰·巴特看来，神话与这一理论相同，语言符号在发挥作用的时候，受到含蓄意指背后的意识形态的影响，形成了含蓄意指对直接意指的扭曲和蒙蔽，从而使现象异化成神话，也使人们自觉受到这种意识的驱使，去追逐神话。

1. “奥尔夫热”神话的直接意指

“奥尔夫热”这一语言符号直接意指的也是显而易见的——从奥尔夫到与奥尔夫有关的，即从奥尔夫本人所创建的教育理念到一切与奥尔夫音乐教育法有关的教育机构、教育者、教育工具，都被纳入了“奥尔夫热”的热潮中，共同作用着，生生不息③。

然而，奥尔夫音乐教育法有其自身难以避免的局限性。奥尔夫最开始的教学实验班，会按其要求进行训练，从而进行示范课程表演，而这呈现出来的，是已经带有机

---

①吴静慧. 浅谈现代幼儿音乐教育中奥尔夫音乐教学法的生命力[D]. 呼和浩特：内蒙古师范大学，2008.

②韩吟. “蒙台梭利”神话的批判与真实——基于罗兰·巴特“神话学”符号分析理念[J]. 中国教育学刊，2016(1)：18-22.

③于雪琴. “奥尔夫”的弦外之音[J]. 现代特殊教育，2011(3)：36-37.

械性质的示范课程，对于引进者而言，难以真正体会其原始课堂，更难以真正运用和操控这种原始课堂。加之，奥尔夫强调即兴性、创造性，这意味着奥尔夫弄不好就会变成“闹尔夫”。这些都加剧了其在我国本土化过程的艰巨性，使一切与奥尔夫有关的教育机构、教育者、教育工具等，都蒙上了一层似真似假的面纱，而这使“奥尔夫热”这一符号背后的含蓄意指变得复杂。

2. “奥尔夫热”神话的含蓄意指

“奥尔夫热”相当于一张镂空的网，“与奥尔夫有关”的一切都可以轻易地渗透进去，充斥其中，并与教育实践相关联。这样，“奥尔夫热”这一神话就处于社会的各种关系中，并经由某种心理状态呈现出来，这“某种心理状态”则是最关键的隐匿部分。如何隐匿？它潜藏在“与奥尔夫有关”的丰富意义中，使其受到这“某种心理状态”的影响，甚至支配。而这“某种心理状态”其实是一种工具理性，是为实现奥尔夫是个优秀教育的标签而服务的行为动机。

所谓工具理性，就是通过最有效的手段追求事物最大的功效，是一种以工具崇拜和技术主义为生存目标的价值观，所以简言之，工具理性是为实现人的功利而服务的。所以人们选择奥尔夫教育，更多时候关注的不是奥尔夫教育本身的价值，而是选择奥尔夫教育这个行为，是否能成为最有效的教育手段。这样，奥尔夫在被拿来运用时，含蓄意指作用会掩埋奥尔夫教育本身的价值，也就是真实意指，留下的是随时供市场召唤的皮囊。

四、“奥尔夫热”神话的三维解码

奥尔夫音乐教学法在我国从引进到发展经历了一段蜕变的过程，它是如何在我国落地生根，到枝繁叶茂，最后异变成神话的呢？我们将通过三维解码来褪去“奥尔夫热”神话的外衣。

（一）“奥尔夫热”神话的起源：“与奥尔夫有关”局限性的正当化

本文对“与奥尔夫有关”的教育机构进行了深层访谈，对他们开设奥尔夫教学法的目的、教学实施状况等进行了一定的了解，发现正如文献里所说的，有需要质疑的地方。但是在对家长们进行的调查问卷中我们发现，家长们似乎对奥尔夫这一类在市场上表现优异的教学法进行了集体免疫，过高的期望抵消了奥尔夫局限性的质疑之声，于是，奥尔夫教育众望所归地推向实践、推向市场。

在我国，最早引进奥尔夫音乐教学法的是著名学者廖乃雄教授，在改革开放初期，奥尔夫音乐教学法的引进犹如一道曙光，照亮了我国灰暗的学校音乐教育，也引发了音乐教育界的共鸣①。因为从鸦片战争到民国时期，再从新中国成立到改革开放，我国音乐教育的道路一直坎坷难行，导致其甚少与国际先进音乐教育理念接轨，

①翟姣．奥尔夫音乐教学法在幼儿音乐教育中的应用探索[D]．昆明：云南大学，2015．

在科学的教学研究方面没有突破、停滞不前。而廖乃雄教授看到了这个现状，在1979年赴当时音乐教育强国的德国考察的时候，拜访了当时还健在的奥尔夫先生，并有幸参观了奥尔夫学院，而这正是中国奥尔夫音乐教学历史上很重要的一笔，因为看到这种先进教育理念与强大生命力音乐法的廖乃雄教授，在1980年回国时就开始致力于引进和传播奥尔夫音乐教学法。之后，大量的奥尔夫音乐教材被传播、翻译、编写，有关的教学宣讲、培训机构乃至真正运用奥尔夫音乐教学法的教学机构如雨后春笋般遍布全国，最终中国成立奥尔夫学会。经过第一个十年的了解阶段，第二个十年的吸收消化阶段，以及第三个十年的大力发展阶段，"奥尔夫热"开启了它的神话模式，使我国音乐教育很快卷入"奥尔夫热"的潮流中。

那么，如何破解"奥尔夫热"的神话呢？如何正视"与奥尔夫有关"的局限性呢？其实在实践奥尔夫音乐法的教学过程中，有很多教育机构和授教者都已略感到吃力，因为他们最初感兴趣的是奥尔夫新颖的课堂形式，引进的也只是课堂形式，于是在教学过程中失去了主动性，达不到理想的效果。就算有教育者意识到这个问题，想通过用奥尔夫游戏来套自己上课的内容来重新取得主动权，但发现，奥尔夫在这种情况下，更容易变成"闹尔夫"[①]。究其原因，不是对"奥尔夫"本身的质疑局限了教学，而是"与奥尔夫有关"的教学者把"奥尔夫"在我国运用的局限性正当化了，也就是在本土化的过程中，没有运用好本土文化。面对这个难题，首先得"承认"；其次是认识到奥尔夫在我国本土化过程中，会因文化差异存在阻力和弊端，因此得"谨而慎之"，即开办机构要明确自己开办奥尔夫的目的，因为开办目的这个本质问题会导致开办成效的本质差异，即明确是真正从儿童教育角度出发，还是哗众取宠用来装点门面；最后，要"取其精华，去其糟粕"，即"为我所用"。

事实上，人们不难意识到这种层层递进渗透式的取用模式，但实际付出行动者寥寥无几，"与奥尔夫有关"的教育机构最擅长的就是不断地强调自己的奥尔夫教育多么新颖又切实可行，仿佛这样就与奥尔夫的局限性划清了界限，正如罗兰・巴特所说的"正是对某种行为的重复、强调，才泄露了它的意图"。这种自觉的"划清界限"的行为，提高了社会大众对其的认可度，满足了"奥尔夫"作为优秀教育的要求，于是，在"与奥尔夫有关"的优秀性成为自然状态那一刻起，"奥尔夫热"的神话便开始运转，那些自身没有什么实质，却从神话中借取意义的教育机构便应运而生。

（二）"奥尔夫热"神话的表象：其教具和教法的广泛性与形式化应用

人们对奥尔夫教学法最初的关注来自其独特新颖的课堂教学法，以及课堂上所运用的多种教具，这些尊重原始性教学的教具和教法，在我国具诸多乐器的音乐课堂上展现了其作为"舶来之物"的异彩，因此，奥尔夫教学法在我国传播并盛行的除了其教育理念外，还有其教具教法的运用[②]。在奥尔夫本人看来，心中的喜悦，是儿童成

①张卫民.奥尔夫儿童音乐教育异化现象点击[J].学前教育研究，2005(9)：48-49.

②柴丽沙.奥尔夫音乐教学法在我国推广中的得与失探析[D].昆明：云南师范大学，2015.

长最重要的因素，而唱歌、跳舞、奏乐是启发儿童智慧、满足儿童喜悦感的一种重要源泉。而在此信念下所创造的教具和构建的教法，自然地被认为是创造儿童心中喜悦的教学而备受期待。而根据文献和访谈，我们得知有关奥尔夫的教学在运用其教具教法时，都带有一套标准化操作，于是就引发了疑问，是不是只要满足这套严谨、有步骤的标准化操作，就可以将自身宣示为奥尔夫教学，就可以在标准的教具教法的表面之下掩盖其真实的教育质量？

而现实中，奥尔夫教学因其教具教法标准化操作的广泛性而显示出的“科学性”，以一副放之四海皆准的姿势，在儿童教育市场里被不断地选择。人们以为看到了奥尔夫教学的本质，却不知是被其教具教法的明显长处牵着鼻子走，奥尔夫教具教法的标准化性质替代了其本质动机，让人们以为奥尔夫教具教法就等同于奥尔夫教学法①。如此表象，虽然安抚了大众，但标准化操作的教具教法却成为人们选择儿童教育的精神性符号，掩盖了奥尔夫本人创建此教育模式时的初衷，以及“与奥尔夫有关”的丰富意义的异化。而这，极易让人们产生误解，似乎只要“掌握”奥尔夫教学法的教师都是值得信赖的好教师，只要配置了奥尔夫教学设备的机构就是先进的机构。其结果只能是，奥尔夫教学的实践渐趋形式化，即重操作轻效果。

（三）“奥尔夫热”神话的催化剂：家长对孩子的特殊期望引起的教育方式的工具化诉求

期望，是指人们对某种东西提前勾画出的一种标准，达到了这个标准就是达到了期望值。而家长对孩子的特殊期望，是家长根据自身的社会经历和情感要求，寄托在孩子身上的一种成才的基本构想，也是亘古不变的引起社会足够关注度的一个永恒话题。如今，随着社会竞争越来越激烈，家长们对孩子将来的经济成就和社会地位的期望也越来越高，因此在当前这个社会，什么能第一时间安抚这股躁动呢？家长们把目光搜索般地投向了教育。

根据调查显示，有61%的家长都非常期望自己的孩子能有一个对各种压力都应付自如的美好未来，剩下的39%则是顺其自然（见图4－1）。但无论是非常期望，还是顺其自然，家长们都无一例外地认为，教育是通向这条康庄大道的首要手段。而今天的儿童父母，大多是年轻时奋斗的一代，是20世纪80年代以后在祖国变迁时期迅速崛起的一代，他们在感受时代新鲜气息的同时，也饱受变迁带来的竞争苦楚，这份独特的经历，使他们在儿童教育上不同于上一辈的教育思想和方式，也寄予了更热切的期盼，而这都使他们肩上的责任越来越大，于是避免不了地出现了家长以工具化的态度盲目选择儿童的教育方式。

此外，家长们内部此起彼伏的教育声张，让本身并不迫切的家长感觉到危机，让原本就热切的家长更加心急，似乎在如此竞争的21世纪，不想孩子“成才”的家长都

---

①翟姣.奥尔夫音乐教学法在幼儿音乐教育中的应用探索[D].昆明：云南大学，2015.

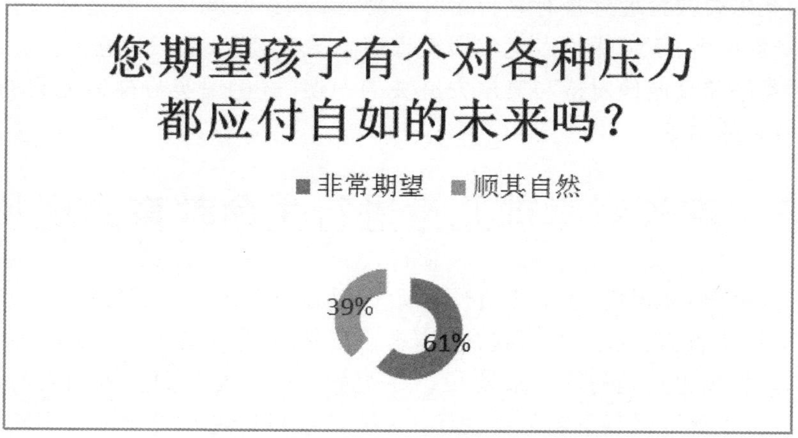

图 4－1 家长期望调查

不是好家长，于是“盲从”很好地从中调和了这股躁动，为了不使自己的孩子掉队输在起跑线上，家长们很是青睐市场上表现优异的教育形式，而这会影响正在犹豫或已经做好决定的家长，迫使他们加入其中，于是，一浪推一浪地形成了一股教育热潮，淹没了教育内容的本质，汹涌的更多是其使用价值。而现实中，奥尔夫教学法确实在儿童教育市场上有一定的影响力，并在这股热潮中形成了“奥尔夫热”的神话，家长们的工具化诉求意识为“奥尔夫热”的事实提供了难以察觉、堕落的生存养料，而“奥尔夫热”的事实加速了家长们对教育选择的盲从，如此意识和事实的契合，让消费者们难以抵抗，最终将“奥尔夫热”的神话当成自然状态而去接受。

五、平和真诚地对待“奥尔夫热”，为回归其本真提供正确导向

由上可得，“奥尔夫热”是一个带有隐性劫掠的神话，即“优秀儿童教育”这个标签对“与奥尔夫有关”的隐性劫掠。具体表现在人们对其进行选择时会固化其字面意思，强调其绣花表面，从而造成与奥尔夫有关的丰富内涵的异化。神话在此并没有隐匿“与奥尔夫有关”，因为倘若是隐匿了，就不可能产生效应，而是在工具理性的支配下被看做是朴素自然的言说方式，把奥尔夫的历史和真实以自然化却表面化的面貌呈现出来，形成一种利用和倒转，使人们不得不正视奥尔夫的“优秀”。

其实，奥尔夫本人一直对中国文化怀有一种神秘的钟情，所以才在其高龄时依旧接受来自中国廖乃雄教授的拜见。奥尔夫认为他的教育理念跟中国古代的“乐教”思想是相通的，中国幼龄学习者更应立足于中国几千年的古老传统文化，通过“即兴、演奏、创作”让本土文化的魅力重焕光彩。他的这股思想，是在警醒我们引进奥尔夫教育的初心，纠正我们开办奥尔夫教育的目的，不仅是他，我们都希望能让奥尔夫的外衣尽数褪尽，留下奥尔夫的真正灵魂——本土化的儿童教育。

可见,奥尔夫教育理念是有其特定文化背景的,我们既要了解这种文化背景,更要理解自身的束缚,不一味地做奥尔夫教育理念的布道者,也不肆意更改奥尔夫教育的特征,而是平和真诚地对待与奥尔夫有关的一切,避免现实与神话之间的背离,回归奥尔夫教育的本真。

第二节　家长对学前儿童进行生命教育的现状研究

早在 20 世纪 60 年代,生命教育便开始在西方国家出现,经过几十年的发展,已形成了一个较系统、较规范的生命教育体系。在我国,生命教育在 20 世纪八九十年代才出现,到如今也只是初步发展阶段。在生命教育日益受到重视的同时 ,学前儿童的生命教育也逐渐受到学者们的关注。一些学者呼吁要重视学前教育阶段的生命教育,认为生命教育是幼儿教育不可或缺的部分。他们认为,幼儿需要身体的关心、心理的呵护,更需要生命的关爱和尊重。近年来,儿童的生命教育以及以生命教育为内容的死亡教育,都受到教育界越来越多的关注。美国在 20 世纪 50 年代就认识到死亡教育的重要性,之后开始在学校推广并逐渐普及,日本和欧洲一些国家也早已有死亡教育的相关研究。[①] 在我国,死亡教育作为生命教育的一个重要内容,近年也得到了研究者的重视。华东师范大学的一些研究人员与英国慈善机构——儿童好拍档(Partnership for Children)及香港教育学院合作,在汇丰银行慈善基金的资助下,把已在多个国家获得较大成功的系统化幼儿心理健康教育课程——“比比和朋友”(Zippy's Friends) 引入上海部分幼儿园,在幼儿园大班开展死亡教育实践,并取得了较好的效果。[②] 由于受中国传统文化的影响,关于重视、珍爱生命的教育在学前教育机构有一定的渗透,但死亡教育在学前教育机构开展极少,家庭教育中则更少。

一、为何要开展死亡教育

由于在 0～6 岁这个特殊的阶段,儿童的逻辑思维能力尚未得到充分发展,语言表达能力比较有限,容易使成人产生一种错觉,即相对成人来说,此阶段的儿童是无知的或理解力不足的,无法与之交流诸如“生命”之类的话题,而死亡教育则是一个过于沉重的话题。幼儿一般从四五岁开始对死亡产生好奇与疑问,在这一阶段如果得不到父母、老师的正确教导,极容易被笼罩在死亡的阴影之下,或在一些媒介的影响下产生错误或片面的死亡认识。而不正确的死亡观念会影响孩子的心理健康,如恐惧、焦虑、畏缩等。死亡教育是幼儿园生命教育的重要内容之一,它对于消除幼儿面对死亡时的恐惧心理、获得安全感、形成正确的死亡观具有重要作用。同时,正确、恰当的死亡教育对儿童的人格形成、情绪情感发展以及认知、社会性的发展具有深远的

①孙静妍,梁霄,韩映虹.学前儿童生命认知现状研究[J].天津师范大学学报:社会科学版,2011(2):71-76.
②张娜娜.我国幼儿园死亡教育研究述评及反思[J].安康学院学报,2013,25(5):124-126.

影响。学前期儿童的死亡教育与其他年龄阶段的死亡教育相比具有其特殊性。学前期儿童的知识结构简单，辨别是非能力差，对客观事物的感知觉处于发展初期，是获得死亡概念，形成正确死亡观的关键时期。因此，有必要在学前教育机构和家庭教育中积极推进以死亡教育为内容的生命教育。

二、生命教育与死亡教育内涵的分析

(一) 生命教育

生命教育是一种生活教育，生活是生命成长、发展的基础，它既提供生命成长的营养，也决定生命发展的方向和样态。生命教育是一种全人教育，包括身心健全成长以及德、智、体、美的平衡发展，在观察与分享生老病死的感受过程中，通过“知、情、意、行”的整合，体会生命教育的意义与存在的价值，最终达到“认识生命、欣赏生命、尊重生命、爱惜生命”的目的。全人教育包括自然生命的教育、精神生命的教育和社会生命的教育。①

生命教育是一种精神道德教育，生命教育作为教育的存在状态，以呵护人之自然生命、完善人之社会生命、涵养人之精神生命为价值追求。②

台湾学者张振成认为，生命教育的内涵包含三个向度：生物自然界的生命现象；社会文化的生活中实现自我；精神心灵中珍爱生命，发扬善性。可以说，生命教育含义较广，既包含珍视并保护自然界万物生命的生存和发展，又包含社会个体的身心健康与成长。

(二) 死亡教育

研究者们一致认为应该把死亡教育作为现实问题加以认识和感知，使人们明白死亡的内涵，真正体会到活着也是一种责任，学会放松和安慰自己，正确面对困难与挫折，并对未来充满希望，从而激发对生活的热爱之情，珍惜生命。生命教育包含着死亡教育。就本书而言，生命教育是关于如何看待和认识死亡的教育。死亡教育的主要内容包括：向人们传递相关的科学的死亡知识，帮助人们正确认识自己与他人之死，理解死亡是人类生命过程中不可避免的环节，从而帮助人们树立正确的生命观；帮助人们减轻对死亡的恐惧与不安，帮助人们学会坦然面对死亡事件；使人们思索各种死亡问题，思考死亡与人生的联系，探索与学习死亡问题对人们造成的心理影响，为处理自我或他人的死亡问题做好准备。③

---

①王云峰，冯维. 论幼儿生命教育的可行性及实现途径[J]. 幼儿教育：教育科学版，2006(6)：11-15.

②肖川，陈黎明. 生命教育：内涵与旨趣[J]. 湖南师范大学教育科学学报，2013，12(4)：30-36.

③邹宇华. 死亡教育[M]. 广州：广东人民出版社，2008：15-17.

三、学前儿童家庭死亡教育现状

为了解学前儿童家庭对幼儿进行死亡教育的实际情况，我们对广州南沙区的某幼儿园的家长进行了调查与访问。

（一）研究对象的选取与研究问卷的设计

在广州市南沙区万顷沙镇的某间幼儿园发放180份问卷，回收149份，有效问卷为147份；调查的对象为广州市南沙区万顷沙镇的180名3～6岁学前儿童的家长，根据学前儿童的年龄，问卷分大班、中班、小班三个层次进行。问卷内容包括：①学前儿童家长的基本信息，如家长与学前儿童的关系、家长的文化程度、家长的性别、家长的年龄。②学前儿童的生活经历。③家长对学前儿童进行生命教育的基本情况。④家长自身的生命态度等。在进行调查前，我们先到进行调查的幼儿园向相关老师了解有关学前儿童家长的基本情况，如家长的脾性（了解是否有特别敏感、禁忌的方面）、亲子关系等，了解家长对问卷调查的态度，从而判断家长是否愿意配合本次的问卷调查，进而确定调查对象。然后依据相关文献的问卷进行改编，设置合适的问卷。接着在所调查幼儿园老师的协助下，发放并回收问卷。最后整理问卷，对有意义的信息进行收集、分析。

为进一步深入了解，我们还对广州市南沙区万顷沙镇某某幼儿园的三名家长进行了访谈。

（二）家长与学前儿童的基本情况

1. 家长的基本情况

对家长的调查显示，学前儿童的主要抚养人90%以上是自己的父母，超过90%的抚养人是年龄在20～40岁的青壮年人群，只有10%以下的是中年人群。由祖父母或其他人抚养的留守儿童并不多。85%以上的主要抚养人的文化程度在高中或以上，其中约45%的主要抚养人接受过高等教育。

对家长生命态度的调查主要考察了家长对死亡的态度、对死亡的惧怕程度以及对死亡是否具有比较科学的认识。调查显示，70%的被调查者表示很害怕死亡，20%的被调查者表示一般害怕，10%的被调查者表示不害怕，大多数被调查者很恐惧死亡。有一部分家长连想关于死亡的事情都会感到焦虑不安，多数家长都避免去想死亡问题，由此可知，我们大多数人对待死亡还是不够理性。

在对死亡的认识上，约83%的被调查者认为死亡是自然的，而且是不可避免的。大部分家长认为死亡是生命过程中的一部分，对死亡有着较正确的认识，知道死亡是人生必经的历程，是不可避免和自然的。虽然家长都知道死亡是不可避免的，但还是会恐惧死亡的到来。

访谈结果也证实了家长对死亡的恐惧。对“在实施死亡教育过程中最大的困难是什么？”这一问题，3名接受访谈的家长中有2名表示最大的困难是自身很害怕死亡，没有办法理性对待，更不知道如何对学前儿童进行死亡的生命教育。

2. 学前儿童的基本情况

为了解不同年龄学前儿童的生命认知发展情况，我们分别对大班、中班、小班的学前儿童情况进行调查。对学前儿童死亡概念的发展情况、与死亡相关的生活经历及影响进行了调查。结果表明，接受调查的40%的学前儿童都经历过死亡相关事件。有32%的小班学前儿童、47%的中班学前儿童、77%的大班学前儿童问过家长与死亡相关的问题，学前儿童问死亡相关问题的比例随着年龄的增长而增长。75%的学前儿童在经历死亡相关事情后会提问与死亡相关的问题，这表明相关的死亡事件对学前儿童在对死亡概念的认知上有较大影响。有些儿童在经历死亡事件后晚上常被噩梦惊醒，无法排遣因死亡产生的情绪。

外国学者 Maria Nagy 将儿童对死亡的看法分为三个阶段：①

第一个阶段是3～5岁，处于这个阶段的学前儿童认为死亡是暂时且可逆转的；第二个阶段是5～9岁，处于这个阶段的学前儿童认为死亡是生命的永恒终结，但不认为死亡是不可避免的；第三个阶段是9～10岁，处于这个阶段的儿童对死亡会有较科学的看法，他们知道死亡是生命必经的过程，每个人都会死，自己也会死。由此可知3～6岁的学前儿童对死亡的认知存在许多误区，加之现在动画片、童话、故事中有许多夸张、不真实的因素，如人可以死而复生、长命百岁等，如果家长不进行科学的教育，就会导致悲剧的发生，例如在2010年，8岁的小勇（化名）听到神话故事死而复生的情节后，和弟弟玩起了“上吊游戏”，在玩第四次时被绳子套住了脖子，窒息了两三分钟，生命垂危。② 其实类似的新闻并不少见，这些悲剧的发生归根到底是因为学前儿童没有得到科学的生命教育。

（三）家长对学前儿童进行生命教育的现状

通过对学前儿童家长进行生命教育的现状调查发现，在教育过程中主要存在三个方面的问题：一是对生命教育的意义缺乏了解；二是不能科学地开展死亡教育；三是缺乏指导。

1. 对生命教育的意义缺乏了解

一方面，大部分学前儿童家长认为生命教育是关于学前儿童出生的教育，是保护生命的安全教育，是教会学前儿童热爱生活、珍惜生命的教育；另一方面，大部分家长受中国传统文化的影响，认为死亡教育是一个沉重而敏感的话题，对学前儿童并无益处，相反可能还会给儿童带来阴影，因而并不主张对学前儿童开展死亡教育。教育最根本的目标和任务首先是培养身心健全的人，身心健全的人首先必须具有良好的情感素质。幼儿期是萌发各种情感的重要时期。近年来脑科学专家研究指出，10～18个月的婴幼儿是前额叶与边缘系统之间神经连接迅速形成的时期，这两者神经连接

①只欣．3～6岁幼儿生命态度的调查研究[D]．天津：天津师范大学，2012：10.

②刘彤．亲历美国幼儿教育（之三）——幼儿园的死亡教育[J]．早期教育，2004(11)：20-21.

的形成表明童年期儿童已具备调控情绪的生理条件，而且研究也证明，不断重复的情感控制经验，有助于前额叶的成熟，有助于联系通道的定型，从而形成情感控制的习惯。国内外实践表明，死亡教育有利于学前儿童面对消极的情绪情感，培养其管理情绪的能力与同情心；有利于学前儿童生命品质的提升，树立正向的生命观，激发探索生命的奥秘的欲望，并提供死亡的科学知识。①

2. 家长对学前儿童进行生命教育缺乏科学性

受中国传统文化的影响，死亡是不吉利的象征，在家庭中很少会有家长与幼儿一起探讨死亡，对于孩子提出的关于死亡的问题给予忽视甚至责备。调查显示：当学前儿童问及死亡问题时，只有66%的家长正面回答，还有34%的家长要么转移话题，要么含糊其词(长大就会知道了)或不回答等。在正面回答的66%的家长中，有17%的家长认为自己正面且科学地回答了死亡问题；有49%的家长对死亡问题的回答都欠科学。有的家长觉得死亡太沉重，学前儿童无法接受，因而美化死亡，说死亡就是离开人间去到美丽的天堂；有的家长说死亡是睡着了或是去了很远的地方很久才会回来等。访谈中一名家长也表示，对于死亡的解释要尽可能美好，不然学前儿童会接受不了；另一名家长则表示，当学前儿童问及她死亡问题时，她会说听话的学前儿童就不会死亡，以此来恫吓学前儿童要听话。我们知道，死亡具有三个显著特征：不可逆性，即死了不可复生；不可避免性，即人终会死亡，没有人可以避免；无机能性，即身体器官会停止工作，无生命体征。② 父母对死亡采取回避态度和给予不恰当的解释，容易造成幼儿错误死亡观的形成。儿童不了解死亡的真相，尽管儿童可能暂时避免了产生恐惧心理，但儿童的好奇心并不能阻止他们继续探究，甚至可能产生严重后果。

3. 缺乏对家长开展生命教育的指导

接受访谈的三名家长均表示在实施生命教育中遇到最大的困难是不知道怎么教，而不是不想教，他们表示知道对学前儿童进行生命教育很有必要，可是没有相关的教材，没有类似的课程，没有专门的指导，他们不知道该何时、何地教，怎么教，不知道应该教到哪个程度，害怕教多了反而令学前儿童更加惧怕死亡，因此不敢教。家长开展生命教育缺乏科学性很大程度也归咎于现阶段我国没有合适的生命教育指导。

四、家长对学前儿童进行生命教育的原则和改善措施

(一) 家长对学前儿童进行生命教育的原则

近年来，生命教育虽然得到了许多有识之士和学者的重视和肯定，但其普及层面仍以学术圈为主，家长对生命教育了解不多，对如何开展生命教育急需指导。结合文献资料，我们认为开展生命教育要遵循以下几个原则。

---

①崔迪. 幼儿园死亡教育的价值及特点研究[D]. 长春：东北师范大学，2008：12.

②肖川，陈黎明. 生命教育：内涵与旨趣[J]. 湖南师范大学教育科学学报，2013，12(4)：30-36.

1. 科学性原则

家长对学前儿童进行生命教育时一定要注意科学性，要真实、实事求是，不夸大或美化死亡。因为“旅行”“睡觉”等委婉词语不仅解释不了事实，还会搅混儿童的思维，阻止了孩子获得正确的认识。有学者建议在和孩子谈论死亡时应直言不讳，便于孩子接受死亡的终极性，因为儿童的好奇心会使得他对与死亡有关的一切都问个水落石出。同时也不要认为，只要不谈学前儿童就不会知道死亡，其实学前儿童在生活中经常可以接触到死亡，闭口不谈死亡问题，反而会加深学前儿童的好奇心或对死亡的恐惧。因此，在进行生命教育时，对死亡问题家长既不应该置之不理，也不应该回避，而应真实与科学地传输死亡知识，不隐瞒、不美化；给学前儿童还原出真实的生活体验；为学前儿童发泄情绪和情感提供渠道，教会学前儿童调节情感和情绪；教会学前儿童用实际行动去怀念逝去的人；鼓励孩子通过艺术的方式处理自己的悲哀或悲痛；通过音乐来安抚孩子的内心，无论是让孩子独听还是集体欣赏；通过多种方式让孩子融入大自然；鼓励孩子用语言表达情感和交流情感，并尊重这些情感。①

2. 适度性原则

家长对学前儿童开展生命教育时要遵循适度原则，要把握限度，该说到哪里、该说多少，都是有一个限度的。这里提倡的生命教育并非盲目地一直讲死亡的教育。国外学者 Stambrok 和 Parker 曾得出一个结论：家中越是公开讨论死亡，儿童的死亡焦虑就越低，对死亡的接受程度就越高。②

家长对学前儿童进行生命教育要注意以下方面：①避免学前儿童在一段时间内接触过多死亡事件。如果学前儿童有明显的惧怕和抵触反应，要立即停止此类教育，待学前儿童心情平复过后再慢慢教育。进行生命教育要适度以及适应学前儿童的自身状态，过度的生命教育难免会使学前儿童感到恐惧与不安。②对学前儿童进行生命教育，要突出重点，将重点放在最终结果上即死亡的事实，并教会学前儿童如何珍惜自己和他人的生命，过程可有选择地讲，因为死亡的原因众多，可能是因为年龄大了，也可能是意外等。有些死亡过程难免涉及血腥、不安的画面，在这些地方不宜具体展开以免给学前儿童造成不必要的恐惧。

3. 适切性原则

学前儿童的认知水平会影响学前儿童对生命的理解。对学前儿童的任何教育，我们都强调要“遵循学前儿童的认知水平”因时制宜地去教育学前儿童，针对学前儿童的生命教育也不例外。随着学前儿童年龄的增长，学前儿童的认知水平也不断发展，不同年龄的学前儿童应对应不同的生命教育内容。家长对 3～6 岁学前儿童进行生命教育时应分以下三个阶段进行：③

---

①王海澜．引导孩子走过悲伤——幼儿的死亡认识与引导策略[J]．上海教育科研，2006(5)：50-52．

②朱家雄．幼儿生命教育教程编制和实施的行动研究[D]．上海：华东师范大学，2007．

③林梅梅．幼儿生命教育的现实考察及策略思考[D]．济南：山东师范大学，2010．

第一阶段(小班阶段),这一阶段教育的重点是培养学前儿童自我保护的能力(如交通、饮食、玩具、用电用火、防范陌生人等安全教育)。这是由小班学前儿童的身心特点所决定的,他们遇到危险的可能性比中、大班都要高许多,而且他们还没有十分理解死亡,对危险的防范性和警惕性都不高,因而教会他们保护自己是尤其重要的。所以此阶段的教育内容应为学前儿童如何防范死亡。

第二阶段(中班阶段),这一阶段教育的重点是教会学前儿童对死亡的科学认知及其情绪调节。在这个阶段学前儿童对死亡概念有初步的认识,但还不全面和科学。与此同时,面对亲密的人或宠物等死亡时,往往十分伤心。此时,作为家长就很有必要对学前儿童科普死亡知识,让学前儿童知道生老病死是无法避免的,培养学前儿童科学的生死观,以及教会学前儿童面对悲伤和不如意事件时,如何调节情绪,使学前儿童保持良好的心态度过每一天。

第三阶段(大班阶段),这一阶段教育的重点是让学前儿童初步认识生命的意义,教会学前儿童珍惜生命。随着学前儿童年龄的增大和经验的不断丰富,这时不仅可以教会学前儿童什么是死亡,更可让学前儿童初步认识生命的意义,引发学前儿童对死亡与生命关系的思考,让学前儿童明白生命的价值,从而更加珍惜生命。

(二) 家长对学前儿童进行生命教育的改善措施

1. 转变观念,深化认识

美国心理学家班杜拉曾提出了"社会学习理论"。"社会学习理论"讲的是人的内在特征、行为与环境因素三者及其交互作用对人类行为的影响。根据班杜拉的观点,环境对人类的行为和认知有重要影响。据此可知,儿童对事物的许多态度和看法可能并非自发形成的,儿童所处的环境(家庭环境、社会环境等)对其态度形成有重要影响。家长作为学前儿童最亲近和最熟悉的人,他们的生命态度对学前儿童生命态度的形成可能有重要影响。

家庭作为学前儿童的第一所学校,家长作为学前儿童的第一任教师,要清晰地知道自己的一言一行对学前儿童所产生的影响,如果家长很害怕死亡,子女也会很害怕死亡,因而家长要树立正确的生命态度,为学前儿童树立榜样,潜移默化地影响学前儿童,促进其养成正确的生命态度。美国的生命教育专家曾郑重提醒,教师和家长对于死亡问题不能回避、不能搪塞,更不能表现出恐惧,因为如果教育者表现出恐惧和避讳,学前儿童就能感受到这是一个不受欢迎的问题,如果学前儿童的问题不能解决,一些关于死亡的荒谬说法就会乘虚而入,就很有可能阻碍学前儿童建立正确的死亡观,从而对学前儿童的成长造成不良影响。作为家长,要适当放开传统观念,学会接受先进观念,慢慢转变观念,深化对生命教育的认识,深刻认识到生命教育的重要性,从而树立科学的生命观,理性面对死亡问题,为学前儿童树立正确的榜样。

2. 借助文学艺术作品对学前儿童进行生命教育

如何跟学前儿童解释清楚死亡问题是家长开展生命教育的一大难题。文学艺术作品是对学前儿童进行生命教育的重要载体，如学前儿童绘本。学前儿童绘本精致漂亮，具体形象、生动有趣，以图画为主但却不是简单的图画书，具有逻辑，符合学前儿童的阅读特点，学前儿童可以在阅读的过程中获取许多成人解释不清楚的知识。对于那些敏感的内容更能凸显绘本的价值。《爷爷有没有穿西装》是一本讲述死亡的绘本，这虽然是一个沉重的话题，但是却是每个人都无法回避的，儿童也不例外。作者以儿童的视角建构故事，以一种儿童能够接受的氛围让儿童理解并接受这个沉重的话题，使儿童在理解死亡的同时学会感恩和怀念逝去的亲人。家长应多利用优秀绘本与学前儿童进行亲子共读，一起学习理性面对死亡，一起学习珍惜生命，将死亡话题从消极面转向积极面。

3. 家园共育

苏霍姆林斯基曾说过："没有家庭教育的学校教育和没有学校教育的家庭教育，都不可能完成这一极其细微的任务。"①这句话的"这"指的是人的培养和教育。这一伟大教育家的名言很好地论证了家园共育的重要性和必要性。在家园共育中，家庭与幼儿园应保持密切的联系，双方都能掌握学前儿童的最新动态，为生命教育的开展做好准备。除了家庭与幼儿园密切联系外，幼儿园方面也可举办形式多样的亲子活动进行生命教育，例如亲子阅读、亲子游戏、定期邀请家长到幼儿园给幼儿进行有关生命教育活动等。这样形式多样的活动可以达到家园共育的目的，激发幼儿学习的兴趣。除此之外，幼儿园还可以利用多种渠道向家长普及生命教育的知识，定期举办家长生命知识讲座。

五、结　论

对生命的认识越正确，对生命的看法就越积极，就越能珍惜、敬畏生命。家长对学前儿童进行生命教育的价值就在于帮助学前儿童树立正确的生命观，教会学前儿童正确面对生死，从而珍惜生命、敬畏生命，保持积极的生命态度。生命教育的最高境界在于教会学前儿童"生如夏花般灿烂"，更要让学前儿童懂得"死如秋叶般静美"。目前，家长对学前儿童进行生命教育仍存在许多不足的地方，其中最大的问题在于，家长对死亡的消极认识根深蒂固，未能及时转变，同时家长缺乏开展死亡教育的能力。由于死亡教育在我国是一个相对敏感的话题，在家庭教育中开展死亡教育困难重重，在此希望有更多的学者投入到这一研究中来，以为开展生命教育提供更多的有益建议。

---

①许瑜甄.台湾地区幼儿生命态度的调查研究[D].天津：天津师范大学，2012.

第三节　幼儿自我意识的唤醒——从《爱丽丝梦游仙境》说起

幼儿期是自我意识发展的萌芽期，幼儿自我意识是幼儿个性和社会性发展的体现，对幼儿将来的身心发展起着举足轻重的作用。

这里以童话读本《爱丽丝梦游仙境》作为切入点，以幼儿心理发展理论、幼儿社会性发展理论为基础，研究幼儿自我意识中幼儿本我与客我、分离与统一发生、发展的过程，及其认知水平、情感体验、自我监控的变化，加深对儿童心理状态和行为的了解，以引起成人对幼儿教养方式的重视，帮助成人更好地理解幼儿的内心世界，反思过度干涉幼儿自主性发展对幼儿自我意识培养的影响并提出相应的应对策略，从而共同促进幼儿身心健康发展，培养幼儿健全的人格。

一、幼儿自我意识及其作用

1890年，詹姆斯(William James)在《心理学原理》中首次提出自我意识理论，对"自我"概念进行了详尽的阐述。詹姆斯把自我分为"主体我"和"客体我"，认为"客体我"要接受"主体我"的认识，对自我形成是否满意的评价，并因此产生与之相应的情感体验①。从此之后，在心理学理论研究和讨论中，自我意识仍是最受热议的概念之一。精神分析学派的弗洛伊德通过对自我、本我和超我三个概念的建构形成自我理论，认为自我是意识的层面，主要作用是调节本我与超我的冲突②。库里、米德、蒙台梭利等人的研究也对后世有很大的影响。而我国最早有学者对自我意识的概念进行探讨是在20世纪60年代中期。时蓉华认为，个体对自身外在状况、内在特征以及个体本身与他人的关系的觉知，即是自我意识，是个体认识自身的一切。当前，学者们尽管对自我意识概念定义上存在争议，但一般在定义上都把个体对自己和周围环境的认识和态度作为共性，具体包括人在社会生活中个体对自己本身及周围一切事物关系的意识活动。人在与周围环境的相互作用中，不断地了解自己、认识自己、发展自己、反省自己并完善自己，正是根据自我意识来不断地调节、控制自己的行为，以系统的、完整的形式担负起个体内部世界以及外部世界之间的各种协调工作，始终指引和校正行为方向，规划如何去做、怎么做，从而使自己与周围环境保持动态平衡③。

目前，国内外针对自我意识的研究主要包括自我意识的发展趋势分析、自我意识的理论模型、自我意识的测量工具、影响因素和培养过程。

弗里曼(1992)的研究表明，一般自我意识发展变化不是直线上升，而是起伏变化

①詹姆斯. 心理学原理[M]. 唐钺先，译. 北京：商务印书馆，1963：9.

②弗洛伊德. 弗洛伊德的智慧[R]. 刘烨，译 [M]. 北京：中国电影出版社，2005：15.

③苏媛媛. 5～6岁幼儿自我意识发展的特点研究[D]. 长春：东北师范大学，2013.

的，这种趋势发生的实践、起伏的高度受自我意识内容的不同而影响变化。自我意识曲线从小学到初中逐年下降，青春期后显著上升，大学毕业后又开始下降，到中年再次回升，然后随年龄增长而平缓下降[①]。哈蒂(1992)的研究发现，父母的满意度、教育兴趣、对待孩子的态度和方式与孩子的自我概念呈正相关。如父母对孩子的情感和满意程度持积极乐观的态度，可以提高孩子的自尊心和自信心，有利于孩子更好地发展自我价值[②]。西杰斯(1970)的研究表明，孩子自我意识多个因子与父母采取情感温暖、理解式教育方式(民主型父母)呈显著正相关，与惩罚、严厉、拒绝、否认式教养方式(严厉型父母)呈负相关。

我国大部分学者聚焦于如何培养、提高幼儿的自我意识。陈志林(2011)探讨了教师如何在环境中有效培养幼儿自我意识的方法，他提出要及时抓住幼儿自我意识培养的关键期，利用游戏、设计主题等活动，培养幼儿认识自我、塑造自我、评估自我，与同伴建立平等的同伴关系。陈宴(2010)指出，教师需通过积极的关注态度与无条件接纳的方法，引导幼儿充分地表现自我，引导他们做出适宜的自我评价，从而实现幼儿能够接受自己、做最棒的自己的目标。[③] 此外，我国学者也编制了自己的量表，比如魏运华的儿童自尊量表、黄希庭等人的青年学业自我价值感量表。截至目前，国内应用较多的有 Piers-Harris 儿童自我意识量表、自尊量表(SES)、自尊调查表(SEI)、自我和谐量表、自我描述问卷(SDQ)、缺陷感量表(FIS)、德克萨斯社交行为问卷(TSBI)和个人评价问卷(PEI)等。

虽然目前国内外对幼儿自我意识教育理念的研究和讨论相对热烈，但从大数据的分析来看，国内外有不少学者针对自我意识的研究，年龄段多趋于小学以上乃至成年后自我意识的发展状况，幼儿自我意识相关研究所占比例较小，尤其是对于学前儿童自我意识的产生、变化发展及培养提高的研究更少。在现有的研究中，研究者多侧重于幼儿自我意识的影响因素、测量方法和培养策略等方面的研究。这些局限于业内相关人士的纯理论研究，大多停留在概念、意义层面上，整个社会的幼儿自我意识观念薄弱，幼儿自我意识的教育和培养方式仍存许多失范之处，教育研究理念与现实实践工作中出现断层，构建幼儿自我意识淡薄，培养途径单一，反思技能欠缺，从而大大降低了实践过程中的操作性，不利于培养幼儿自我意识的能力。整体而言，我国当前对于培养幼儿自我意识研究仍有较大的提升空间。

总之，自我意识是心理学研究中最受关注的概念之一，是个体个性发展的核心部分，是推动个性发展的重要因素和个性形成水平的标志。幼儿期是自我意识发展的萌芽期，幼儿自我意识是幼儿认识外界客观事物的窗口，是幼儿社会性发展的体现，对幼儿的身心发展起着举足轻重的作用，影响着幼儿今后的道德判断和个性形成。

---

①Freeman WH. Self as narrative: the place of life history in studying the life span. Thomas M Richad. New York: State University of New York Press, 1992:15-43.

②Hattie JA. Self-concept. Lawrence Erlbaum Associates, lnc. 1992:181-189.

③陈宴.幼儿自我意识的培养:引导幼儿做最好的自己[J].中国校外教育:基教版,2010(1):20.

二、爱丽丝自我意识的觉醒及其启示

故事中的主人翁爱丽丝对周遭世界充满了无穷的好奇心，一次偶然的机会让爱丽丝堕入奇妙的仙境世界。在这个秘密空间里，有美丽的景色，有穿着背心会看怀表的兔子，有吃了能让她变大变小的食物，有时刻带着微笑的柴郡猫，还有动辄便喜欢砍别人脑袋的红桃皇后。在这个不可思议的梦境中，爱丽丝在高兴之余，也让她所有的认知不断遭受到冲击、否定，甚至陷入"自我认同"的危机中。下面让我们来分析一下，看看爱丽丝是怎样一步步走出纷繁复杂的世界，又是怎样在危机中破茧而出、重获新生的。

（一）爱丽丝仙境中主我和客我的融合

在现实生活的重重束缚下，对生活始终充满憧憬和幻想的爱丽丝战胜内心的恐惧，追着奇怪的兔子，掉入神奇的兔子洞。在爱丽丝的期望中，那应该是一个与现实完全颠倒的世界，没有父母的指手画脚，没有成人的说教，没有无聊的书籍。这个世界中，有爱丽丝梦寐以求、极力追逐和细心保留着的童真和童趣。

当面对仙境中各种稀奇古怪的事件时，起初爱丽丝也是抱着好奇探险的心情，渴求融入奇妙的仙境中。虽然她觉得听从动物的差遣很不可思议，但她仍然做了兔子的女仆；当公爵夫人将怀里的小婴儿托给爱丽丝照顾时，她眼睁睁看着手中的婴儿慢慢变成猪的模样，爱丽丝也不觉得诧异，甚至将人类的小宝宝和猪的宝宝相比较，认为他们一样的体面，并和扑克卫兵一起用染料将种错的白玫瑰染红求得浑水摸鱼；在受红桃皇后的邀请参与槌球会的时候，看见以刺猬作为槌球、红鹤作为槌球棒，她已经不觉得这是一件荒谬的事情了。

社会学家库利曾提出"镜像自我"的理念。他认为，自我或人格是社会的产物，只能通过儿童与其母亲、家庭其他成员、同伴以及周围人的社会互动而产生。① 早期儿童的自我评价就常常依附成人（父母、老师）的权威。儿童通过他人对自己的表情、态度、对待、评价来了解自己、界定自己，形成相应的自我意识。多以"别人的观点评价事物、认识他人，对自己的认识也服从于权威或同伴的评价"。

在仙境中孤身奋战的爱丽丝，尽管正处在颠覆以往认知和理解的局面中，但她仍然慢慢学着接受并适应颠倒的秩序，在潜意识里寻求与环境的和谐相融。在与仙境中各色人物的深入交往中，爱丽丝打破自己以往的社会认知和秩序，在自我认同缺失的焦虑与寻求融合中，寻求自我归属感。

（二）爱丽丝仙境融合中的矛盾

爱丽丝以为收获了她想要的自由，没有严格的规则和纪律，也没有堆积成山的书籍，更不会因为成绩不好被取笑、惩罚，但是随着爱丽丝越深入地与地下仙境中的人

---

①刘毅，张华．自尊问题研究述评[J]．西北师大学报：社会科学版，1998，35（2）：60-66．

物接触、交往，她内心的焦虑、困惑却越发强烈。

面对仙境中人物的无理要求、约束和命令，爱丽丝也慢慢脱离正常认知的轨道，在盲目追随、顺从和依附中变得彷徨焦虑、挣扎，乃至沉默、自卑。在荒诞的奇境世界里，一方面对诸多不同寻常的遭遇，爱丽丝始终积极地试图融入新的社会环境当中，另一方面在事件的种种应对之中也使她对自我越来越困惑、沮丧，甚至还陷入“自我认同焦虑”的泥淖里。

自我认同，主要强调自我心理和身体的体验，以自我为核心，“是对以人为中心的世界的反思，对自我的反思，以及对人的社会角色的反思。”[①]吉登斯认为：“自我认同是个人依据其个人的经历所形成的，作反思性理解的自我。”[②]仙境中爱丽丝的身体一会儿变大、一会儿变小，导致爱丽丝对自己的身体十分焦虑。由于缺乏“个人经历连续性一致的感受”[③]、必要的本位安全感，由此产生了自我分裂感和残缺感，并开始不断质疑自己的身份，觉得自己可能不再是爱丽丝了。而当仙境里的动物询问她的身份时，她也糊涂了，无法回答这看似简单的问题。这些有关身体变化的描写以及对身份质疑的对话，隐喻了幼儿成长为社会人的过渡时期的认同危机和认同焦虑。仙境中借由面包或者其他食物来控制爱丽丝身体大小的变化，则暗示现实社会环境紧紧束缚着爱丽丝的肉体甚至精神层面，在本该解放双手、解放双脚，自由感受、吸收、探索的阶段，家庭教师却以礼之道，抓住孩子透过触摸感知、学习的双手，束缚其迈向知识的大门，在孩童的彩色世界中裹上了一层厚重的纱，而仙境中爱丽丝也试图通过背诵古诗、乘法表来确认自我。

在《爱丽丝梦游仙镜》中有一个情节，爱丽丝偶然闯进了一所充满胡椒味的屋子。屋里的打斗场景与空气中刺鼻的胡椒气味令人紧张、压抑。房子的一头是发疯的厨师，顺手将触手可得的任何物品，像暴风雨似的朝屋子另一端砸去。而身处危机当中的公爵夫人却跟没事似的，连哄带骗安抚着身旁一直号啕大哭的婴儿，并教导爱丽丝说：“对你的小男孩一定要粗暴地讲话，在他打喷嚏的时候就可以打他，因为他这样只不过就是为了捣乱，他就是在撒娇或者气气你。”[④]公爵夫人哄小孩睡觉时唱着安眠曲，但只要唱到每句的结尾，都要把孩子猛烈地摇晃。表面上爱丽丝依附着公爵夫人，但空气中弥漫着的胡椒味，辛辣、呛人，与爱丽丝内心的情绪、情感波动紧紧相维系，大大外化了爱丽丝的内心焦虑和不安的情绪。无动于衷的母亲，隐晦表达出成人对于幼儿身心发展变化过程中教育的一意孤行，乃至忽视幼儿内心真正的需求。号啕大哭的婴孩，一方面体现了孩子渴望内心真正的需求被成人所关注，另一方面也体现了该阶段幼儿面对认同焦虑时的无助与惶恐。仙境中暴戾的统治者红桃皇后，为非作歹，不分青红皂白，胡乱砍掉他人的头，弄得仙境中人人自危。一件件接踵而来

①陶家俊.身份认同导论[J].外国文学，2004(3)：11.

②安东尼·吉登斯.现代性与自我认同[M].赵旭东，译.北京：三联书店，1998，23-25.

③卡罗尔.爱丽丝梦游仙境[M].马腾，译.北京：北京联合出版社，2012：1.

④金盛华.儿童自我概念及其发展[J].北京师范大学学报：社会科学版，1996(1)：30-36.

的事情，不禁让爱丽丝疑惑、焦虑这个世界是她所寻求的自由之境吗？

作者巧妙地将美景与仙境里丑陋、肮脏的潜在规则及道德风俗形成鲜明的对比，更深层次揭示了爱丽丝内心的矛盾，一方面肉体上行动的不受控于自己，另一方面其认知上依附于权威人士或社会约束，在现实与理想相佐带来的痛苦之中，爱丽丝仍然为与新世界和谐融合做着努力，而这恰恰需要爱丽丝颠覆以往的认知，对长期接受的风俗习惯、社会规则、道德品质进行大清洗。这让爱丽丝的认同焦虑、内心折磨到达了史无前例的高峰。这也从一个侧面抨击了在重智轻德的社会下，成人机械的知识灌输和文化剥夺使儿童失去了学习知识的兴趣，当我们期望儿童十八般武艺样样精通时，却很容易使儿童变成“机器人”。人为主观干预幼儿的自我发展，生搬硬套将编程输入孩子的体内，忽略孩子自身的潜能；过度强调某一方面的重要性，导致幼儿个体其他方面能力的丧失，阻碍幼儿体内种子的正常生长。

（三）自我认同焦虑转向自我认同

经历种种可笑滑稽、毫无逻辑可言的事情后，故事的最后一章，法庭审判红心武士偷吃馅饼的过程，使卡罗尔笔下的仙境的荒谬达到顶峰。言过其实的陪审员，毫无根据的证物，红桃皇后无理地坚持要先判刑再审判，让爱丽丝彻彻底底的认识到这个世界的荒诞与滑稽。最终借由爱丽丝自己身体不断变大，长成大小适合的爱丽丝，寓意爱丽丝精神上与行动上达到了史无前例的高度统一。撕开仙境美丽的表象，发现仙境内在核心实则与现实世界无二。看似自由、童真的世界，实则却以另一种形式由权威人士霸权和操纵。从根本意义上来讲，爱丽丝无论在现实还是仙境中自始至终都没获得自己渴求的自由，在行动和思想上，始终受到外界过多的约束和否定。儿童像成人手中丝线操纵的傀儡，成人过度操劳，恨不得包办好幼儿的一生，但现实真能如愿吗？未来具有不可预测性，人生也是不可设计的。

儿童的健康成长，应将认识世界的权利交给儿童自己。故事的结尾，爱丽丝意识到了想要获得真正的自由，就该先扯断操纵自己的丝线，让大人学会倾听幼儿真正的需求，让儿童做自己的主人，让成人尊重幼儿的兴趣和自由选择的权利，而成人要做的，就是“移走挡在儿童路上的阻碍”。认清仙境的虚有其表的“伪善”城墙后，爱丽丝果断打断国王不合理的审判，直指皇后的骄横、暴戾和不可理喻，以及这个世界的荒谬可笑。面对红桃皇后嘶声力竭的怒吼“砍掉她的头！”，这时已经恢复原本身材的爱丽丝理直气壮的说道：“谁会理你呢！你们也只不过是一副纸牌而已。”①

米德认为，我们所处的社会群体是一面镜子，强调社会经验在自我形成中的作用，②即能根据一定的社会秩序、道德规则和约定俗成的立场来看待、评价和判断自己，从而调整自己的行为，给予该事件保持原有自我的态度。爱丽丝的心理过程经由一开始的焦虑不安、困惑和质疑，再到努力尝试融入奇境世界，最终得以归纳、分析和

①刘毅，张华．自尊问题研究述评[J]．西北师大学报：社会科学版，1998，35(2)：60-66.

②姜勇，洪秀敏，庞丽娟．教师自主发展及其内在机制［M］．北京：北京师范大学出版社，2009：33.

整合对仙境的认知，转而认清奇境世界规则秩序的荒诞和滑稽可笑，慢慢由盲目服从到奋起反抗荒谬的世界，打破无理的、不成文的秩序规则，释放出压抑已久的焦虑和恐慌。这正好贴切米德自我构建的过程，达到主我和客我的统一，使其认知、情感体验、自我控制与社会秩序达到相对平衡，最终实现自我。爱丽丝对奇境里奇妙的经历，由盲目轻信到矛盾困惑，转而认清其荒诞虚妄的本质，最终作为有机体，爱丽丝对所有不合常理的事作出相应的反应，并对此采取相应的态度，揭露其本质的荒诞。仙境里的大反抗，是爱丽丝意识的觉醒，由梦境投射到现实，是对现实世界里大环境下成人本位观点的控诉。是清醒的头脑，让爱丽丝在面对各种荒谬古怪的人和物时，始终坚持自己的价值判断，不盲从、不随波逐流；是良知和独立人格，让爱丽丝始终保持了自己宝贵的尊严，走向成熟，达到某种程度上的“自我实现”。

三、“过度干涉”与幼儿自我意识的缺失

但凡事情操之过急，必定会产生反作用，对孩子的教育也是如此。过分干涉孩子的活动，不论外在的占用和剥夺孩子的休息和自由玩耍的时间，还是内在的意志、行为的控制，成人的强迫、过多的智力刺激，容易将孩子的学习兴趣和快乐转变成重压和负担，使孩子丧失好奇心和求知欲。给孩子“加码”过多，消化不了，不仅白费时间和精力，甚至还会导致孩子的人格缺陷。

（一）“过度干涉”对幼儿自我意识的危害

1. 抑制幼儿对事物的好奇心、热情和兴趣

幼儿对于有感觉的事物总是充满了强烈的好奇心，幼儿在身体自由的那一刻，从没停止过对世界的探索。人类区别于动物，是人类拥有“精神胚胎”，借助内在和外在的环境，在精神胚胎的指引下，幼儿依靠内在的驱动力，去感觉、体验和建构自我。内在的好奇、兴趣和热情是幼儿坚持不解探索的动力。但在幼儿踽踽前行的过程中，总有一个巨大的身影将他们拦在探索的大门外，告诉他：脏，不可以！危险，不可以！吵，不可以！这样做的结局是，心理力量还很弱小的幼儿被迫屈服于大人的威严，久而久之会降低他对所做的事情拥有的强烈的好奇心、极大的兴趣和满腔的热情，以至于后来会对事情失去最原始的那份敏锐，间接阻断幼儿积极、主动、探索、自信和意志力等良好品质和行为的形成，影响了构建成为完整自我的过程。

这是一篇幼儿园教师的工作日记，它记录了这么一段故事：在区域活动的时候，我观察到小捷经常一个人安静地在建构区搭积木。积木有大有小，小家伙目不转睛，时而皱紧眉头，他想通过自己的努力，将积木越搭越高。只见小捷随手拿起一块积木就往上搭，不管积木的大小，也不理会积木搭得是否安稳。果不其然，由于小捷没有掌握正确的方法，积木摇摇欲坠，不久便在小捷眼前轰然倒下。经过几次不成功的实验，还没把小捷的耐心磨蚀，反倒将身边的老师给急坏了。出于善意的帮助，老师慢慢来到小捷身边，亲切地对小捷说：“你在搭积木吗？搭了这么久，你知道怎么搭才可

以又高又稳吗?”老师又是总结搭积木的诀窍,又是亲身示范,最后还让小捷跟着老师的方法来一遍,看看是不是从大到小摆放积木,积木才能放得又稳又高。看到积木不一会儿就搭建好了,小捷先是欣喜,但是摆放两三次后,就失去了对把积木搭高的兴趣,不一会儿就离开了建构区。以至于在后来的建构区中,我很少看见小捷安静地坐在那里搭积木。这时我不禁会思考,我们的帮助,过度干涉幼儿的行为,是在教育孩子,还是想要掌控孩子?这种无意识的控制,对幼儿的改变不单单停留在事件表面,而且内化到孩子的生命里,让幼儿逐渐失去对新鲜事物积极探索的兴趣、热情和好奇心。

到了某一阶段,孩子的脑袋里有十万个为什么,时常蹦出很多让我们摸不着头脑的问题,那是幼儿逻辑思维的敏感期到了,也是激发孩子求知欲和锻炼孩子独立思考能力的好时机,而选择视而不见或者急于将答案呈现,都可能打击孩子自主探索的愿望。但如果我们换种方式,带着孩子或让孩子自己有寻找答案的意识、方法和过程,是否比直接给孩子答案更好一点呢?这个过程或许会很漫长,但在孩子的眼里,我却丝毫没有看到半点的不耐烦,甚至我发现幼儿很享受这个过程。在堆砌过程中,推翻、重来,再推翻、再重来。我发现在一次次的失败中,幼儿不是一直原地踏步,而是慢慢从失败中吸取经验,在积木与积木的对比中慢慢认识到积木原来要从大到小依次摆放才能搭得高。从外在生活行为的感觉体验中,上升达到自我认知、经验习得,在此过程中,幼儿获得的不单单是知识,更多的是解决问题后获得的满足感、自信和自尊。如果,我们等不及孩子慢慢成长,等不及给孩子一个自由探索的空间和过程,就轻轻蒙蔽他好奇的眼睛,捆绑住他自由探索的双手,长此以往,幼儿将会对任何事物都失去那份原始的热情与好奇。

2. 挫伤幼儿的想象力和创造力

幼儿在好奇和兴趣的驱使下,会自发地投入到他所喜欢的事物中,幼儿的潜能也可以最大限度被激发。但如果教师和家长不顾幼儿的需要和兴趣,不能抛开成人的期许,真正站在孩子的角度去欣赏他的意图,总是不满意,总是要带着成人的眼光去评判和教导幼儿,这不仅会挫伤幼儿的积极性和好奇心,他们的一些奇思妙想和突发的灵感也会戛然而止。

这是另一篇幼儿园教师的工作日记,它记录了这么一段故事:

5 岁的哲哲用废旧报纸和胶带制作一个盒子,迫不及待地告诉爸爸,这是他发明的一种无人机,旁边画的是物体探测器,底部有个超大轮胎,上边四根柱子是控制平衡的飞行器。爸爸觉得哲哲很有想象力,于是就认真给孩子纠正其中的一些“不科学、不合理”的设计,比如无人机不在陆地开,不需要轮子;飞行器没有螺旋桨,无法在空中飞翔。听完爸爸的话后,哲哲却没再修改他的设计,就跑开玩别的去了。

孩子之所以能时常给我们带来惊喜,打破常规思维,是因为孩子没有多少经验知识,管不了什么逻辑,世界对孩子来说本就充满无限的可能性。而成人如果总是按合理的常规思维来评判孩子的天马行空,那就会限制孩子创造性思维的发展。就像爸爸纠正哲哲的无人机设计那样，孩子充满创意的想象就会被扼杀。

3. 阻碍幼儿自主性及个性的发展

成人总是无意识地站在成人本位，希望幼儿听从家长、服从教师，幼儿想体验刀切东西的感觉，父母觉得太危险了，急忙把刀藏在更高、更隐蔽的地方；在主题课中，幼儿的心思不在课堂中，老师却强迫幼儿要坐端正，不要吵闹，紧紧束缚住孩子；幼儿想伸手去感觉塑形的轻黏土，教师认为这是破坏行为，更不允许……幼儿失去了自主选择的权利，在长期的过度的保护或制约下，幼儿变成大人眼中的乖宝宝，大人觉得危险的东西，我不触碰；大人觉得好的东西，我不反抗；大人忙碌的时候，我不打扰……所有表面的顺从、听话，确实让成人省心，但剖析幼儿的内在心理，孩子的这份懂事、听话，是肉体化的自律、自主，抑或是自我的缺失？消极被动受人控制，是否也丧失了作为人最可贵的自主性和个性等品质呢？

幼儿期是自我意识萌芽的重要阶段，自我意识影响着幼儿今后的道德判断和个性的形成，对形成良好的个性品质具有重要意义。自我意识积极的幼儿，容易形成良好乐观的性格，对幼儿的社会性培养也起着积极的作用；自我意识消极的幼儿，容易形成情绪不稳、脾气暴躁、缺乏自信、执拗任性、不能和别人友好相处等消极人格，对幼儿的心理、行为、学习以及社会能力等均会造成不良的影响。强制性要求孩子听话、不哭不闹，父母一意孤行地制定幼儿的生活安排，小孩自身的情绪得不到适当的宣泄，过度的积压自己不良的情绪，压制自己去做父母、老师眼中的“乖小孩”。过早学会抑制自己情绪的幼儿，更容易产生自卑感，常常会陷入强烈的自我怀疑和自我否定的情绪中而无法自拔。

（二）幼儿自我意识缺失的影响因素

幼儿自我意识缺失的影响因素，主要有以下几个方面：

1. 社会因素

在造成幼儿自我意识缺失的因素中，社会因素是一个不可忽视的因素，而功利主义思想，“别让孩子输在起跑线上”的观念，是主要的原因。不考虑孩子的兴趣、爱好和特点，盲目的、跟风似的给孩子报钢琴、美术、舞蹈等各种培训班，各种形式的特色班、强化班、早教班异军突起，一定程度上正是受到了这种思想观念的影响。在这些思想观念的鼓噪下，有的人初为父母时，即便在想法上懂得对待孩子得民主、平等、宽容与爱，但往往却在行为上时常闪现控制的欲望。更为可怕和可悲的是，家长们习惯于与他人攀比，别人的孩子会什么，自家的孩子也不能落后，甚至要赶超他们。因此，举着“一切为了孩子”的大旗，恨不得孩子拥有十八般武艺，将个人所有的愿望，强行寄托在孩子身上。

2. 父母和家庭因素

在造成幼儿自我意识缺失的因素中，父母和家庭因素是一个主要的因素，这中间既涉及传统的思想观念，也涉及传统的教育方式。

父母和长辈常常把听话作为评判幼儿好坏的一个标准，这种标准确实为父母和长辈在教养过程中省去了很多“麻烦”。对于调皮捣乱的幼儿，成人很难联系孩子行为背后的动机，一概简单地认为就是孩子存心找茬而责骂他；对于乖巧听话的幼儿，则视为幼儿学习的榜样。长期习惯用“听话懂事”去教育孩子，无疑是给幼儿灌输了这样一种观念：请按着父母、长辈、老师说的来做，听话懂事才是好孩子。长此以往，你会发现孩子对于自己的事情无法做决定，阻碍了儿童独立思考能力和独立人格的发展，对事物缺乏一定的质疑精神，更谈不上创新意识的发展。

每个家庭都希望自己的孩子有出息，对孩子寄予厚望。家长习惯按照自己的想法和愿望，给孩子设计好前程，规划好未来的道路，全然忘记了孩子真正的兴趣和需要是什么。孩子没有体验或者获得自己的选择权和支配权，很难感觉到通过自我选择和支配带来的自我存在感和自我价值，很难建立内在的责任意识，成为一个具有独立意识的人。

有些时候，父母并不是不知道放手让孩子自己成长的重要性，但在实际生活中，为方便父母和长辈的教养，为减少“麻烦”而限制幼儿自我成长。比如有的父母为让孩子保持衣服的整洁，习惯性给孩子喂饭；在亲子手工制作中，为节省时间，本应该共同制作最终变成孩子观察父母制作；外出的时候，为避免孩子东跑西窜，将孩子的行动限制在宝宝车里。过多的限制和插手幼儿的事情，按照成人的思维去安排幼儿的生活和行动，久而久之，幼儿会因为缺乏大小肌肉精细动作的练习而出现手脚不灵活、不协调，外在的肢体笨拙往往会引发内在心理的扭曲，容易产生自卑，缺乏自信，没有自我存在感。

3. 学校和教师因素

幼儿教师的教学思维方式是隐藏于教学现象背后、渗透于教学理念之中、外化于教学行为上的一种看待问题、思考问题的方式。在教育活动中，老师面对的孩子都是独一无二的，每个孩子的自我发展水平都不一样，感觉体、心理体、情绪体认知、精神发展速度也参差不齐。受教学习惯的影响，不少幼儿教师往往无需意识和理智的参与，教学思维处于一种惰性状态，思维模式固化，思维空间变窄，思维视角狭隘，思维方法单一，其结果是，教师不顾幼儿的独特性，教育方式千篇一律。

长期在定式的教学习惯的影响下，幼儿教师对教学方法、方式和手段的选择等实践行为，很容易变形为观念操纵的定势反应和条件反射式的被动习惯。教师的教学行为越是固定，幼儿就会变得越发呆板、封闭、僵化，甚至仅仅停留在简单模仿、机械照搬的层面，专制性色彩在幼儿行为方面的管教和约束愈发突出。如在绘画教学中，剥夺幼儿的选择权，一律要求按照老师的要求画鸡蛋、画花儿的形状，甚至连颜色都给幼儿限制好，没有留下让幼儿自由联想、想象和再造的空间。这样，幼儿园就像一个大工厂，幼儿如同生产车间制造的产品一样，按照一定的规格、形状输出。

在内在驱动力的引导下，儿童本可以在很多领域，如艺术、文学、数学表现出巨大的创造力，但因为成人的任意干涉，儿童在很多方面失去了从遗传进化向文化进化的可能性。茨威格(Stefan Zweig)曾说过:“凡是受压抑的东西,总要为自己找到出路,哪怕是蜿蜒曲折的路。”①实际上,幼儿内在的生命力是难以遏制和控制的,能否获得良好的表现在孩子的成长过程中变得尤为重要。当儿童内在的、正常的需求得不到表现和满足时,就一定会寻找另一种方式,哪怕是极端的方式来宣泄。因此,教育应当顺应儿童的天性,让他们自己去建构自我,而不是去规训它。

四、幼儿自我意识的唤醒

针对幼儿自我意识缺失的原因,唤醒幼儿的自我意识,需要社会、父母和家庭、学校和教师各方面共同努力。

(一)社　会

从社会的角度来说,培养和唤醒幼儿的自我意识,首先要在社会上营造尊重幼儿个性、兴趣、爱好和尊重幼儿自主选择与自我发展权利的良好氛围,摒弃“过度干涉”的思维和习惯,多给幼儿自由的时间和空间。其次,对各种形形色色的培训班、补习班、托管班进行清理整顿,出台准入和退出机制,严格规范标准,强化监督检查,为幼儿的健康发展创造更加宽松的条件。

(二)父母和家庭

从父母和家庭的角度来说,培养和唤醒幼儿的自我意识,首先要强调的是充分尊重幼儿的兴趣和自由选择的权利。家长不要用自己的心理期望要求幼儿做超越能力范围的事,要允许和接纳孩子有自己的想法,理解和尊重孩子作为一个独立个体的自我表达,尽量满足幼儿的内在需求,以兴趣为一切的出发点,挖掘个体的优势,抛开个人的主观想法,不轻易否定和阻止幼儿的行为。但凡幼儿能够全身心地专注并进行探索的事情,一定是他感兴趣的、喜欢的,对于这样的事他是有认知需求的。因此,即便幼儿的兴趣和选择具有危险性,我们能做的也只是静静地陪伴在孩子的身边,适时给予正确的引导和保护而不是过分责罚幼儿。其次,要学会倾听和理解幼儿内心的声音。要清晰地意识到孩子每一次闹脾气都不是毫无缘由的,只是孩子还不会也不知道如何去自我表达。当孩子有情绪时,要关注幼儿的情绪,敏锐察觉情绪背后的内在需求。在倾听中,我们可能会获得很多小惊喜,折服了孩童世界无穷的想象力和创造力。再次,要认识到每个孩子都是独一无二的,要尊重幼儿的个体差异,懂得欣赏孩子身上独特的优良品质和技能。就像世界上没有一模一样的两片叶子一样,每个人也有区别于他人的DNA密码,对世界有着独特的理解和表达方式,每个人都有自己的个性特点、兴趣爱好。正是由于我和你不一样,才能让世界更美好,让生活更多姿多彩。

---

①斯蒂芬·茨威格.昨日的世界[M].汀兰,译.北京:团结出版社,2005:71.

（三）学校和教师

从学校和教师的角度来说，培养和唤醒幼儿的自我意识，首先要处理好"自由"与"纪律"的关系。蒙台梭利指出：纪律的培养既不能靠强制，如把儿童限制在固定位置的、专用的板凳上不能活动，也不能靠宣传和说教，如要求儿童排队、保持安静等，而应该在自然、自愿、自由的活动中使儿童理解纪律，在理解的基础上接受和遵守集体的规则，这样儿童才会是主动的，在需要他们遵守规则时能控制自己。① 简而言之，幼儿自觉遵守规则的行为并不是通过严厉约束和惩罚而形成的。相反，教师需要给幼儿自由，在自由环境中通过成人的示范、同伴的影响、自我的学习，在宽松的精神环境中自然而然养成遵守纪律和规则的习惯，最终形成"自律"。当然，这里的"自由"不是放任不管，而是在规则下给予自由，对于危险的、不道德的、违反基本规定的行为，教师是需要引导和制止的，若没有负面影响，就应当让幼儿自由自主、有序地活动。其次，创新教育教学模式。从具体的教学行为上来说，自主意识的培养应从培养孩子的自信心、成就感着手，多组织一些具有创新意义的教学活动，比如说在教师的引导和看护下，让孩子自由组织一些集体活动，让孩子自主参与有趣的小设计、小实验等。要营造相对宽松自由的学习环境，放手让幼儿自主活动、自主探索、自主思考，鼓励孩子独立思考、相互合作。实践证明，成就感的不断刺激会激发自我意识的良性舒张和自信心的养成。再次，要平等地处理和孩子的关系。教师要把孩子当作朋友、当成独立的人。在传道授业的过程中，要有意识地学会多角度去观察、换位思考孩子这样做背后的出发点和意义，而不是单纯地认为孩子不懂事、胡闹，给予孩子能够理解和能够接受的健康的爱。医学研究认为，很多幼儿，乃至襁褓中的婴儿，都已经有了完善的感情世界和内心感受。因此，理解孩子的情绪变化和感受是对教师最基本的要求。然而，并不是每位老师都能爱得其法。所谓的爱得其法，是指教师的爱可以被孩子理解和接受。爱得其法，有利于孩子身心的发育，有利于孩子自信心的培养，有利于孩子自我意识的养成，否则就会导致孩子的发育和发展走向反面。忽视幼儿行为背后的动机，一味地呵斥、严明禁止，必然会阻碍教师与孩子之间的交流。因此，培养和唤醒幼儿的自我意识，对教师而言，关键在于教师首先要突破自己的认知和观念障碍。最后，要尊重孩子的权力。教育不是单向的传输，更不是要把教师个人的好恶强加给幼儿。幼儿在成长的过程中，需要遵循一定的规律，孩子的心智发展需要时间，教师不能认为孩子小就剥夺他一定的知情权。一句冷冰冰的小孩子能懂什么，浇灭的是孩子刚刚萌生的求知欲望；在孩子开始有了物权的意识，不愿与小伙伴分享时，教师不能简单粗暴地强制要求孩子一定要懂得分享，而应该尊重孩子的想法，以交换玩具等方式从旁引导孩子。教师和孩子应该是平等的，孩子也应该有发表自己观点的权利和渠道。权利是自信心的保证，不能表达自己权利的孩子是谈不上有自信心的，更

①蒙台梭利. 有吸收力的心灵[M]. 高潮、薛杰，译. 北京：中国发展出版社，2003：223.

谈不上自我意识的培养或养成了。

第四节　基于儿童发展的早期英语教育

教育理念是人们追求的教育理想，它是建立在教育规律之上的。科学的教育理念是一种远见卓识，它能正确地反映教育的本质和时代的特征，科学地指明前进的方向①。教育理念具有导向性、前瞻性和规范性的特点。随着世界全球化的迅猛发展，儿童早期英语教育在中国各地的开展已较为普遍，但教育质量参差不齐，一直缺乏科学理念的指导。那么，儿童早期英语教育的教育理念是什么？怎样才能确保儿童早期英语教育科学、有效？成人应该对儿童早期英语教育持怎样的期望？笔者通过阅读文献和对本市区部分学校及学前儿童家长的调查分析，从教育理念、教育目标、教学内容、教学方法、教学资源上对儿童早期英语教育进行了研究。

一、基于儿童发展的早期英语教育的理念

（一）以人为本的教育理念

现代教育强调以人为本，把重视人、理解人、尊重人、爱护人和发展人的精神贯穿于教育教学的全方位和全过程。儿童早期英语教育的过程中应以儿童为主体，从重视儿童、理解儿童、爱护儿童、发展儿童的视角来确定儿童早期英语教育的目标、内容和方法，从而让儿童在自由宽松的环境中得到全面成长。儿童视角有三个基本含义：第一，承认儿童的独特价值，并以尊重、保护儿童的独特价值为己任；在儿童早期英语教育中，儿童以其独特的视角参与、体验语言学习，并在体验中建构语言，他们以自己的方式习得语言。第二，强调赋予儿童自由表达的机会，让儿童能够说出自己的教育体验以及对教育的看法；只有儿童自己感兴趣的材料、活动方式，才能真正激发他们的兴趣。第三，珍视儿童的每一个观点，不以成人的标准对其进行评价，应该站在儿童的一边，了解儿童的真实处境和生活体验，从儿童的角度理解儿童的看法，并据此反思既有的教育观念和实践②。在儿童早期英语教育中，要充分考虑儿童的认知水平、心理特征及成长规律，并从儿童的思维来反思整体的教育活动，拒绝从成人的视角出发，强制性地给儿童灌输成人认为儿童所需的知识。

（二）素质教育理念

儿童早期英语教育应摒弃只重视知识的传授和接收的传统教育观念，全面开发儿童德、智、体、美诸种素质潜能，提高人的整体素质。儿童早期英语教育应更多地关注儿童学习过程中对语言内容的兴趣，并在语言学习过程中学会倾听，学会与他人相

---

①王冀生．试论现代大学的教育理念[J]．中国高等教育研究，1999(4)：7-9.

②杜小凤．儿童视角的幼儿园教育质量研究[D]．成都：四川师范大学，2015：3.

处，学会用不同的方式思维，并在潜移默化中培养英语语言的敏感性。应当帮助儿童内发性地成长，就像“园丁并不灌溉树枝，而只浇灌树根”[①]一样，儿童教育也应当注意培养人的“根器”。儿童早期英语教育好比是一个大花园，教育者是园丁，受教育者是花朵。如果急功近利地给花朵浇催长药，花园虽会在短期内鲜艳美丽，但最后只会得不偿失。想让花园长远地维持美态，最佳的办法是给花朵浇水施肥，让花朵慢慢地学会自己吸收养分，最后芬芳吐艳。

二、基于儿童发展的早期英语教育的目标

儿童早期英语教育应以儿童为中心，并在英语学习中坚持素质教育，从儿童的视角来设定儿童英语教育的目标。

（一）激起儿童英语学习的兴趣

兴趣是一种基本的情绪状态，它处于动机的最深水平，是驱使人行动的一种力量。美国著名心理学家布鲁斯曾说：“学习的刺激力量乃是对学习教材的兴趣”[②]。应从儿童的年龄、心理特征及视角出发，充分思考他们到底喜欢做什么，用什么方式做。首先，必须考虑教学材料是否能真正引起儿童的兴趣，是否是儿童关心的内容。只有儿童对内容和图画感兴趣，才能吸引他们去探究、去模仿。其次，教与学的活动是否符合儿童的特点。儿童只有在宽松的游戏活动中才能真正投入，在没有外界压力的情况下，轻松愉快地变枯燥的学“语言符号”，为玩“声音游戏”，在玩中学、在学中玩。这样既能满足儿童玩的愿望，又可以使其在不知不觉、高高兴兴的活动中自然习得英语。最后，教学评价是影响儿童参与兴趣的重要因素。因此，教育者必须鼓励、欣赏儿童参与英语教学活动，使儿童在活动中感到舒适并建立自信。如果孩子处在一个鼓励创造、重视自由的学习氛围中，他们不费劲就可以学到好多东西。只要有自信心，对游戏感兴趣且无拘无束，就能更好地激发儿童的学习兴趣与热情投入。

（二）对幼儿进行英语语感启蒙

心理语言学实践证明，婴儿在出生之后的最初几个月里，就表现出很强的语音感知能力。同时，与成人相比，儿童音域宽，精确区分语音的感受能力及语音的模仿能力与再现能力强，语音的可塑性大，负迁移小，易形成地道的语音语调。[③] 儿童对语言的辨别能力与认知能力以及对语音语感的领悟能力在六岁以后呈下降趋势；语音和语感的接受能力在六岁以后随着年龄的增长而逐渐减弱。第二语言的关键期主要指语音语调。[④] 而且，具有语音意识及语言结构意识的孩子今后的阅读能力明显强

---

①夸美纽斯.大教学论[M].傅任敢，译.北京：教育科学出版社，1999：83-85.

②高敬.幼儿英语教育[M].上海：华东师范大学出版社，2007：26.

③蒋琳.论幼儿英语教育的目标[J].读写算，2013(19)：286.

④余珍有.从第二语言敏感期的特点看学前双语教育的重点[J].早期教育，2003(5)：10-12.

于不具有这种意识的孩子，语音意识在学前期间可以养成。[①] 因此，儿童早期英语教育应重视对儿童进行语音、语感启蒙。而其主要方法则是像学习母语一样，通过大量的视听，使幼儿在欢快的学习中感受语言的节奏感、韵律感，建立起对英语语言的感受力，让儿童早期英语教育能真正成为教育学家皮盖特所说的“学习语言的准备阶段”。

(三) 培养英语思维及初步的听说能力

儿童的思维特征是具体形象性，而语言符号都具有概括性特点，对儿童进行语言教育，就需用直观性来解决这一对矛盾。言语符号形象化，既有助于儿童对外语的理解和记忆，又能使外语教育活泼、丰富多彩。因此，教学中宜采用母语式的直接教学法，也即“指物认物法”。让儿童借助实物、形象、动作、情景直接学习，建立英语语言符号系统。在母语教育中，母亲经常指着树，告诉初说母语的孩子：“这是树，树，好高的树呀！”在英语学习中也应通过这样的方式，使儿童在认识事物的同时，不知不觉在头脑中逐步建立英语概念，形成英语思维。通过大量的直接认识，大量的输入、重复、强化英语反应，儿童便能在自然的过程中吸收许多有用的语言材料和知识，不断提高对语言的理解力，在量变的基础上产生质变，开始慢慢输出语言。在发展儿童的听说能力方面，把重点放到活的语言材料上，为儿童提供丰富多样的口语样本，帮助儿童自然地进行口语交往。例如，对于日常的洗漱、起居或故事中的人物情感的表达，可以慢慢用身体语言表达，从一个词到两个词或更多，使儿童习惯并乐于用这样的表达方式。教育者不能强迫儿童说英语，而需等待“本能的缪斯”，当儿童掌握语言的基本法则之后，他们就会喜欢玩弄字眼，经常把不同的意思扭绞到一起，产生新的洞见，而自己也获得缪斯式的陶醉[②]。

(四) 感受多元文化

语言是文化的一部分，是文化的载体，是文化发展的基础，它可以在很大程度上反映民族文化的特点和不同民族之间的文化差异。儿童通过早期英语教育可以了解到不同于自己国家的风俗习惯和生活方式，从而获得多元文化的基本概念。

(五) 促进儿童全面和谐发展

儿童早期英语教育的目标应服从于儿童教育的总目标。英语教育不应仅仅当作一门学科进行教学。在英语教育过程中，应全面促进儿童德、智、德、体、美、劳的发展。多元智能理论认为，每个人都至少具备语言智力、数理逻辑智力、音乐智力、空间

---

①Monique Senechal. Literacy, Language and Emotional development. http://www.child-encyclopedia.com/language-development-and-literacy/according-experts/literacy-language-and-emotional-development, march 9, 2005.

②刘青青.基于儿童的“本能的缪斯”的教育教学思考——读《本能的缪斯——激活潜在的艺术灵性》[J].和谐教育研究，2014(9):40-41.

智力、身体智力、人际交往智力和自我认知智力等。在教学时，应充分开发儿童的多种智力。例如，在与儿童分享一个英语故事时，和儿童一起感受、辨别、记忆、改变和表达音乐；对故事中事物间的各种关系进行类比、对比，找出因果和逻辑等关系；通过涂涂画画培养儿童对线条、形状、结构、色彩和空间关系的敏感性；通过肢体运动发展身体的协调能力；培养对故事中的事件正确的价值观，学习故事中主人公的人格、意志；学习与人相处和交往的能力，觉察、体验他人的情绪、情感和意图。因而，在英语教育中，除了培养英语方面的能力外，还应遵循儿童的身心特点，促进儿童全面和谐发展。

三、适龄适性的学习材料

哈佛大学的语言教育学者凯瑟琳·斯诺认为学习语言的“最佳年龄”固然重要，但影响语言学习更重要的因素是“最佳配套条件”，包括正确的语言学习及使用观念、适龄适性的教学方法和材料、丰富的语言输入及互动机会、正面的回馈及鼓励等。[①]

语言材料和教学方法在语言学习中扮演着十分重要的角色。实践表明，儿童英语教育材料选择的正确性极大地影响着英语教育的科学性和有效性。在选择儿童英语学习的材料时，必须充分考虑语言材料的地道性、准确性及适切性，充分考虑儿童的心理和年龄特征及其学习、生活经验。

（一）儿　歌

儿歌较为简单且节奏轻快，儿歌中的音乐符合孩子的特点，它的韵律节奏往往能让从来没有接触过英语的孩子更加容易接受英语。儿歌也是培养儿童语音和语感的优秀素材，利用儿歌具有乐感和韵律的特征，通过多听和跟唱的方式，增加儿童语音的输入量，从而提高英语语感。

（二）童　谣

童谣在儿童早期英语教育的中至关重要。童谣节奏欢快、篇幅短小、语句重复，所以容易激发儿童的跟唱兴趣。同时童谣朗朗上口、句尾押韵，每一首童谣都蕴含着一个儿童熟悉的故事，符合儿童直观形象思维的认知需求，能在潜移默化的中建立儿童对英语的感知，激发儿童学英语的兴趣。

（三）动画片

动画片中包含着许多与孩子认知发展同步的内容，能吸引儿童的注意力。动画片的精髓在于它情景对应，在看、听动画片的过程中，儿童先被动画片的画面吸引，当画面内容能满足孩子看懂的需要时，他们就不会依赖中文，当多次重复观看和观看动画片的量越来越多时，英语语音输入量也越来越多，为儿童语音自然输出奠定基础。

①周兢.对我国学前教育英语教育的定位思考[J].教育教学研究，2004(12)：6.

同时，儿童的注意力会逐渐地从画面转移到语音上，语音和画面的结合成为情境对应的最佳时机。当生活中出现与动画片相似的情景时，儿童就会脱口而出动画片中人物的对话，从而达到语音输入到语音自然输出的最佳效果。

（四）绘　本

原版英文绘本是由国外作家编写的，语言地道、故事性强，是他们思维方式最原始的写照。通过阅读原版英文绘本，儿童会逐渐建立英语思维结构，有了英语的思维结构，就可以避免出现在说英语前先在脑子里生硬翻译后再生硬地说出中式英语的现象。绘本故事非常受儿童喜爱，它们画面优美，故事情节吸引人，还有许多情景是儿童生活中遇到的问题，如《牙医怕怕，鳄鱼怕怕》中小孩拔牙的场景与儿童成长中的烦恼相一致，故事从另一个角度让孩子明白了不能吃太多糖的道理，也让孩子在故事的阅读过程中感受到了语言的艺术。这些绘本不仅孩子喜欢，而且能让孩子学会包容、学会与人相处，养成良好的生活习惯，提高心智水平。

四、适龄适性的教育方法

英语教育应尊重儿童的语言学习规律，适合儿童的年龄和身心特点。实践表明，听、看、读和玩、演的教学方式是适龄适性的符合儿童英语学习的方法。

（一）在情景对应中听语言

语言学习的规律表明，“儿童的前语言阶段，是一个在语言获得过程中的语音核心期。围绕着语言最外在的实际显现——语音，儿童发展了三方面的能力，即前语音感知能力、前语音发音能力和前语音交际能力。这三方能力的获得，使儿童得以进入下一个运用语言去学习和交往的阶段”。[①] 在前语音阶段儿童感知语音的能力是他们获得语言的基础，在这一阶段先运用他们具备的听觉器官捕捉周围的各种信息，并学会如何捕捉语音，听觉相当敏锐，逐渐形成听辨不同话语声音的感知能力。出生后第一年，婴儿母语语言的习得须发展许多能力：需要从周围听到的连续口语语流中切分出词汇，学会了解词汇的意义，了解与其他人沟通的意识，形成概念及了解概念与语言符号的关系，学习语言发音等。在此期间，产生前语音交际能力。

语言的习得具有共通性。英语的学习也会经过一个前语音学习阶段。首先要经过大量的语言情境观察和感受，在一定视听的量的基础上，才会开始慢慢交际。通过大量的听，使之有足够的英语语音信号输入，这些语音信号在儿童大脑中慢慢储存和积累，有利于启蒙儿童英语语感，同时也为儿童自然而然地进行语音输出奠定基础。选择符合儿童心理年龄和行为特征的学习材料，通过情景对应式的体验和互动，培养儿童的听音辨音能力。可以选择原汁原味的听力资源，如《清华幼儿英语语感启蒙》、“WeeSing”、《鹅妈妈童谣》等儿歌、童谣、手指歌谣，结合视频光盘，使其获得正确的

①张明红.学前儿童语言教育[M].上海：华东师范大学出版社，2012：85.

语音信号和韵律节奏方面的训练。视听的本质在于磨耳朵，是一个长期而连续的过程，贵在坚持和耐心。坚持每天有听英语的时间，时间根据儿童的年龄特点和儿童自身的不同情况适当地进行调节。在移动互联网和应用软件普及的今天，一些高质量的线上应用软件，融听、看、学三位一体的教学方法、资源于一身，且进行了年龄细分。如“叽哩呱啦宝贝英语启蒙”，父母可以充分利用，对孩子进行英语教育，为儿童提供一个良好的英语学习环境。如，每天早晨起床，可以利用“叽哩呱啦”的叫醒电台，晚上睡前可利用哄睡电台，专注的磨耳朵时间安排 10～15 分钟，可以选择《鹅妈妈童谣》和其他的资源。在视听的过程中，与儿童充分互动，通过肢体语言、面部表情，甚至母语的方式让其理解情景，而不能急功近利，强迫儿童进行语音输出，只有语音信号输入积累到一定的量，才能考虑儿童是否能听懂和理解这一问题。

（二）在情境对应中读语言

环境中的线索对儿童语言学习十分重要，说话人的眼睛注视、身体朝向、手势、微笑都为儿童理解词的意义提供了线索。例如，通过指点物体身体朝向等儿童可以学习名词“狗”、动词“看”及其他词汇，如“ 这里”“ 那里”等。通过这些线索，儿童可以成功地将一个新的词汇与它指代的对象相联系，建立音义对应关系。在中国儿童早期英语教育中，由于真实语言环境的缺乏，可以通过多看生动有趣的动画、阅读儿童绘本故事来达到这一目的。在看的过程中，不能强迫儿童去掌握动画片中出现的单词和句子的意思，而应引领儿童理解画面，通过故事中的事物与生活中的事物进行音义对应，增加儿童语音信号的输入量，帮助儿童实现句子和图画的情景对应，潜移默化地提高儿童的英语语言理解能力，培养英语思维。同时，要注意反复地看，所有的事情都是从量变到质变的，只有重复达到一定的程度，才能内化为儿童真正的能力。

儿童早期英语阅读的目的主要有：(1)为儿童提供接触早期文字的机会，形成阅读的基本概念。(2)帮助儿童爱上阅读，爱上听故事、读故事。通过夸张的表情和生动的肢体动作来加深儿童对图片情景的理解和印象，让儿童学会观察并享受别人读故事、自己听故事的乐趣。(3)使儿童主动地参与阅读过程，开始注意文字，了解字形与语音的对应，促进理解，扩展词汇，建构和丰富背景知识，通过儿童和成人的互动，使儿童享受阅读的快乐。通过教师的指导，引导儿童使用合适的理解策略，帮助儿童发展阅读需要的高水平思维技能，进一步为独立阅读做好准备。

优秀绘本是提供孩子情境对应的最好素材，不但能培养孩子的阅读兴趣，还能锻炼孩子的专注力和观察力。但在选择绘本时，要注意以下几个问题：(1)绘本的权威性。是否获得大奖，如凯迪克图书奖、美国图书馆协会好书奖、《纽约时报》最佳图书奖等。(2)绘本的创作背景是否贴近孩子的生活。(3)图画是否吸引儿童，绘本文字是否适合儿童的水平。

绘本阅读要求教育者始终注意把书中的内容与儿童的实际生活联系起来，使儿童“悦”读其中。以 *Don't let the pigeon drive the bus* 为例。这是一本具有创意和互动型的的绘本。讲述的是巴士司机临时有事，离开前特别嘱咐读者，千万“别让鸽子开巴士”。可鸽子使出百般伎俩千方百计想坐上驾驶座去开巴士，你会同意让鸽子开巴士吗？不同年龄阶段的孩子可以有不同的侧重点。对低幼无英语基础的孩子，可以通过教育者对绘本的表演来引起儿童对故事中 pigeon 的兴趣以及对阅读绘本的兴趣，从中也能学到一些词的情境对应，比如什么是“pigeon”、什么是“bus”，“please”在哪种情况下运用等。有英文基础的孩子，不仅能学到上面提到的词的情境对应，还能与教育者一起表演，更好地揣摩故事中鸽子的心思，让故事变得更加有趣，还能做到一些句子的情境对应。

这就要求教育者了解绘本。一方面是对语言的了解，另一方面是对于绘本中巴士司机及鸽子各自包含的感情色彩要仔细揣摩，才能把绘本的语音语调掌握好，在与儿童表演的过程中才能游刃有余。

阅读在于建立一个适合儿童身心发展和语言发展的情境，让他们在情境中积累和发展语言，同时促进想象力、思维能力的提高，促进身心健康全面发展。

（三）在游戏中体验语言

游戏是儿童独特文化的主要元素，它构建了儿童的精神世界。游戏是儿童存在的一种形式，是儿童生存的一种状态，是儿童真实生活的有机组成部分，儿童常常以一种游戏的心境来观照自己的所见所闻，乃至于自己的行为方式，对于儿童来说，游戏不仅是一种存在的形式，也是一种基本的学习形式[①]。对儿童眼中的游戏与学习的研究表明，儿童十分珍视他们在活动中选择和自主的机会，不管他们把活动称为是学习还是游戏，因此，应将游戏融入教育实践中，以避免将游戏与学习一分为二，应当尊重儿童的参与[②]。

儿童的游戏中，出现大量的尝试、体验、模仿等学习方式，儿童在游戏中形成概念，学习人际交往，认识世界，逐渐发展成自身能力。因此，在儿童早期的语言学习中，游戏、玩、演也应是其学习的主要形式。在听、读环节，让儿童进行探究、尝试、体验、模仿、角色扮演，能充分调动儿童的五官参与，建立起三维一体的立体学习方法。例如，根据内容的不同，可以开展以下活动：(1)在做中学。以这首童谣为例：“嘿！滴嗒，嘀嗒，猫咪和小提琴，母牛跳过月亮；看到这么有趣的事，小狗笑了，盘子也跟着汤匙跑了。”儿童和教育者可以一边做粘土狗、各种剪纸粘贴布局，一边听童谣。边做手工边说，可以让儿童在这种自然的语境中自由地做，在做中说、在做中学，感受其中的英语活动的美和乐趣。(2)美食烘焙式读。如 *Pat-a-cake，baker* 这个故事，可以让儿童参与蛋糕制作过程，或者用游戏代替制作过程，让儿童一边做一边听童谣，一边吃着美味蛋糕。(3)画画涂涂。如唱有关星星的歌谣，看有关星星月亮的绘本，就和

---

①王小英.学前儿童的游戏与学习[J].学前教育研究，2013(7)：1-7.

②Maryanne Theobald，Susan Danby，Johanna Einarsdottir，et al. Children's Perspective of Play and Learning for Educational Practice. Educ. sci. 2015(5)：345-362 .

儿童一起创作一幅相关的画。可以适当标上单词进行对应。(4)全身反应法。根据内容用肢体语言表达。如读 *I'm a little tea pot* 这个故事,可根据内容做相应的肢体动作,一手插腰当壶把,一手伸出当壶嘴,倒茶的时候身体倾斜咕噜咕噜倒水。(5)情景对应。在雨天读 *Rain on the green grass*,和孩子对应指出雨滴落在草地、树上和屋顶,自己不被淋湿的场景。(6)情景假想式读。如读 *To market, to market* 这首儿歌时可以和孩子一起玩假想游戏,拿出心爱的储蓄罐,去赶集买了可爱呆萌的胖胖小猪宠物,学着猪哼哼叫,借假想来更好地感知和理解儿歌描绘的场景。(7)角色扮演。即按故事内容让儿童决定扮演自己喜欢的角色。在这种宽松的环境中,一方面儿童不用担心目标是否完成,可以毫无压力地在其中探索,尝试各种行为方式,在假想的情境中自然地运用语言,并将在角色中尝试过的行为应用到解决问题的现实中;另一方面又促进了儿童想象力与创造力的发展。

在以上玩、演的过程中,儿童不仅体验了快乐,也在潜移移默化中感受和习得了语言。

五、结　语

家长是儿童的第一任教师,也是终身教师。在儿童语言学习中,家长的作用显而易见,对缺乏语言环境的英语学习来说,家长的作用就更加突出。但在实际操作中,大部分家长不太了解儿童到底为什么要学英语、学习什么、如何学,也有许多家长对于培训机构或学校存在依赖心理,认为把孩子交给英语课堂,一切就由老师负责。家长们经常会说,请老师多关照、多严格要求,但往往忽略了最大的责任在于家长。因为语言需要不断积累、大量输入,如果光靠课堂上的几十分钟是远远不够的。试想在母语学习中,如果仅靠一周两三节课,每节课几十分钟,其他时间都不学,家长放心吗?儿童学习英语时接受刺激的时间、量以及强度要有适当的密度。没有时间上的保证,没有足够的量的积累,没有强度上的刺激,儿童对英语的感觉和语言运用能力就无从谈起[①]。因此,儿童英语学习更需要家长积极营造英语学习环境,和孩子一起看英语视频、听英语儿歌、读英语图画书。只有家长的配合和坚持,儿童的英语学习才会有效果。儿童英语教育的机构应开展家长教育,使家长明白语言学习的规律,明确自己在孩子语言学习中的责任和角色。只有家校联合,儿童、家长、学校三方面共同努力,英语教育才能真正促进儿童健康、全面地发展,才能使儿童的英语学习走得更远。

儿童的学习主要是 experiencing(亲历、体验),主要表现在他的生活乃至于学习都是诗性的、游戏的、童话的(或神话的)、梦想的、艺术的、好奇的、探索的,他的生活乃至于学习主要都是本能的和无意识水平的,[②]儿童的学习应该是一种生活取向和

①刘华.习得理论指导下的家庭幼儿英语教育[J].学前教育研究,2003(11):47.

②刘晓东.中国学前教育需要革命性变革[J].教育导刊:下半月,2005(7):26.

成长取向。

第五节　幼儿数学操作活动策略的研究

我国政府非常重视学前教育事业的发展，近年来颁布了《国家中长期教育改革和发展规划纲要(2010—2020年)》《关于幼儿教育改革与发展的指导意见》《国务院关于当前发展学前教育的若干意见》等文件来指导学前教育事业的发展。教育部也发布了《幼儿园教育指导纲要(试行)》《3～6岁儿童学习与发展指南》《幼儿园工作规程》来指导幼儿园教育的实施，其中都有提到在幼儿教育活动的过程中应该注重幼儿的操作实践，在科学领域重视操作活动的重要性，尤其是要引导幼儿在认识数学概念的过程中采用操作活动的方式，所以操作活动实施的效果关系着幼儿数学教育活动质量。目前许多幼儿园教师在组织数学操作活动中仍存在着许多不合理的地方，这就需要我们认真地进行探讨和思考，并寻求合理的解决策略。

一、对幼儿数学操作活动的认识

(一) 国内相关研究

国内关于幼儿操作活动的思想研究的学者主要包括陶行知、张雪门、陈鹤琴等人，他们都受到杜威实用主义教育思想的影响，他们的思想有许多相似之处，都重视“做中学”，重视幼儿的自主操作活动和教师在幼儿操作学习中提供给幼儿操作材料，并在幼儿操作时进行观察和引导。

陶行知的生活教育思想中的方法是“教学做合一”，要想教得好、学得好，就必须做得好。要想做得好，就须“在劳力上劳心”。他重视幼儿的做，并将学和教连接在一起。幼儿的操作活动是要促进幼儿的自身数学概念的学习和获得，幼儿教师要在数学操作活动中花许多心思来设计操作活动，使得幼儿能够在活动中“劳力”的同时能够“劳心”，能够真正地在操作活动中获得数学知识。张雪门是我国台湾著名的幼儿教育家，他致力于幼儿教育并从实践中逐渐形成了“行为课程”理论。他重视幼儿在行动中学习和在行动中获得发展。他重视幼儿在实际操作中直接经验的学习，相比于杜威的“做中学”，他更加重视幼儿的“做上学”和教师的“做上教”，此观点把幼儿的学和教师的教更加有机地结合在了一起，体现出了教师在教学活动实践中行动的积极导向价值，幼儿也能够在操作行动中学习并且通过操作活动得到数学概念的获得和发展。不仅如此，此观点也明确了在幼儿数学操作活动中幼儿教师应该对幼儿操作行为进行观察和积极、及时的引导。陈鹤琴是我国学前教育儿童心理研究的开拓者和奠基人。他提出“活教育”思想，主张“做中教、做中学、做中求进步”，同样将“做”贯穿于整个教育过程。他重视幼儿的实际操作活动，并将幼儿操作行为贯穿于整个教育教学过程。

自改革开放以来，在幼儿数学学习及教学中的实物操作的方法和作用都得到进一步的强化。2001 年新颁布的《幼儿园教育指导纲要（试行）》中，强调科学领域要“提供丰富的可操作的材料，为每位幼儿都能运用多种感官、多种方式进行探索提供活动的条件”。关于幼儿数学操作活动的研究也渐趋明朗。如许燕频在《幼儿数学操作性学习活动的认知特点及指导策略》一文中提到①，幼儿数学操作性活动中包括了观察、记忆、想象和思维等方面的认知成分。教师要在操作活动中渗透各种认知成分，发挥操作活动对发展幼儿认知的作用，材料的提供要考虑认知成分的渗透作用，教师的指导也要做到适时、适度，并具有针对性。林兰芳在《幼儿操作性学习方式与教师的指导策略》中总结出几种操作模式②，如示范性操作、引导性操作、探索性操作、合作性操作、拓展性操作，并要求教师在实际教学中根据不同的幼儿、不同的学习内容和不同的活动情景选择不同的操作方式，以达到活动目标。钱震在《幼儿数学操作活动中教师的观察》中强调③幼儿教师在数学操作活动中观察的重要性，要求教师充分运用自己的眼睛有目的和有步骤地观察幼儿，让幼儿和教师都能够在数学操作活动中共同发展，等等。

（二）国外相关研究

幼儿操作活动的教育探索应追溯到 19 世纪后期最初创立幼儿园的德国教育家福禄贝尔。福禄贝尔为幼儿创设了“恩物”材料和作业活动。恩物的主要作用在于吸收或接受，作业的主要作用在于表现或建造。作业是操作“恩物”的活动，即作业是操作活动，“恩物”是操作活动的材料。幼儿数学的学习需要操作活动，在活动中要选择适合幼儿的特定的材料。

杜威的“做中学”思想，即儿童性自身的活动与操作中学习。他提倡通过操作方式来组织幼儿教学活动。此外蒙台梭利教具在幼儿园中的应用也较多，蒙台梭利提倡为儿童提供有准备的环境（自由、材料等）让幼儿进行学习，这是探索幼儿教学中操作性学习的创举。皮亚杰认为：“知识来源于动作”。幼儿主要通过不断的动作和活动来实现自身的认知发展，其认知发展是通过幼儿在与客体相互作用的活动过程中，实现自身思维的逐步建立、发展和完善。同时幼儿通过动作更有效地把握客体特征，从而实现幼儿的认知发展和建构。

二、幼儿数学操作活动的主要问题

幼儿数学操作活动是指幼儿自主地操作学具材料，通过与材料的相互作用来探索数学知识的活动。幼儿数学操作活动策略是指根据幼儿操作性学习方式与特点，

---

①许燕频．幼儿数学操作性学习活动的认知特点及指导策略[J]．教育探索，2008(11)：65-66．

②林兰芳．幼儿操作性学习方式与教师的指导策略[J]．教育学术月刊，2009(2)：109-110．

③钱震．幼儿数学操作活动中教师的观察[J]．幼儿教育，2011(7)：76-78．

为实现幼儿数学学习的活动目标，有针对性地选择与组合相关的活动内容、活动组织形式、活动方法和技术，形成的具有效率意义的特定活动方案[①]。它确定了幼儿教师教的行为和幼儿学的行为的程序等在内，付诸活动过程中实施的整个活动方案。

目前我国幼儿数学操作活动的主要问题如下：

（一）利用操作法作为幼儿数学理解、练习的渠道，操作活动形式较单一

有的幼儿教师讲授完数学知识后，在剩下的活动时间里发放操作材料，教师示范操作，让幼儿通过操作活动进行检验所授数学知识。教师希望通过操作活动使幼儿加强记忆所授的数学知识，但是这种操作只是单纯的模仿教师的操作，通过多次练习来进行的机械记忆，幼儿并没有自身内化的结果。幼儿在操作中未能发现和明确问题，幼儿数学逻辑思维未能得到锻炼，在此过程中幼儿难以形成自己对数学概念的理解。

有的幼儿教师组织幼儿进行数学活动的一般流程都是给幼儿讲授完数学知识后，发放材料给幼儿，让幼儿根据学完的数学知识进行操作，以此来检验幼儿是否掌握了该活动的内容，第一次操作不成功，就要求幼儿进行多次。

这是因为幼儿教师不理解操作活动的实质，操作活动是幼儿发展数学知识的活动形式，是幼儿自身与材料发生相互作用，活动中幼儿需要边思考边操作，思维践行于实践操作，幼儿从而能够在其中获得数学知识的发展，应该是教师所授知识的提升环节。教师对操作活动的认识还停留在较低层次，认为操作活动是幼儿用来理解和检验数学知识的手段，而没有拓宽性地发挥操作活动的探究性等作用。

（二）直接用填写操作册来代替动手操作活动

教师开展数学操作活动意味着需要给幼儿准备操作材料和操作时间、空间等，教师准备这些东西需要大量的时间和精力，还需要幼儿园有相应的设施设备和材料[②]。更为重要的是，操作活动的开展需要教师有较强的组织能力，教师开展数学操作活动的环节需要层层递进，要激发幼儿的操作兴趣，才能保证幼儿在操作活动中不会失去操作的注意力而单纯玩操作材料或会扰乱活动秩序。事实上，大多数幼儿园都会定购教材，教材一般都是多本配套的，有操作册、家庭作业册及操作学具等。但是幼儿教师一般会较多地使用操作册而不是操作学具让幼儿完成操作活动，一方面是因为操作册的填写能够有效地保留幼儿的学习结果，便于幼儿教师的检查、批改和给幼儿家长看幼儿的学习情况，即节省了教师的时间和精力，又不用到处想办法找材料；另一方面是在幼儿的填写过程中不会出现秩序混乱的情况，幼儿一般都会安静地集中注意力去完成，教师组织活动较轻松。正因此，幼儿的操作活动本应是亲自动手与材料相互作用的这个过程就没有了，有的只是幼儿听讲后的记忆和推断成果，这种数学

---

①万湘桂．李建亚．活动开放课程——教师指导用书（数学—操作）［M］．北京：农村读物出版社，2010：126.

②陈文华．中外学前教育史［M］．北京：科学出版社，2011：158.

知识的吸取方式是幼儿难以真正接受和理解的,因为幼儿学习到的数学知识并没有真正地内化成自己的经验知识。

(三)操作活动等同于幼儿的自由活动

有部分教师认为幼儿数学操作活动就是幼儿自己在自由活动时随便摆弄学具材料的活动,是幼儿全自主的活动,不需要教师的干预。在幼儿数学操作活动中不去观察和指导,不对幼儿的操作做出任何的要求,这样的幼儿数学操作活动是幼儿无目的的单纯玩玩具。出现这种现象同样是因为幼儿教师对幼儿数学操作活动实质的不理解,从而产生如此错误的观念。教师没有给幼儿一个操作的方向,一个有利于幼儿消化或吸收所接受的数学知识的操作方向,以至于幼儿会无方向地玩新奇的学具。操作活动是数学概念和知识构建的过程,这个过程需要幼儿教师细心观察幼儿的操作行为是否有助于数学知识的构建,引导幼儿完成操作活动的目标,从中获得数学概念的内化。

(四)把操作活动作为幼儿数学活动的过场

许多幼儿教师都能意识到操作法对幼儿学习数学的重要性,认为操作活动在数学活动中不可或缺,因为幼儿的学习能力决定了操作活动的重要性。但也有部分幼儿教师只是积极地运用操作法来装饰数学活动,轻微地带过,以此表明自己在幼儿数学活动中运用了操作法。还有一些教师未安排好数学活动中操作活动的时间,使幼儿还没完成操作任务就要收拾学具材料等东西去进行他们的下一个活动;或者是给幼儿的操作时间短,甚至大部分幼儿还没真正开始操作,就草草地结束掉了操作活动环节。他们都同样忽略了操作法的真正意义,把数学活动中的操作活动当成装潢,敷衍地装饰幼儿的数学活动。教师没能把幼儿定位成数学操作活动的主体。操作活动是一个过程,它需要安排足够的时间去让幼儿动手体会,幼儿没有足够的时间进行头脑思考和动手操作的结合,便很难理解和提升自身的数学知识。

三、幼儿数学操作活动的指导策略

(一)明确操作法的意义,定位好幼儿与教师在操作活动中所担任的角色

数学操作活动是指幼儿通过自主地操作学具材料,与材料产生的相互作用来探索数学知识的活动。操作数学材料的过程是幼儿探索数学知识的过程,同时又是幼儿自主构建数学知识体系的过程。操作材料的主角应该是活动中的幼儿,幼儿教师在操作活动中充当的角色应当是观察者和引导者①。

(二)提供适合、充足和多层次的操作活动材料

因为在儿童期,幼儿智力呈现快速增长的趋势,尤其是0～5岁,这是智力发展最

①费美玲.幼儿园数学操作活动有效性提高的策略研究[J].考试周刊,2014(85):189.

为迅速的时期。幼儿的动作技能是从粗大动作技能发展到精细动作技能，所以操作材料应该采用适合幼儿智力和动作发展水平的材料。操作材料一定要充足，做到每位幼儿人手一套，并且相同，要平等地分配材料。智力的发展具有稳定性的同时，也具有个体差异性。据此操作材料要尽可能地准备得多层次一些。小班的幼儿尽量采用低级、较简单的材料，中大班幼儿使用低级和高级材料，大班幼儿最好能在提供高级材料的同时也多多提供低级材料，高级材料会限制幼儿的创作能力，低级材料利于幼儿的创作性操作，还能够更好地发展幼儿的智力。

（三）让幼儿明确操作目标，有方向地操作

幼儿在活动中乱玩操作材料、到处张望别的幼儿操作，那是因为他们没有听懂操作的要求，没有方向地在操作。教师应该在组织操作活动前就要明确该活动的操作目标，并在说明操作材料的使用方法后和开始操作前就要说明活动的操作目标。教师还要在活动中提醒不明确操作目标的幼儿，因为幼儿的注意力易分散，教师的提醒能够唤回幼儿对操作活动的兴趣和注意力。

（四）提供充足的时间给幼儿思考，提供足够的空间给幼儿进行操作，重视幼儿操作过程的讨论和评价

操作活动不能是一带而过的活动，是需要给予幼儿操作时间的活动。操作活动中需要幼儿思考操作问题，正是思考让幼儿获得了数学概念和锻炼了幼儿的思维能力。成人思考都需要时间，更别提几岁的幼儿了，他们的生活经历少，思维能力差，需要教师提供充足的时间思考。与此同时，操作活动要安排幼儿有足够的操作活动空间。幼儿有时在自由活动中也会发生“领地争吵”问题，所以教师要在活动前，要预见幼儿所需要的活动空间，安排好幼儿的操作空间。开展操作活动时，教师不仅要观察和指导幼儿的操作行为，还要关注幼儿的操作过程，并适时组织幼儿进行讨论和评价。教师引导幼儿讨论和评价操作过程，能够起到帮助幼儿总结和理顺之前的数学操作行为，有利于幼儿建立初步的数学逻辑思维和建立较有条理的数学知识，规范幼儿的操作行为等。

第六节　论幼儿早操原本价值的回归

《幼儿园教育指导纲要（试行）》中明确规定：“幼儿园必须把保护幼儿的生命和促进幼儿的健康放在工作的首位。”然而在每学期的见习实践活动中，笔者发现，因社会因素和幼儿教师因素的影响，幼儿早操存在着诸多问题，致使幼儿早操的价值偏离，幼儿早操的作用没能得到真正的体现。面对如此令人担忧的现状，笔者尝试对幼儿早操的现状进行研究，并对幼儿早操原本价值的回归做相关探讨，借此希望对当前幼儿园早操活动的实践提供借鉴，并更好地促进幼儿身心健康成长。

易静在《幼儿园早操音乐适配研究》中将早操活动初步界定为：早操是除晨间活

动外，在幼儿园操场内由教师统一组织，以基本体操为主要内容的一种体育组织形式①。周君华在《婴幼儿体育的理论与实践》一书中指出，早操是幼儿进行全身协调活动的锻炼方式，通过早操可以提高幼儿的机体活动能力，发展幼儿动作，培养有自信、有勇气等优良品格和热情开朗的性格②。

根据论文的研究重点，笔者初步将幼儿早操界定为：幼儿早操是全体幼儿早晨入园后，在全体幼儿教师的统一带领下，以基本体操为主要内容开展的一种有利于幼儿身心发展的体育组织形式。

在《现代汉语词典》第五版中，"原本"一词的解释可归纳为三类：其一指事物之所由起，根源，原来，本来；其二指书本最初的手稿；其三指底本，翻译所根据的原书。而幼儿早操原本价值中"原本"一词的内涵指的是第一类解释：事物之所由起，根源，原来，本来。

在当前的语言系统中，价值概念有三种不同的形态，即经济学意义上的、价值哲学意义上的和日常用语意义上的。在本研究中，幼儿早操原本价值中"价值"一词的含义更倾向于哲学意义上的价值概念：价值的本质是现实的人同满足其某种需要的客体的属性之间的一种关系③。结合"原本"一词与"价值"一词的内涵，原本价值指的是客体对于增强人的本质力量或主体所具有的本来作用和根源意义。

幼儿早操原本价值的内涵是什么？《3～6岁儿童学习与发展指南》对健康的解读为：健康是指人在身体、心理和社会适应方面的良好状态。对幼儿早操原本价值的概念进行剖析：客体指的是早操活动，主体指的是幼儿，本来作用和根源意义指的是健康。因此，从健康领域的视角出发，进一步分析幼儿早操原本价值的内涵：幼儿早操活动作为一个价值客体，其属性对幼儿发展需要的价值，能够直接或间接地帮助和提高人的主体力量，具有突出的身体健康价值、心理健康价值以及社会适应价值。

一、幼儿早操原本价值偏离的问题分析

（一）幼儿早操身体健康价值偏离的表现

1. 早操流于形式化

《指南》中指出：保证幼儿的户外活动时间一般不少于两小时，其中体育活动时间不少于一小时；提高幼儿适应季节变化的能力，季节交替时要坚持。因此，幼儿园的早操活动也要根据天气气候、适当地开展。但冬天天气寒冷，在室外开展早操，幼儿教师担心孩子着凉感冒而理所当然地不在室外开展早操活动，取而代之的是在室内，

①易静. 幼儿园早操音乐配试研究[D]. 长沙：湖南师范大学，2014：14-15.

②周君华. 婴幼儿体育的理论与实践[M]. 北京：高等教育出版社，2008：274-279.

③喻文德. 论价值的本质及其根源——兼与赖金良先生商榷[J]. 太原师范学院学报：社会科学版，2007，6(4)：35-38.

或把早操活动时间直接改为幼儿自由活动时间，给幼儿一些工具让其自由支配等。殊不知，幼儿教师这些“走过场”的做法不仅不利于幼儿适应环境，而且也使幼儿失去锻炼身体的机会，没有重视早操活动对幼儿的重大意义，不利于幼儿增强身体抵抗和预防疾病的能力，这既弱化了早操活动强身健体的价值，又不利于让幼儿整理情绪，开始一天的崭新快乐的生活。

2. 早操过于舞蹈化

首先，我国幼儿园男女幼儿教师比例严重失衡，甚至有很多幼儿园全是女性幼儿教师，由于女性教师自身的特点，容易导致女性幼儿教师在编排早操活动时，动作偏向柔软，过于注重美感而缺乏力度，致使舞蹈化的幼儿早操难以起到提高心率、锻炼身体的作用①；其次，幼儿教师除去学前教育专业的，也很少具有幼儿体育专业知识的教师，反而舞蹈、美术、音乐专业的幼儿教师居多。在早操编排中，成员多数是由舞蹈教师、音乐教师或者是学前专业的教师组成，这些教师普遍都缺乏体育知识，缺乏幼儿早操编排的专业知识。这容易导致编排出来的早操运动负荷量不足，难以取得体育锻炼的效果②；再者，笔者就针对“在五大领域中，幼儿早操属于一领域？”这一问题展开访问调查，希望能够了解幼儿教师对早操观念的认识。但访谈调查结果显示：大部分幼儿教师认为幼儿早操属于艺术领域，少数回答说幼儿早操是艺术与体育的结合。幼儿教师对早操活动的认识不深，导致形成错误的早操观念，致使早操活动编排偏向于艺术方面，倾向于舞蹈化。

3. 早操偏向成人化

幼儿的肌肉、骨骼生长发育不够成熟，各方面的功能远不及成人，编排早操活动时，应选择节奏性强、容易上手又能锻炼身体的动作。但幼儿园教师在编排动作时，未能考虑到幼儿的年龄特点，其中一些教师直接以迪斯科舞蹈代替徒手操来教学，这有损幼儿的健康③。此外，幼儿教师在早操配乐中会选择一些自己喜欢的歌曲，比如流行歌曲，这类歌曲缺乏童趣，不适合幼儿耳濡目染、口头说唱。此类型的歌曲也直接影响了幼儿早操动作的编排，幼儿多数只能做上肢动作和跑跳动作。成人化的早操动作弱化了幼儿的锻炼效果④。

（二）幼儿早操心理健康价值偏离的表现

1. 早操活动竞技化

随着体操活动在国际社会上的蓬勃发展，幼儿园也纷纷重视起早操活动。据访谈所知：有些幼儿园会举办或参加早操活动的比赛，借此评出优秀班级；也有些幼儿

①刁在箴.初论体育与舞蹈的联系与区别[J].沈阳体育学院学报，1990(4)：55-56，19.

②陈群峰.新理念下幼儿早操活动的探索与实践[J].内蒙古师范大学学报：教育科学版，2005，18(8)：43-45.

③陆克俭.幼儿园早操的改革思考与实践创新[J].早期教育：教师版，2011(Z1)：7-9.

④吕凤清.幼儿园早操编排与组织的新途径[J].教育导刊：下半月刊，2013(6)：40-42.

园会参加县、区、市等不同等级的早操比赛。为了取得好成绩，幼儿园在早操编排中不惜加大动作难度、增加复杂的队形变化、动作要求整齐如一等。竞技化的早操活动难度加大，会使相当一部分的幼儿难以跟上老师和同学的步伐，在早操活动中频频面临困难、遭受挫折，多次的挫败，致使幼儿对自己不满意，容易形成挫败感、自卑感，失去勇气和信心，影响幼儿的心理健康发展。

2. 忽视幼儿主体化

《指南》中明确指出：幼儿身心发育尚未成熟，需要成人的精心呵护和照顾，但不宜过度保护和包办代替，以免剥夺幼儿自主学习的机会，养成过于依赖的不良习惯，影响其主动性、独立性的发展。从访谈中所知：大多幼儿园的早操都是幼儿教师自己一手一脚编排出来的，其中幼儿的参与几乎不存在，比如器械的运用、音乐的选择、队形的变化、动作的编排及规则的制定等。早操活动中缺乏幼儿的参与，填鸭式灌输以及强制性训练只会使幼儿感到乏味、厌倦甚至害怕，不利于激发幼儿对早操活动的兴趣。这样一来，幼儿就不会积极主动运用感官去感受，如听、说、看、动脑想、动手操作，不会去积极摸索、探究发现，这些都不利于激发幼儿智力潜能的发展[①]。

3. 早操内容低俗化

时代潮流的变幻莫测，也使相当部分的幼儿园早操活动随之发生变化，无论是从音乐的选材上，还是动作的编排中。因此从访谈中可以发现：有些幼儿园早操的音乐为了迎合社会上流行的、时髦的因素又或者是为了迎合家长的需求，在音乐的选材上毫无“营养”，例如选择流行歌曲，没有童趣，也偏向于谈情说爱方面的。更甚者，其中一些幼儿园直接把社会上流行的歌曲舞蹈照搬到幼儿早操活动中，比如《小苹果》。其中不雅的动作不适合幼儿，但幼儿园却没有将其改编后再推广。幼儿处于幼小阶段，其模仿能力很强，但并没有很强的辨别能力，分不清哪些好、哪些不好，容易全盘接受，这都会对幼儿的成长造成不良的影响。

（三）幼儿早操社会适应价值偏离的表现

1. 成员之间互动少

《指南》中明确指出：经常带幼儿接触不同的人际环境，如参加亲戚朋友聚会，多和不熟悉的小朋友玩，可使幼儿较快适应新的人际关系。同样地，在幼儿早操活动当中也应让幼儿多与同伴或老师接触，促进成员之间的深入互动和交流，适应集体生活。但很少有幼儿园在编排早操时关注到俩俩合作式，抑或是多人合作式的队列变化。在观察中发现，也有些幼儿教师把带操看作是任务，或因为熟练而随意，动作不到位，无精打采，导致师幼之间以及幼儿之间的互动也随之减少，比如缺乏眼神与肢体的交流、动作配合与语言互动不足等。这都不利于幼儿语言能力、身体协调能力、团队合作意识以及规则意识的发展，影响幼儿社会性发展水平的提高。

---

①方明.如何培养与发展幼儿的智力[J].现代家教,2000(4):15-17.

2. 生活教育整合少

很多幼儿教师在访谈过程中都提到：在编排幼儿早操时，并没有结合本学期的教学大纲，都是直接创编出来的；在歌曲选择上，幼儿教师也较少选取一些含有日常生活常识的乐曲；早操的类型除了基本体操外，也很少借鉴武术、跆拳道等类型。总体上，幼儿园都没有做到“整合”，只是单纯地做操，单纯地让孩子在户外活动，白白地浪费了教育的机会。

二、幼儿早操原本价值的回归分析

诚如上述所知：幼儿早操原本价值发生了偏离，不利于幼儿身心健康发展。为此，笔者就从身体健康价值、心理健康价值、社会适应价值三大层面来分析幼儿早操原本价值回归的途径。首先要做到观念的回归，因为观念是行动的先导，只有观念转变了，幼儿教师才能了解到幼儿早操活动的特点。其次要做到行动的回归，再好的观念只有在得到落实、得到良好的执行才能发挥出它的生命力，幼儿教师才有可能编排出优秀的幼儿早操。所以，观念与行动的回归结合能使幼儿早操原本价值更凸显。我们将从观念回归与行动回归的角度来一一分析幼儿早操原本价值的回归途径。

（一）幼儿早操原本价值回归之身体健康价值

《纲要》中指出：“幼儿园必须把保护幼儿的生命和促进幼儿的健康放在工作的首位，树立正确的健康观念。”因此，身为一名合格的幼儿教师，首先要树立先进的教学理念，先进的教学理念是指导教学行为的思想观念和精神追求。幼儿教师要想正确认识到幼儿早操是属于健康领域这一观念，就要了解《纲要》《指南》等相关文件，熟读文件、剖析精要，才能正确认识幼儿早操在健康领域中的特点及其本身的体育特点，认识到幼儿早操对幼儿身体锻炼的价值，避免舞蹈化、成人化的幼儿早操出现，这样才能创编出一套适合幼儿锻炼身体的早操活动。

为了使幼儿早操能最大化地起到锻炼身体的作用，首先，幼儿教师在创编早操活动时，除了要有音乐、舞蹈方面的知识外，更应具备丰富的幼儿体育运动知识。为此，幼儿教师应大量阅读相关书籍，例如人体运动的科学规律、幼儿体育、幼儿生理学、幼儿心理学、幼儿卫生学、幼儿基本体操等，力求让自己的知识领域不断扩大，自我提高；其次，幼儿园应加大招聘男教师的力度，缩小男女教师失衡的比例，使男女教师有机会一起编操、一起带操，避免幼儿早操偏向柔和而缺乏力度；最后，幼儿园领导也要助编排教师一臂之力，邀请早操方面的专业人士到本园指导教师编排早操、组织成立一个早操，活动编排小组，根据幼儿的特点对各班早操活动进行观摩指导，组织教师进行一个早操活动编排的交流会等。通过各种形式，避免幼儿教师编排出舞蹈化及成人化的幼儿早操，力求让教师在每次的早操编排中都能提升，都能进一步了解早操编排方面的知识。

（二）幼儿早操原本价值回归之心理健康价值

幼儿心理健康一般表现在这些方面：积极的情绪、良好的性格以及良好的能力。其一，从生理学、卫生学的角度看，早操能使幼儿在集体中从抑制状态转为兴奋状态，让幼儿为一天的学习和各种活动做好身体准备，同时也能振奋精神、调动情绪，激发幼儿有朝气、愉快地生活①。可见，幼儿早操能为幼儿带来积极的情绪，使之较快地进入学习状态，提高活动的效率，有利于幼儿的智力操作。因此幼儿教师要意识到早操活动的开展对幼儿情绪有积极影响，才能避免幼儿早操中出现“走过场”的现象。其二，一套优秀的幼儿早操，必是适合幼儿，又是幼儿所喜爱的。这样一套优秀的早操活动能引起幼儿对早操活动的兴趣，能激发幼儿快乐的情绪，使幼儿的心理活动处于一种积极状态。在这种状态下，幼儿有助于形成活泼开朗、大方热情、朝气蓬勃的良好个性。所以，幼儿早操活动当中，幼儿教师不应一味地加大难度，给幼儿带来过多的障碍和消极情绪，这不利于幼儿良好个性的形成。德国著名的教育哲学家博尔诺夫也认为情绪对尚未成熟的儿童影响很大，特别是对儿童的学习效果、各种能力的发展具有深刻而普遍的影响。“获得、发展和保护这种愉快心境，以及在各种可避免的障碍后重建它”，这是家长和教师应该孜孜以求的②。因此，幼儿教师在早操活动中要发展和保护幼儿积极的情绪，只有具备了这种意识，幼儿教师才能编排出受幼儿喜欢的早操活动。

为了凸显幼儿早操在心理健康上的价值，第一，幼儿教师在编排早操活动时应做到不要因为渴望获奖而加大早操的难度，添加竞技化与成人化的动作，挫伤幼儿积极性。女性教师选择歌曲时，应通过多渠道、选择多样化的歌曲，不要一味地选择倾向于自己喜好或大多过于柔和的乐曲，因为不是幼儿喜爱或过多柔和的乐曲，难以起到振奋幼儿精神、调动情绪的作用；第二，活动中给幼儿自主权、参与权，幼儿主动参与活动的编排更能让幼儿感受到成就感与愉悦感，同时激发幼儿的想象力和创造力，使早操更具吸引力，变得灵活有趣。而且，幼儿教师引导幼儿一起创编早操活动，幼儿会给教师带来更多出乎意料的想法，减轻教师的负担，这种师幼双方相互学习的做法是双赢的，何乐而不为呢？第三，幼儿园应购置丰富的辅助器材供幼儿做操时使用，以便更好地激发幼儿早操活动的兴趣。幼儿园领导也要制定早操编排的相应措施及标准，让幼儿教师编排早操时有个规范，从而使教师矫正不良行为。幼儿教师要正确认识到幼儿早操对幼儿情绪等各方面的深远意义，让幼儿在早操中获得喜悦、培养性格、发展能力，不要因为利益而伤害幼儿，不要因为随波逐流而阻碍幼儿成长。

（三）幼儿早操原本价值回归之社会适应价值

社会适应价值主要表现在个体独立性、规则意识和团队合作意识方面。首先，在

---

①高月梅，张泓．幼儿心理学[M]．杭州：浙江教育出版社，1993：220-244．

②管旅华．幼儿健康发展“清单”[J]．幼儿100：教师版，2014(Z2)：44-46．

先进教育理念中发扬“合作的教育理念”，提倡幼儿与教师是平等、互助、共同成长的关系。在早操设计中，也存在着师幼之间或幼儿之间的相互配合，幼儿教师在口号应答或队形变化中要让幼儿明白自己与团体的关系，让幼儿明白自己是团体中的一份子，需要遵守一定的规则，不可随意而为，借此达到培养幼儿团体合作意识与规则意识、发展社会性的目的。其次，在活动中，幼儿遇到困难时，例如与小朋友产生摩擦、学习早操时跟不上、记不住早操动作等，老师要借此机会培养幼儿的独立性与解决问题的能力，而不应老师代替解决，使孩子过于依赖老师而丧失学习机会。培养幼儿的独立性有助于幼儿生活自理，敢于独立面对困难，增强抗压能力，使幼儿能较好地适应社会。

在幼儿早操活动中，为了提高幼儿的社会适应能力，首先，教师应创设更多的机会让幼儿之间或师幼之间有更多的交流与互动，例如增添口号、队列变化、眼神肢体交流等，让幼儿通过各种形式改善人际关系，能大胆自信地与人沟通交流，无形中培养幼儿的语言组织与表达能力、集体团队合作能力、规则意识等社会性能力；其次，幼儿教师应给幼儿充足的时间来解决遇到的问题，切不可急躁；最后，《指南》中同时也提出：儿童的发展是一个整体，要注重领域之间、目标之间的相互渗透和整合，促进幼儿身心全面协调发展，而不应片面追求某一方面或几方面的发展。因此，早操活动中也应渗透各领域的知识，在歌曲选择上，幼儿教师可以选取一些含有生活常识、教育知识的乐曲，借此培养幼儿的生活自理能力和独立性，比如歌曲《洗刷刷》等；早操配乐上可以采用歌曲串烧，不同风格的歌曲既能满足早操编排的需要，又可以让幼儿感受音乐的魅力；早操的类型除了基本体操外，还可以借鉴武术、跆拳道等类型，一方面起到了多样化的锻炼作用，另一方面无形中还可以培养幼儿的自我保护能力等。

第七节　幼儿足球开展现状的调查与分析

目前校园足球开展的范围大多数是从小学到高校，幼儿园开展的极少。国家领导人多次强调足球要从娃娃抓起，全国也有不少城市开展幼儿足球活动，但幼儿足球仍处于初始阶段，尚未普及。本文针对肇庆市辖区幼儿足球开展现状进行调查研究，通过对家长的问卷调查以及与足球教练员、园长、机构负责人面对面的访谈，对获得的资料和数据进行分析，真实反映肇庆市辖区幼儿足球的开展现状，得出结论并提出建议。

一、幼儿足球的基本认识

幼儿足球，也有人称之为“学龄前阶段校园足球”[①]，是指把基本的足球技能知识结合在游戏当中的，适合 3～6 岁幼儿参与的，有组织、有计划的活动。之所以称之为

①王丽娜．大连市学龄前校园足球运动开展现状调查与分析[D]．大连：辽宁师范大学，2012.

活动而不叫运动，是因为并非只有足球运动，还有学体能、足球游戏、足球礼仪、足球文化等内容。梅西5岁开始踢球，马拉多纳3岁开始接触足球。借鉴多个足球大国的经验，无论是西班牙、巴西、德国，还是阿根廷等国家，他们的经验均表明：要培养优秀的足球运动员，需要从3岁的幼儿开始①。

幼儿足球并不等同于幼儿园足球，只要是适合3～6岁幼儿有组织、有计划的足球活动，都称之为幼儿足球活动。按单位来划分，幼儿足球包括幼儿园足球、机构（俱乐部、协会）足球；按课内与课外来划分，幼儿足球包括校园足球和社会足球。幼儿园足球属于校园足球的范围，但由于幼儿足球发展起步相比其他年龄阶段的足球要晚，以及因场地、资金、师资等因素的限制，所以通常所说的校园足球多是指少儿阶段以上的。

教育部体卫艺司司长王登峰曾经说过，"培养足球文化的第一个目标是通过校园足球来提高学生的体质和健康水平，第二个目标是让学生掌握足球运动技能，第三个目标是培养健全的人格，要具备团队合作精神，尊重对手和规则，这些都是足球文化建设的组成部分"。幼儿足球的目的不在于传授幼儿很专业的知识和技能，重点在于培养幼儿对足球的兴趣，让幼儿喜欢踢足球，感受踢足球的快乐，强身健体，让大肌肉动作、小肌肉动作都得到锻炼；让每位幼儿都有踢足球的机会，让每位幼儿都会踢足球；让幼儿对足球文化、足球规则、足球礼仪等相关方面具有初步的认知。

幼儿足球具备趣味性，它与其他年龄段的足球学习不一样，更与专业足球训练不一样。它以启发的形式，结合游戏，把足球基本知识融入其中。幼儿足球能够让孩子学会遵守规则；培养孩子的团队合作精神和坚持不懈的毅力；还可以发展和促进幼儿的社交能力、受挫能力、肢体灵活性、协调能力，增强体质。

自国家领导人多次强调校园足球的重要性以来，为了让中国足球崛起，上海、北京、江苏省南京、辽宁省大连、浙江温州、广西南宁等全国超过20个省、市及自治区以足球操、游戏、比赛等各种丰富的形式来开展幼儿足球活动。为响应"足球从娃娃抓起"这个号召，广东省内像韶关这种四线城市也开展了幼儿足球活动，广州、深圳等一些大城市相对开展得更为火热。开展幼儿足球活动的大部分是机构，由于场地、资金等因素，幼儿园开展足球活动相对就比较少。

到目前为止，国内有很多专家学者对青少年校园足球进行了详实的研究，但对幼儿足球的研究还是一块空缺。

二、肇庆市辖区幼儿园、机构开展幼儿足球活动的情况

（一）幼儿园及机构开展幼儿足球活动的近况

肇庆市，位于广东省中西部、珠三角西北部，其下辖3个市辖区（端州区、高要区、鼎湖区）。肇庆当地还没有出台幼儿足球相关政策，近年已经有一些幼儿园和机构都

①殷红博.中国幼儿足球黄金发展期即将到来[N].中国体育报，2016-04-19(001).

相继开展了足球活动，开展时间最长的有3年，最短的也就开展了3个月而已。目前仍然缺乏幼儿足球文化氛围，肇庆市辖区幼儿足球宣传力度不大。端州区有7所公立幼儿园；鼎湖区12所；高要区2所，其他每个镇各一所中心幼儿园，共19所[①]。总共38所公立幼儿园，但调查发现鼎湖区没有公立幼儿园开展幼儿足球活动，高要区只有1所公立幼儿园有开展；端州区机关一幼以前有开展过，该幼儿园的体育老师还给其他幼儿园代表上过公开示范课，可后来这位老师不在这里工作了，没有了这方面的师资，就没有继续开展了。此外，每区各抽取调查了30所民办幼儿园以及机构，其中鼎湖区有5所幼儿园开展，端州区有6所幼儿园、2所机构开展，但有1所民办幼儿园也是由于现在没有了专业的体育老师而停止了幼儿足球活动，只是在活动时间让孩子拿球自由玩耍，所以端州区总共只剩下7所，高要区只有1所私立幼儿园有开展。也就是说，在调查的128所公立、私立幼儿园以及机构中，除去2所因缺乏足球教练而后来停止足球活动的，目前总共只有14所幼儿园正在开展而已。这些开展幼儿足球活动的幼儿园皆以幼儿足球作为办园特色，分3～4岁、4～5岁、5～6岁三个年龄段上课。1所俱乐部主打少年足球，2017年才开始有幼儿足球，1所运动机构主打3～12岁孩子的足球兴趣班。在抽查的128所幼儿园机构中，开展篮球活动的比足球活动的要多，大部分园长和家长更愿意接受篮球，更因为选择了篮球活动而不打算再选择足球活动。

本次调查还参观了10所开展足球活动的幼儿园和机构的主要场地以及了解了相关足球教材，其中有4所采用塑胶场地，1所采用水泥硬化地，3所使用人工草坪，只有2所民办幼儿园有小足球场。机构采用的人工草坪是租借公共足球场的，场地十分有限。仅有1所幼儿园具备自己的幼儿足球活动的场地及相关器材和教材，其余幼儿园的教材、器械皆由教练所在的合作机构提供，而且，这些教材大多是关于青少年足球的，而针对幼儿足球训练的教材少之又少。

（二）肇庆市辖区幼儿园、机构幼儿足球活动内容

《纲要》要求“开展丰富多彩的户外游戏和体育活动，培养幼儿参与体育活动的兴趣和习惯，增强体质，提高对环境的适应能力”[②]。调查发现肇庆市辖区幼儿足球活动有课程、比赛、足球操、亲子活动等多种形式，但主要是以课程的形式来开展。由于4岁以下的孩子年龄太小，中班以上才有简单的足球比赛。足球操和亲子活动多是节日搞活动的时候采用的开展形式，活动形式相当丰富。

游戏是幼儿基本的活动，是幼儿喜欢的、自主参与的活动[③]，因此游戏是幼儿学习足球最主要的方式。幼儿足球活动设计的重点应在于游戏以及兴趣的培养，将游戏贯穿于教育当中，在学中玩、玩中学，从而培养幼儿对足球的兴趣。

---

①黄涛.肇庆年鉴[M].肇庆市地方志编纂委员会，中华书局，2016.5.

②教育部关于印发《幼儿园教育指导纲要（试行）》的通知[Z].教育部，2001-07-02.

③金建生，王玉生.学前教育学[M].天津：南开大学出版社，2013.167.

除了改编“老狼老狼几点钟”“抓尾巴”“123 木头人”等传统游戏以外，教练还增加了很多新的游戏。例如在炎热的夏天，教练通过“戴帽子”的游戏增强幼儿用脚内侧运球的能力：幼儿听到命令后用脚内侧运球去取指定颜色的圆盘，并继续运球至目的地，把圆盘放到小雪糕筒，给它们戴上帽子，遮太阳。成人参与这种足球游戏也会乐此不疲，非常有趣，但很多家长又会不理解，认为交钱来学习足球就应该学到更多的技能而不是过来玩游戏。这与教练的想法恰恰是相反的。

至于活动时间的安排，有 8 所幼儿园一周开展 1 次，1 所一周 2 次。机构开展的次数则多一点，1 所是一周 2～3 节课，1 所是一周 3～4 节课。寒暑假期间机构训练强度更大，一周 5 节课，活动时间也稍长，一节课 40～60 分钟。殷红博教授指出：“我们能够在幼儿时期发现足球天才，却不能在此阶段培养足球天才”[①]。活动时间过长，训练强度太大会使幼儿身体产生疲劳。在活动场上可以观察到，孩子们在大冬天的上了半节课就汗流浃背。对于像足球这样对体能要求很高的运动，我们不能过分要求数量，更不能机械训练[②]。根据 3～6 岁儿童注意力的特点，无意注意占主导，有意注意初步发展[③]。长时间的训练，幼儿需要消耗巨大的能量，注意力也难以集中。

幼儿足球活动的基本内容一般是先进行 10 分钟的体能训练，然后讲述学习内容并示范（通常一节课一个知识点）；让幼儿与教练一起练习，中途休息几分钟，再开展游戏活动，把知识点融入游戏当中，让幼儿在游戏当中加深并巩固所学的内容。1～2 个游戏结束后，教练会在最后 10～15 分钟安排幼儿打比赛（3～4 岁幼儿由于年龄太小没有比赛活动）。比赛并不严格，规则在比赛当中慢慢渗透，目的在于让幼儿体验足球比赛的快乐以及感知足球比赛中最常见的、比较简单的、又容易违反的规则。

《幼儿园教育指导纲要（试行）》中对健康的强调：“在体育活动中，培养幼儿勇敢、坚强、不怕困难的意志品质”[④]。遇到小雨天气，机构和 3 所条件好一点的幼儿园为了磨练孩子们的意志、锻炼孩子们的身体，还是会坚持继续开展足球活动。大部分孩子都很乐意，家长也很支持继续上课。少部分孩子怕困难，家长又担心孩子会生病，就不赞成在雨中训练。遇上恶劣的天气，有条件的幼儿园仍然可以在室内如期进行足球活动。

同样是由这些教练来上课，但他们表示在机构上足球课和在幼儿园上足球课还是有区别的。教练指出，幼儿园上的足球课更倾向于体能训练，足球的内容少一点，其他体育活动相对会更多；而在机构上足球课，专业知识会更强。但一般机构都是在体育馆租用足球场上课，家长会在场旁观课。跑道上有很多人跑步锻炼，周围也有其他年龄段的班级上课，还有成人的足球队进行比赛，幼儿上课期间会受周围的环境影响，使孩子分心。

---

①殷红博. 幼儿关键期足球[M]. 北京：北京师范大学出版社，2016. 1.

②3～6 岁儿童发展指南[Z]. 教育部，2012-12-09.

③李琼戡. 成都市小学校园足球开展现状的调查研究[D]. 成都：四川师范大学，2015.

④教育部关于印发《幼儿园教育指导纲要（试行）》的通知[Z]. 教育部，2001-07-02.

（三）幼儿园、机构负责人对开展幼儿足球活动的了解和支持情况分析

幼儿园、机构负责人对幼儿足球是否了解和重视，会直接影响到幼儿足球能否顺利开展。在25位接受访谈的负责人当中，有8位是其园所有开展幼儿足球的负责人，有17位是其园所没开展足球活动的负责人。除了2位足球机构负责人对幼儿足球具有一定的了解以外，只有3位有开展足球活动的负责人对幼儿足球有初步的认知，剩下的有开展足球活动的负责人都不了解所开展的幼儿足球活动，没有开展的负责人更加不知情。后来据笔者深入了解，原来负责人并没有到一线去观摩足球活动，开展足球活动是为了以此作为办园特色，增加生源，因而对此并不了解（见表4－1）。

表4－1　各园所负责人对幼儿足球了解程度的统计（N＝25）

指　标	了　解	一　般	不了解	总　计
人数	2	3	20	25
比例	8％	12％	80％	100％

受访的17位其园所未开展足球活动的负责人皆认为没有必要开展幼儿足球活动，幼儿开心就好，球类运动除了足球，还有其他项目可选，她们更乐意选择开展篮球运动。再加上除了球类运动，还有舞蹈、画画等其他活动可以开展，她们认为幼儿园安排的活动已符合《纲要》的要求，足球只能锻炼脚，而体育运动中还有爬、钻、跳等练习。

但当被问到是否有意愿开展幼儿足球活动时，有半数表示如果有足球场地是会开展的；另外半数则表示受场地设备的限制，不会选择开展。当被问到在条件允许的情况下是否考虑把幼儿足球活动列入幼儿常规体育活动中开展时，所有受访人皆表示愿意。综合来看，场地设备和资金的不足是制约幼儿园开展足球活动的重大因素。

（四）肇庆市辖区幼儿足球教练基本情况的调查分析

幼儿足球活动怎样开展、开展得如何与足球教练是紧密联系的。目前的现状一是幼儿园师资力量不足，园内体育老师在足球方面的专业性不如足球教练强；二是缺乏体育老师，更缺乏专业的足球教练，再加上聘用足球教练的费用比较高，所以幼儿园里没有幼儿足球教练。但机构能满足幼儿园对足球教练的需求，因此学校与机构合作是一个很好的选择，上述接受我们访谈的幼儿园足球教练就是来源于这些机构。这些教练性别比例上存在较大的差距，女教练只有3位，男教练17位。通过表4－2的统计结果可以看出，65％的教练为31岁以下的年轻人，人数随着年龄的增大而减少。足球是一个运动量比较大的项目，年轻人精力充沛，在年龄上有很大的优势，但缺乏丰富的教学经验。

表4-2 教练年龄结构统计表(N=20)

年　龄	20～30岁	31～40岁	41～50岁	50岁以上	合　计
频数	13	7	0	0	20
百分比	65%	35%	0%	0%	100%

通过表4-3的数据我们可以发现，教练员都是受过高等教育的人，学历都在大学专科以上的，没有研究生，本科生居多，但大多都是实习生。至于专业性方面，接近半数的教练并非体育专业的，而且在这些体育专业的教练中，足球相关专业的为0。幼儿足球教练是否是足球专业反映的是足球教学专业水平的高低、组织足球活动能力的强弱等专业的关键性问题。由此我们可以得出结论，肇庆市辖区足球教练员在学历以及专业相关方面需要进一步提高与改善，用人单位应在选人用人方面严格要求，给幼儿一个专业性的保障，给家长一份安心，给自己一个好的口碑。

表4-3 教练学历与专业统计表(N=20)

指　标	内　容	频　数	百分比
学历	大学专科	11	55%
	大学本科	9	45%
	研究生及以上	0	0%
专业	体育专业	8	40%
	非体育专业	12	60%

由于接受访谈调查的20名教练中，有6位已经不再从事足球教育职业，家长也指出机构工作人员流动性大，于是，笔者针对此线索深入调查其原因。有45%的教练表示不会坚持幼儿足球教育事业，因为目前幼儿足球教育俱乐部的发展还不够稳定，比较容易受到其他项目的冲击。

(五)对肇庆市辖区幼儿足球师资存在问题的分析

1. 足球教练无法保证是专项教练

在调查中有家长反映，以前有过篮球、足球都是由同一个教练来执教的现象。而现在，应社会需求，篮球由篮球教练来教，足球由足球教练来教。足球教练不一定擅长打篮球，同样篮球教练也不一定擅长踢足球。由于教练们并非足球专业出身，更不是幼儿足球专业出身，教练员对幼儿心理、身体发展等相关知识不够了解，教练除了要组织足球活动以外，最重要的还是研究幼儿心理发展，根据幼儿的年龄特征，针对学生的具体情况，以幼儿为本，因材施教。

2. 资质和专业水平偏低

经调查发现，很多教练并不具备资格证以及等级证书、普通话水平证书；个别教练普通话水平较低，机构在这一方面的考核并不严格，没有硬性的资格审查。虽然机构对教练有进行体能、教学等方面的内部培训，但缺乏专业性和统一性。肇庆市辖区幼儿足球起步比较晚，师资缺乏，所以机构在招聘中要求没有那么严格规范，但后期应对教练进行统一培训，努力提升教练的专业水平。

（六）肇庆市辖区幼儿参与足球活动的情况

从图 4－2 中可以看出，在受访的 10 所有开展幼儿足球活动的幼儿园和机构中，幼儿参与度比较低，人数比较少。有参与和没参与的人数比例差距比较大。

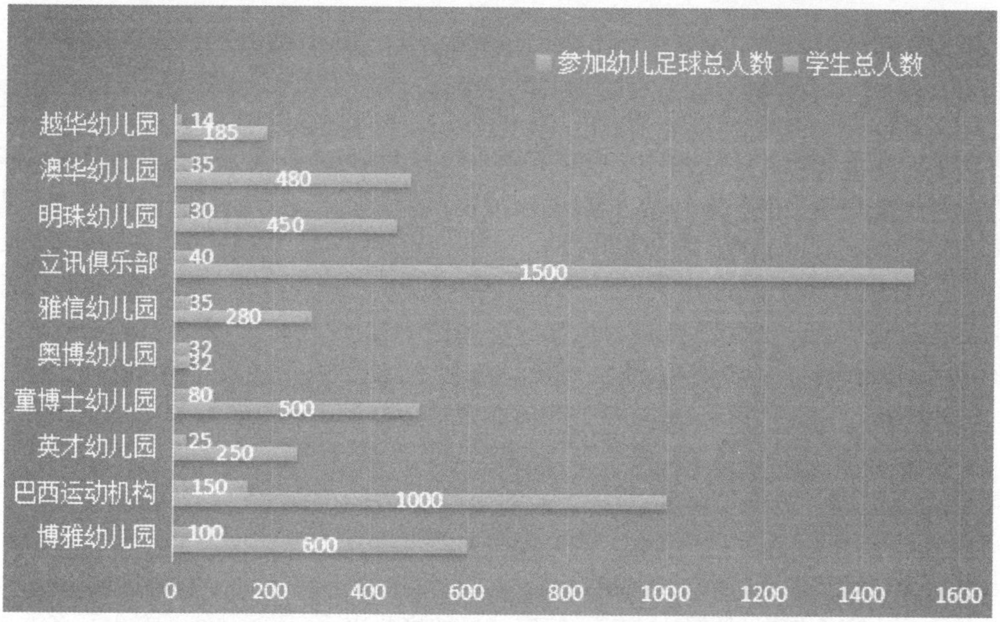

图 4－2

有 2 所是新开不久的幼儿园，能够把足球活动列入常规体育活动当中。其中 1 所仅限中班以上的幼儿参与，只有 1 所全园幼儿都有参加足球活动，相关的费用由园方负责，家长们都愿意让孩子参与足球活动，其余单位皆由幼儿自费参与。这 2 所幼儿园的园长对于开展足球活动都持相同意见："目前还没有什么太大的资金上的负担，因为这是新开的幼儿园，人数不多，等学生多了，还是要另外收费的。"由于幼儿园女教师居多，在足球教育方面的经验比较缺乏，开展足球活动又需要一笔经费，如果收取费用，没有多少家长愿意让幼儿参与。如果由园方出资，园方经济方面的压力又比较大。

总的来说，只有 1 所民办幼儿园能做到让每一位幼儿都有机会参与足球活动，并且把足球活动列入常规体育活动当中。由上述内容可以看出，资金是影响家长选择是否让幼儿参与足球活动的一个主要因素。

表 4-4　幼儿对足球的喜欢程度

性　别	非常喜欢	喜　欢	一　般	不喜欢	受访总人数
男	38.46%	47.25%	10.99%	3.3%	91
	35	43	10	3	
女	10.0%	70.0%	10.0%	10.0%	10
	1	7	1	1	
受访总人数	36	50	11	4	101

(七) 幼儿对足球的喜欢程度及足球对幼儿的影响

从幼儿对参与足球活动喜欢程度的结果可以知道，共有 85.14%的幼儿喜欢参与足球活动，只有 4.86%的幼儿不喜欢足球，说明足球还是广受幼儿欢迎的(见表 4-4)。在参加足球活动的幼儿人数中，男生占 90%；女生中，有 80%表示喜欢足球，但女生只占总人数的 10%。很多家长认为女生要斯文一点，不应该踢足球，思想观念比较守旧，这是导致女生参与度比较低的一个直接原因。再看看我们中国女足的成绩，远超男足。事实证明，女生踢足球，并不逊于男生；足球也并非仅限于男生。

据了解，自愿自费参与足球活动的幼儿大部分并没有一直坚持踢足球。教练表示，比较少的家长会让孩子坚持学下去，很多幼儿都是学了 10 节课、一个学期就没坚持学了，费用是一方面的原因，另一方面的原因是教练的流动性大，也影响了幼儿的足球学习。

笔者发现长期坚持踢足球的幼儿显然要比中途没有参与的要踢得更好；同时，在其他方面也有所提高(见图 4-3)。有 94.6%的家长表示，足球对幼儿产生了多方面积极的影响。首先，幼儿受过长期足球训练之后与受训练之前相比，身体、性格和饮食三个方面变化比较大。其次，有 28 位家长表示幼儿自从参与足球活动以后，学习成绩不但没有下降，还进步了；而且在社交能力、受挫能力、肢体灵活性、协调能力方面皆显著提高，体质也明显增强。

(八) 肇庆市辖区家长对幼儿足球的支持情况

受访的 101 位参与足球活动的幼儿家长中，有 90.1%的家长对幼儿足球具有一定程度的了解与认识。多数人是从亲朋好友那里了解到这一项活动的，另有部分家长是由于幼儿就读的幼儿园本身有开设足球活动而了解了幼儿足球，还有相当部分的家长是通过机构的宣传广告而得知的。但是，有 9.90%的家长虽然让孩子去学习足球了，可对幼儿足球还是一无所知，而且有 11 位家长表示不会陪同孩子一起踢足球(见图 4-4)。

很多人一听到幼儿足球这个词就会认为孩子骨骼都没生长完全、运动量太大了，或者女孩子不太适合，等等，即便孩子踢得好，也没考虑让他往足球这方面发展，却未认识到足球从幼儿时期开始学习能够带来许多益处。

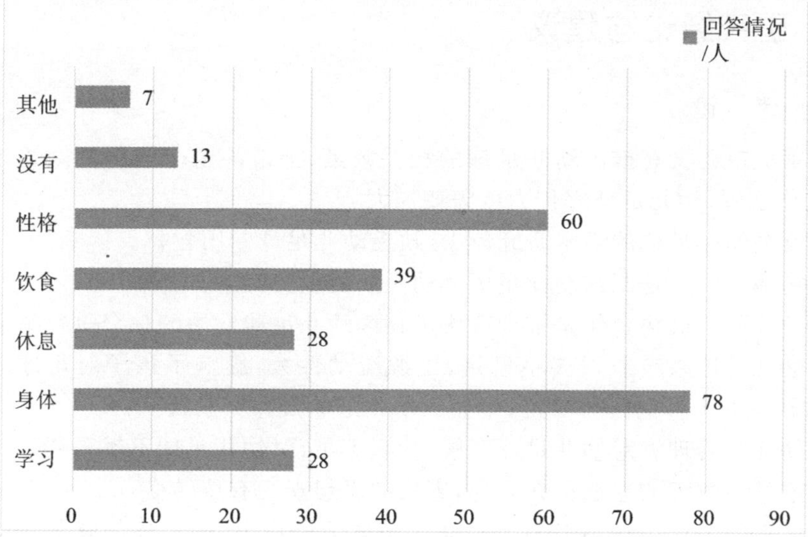

图 4－3 足球对幼儿的积极影响

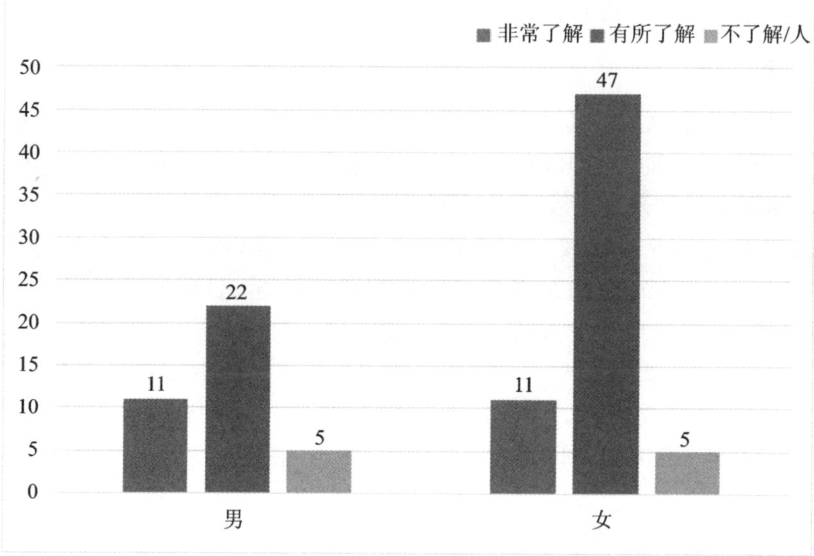

图 4－4 家长对幼儿足球的了解程序

调查发现，孩子是否参加足球活动，多数由妈妈来决定，爸爸很少理会。大部分对幼儿足球不了解的家长带孩子前来免费体验足球课时，多数家长们的态度比较一致。同样属于动态兴趣班，女孩子的家长多不愿意选择足球，大部分家长更倾向于选择篮球。还有一种情况是，静态兴趣班与动态兴趣班相比，家长们会优先考虑琴棋书画这类静态兴趣班。

三、研究结论与建议

(一) 结　论

(1) 肇庆市还没有推出幼儿足球的相关政策,全市甚至全国仍然缺乏浓郁的幼儿足球文化氛围,幼儿足球宣传力度需要加大。

(2) 有关幼儿足球的学术研究较少,缺乏幼儿足球专用教材。

(3) 场地与资金是制约幼儿足球活动开展的重要因素。

(4) 幼儿园与机构合作是推动肇庆市辖区幼儿足球发展的一个重要举措。

(5) 幼儿足球兴趣班发展不稳定,生源流动性大,影响了孩子对足球的学习兴趣。足球教练的工作岗位不稳定,专业的幼儿足球教练员紧缺。

(6) 幼儿园管理者对幼儿足球了解、认识不足,对幼儿足球不够重视。

(7) 家长与教练的想法存在差异,家长的思想观念有待转变。

(8) 适当的足球运动不但不会对幼儿身体造成伤害,而且还能够促进幼儿的骨骼发展,培养孩子乐观活泼的性格,锻炼坚强的意志,益处多多。

(9) 要把幼儿足球发展好,不仅需要教练的努力,更需要孩子的付出和政府部门、社会机构及家长的支持与投入。

(二) 建　议

(1) 大力宣传推广幼儿足球教育,提高家长乃至整个社会对幼儿足球的认识。例如举行亲子足球活动,这样既可以让幼儿与家长一起互动踢足球,体会踢足球的快乐,又可以加深家长和幼儿对足球的认识。

(2) 政府出台幼儿足球教育相关政策和俱乐部优惠政策。投入资金,扶持相关幼儿园和机构,力求让每所幼儿园都有足球等硬件设备,都有足球课,使每个幼儿都有机会踢足球,个别有足球潜力的学生择优培训,使其有择校就读的优先权。

(3) 壮大幼儿足球教练队伍,加强培训,提高教练员的专业水平。足球教练必须通过用人单位严格的考核与培训,幼儿园和机构之间可以举行教师足球友谊赛。

(4) 各幼儿园、机构间可以精选一些运动健儿,各建立一支足球队,组织进行幼儿足球友谊赛。

(5) 新增幼儿足球教育专业课程,出版幼儿足球相关教材。

第八节　幼儿秩序敏感期促进幼儿发展的研究

瑞典教育家爱伦·凯曾提到“20 世纪是儿童的世纪”,意大利杰出幼儿教育家蒙台梭利通过大量的研究,在其著作《童年的秘密》中揭示了幼儿的成长存在着语言、秩序、动作等敏感期,这为人们认识幼儿做出了巨大的贡献。我国著名的儿童心理学家孙瑞雪的专著《捕捉儿童的敏感期》,在其创办的孙瑞雪教育机构幼儿园,中央电视台连续拍摄了16集的《敏感期》专题片，用镜头记录下了幼儿那神秘而特殊的敏感期。但是，上述研究只注重了敏感期案例性的描述研究，在对幼儿的秩序感进行分析时，更多的是注重幼儿外在秩序行为的表现，而很少有对幼儿自身内在秩序感进行深入性的研究与探索。因此，本文选取幼儿最早出现的敏感期“秩序敏感期”进行探讨，在深入分析秩序敏感期对幼儿成长的意义的基础上，对如何利用幼儿的秩序敏感期更好地促进幼儿各方面的发展提出建议。

一、对秩序、敏感期和秩序敏感期的认识

秩序是指万物和谐统一，有组织、有条理、有次序地运行。秩序有外部秩序和内部秩序之分。蒙台梭利认为外部秩序是指幼儿对外部世界存在的关系与规律的意识、理解，如幼儿刻板地认识外在事物，不容一点改变。内部秩序是指幼儿对自己身体的各个部分以及它们的相对位置的感知、认识①，如幼儿会因为自身姿势的改变或没有获得熟悉的感觉而产生痛苦的内在冲突。

敏感期是指幼儿专心吸收环境中某一事物的特质，并不断重复实践，以发展其内在生命力和心智水平的特殊过程②。在此时期，幼儿内心会有一种无法抑制的动力，驱使他选择感兴趣的事物，投入全部热情去尝试、学习，吸收对其身心发展有益的东西，直到内心需求得到满足。

秩序敏感期是指幼儿对秩序高度敏感、高度要求的时期。在此期间，幼儿对事物的空间摆放顺序和生活起居习惯的时间顺序等极为讲究。如他们要求物品摆在特定的位置、有特定的归属，要求每天有稳定的日常生活等。

二、秩序敏感期对幼儿成长的重要意义

（一）秩序敏感期有助于幼儿认识环境中各种事物的相互关系，促进幼儿智能的发展

皮亚杰在关于幼儿智力发展的第一阶段——感知运动阶段，提到了有关幼儿的智力发展。此阶段的幼儿会运用他们的触觉、视觉、听觉、味觉、嗅觉等去探索身边的环境，他们去看、去抓、去摸、去尝……③努力理解环境中各种事物的相互关系并形成自己的秩序。这种秩序一旦形成，又会反过来促进幼儿认识环境中各种事物之间的相互关系。

处于敏感期的幼儿对世界充满着好奇，他们活力四射，不知疲倦地工作、创造。他们在自身内在秩序需求的引发下，仔细观察身边的环境，探索环境中各种事物的相

①玛丽·蒙台梭利．童年的秘密[M]．北京：人民教育出版社，1977：17.

②孙瑞雪．捕捉儿童敏感期[M]．北京：中国妇女出版社，2013：72.

③彭海蕾．学前儿童社会教育与活动指导[M]．北京：教育科学出版社，2012：30.

互关系，并从复杂的环境中选择对自己成长有益的东西，建立自己的新秩序，发展智能。如当幼儿形成了书本应按照不同的种类、大小、颜色等整齐排列在书架上、桌椅摆放要整整齐齐、玩具玩完后归位等这样的秩序后，无论身处怎样的环境中，他们依然会按照“秩序”办事，这样他们很快就能认识到这个新环境，并能让自己很快地融入其中，安心工作。在工作中，幼儿认真地观察、思考、创造，与他人交流、合作，很好地促进了其自然观察、人际关系、语言等智能的发展。

(二) 秩序敏感期为幼儿专注力的培养提供了有利机会

专注力是指一个人专心于某一事物或活动时的心理状态。对于幼儿来说，专注力是指幼儿能把触觉、视觉、听觉、味觉、嗅觉和动觉等感官集中在其工作或活动中，获得新认识的能力。[①] 秩序作为生命的一种需要，它的敏感期是大自然赋予幼儿的神秘而又珍贵的礼物。敏感期的幼儿专心地吸收环境中某一事物的特质，内心的一种无法抑制的动力驱使他们选择感兴趣的事物，投入全部的热情去尝试、学习，吸收对其身心发展有益的东西，满足内心需求。

如幼儿园里经常会出现这样一种现象：老师结束了区域活动并要求幼儿在三分钟内收好玩具，但一些幼儿似乎并没有接收到老师的信息，在很多同伴已经收好了玩具或在老师不停催促的情况下，他们依然专心地、不慌不忙地把玩具变回原样，并整整齐齐地摆放在原来的位置上。他们并没有被同伴、老师等外界因素打扰。这是为什么呢？这是因为处于秩序敏感期的他们对一切事物都有着秩序的要求，一切的事物都必须符合他们心中的秩序，只要有一丁点还没符合他们的秩序要求，他们就依然全身心地投入，直到一切变得有秩序为止。当幼儿在专心地整理着东西，努力使环境变得有秩序时，他们其实是在进行着生命的锻炼，这时他们需要超常的专注力，让自己完全沉浸在工作当中，锻炼自己。这也恰恰证明了幼儿在敏感期拥有的超乎想象的力量，让他能够专注地投入到自身的工作中去而忘却了外在的世界。

(三) 秩序敏感期有助于幼儿养成良好的行为习惯，成为守规则的文明人

秩序敏感期的幼儿做事情死板、执拗、不肯变通，因此总会被成人误认为乱耍脾气、不听话。可是，有时候幼儿执拗也是一件好事。当幼儿一定要把玩具放回原位、把东西摆放成直线那样整齐、必须在工作毯上工作、必须保持事物的干净整洁……[②] 你是否会自叹不如：那么小的孩子就拥有如此良好的习惯和规则！叶圣陶先生说过：“好习惯的养成，一辈子受用；坏习惯的养成，一辈子吃亏，想改都难。”[③]秩序敏感期是幼儿良好习惯养成的黄金时期，他们努力地让环境符合秩序，在努力的过程中，慢

①唐芳丽. 蒙台梭利儿童“秩序感”、“专注力”理论和实践的反思[J]. 教育导刊，2014(3)：36-36.
②刘颖. 秩序敏感期——以孩子的方式认识世界[J]；家庭教育：幼儿家长，2009(2)：10.
③龚燕，刘娟. 幼儿规则意识与行为的培养[J]. 学前教育研究，2009(1)：69-71.

慢地知道自己在环境中的位置，知道自己该干什么、不该干什么，知道怎样与环境中的人、物和谐相处……幼儿的努力，使得他们在无形中养成了一种良好的行为习惯，这种行为习惯经过强化后，将慢慢内化为优秀的品质，促使幼儿成为当代守规则的文明人。

(四) 秩序敏感期有助于幼儿获得安全感，促进幼儿自我意识的形成

自我意识是指幼儿对自我以及自我与周围关系的一种认识和态度，它包括内部心理状态、外部体貌和言行表现，还包括个体对与外界的人、事、物相互作用关系的认识[①]。幼儿出生时是没有自我意识的，他们不知道自己是谁，不知道自己的手脚、身体是属于自己的……直到一岁以后，幼儿才开始有一种自我的感觉，出现自我意识的萌芽。他们认识到自己的身体，并对自己的身体产生感觉，内部秩序正在慢慢形成。内部秩序的稳定发展，让幼儿有了洞察力和冲动，他们开始知道"我是谁"，认识到自己跟别人不一样，开始有自我的情感甚至对自己的评价。随着幼儿年龄的不断增长，幼儿的内在秩序需求不断增强，他们在自身内在秩序需求的引发下，进行工作，探索环境存在的规律，以此来适应环境、控制环境，并形成秩序，获取安全感。幼儿只有在拥有安全感后，才能安心、专注地投入各种各样的创造性工作中去，在工作中建构自我、形成自我。

由于秩序敏感期的幼儿忍受不了身边的事物有一丝的不整齐或错位，所以他们会努力把事物归位。可是，很多时候幼儿的这种努力，总是会被成人误认为是在捣乱。成人出于保护自己的财产不被幼儿侵犯，他们会立即阻止并教训幼儿："停下来，别碰我的东西"。幼儿的工作被中断了，他们无法使环境符合心中的秩序，他们内心感到混乱，无所适从，内在精神无法得到发展，长此以往，幼儿的心灵会变得模糊不清，缺乏自我意识。因此，他的意志很容易就会被动摇，可以说，他缺乏了一种稳定的内部秩序，以至于他无法控制自己：他变得多动、爱争抢、爱推卸责任……幼儿的自我已经丢失。而反观那些通过亲自探索，拥有秩序感与安全感的幼儿，他们清楚认识到自我，他们自尊、自信、遵纪守法、情感丰富，所表现出来的行为是如此有礼貌和有条不紊。他们爱惜自己的身体，加强锻炼使自己变得更加强壮。他们用双腿快乐奔跑，用双手创造，用头脑思考，精神抖擞。他们清楚自己的想法与需求，做自己的主人。所以当遇到难题与挑战时，他们不会轻易放弃，而是迎难而上，努力克服困难，最后获得成功带来的成就感。[②] 这种成就感促使他们变得自信、自尊、自制。在日后的待人接物等方面，他们开始懂得团结友善，懂得承担责任，懂得迎难而上，更懂得遵纪守法，他们逐渐地成长为符合社会道德准则的独特生命个体。

---

①彭海蕾. 学前儿童社会教育与活动指导[M]. 北京：教育科学出版社，2012：30.

②教育部. 3—6岁儿童学习与发展指南[M]. 北京：首都师范大学出版社，2012.

三、幼儿秩序敏感期对促进幼儿发展的启示

（一）成人只有了解幼儿的秩序敏感期，才能真正促进幼儿的健康发展

蒙台梭利在其著作《童年的秘密》中提到了成人与幼儿之间的冲突，她指出："当幼儿的发展达到他能够独立行动的阶段时，幼儿跟成人的冲突也就开始了。"[①]成人是一位经验者，他对世界有熟悉的秩序感，而幼儿却不同，幼儿是贫乏的，正处于获取对世界认识的过程中，所以会付出一切努力来积累经验、认识世界、适应世界。多年的经验，使得成人在对待幼儿时麻木不仁、自以为是，他们不了解、不理解幼儿的努力，有意无意地阻止幼儿，幼儿因为被打扰而心情混乱，失去安全感，变得暴躁不安和哭闹[②]。随之而来的，便是成人的责骂。经验使得成人只是关注到幼儿吃喝拉撒等的外在需求，却没有认识到除了这最基本的外在需求，幼儿还有自身内在发展的需求。马斯洛的需要层次理论指出：人在每一个时期，都有一种需要占主导地位。安全需要在幼儿秩序敏感期就占据着主导地位[③]。幼儿发展自己是在安全感得到满足的情况下进行的，幼儿的安全感是日积月累而来的，表现在他能够自己控制身边的环境。当身边的环境都按照他所认识的方式存在时，他才会感到安心并认真投入到工作中去，发展自己。当环境改变而阻碍了幼儿的创造性工作时，冲突就无可避免地发生了。最常见的就是幼儿会在成人给他们洗澡的时候，突然地哭闹，抗拒洗澡这件事情。原因其实是因为成人破坏了幼儿的安全感，他们突然改变了给幼儿洗澡的动作，与平时的动作相反：变成了左手扶住幼儿，右手擦身体。这与幼儿内在的秩序感相背而驰，所以幼儿变得慌乱不安、哭闹抗拒。又比如，秩序敏感期的幼儿非常执着于吃饭时的位置安排，如果坐乱了，或者就坐时身体没有正对着桌面的"小红萝卜"，幼儿也会哭闹。此时成人就会无法理解：每天照常进行的事情怎么今天就不愿意了呢？无论成人怎样哄、怎样说都无济于事，最后还可能会失去耐心而打骂幼儿。其实，这样的哭闹恰恰说明了幼儿内部秩序的力量，这种力量使幼儿坚定不移，一切都得按秩序办事。而成人从来没有了解、认识到这个问题，又或者成人由于愚昧无知而拒绝认可幼儿的这种秩序，只是自以为是地凭借自己多年的经验来解决问题，严重阻碍了幼儿的发展。

因此，成人必须要了解幼儿发展的秩序敏感期，这样才能真正理解幼儿，减少与幼儿的冲突，创造适合幼儿生活、学习、成长的环境，幼儿才能健康快乐成长。成人只有正确对待幼儿的秩序敏感期，尊重、理解、支持幼儿，不把个人的想法强加到幼儿身

---

①玛丽·蒙台梭利.童年的秘密[M].北京：人民教育出版社，1977：17.

②杨静.也谈学前儿童敏感期教育[J].江西青年职业学院学报，2011，21(3)：22-24.

③赵琳.3～6岁幼儿秩序感的发展特点[D].沈阳：沈阳师范大学，2011：2-4.

上，幼儿的智能、专注力、良好的行为习惯、自我意识等才会得到质的发展。

(二) 充分利用幼儿的秩序敏感期，更好地促进幼儿各方面的发展

1. 抓住幼儿的外部秩序敏感期，发展幼儿的智能，培养、专注力和好的行为习惯及规则意识等

(1) 创设有秩序的环境，促进幼儿的智能发展

蒙台梭利认为，对幼儿的生理和心理发展来说，准备一个适宜的环境是十分重要的。她指出："正在实体化的幼儿是一个精神的胚胎，需要自己特殊的环境。"①幼儿的成长，需要有自己独特的环境，这个环境不同于成人的环境，它是有秩序的：物品摆在特定的位置、有特定的归属等。幼儿在这里过着有规律的日常生活，有着良好的生活起居习惯，他们努力适应这个有秩序的环境，把精力投入到工作中，减少生命的浪费，使自己成为一个有智慧的人。因此，创设一个适合幼儿生活、学习等有秩序的特殊环境是十分必要的。首先，要建立一个有序的的家庭环境。一方面，父母要带头建立秩序、维护秩序：提供给幼儿一个专属他吃饭、玩耍、工作、休息的位置；不轻易打扰、抱起趴在各处探索事物秩序的幼儿；不因贪图方便而随便乱动、乱拿、乱放幼儿的东西等。在对待幼儿时，不随便打破幼儿的熟悉感与安全感，按照幼儿的习惯与秩序，陪伴幼儿度过秩序的敏感期。例如：每天在固定的时间进行固定的活动，固定时间睡觉、固定时间起床、固定时间用餐等，以培养幼儿的秩序感；每天以同样的方式、手法和顺序帮幼儿洗澡、擦身体，并告诉幼儿身体的各个部位：头、手、脚、身体等，让幼儿慢慢感知自己的身体，最后完全认识到自己身体的各部位，对自身产生从上到下的认识。父母只有带头建立秩序，同时维护幼儿慢慢建立的秩序，幼儿才能顺利发展他的秩序感，认识事物。另一方面，父母应给幼儿布置一个整洁舒适、温馨有序的家庭环境，这样能稳定幼儿的情绪，带来安全感与秩序感。例如：家居设备如家具、室内配置、日常生活用品等应合理有序地摆放，配合幼儿的需要；配置一些相对低矮的家具，幼儿可以依靠自己的能力来使用；生活用品等配置有规律地放在幼儿能自由使用的地方；空间的分割要有秩序，并且留出足够空旷的空间给幼儿，这样幼儿才能在属于自己的小天地中自由地探索，发展其智能。其次，要明确各物的归属与属性。明晰爸爸妈妈的卧室与我的卧室，分清爸爸、妈妈、我的牙刷、杯子、毛巾等；睡觉要在卧房，读书、工作要在书房，玩游戏要在游戏室……各物摆放整齐有序，用完归位。监督、鼓励幼儿把自己的东西整理有序，做自己的主人。帮助幼儿认识身边的环境，让幼儿放心地在这个环境中投入工作，发展自我。最后，幼儿园教师应有意识地为幼儿提供一个与家庭氛围相似的环境②。幼儿在有秩序的环境中继续学习、游戏、工作，感知环境中各事物的相互关系。只有这样的家园衔接，幼儿才不会因环境的改变而感到混乱，幼儿才能让自己快速融入到新环境中，安心工作，通过观察、思考、创造和

---

①玛丽·蒙台梭利. 童年的秘密[M]. 北京：人民教育出版社，1977：17.

②余景丽. 童年的秘密——对当代幼儿教师的启示[J]. 学前教育研究，2012(8)：32-33.

与他人交流合作,促进智能的发展。

(2) 利用游戏活动,培养幼儿的专注力

秩序敏感期的幼儿对自己身体的不同部位和相对位置非常敏感,他们在悄悄地认识着自己。阿姆斯特丹、路易斯和布鲁克斯对幼儿曾进行了“点红测试”的实验研究。阿姆斯特丹(1972)对88名3～24个月的婴儿进行了实验,实验发现20～24个月的婴儿明确意识到自己鼻子上的红点并立刻用手去摸,这是婴儿在有无自我意识问题上质的飞跃阶段,阿姆斯特丹的实验使有关婴儿自我觉知的研究取得了突破性进展。路易斯和布鲁克斯(1979)借用了阿姆斯特丹的点红实验的镜像研究,按照阿姆斯特丹的点红实验的方式进行实验。实验结果是在小于24个月的婴儿中,只有25%的儿童立即用手去摸或擦自己的鼻子。可是24个月的婴儿中,有88%的婴儿会立即用手去摸自己的鼻子。另外,路易斯和布鲁克斯在第三阶段的相片实验中(研究者向被试婴儿提供了许多照片,包括婴儿自己的照片),15～18个月的婴儿,当听到叫自己的名字时,能够指出自己的照片,并对它微笑。路易斯和布鲁克斯的实验结果与阿姆斯特丹的研究结果一致。[①] 他们的实验还发现12～18个月的幼儿对镜中自我的映像很感兴趣,他们会对镜中的“自己”亲吻、微笑,做出各种动作。这就启示我们,抓住幼儿这一秩序敏感期,陪伴幼儿玩“镜子中的我”的小游戏,这不仅能很好地顺应幼儿内部秩序的发展,还能帮助幼儿更好地认识自己的身体,知道我的手在哪里、脚在那里、五官在哪里等,当幼儿探索着镜子中的自己时,他们的注意力完全集中在认识自我上,当这种集中成为习惯时,幼儿以后无论做什么事都会变得十分专注。此外,用比赛的形式陪幼儿玩各种游戏。处于秩序敏感期的幼儿对事物的颜色、大小、形状等非常敏感,所以,成人可以以游戏的形式与幼儿比赛,看谁能最快、最好地整理好混乱的书架(按书的大小整理)、玩具(玩具分类摆好)等,并设立游戏奖惩机制,在游戏中发展幼儿的秩序感。同时,秩序敏感期的幼儿对事物的完美程度有着极高的要求,与幼儿比赛看谁能把事情做得更好、更完美,陪幼儿玩各种“找不同”的游戏。当幼儿在进行这样的游戏活动时,需要全身心投入、认真思考,他们思考时的全心贯注,将慢慢内化成品性融入人格中,成为专注的人,这对幼儿的成长有重大意义。因此,成人要多抽时间与幼儿进行游戏,幼儿将会在游戏中慢慢培养出专注力。

(3) 结合幼儿日常生活,培养幼儿良好的行为习惯和规则意识

一方面,父母应与幼儿一起制定有规律的日常生活作息表。让幼儿知道什么时候该干什么,这不仅能很好地发展幼儿的秩序感,渐渐地幼儿把秩序根深蒂固于心中,成为了一种习惯,幼儿将生活打理得井井有序。有规律的日常生活是需要父母跟孩子共同打造的,父母应时刻注意遵守时间的规则,坚定地按照作息表生活,父母不能以其强有力的身份要求幼儿早睡、早起、按点做事,而自己却生活得毫无规律,这样会严重扰乱幼儿的秩序感。父母可以与孩子共同讨论制定生活作息时间表,并用有

---

①新浪博客. yuanguiping2004 博客. [EB/OL]. http://sina.com.cn/u/1843881080,2013-06-20/2018-09-10.

趣活泼的图案方式呈现出来，挂在醒目的地方，与孩子共同执行，孩子将会在这种规律的生活中形成秩序，知道自己什么时候该干什么，减少生命的浪费。另一方面，抓住日常生活中的一件件小事培养幼儿的良好习惯。如：要求幼儿东西用完归位，自己的事情自己干；共同承担起保持环境干净整洁有序的责任；遵守共同制定的小规则……在幼儿上了幼儿园之后，教师也要注意加强幼儿日常生活常规的教育，家园合作，加强与家长的沟通，了解每一位幼儿的情况，有意识地培养幼儿的良好行为习惯。幼儿园的一日活动，包括喝水、入厕、进餐、午睡、游戏等各个环节都贯穿着良好行为习惯的培养。教师要抓好各个环节，教导幼儿喝水、入厕时要遵守秩序，人多时排队；进餐时各就其位，餐具有序摆好，在规定时间内完成进餐；共同制定游戏规则，并做到自觉遵守等。另外，父母应时刻留意、指正幼儿日常生活中的行为礼仪，每天与幼儿问好，在幼儿帮忙的时候说感谢，共同遵守家中日常的各种小规则，教导幼儿谦虚有礼、礼貌待人。父母要以身作则，与幼儿共同培养自身良好的行为习惯。在一日生活常规中，注意规范各种行为习惯。这样在教师和家长日常的有意熏染下，幼儿将会养成良好的行为习惯，当他们发现一些不良习惯或不合规则的行为时，会自觉制止，并努力让其符合规则。良好行为习惯的养成，将促使幼儿成为一位彬彬有礼、守规则的文明人。

2. 利用幼儿内部秩序的敏感期，促进幼儿自我意识的发展

(1) 顺应幼儿内部秩序的发展，促进幼儿对自我的认识

内部秩序是指幼儿对自己身体的各个部分以及它们的相对位置的感知、认识。当幼儿感知到自己的身体，幼儿的自我意识也就产生了。幼儿开始觉知到自己所有的身心活动，包括内部心理状态、外部体貌和言行表现，以及幼儿对与外界的人、事、物相互作用关系的认识。幼儿从最简单的感知自我，到逐渐能区分内部自我与外部自我，最后适应社会，按照这样的顺序发展着自己。在秩序敏感期这一时段，幼儿对自己身体的各个部分以及他们相对位置的这种感知与认识有着先入为主、不容改变的性质，那是因为他们是贫乏的，正处于获取对世界认识的过程中，所以会付出一切努力来积累经验。他们需要通过工作来认识世界、适应世界、建构自我。因此，我们只有认识到幼儿的内部秩序，才不会有意或无意地阻碍幼儿的工作，幼儿才有机会发展自我。幼儿在一岁以后，开始知道“我是谁”和认识到自己的身体，他们为了加固对自己的认识，要求所有的一切都要符合他心中的印象，固定不变，这是幼儿发展自我认识的需求。例如，从最简单的幼儿进食开始，幼儿会每天在固定的时间、固定的地方以固定的方式进食，这是因为幼儿在慢慢累积这种印象，久而久之，幼儿就能清楚认识到这一印象，幼儿就能认识到他的嘴巴是用来吃饭的。如果成人因为不了解而破坏了这种固定，幼儿心里就会因为混乱而难以清楚认识到用自己的嘴巴来进食这一活动。又例如，幼儿要认识到他的手，他会经常性地用手去抓、去摸、去拿，这是他的内心需求，指导着他去从事各种活动，在反复的用手活动中，幼儿就会认识到他的手了。幼儿认识自我是一个慢慢累积的过程，需要这种固定不变的秩序，来促进自身

内部秩序的发展，幼儿只有发展好内部秩序，他才能真正认识到自我。所以成人应创造条件帮助幼儿发展内部秩序。日常生活中找准机会鼓励幼儿，教导幼儿为自己鼓掌喝彩；礼貌地与他人挥手说再见；积极主动地与他人握手交好朋友等。多陪幼儿行走散步，多方位锻炼幼儿的各种感官能力，让幼儿亲自看、听、闻、摸等。只有多发挥幼儿身体各部位的功能，幼儿才能更好地认识到自己的身体，从而更好地认识自我。

(2) 给幼儿配对一个有秩序的外部环境，发展幼儿的自我

有秩序的外部环境应该是干净、整洁、有序的，它是幼儿能够认识并符合幼儿秩序感、安全感的存在，幼儿在此环境中工作，储备心理能力和智能来发展自我，这样幼儿才能成为一个真正有秩序的人。在这里，幼儿清楚每一件物品的摆放位置，幼儿能自由地选择与探索。他们用手去搭建、拆分、组合，用眼去看、用鼻去闻、用耳去听、用大脑去构建与思考，幼儿在这个有秩序的环境中全方位地锻炼自己身体的各个部位，通过自身的亲自体验，累积自我感觉，同时清楚地验证自己的想法与能力，从而对自己有了更多地认识。在这里，有幼儿成长以来的各种小照片：刚出生的、几个月的、一两岁的、单独的、与家人合照的……，幼儿通过区分以前与现在，会发现自己小手小脚和身体长大了，自己能够做的事情变多了，“我”与爸爸妈妈不一样等。这样，幼儿对“我”的认识会更加清楚与深刻。有序的外部环境能够给予幼儿安全感，让幼儿安心地与环境进行交互，在环境中认识自我、发展自我。所以，给幼儿配对有秩序的外部环境是毋庸置疑的。在那种有秩序的环境下，幼儿对自我有了一定的认识后，就会更加关注自身与周围现实之间的关系，此时我们要给予积极的态度和无条件的支持，多鼓励幼儿进行自我体验。多给幼儿展示自我的机会：登台表演、唱歌、跳舞、播报等。幼儿在展示中需要协调自身的各个部位，通过不断的努力，慢慢地清楚自己身体各个部位的功能，并对自身有了一个由上至下的全面的认识。当幼儿能够清楚地认识到自我后，其为人处事方面也会变得有秩序和有规则。

四、结　语

秩序敏感期是自然赋予幼儿神秘而又珍贵的礼物，对幼儿的发展，如智力、专注力、行为习惯、自我意识等的发展有重大影响。然而，由于成人对幼儿秩序敏感期不了解、不理解，使得成人与幼儿产生了冲突，阻碍了幼儿的发展。这就启示广大教育者要了解幼儿的秩序敏感期，才能真正理解幼儿，要抓住幼儿的秩序敏感期，充分利用幼儿的秩序敏感期，以更好地促进幼儿各方面的发展。

第九节　儿童秩序敏感期的家园共育策略研究

随着教育事业的发展以及教育理念的日益更新，教育者开始意识到儿童的敏感期的重要性。秩序敏感期是儿童发展过程中最重要和最神秘的敏感期之一，秩序敏感期在儿童人格的形成过程中具有非常重要的意义，正如著名教育家蒙台梭利在《童

年的秘密》一书中说过，"儿童很早就表现出对秩序的热爱，一岁半或两岁较为明显"。① 然而，现有文献资料表明，教育者对儿童的秩序敏感期的研究甚少，多数研究的方向停留在秩序敏感期在儿童心理发展过程中的表现特征和价值上，且缺乏深度。家园共育有利于促进幼儿身心的健康、全面、和谐发展，家庭和幼儿园共同努力、密切配合，对幼儿秩序感的养成具有重要意义。而当前关于儿童秩序敏感期之应对策略的研究大多站在家庭或幼儿园视角上，过于单一，缺乏创新，家庭与幼儿园缺乏真正的交流与合作，难以保持一致性。

因此，我们需要为幼儿秩序感的发展提供适宜的环境，满足其自身发展的需要。这一任务，并不是家庭或幼儿园哪一方可以单独胜任的，必定要双方共同合作，统一步调，才能获得事半功倍的效果，才能更好地促进幼儿内在人格的形成和健康心理的发展。

一、对秩序敏感期和家园共育的理解

（一）秩序敏感期

秩序，英译为"order"，解释为规则、制度、次序，整齐而有条理的状况，指事物在变化发展的过程中都存在某种程度的一致性、连续性和确定性，是通过时间、空间等形式表现出来的和谐统一的状态。可见，秩序要求人或事物处于一定的位置，是有条理、有规则的，这样的话，一切事物才能加以合理区分。②

敏感期则是意大利著名幼儿教育家、医学博士玛利亚·蒙台梭利在《童年的秘密》一书中提出的：敏感期是指生物在其发展过程中，由于对环境中某事物的感知极其敏锐而产生无法抗拒的冲动，而且相应器官的机能也急速发展的时期。玛利亚·蒙台梭利认为，儿童的心理发展存在敏感期。

秩序敏感期是指在这一时期，儿童对事物的秩序有强烈的需求，并逐步获得和发展起对物体摆放的空间或生活习惯的时间顺序的适应性，即秩序感。按照蒙台梭利的观点，儿童具有两重秩序感，即内部的秩序感和外部的秩序感。内部的秩序感使儿童意识到自己身体的不同部分和它们的相对位置，外部的秩序感则指向幼儿对外部世界存在的规律和关系的感知与理解。秩序感是生物发展过程中特有的周期性的敏感性之一，最早出现于儿童一岁半或两岁左右，大约持续两年，3 岁时表现最为明显，儿童在这一年龄阶段，会由向内的秩序感逐渐转向向外的秩序感，开始对外部事物的秩序有强烈的需求。处于秩序敏感期的儿童，无法生活在杂乱无章的环境中，外部环境中某事物的秩序如物品摆放的空间位置、动作发生顺序状态、物品的所有权、人物

①玛利亚·蒙台梭利.童年的秘密[M].北京：中国人民大学出版社.2008：57-68.

②赵琳.3—6 岁幼儿秩序感的发展特点[D].沈阳：沈阳师范大学，2011：4-5.

的呈现等会明显地影响着婴儿对特定事物的敏感性和习惯的养成。[①] 对于幼儿来讲，当秩序能够得到满足，就会产生一种自然的快乐，这种快乐意味着一个人对他自己环境里的所有细节的地方都能支配。可见，为了让儿童更好地经历秩序敏感期这个阶段，我们要提供一个有条不紊的环境满足其需要，及时培养儿童良好的秩序习惯。

正在经历秩序敏感期的儿童十分热爱秩序，此时此刻正积极地关注外部世界的秩序。儿童对外部的秩序环境异常敏感，他们能够清楚地认识到各种物品的摆放位置并将他们各归其位，他们能够清楚地记住动作发生的顺序并依次完成，他们对这个世界的秩序有着追求完美的苛刻要求，因此，儿童是无法生活在一个杂乱无序的环境中的，当儿童为之热爱的秩序遭到挑战或改变，周遭的环境将失去控制、无法支配，儿童会感觉到前所未有的陌生、恐惧、不安和焦虑，甚至会表现出极端的激烈反应。儿童会以大哭或生病的形式来表达他的抗拒和绝望，他会变得心烦气躁、极度执拗，产生强烈的心理冲突，看似反复无常地发脾气，常常无缘无故变得很任性，甚至是声嘶力竭或大哭不止到无法安慰。幼儿对秩序的观察，非常细致，比如穿鞋子喜欢把鞋子全部解开再放脚进去，一块肥皂躺在洗漱台上而没有放在肥皂盒里或者一只椅子放在不恰当的地方等，幼儿都能注意到这些细节的不协调并把它物归原位。

（二）家园共育

家园共育即家庭和幼儿园共同完成孩子的教育。在孩子的教育过程中并不是家庭或幼儿园单方面进行的教育工作，是指家庭和幼儿园相互了解、相互配合、相互支持，共同促进儿童的身心发展。家庭是幼儿成长的起点，家庭教育是基础，是幼儿教育的第一课堂，幼儿园教育则推动了家庭教育。双方根据每个幼儿的特点施予不同的教育，两者相互影响，共同合作才能达到最大的效果，才能最大程度地促进幼儿各方面的发展。而家园共育下对儿童秩序敏感期的应对策略即家庭和幼儿园相互合作，密切关注儿童在秩序敏感期内的情绪变化，两者统一步调，利用共同的资源，根据幼儿的身心发展特点有针对性地提出应对策略。

二、研究方法与对象

（一）研究方法

1. 文献法

在中国知网或维普中文期刊库等以“敏感期”“秩序敏感期”“家园共育”“家园合作”等关键词搜询文献资料以及阅读相关书籍如《童年的秘密》（意大利幼儿教育家玛利亚·蒙台梭利著作），以其中“儿童心理发展存在敏感期”中的“幼儿秩序敏感期”等

①常晶.什么是秩序敏感期[N].中国教育报，2016-01-10(2).

相关理论作为本课题的理论基础。

2. 访谈法

根据论文的研究方向合理地设置访谈问题，在家庭和幼儿园中选取部分代表人物进行访谈，了解家园共育下关于儿童秩序敏感期的真实情况，获取本课题的最大信息量，综合访谈内容，发现问题并提出相应的应对策略；本次访谈人数总计 60 人，其中，访谈教师 35 人，私立幼儿园 12 人、公立幼儿园 12 人和蒙氏教育为主的幼儿园 11 人；访谈家长 25 人。

3. 观察法

观察并记录关于儿童的秩序敏感期的表现及特征，仔细观察并记录幼儿园教师对此的反应及处理方法，在此基础上提出自己的意见和建议。

（二）研究对象

意大利幼儿教育家玛利亚·蒙台梭利认为，儿童的秩序敏感期最早出现于一岁半或两岁左右，大约持续两年，3 岁时表现最为明显。因此，本研究的对象主要是围绕一岁半或两岁到三岁的儿童来进行。本课题是基于家园共育的角度对儿童秩序敏感期展开研究的，因此，需要抽取部分家庭和幼儿园进行访谈工作，了解家庭和幼儿园在共同完成幼儿的教育上的现实状况。

三、研究结果与分析

（一）对待儿童秩序敏感期的现实情况

1. 幼儿园

（1）秩序敏感期理论认知程度不够，实际操作不熟练

随着教育观念的日益更新，越来越多的幼儿园开始提倡蒙台梭利教育法，把蒙氏教育作为幼儿园的办园理念，但在访谈调查中我们了解到，25%的幼儿园教师对于秩序敏感期这一理论的认识是非常表面化的，局限于字面上的理解，也不懂得实际运用，其中以私立幼儿园教师为主。43%的幼儿园教师对秩序敏感期这一理论的认识相对深入，能简单运用于一日生活中，比较注重幼儿规则意识的培养，其中以公立幼儿园教师为主。32%的幼儿园教师对秩序敏感期这一理论的认识更深一层，基本能够辨认儿童秩序敏感期的表现及特征，能够设计简单的专题活动培养幼儿的秩序感，其中以蒙氏幼儿园教师为主。具体结果见图 4－5。

然而，在实际操作当中，大部分教师仍然局限于理论知识，实践性和灵活性较差，不懂得如何把秩序敏感期的理论转化生成课程，不能很好地把理论运用到实际的教学活动中；在专题活动的设计当中，也不够深入，重复利用率低，后期延伸的可能性小，难以做进一步的巩固与加深。而且由于非预期性因素的变化，会出现难以预料的情况，幼儿园教师容易忽略掉个别幼儿的情绪，错过适当的教育机会，难以真正地帮助儿童度过秩序敏感期。

图 4-5 对秩序敏感期理论的认识

笔者选取了其中一段访谈，内容如下：

笔者："请问您了解儿童的秩序敏感期吗？"

教师 A："知道，是指幼儿对秩序有强烈的需要，并逐步获得和发展起对物品摆放的空间或生活起居习惯的时间顺序的适应性。"

笔者："请问您是如何把秩序敏感期的理论知识实际运用到班级上的活动呢？"

教师 A："我们幼儿园倡导的是让幼儿在有准备的环境下成长，比如每一个区域都有它一定的规则，每一个环节都有固定的时间顺序等。"

笔者："请问您班上有没有个别在秩序敏感期的时候特别执拗的孩子呢？您如何应对的呢？"

教师 A："有，幼儿园吃饭是自选饭菜而不是由老师分配好的，有个小朋友他每次选菜都不管自己吃不吃得完，就把所有的菜往自己碗里装。我一般会先提醒、建议他吃完再装，如果不听的话也只能随他去了，尽量满足他吧。"

结合图 4-5 的数据和访谈记录分析，幼儿园教师对敏感期理论之秩序敏感期的认知程度处于低层次阶段，了解得不够深入，多数教师能够简单地运用于生活活动，但实际操作熟练度和灵活度较低，小部分蒙氏教师能够简单设计专题活动。

(2) 关注度、重视度不够

当遇到个别执拗期的幼儿，教师很少从他们的角度出发，去关注幼儿在秩序敏感期的特定情绪，去认真倾听幼儿的诉求，只是一味地跟幼儿强调对错与否、能与不能，错过了很多珍贵的教育机会。笔者曾经在多次的实习期间观察过，在传统的教学活动和区域活动中，幼儿园教师总是把派发和收拾教具或玩具这两个环节弱化，省掉了很多必要的步骤，每次活动前，为了方便省事，教师会提前把教具或玩具分发到各个小朋友的位置上，而在活动结束后，因为幼儿收拾的速度较慢，为了不影响幼儿后面的活动进程，教师往往会过多地帮助收拾，不重视能够培养幼儿秩序感的每一次机会。[①] 结果见表 4-5。

①唐芳丽．蒙台梭利儿童"秩序感"、"专注力"理论和实践的反思[J]．佳木斯教育学院学报．2014(3)：35-36．

表 4-5　幼儿园教师对儿童秩序敏感期的重视度的统计结果

问　题	选　项	人数(N=35)	百分比/%
幼儿园教师对儿童秩序敏感期的重视度(关注度)	非常不重视	5	14
	不重视	8	23
	不确定	12	34
	重视	7	20
	非常重视	3	9

笔者选取了其中一段访谈,内容如下:

笔者:"为什么要帮助幼儿派发和收拾玩具呢?"

教师 B:"幼儿的动作实在太拖拉了,还会跟其他小朋友抢,为了不影响后面的活动,老师会帮着收拾。"

结合观察的现象和访谈记录分析,大多数教师对秩序敏感期的关注度和重视度还不是很高,幼儿园教师的关注重心在是否能顺利完成一日活动,却忽略了组成一日活动中每一个大大小小的环节,当中恰恰有许多能够培养幼儿秩序感的微小细节,幼儿收拾玩具进行物归原位,正是培养幼儿良好习惯的好时机。

(3) 实践力度不够,实践层次较低

大部分幼儿园的一日生活,从晨检、入园、用餐到离园,各个环节都有固定、详细的规定和要求,例如吃饭的时候先拿餐巾再拿饭,先上厕所洗手再喝水等,这些规定和要求却不是为了培养幼儿的秩序敏感期,更多的是利用这些规则来维护教师的权威,以确保教育教学工作的顺利开展。在教学活动上,幼儿园教师会进行"送玩具回家""我们不拥挤"等活动让幼儿感受每个物品的摆放位置,从而方便区域活动的顺利开展,在进行区域活动之前,幼儿园教师则会制定对应的区域活动规则来培养儿童的秩序敏感期。关于教师培养儿童秩序感的活动形式,结合图 4-6 参考。

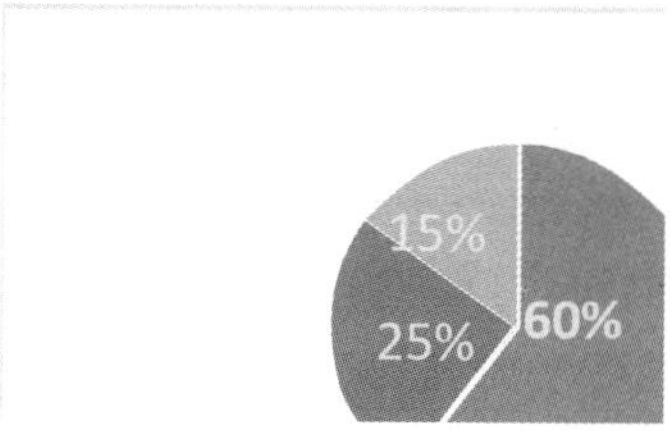

图 4-6　教师培养幼儿秩序感的活动形式

然而单凭这些是远远不够的,每个小朋友经历秩序敏感期的表现特征都是不尽相同的,一日生活难以体现幼儿的主体性。而教学活动的开展,倘若没有继续延伸和渗透下去,效果自然是事倍功半的,笔者观察到,幼儿园教师难以把教学活动中涉及到的秩序感问题落到实处,在排队、区域活动物归原位等问题上,幼儿园教师只是单纯、枯燥地重复规则,而没有针对每次出现的不同问题进行后期的总结,从而吸取经验让下一次的活动开展得更加顺利。笔者选取了其中一段访谈，内容如下：

笔者："请问在您班上是如何培养幼儿的秩序感的呢？"

教师C："大多是在一日生活和生活教育中渗透，孩子在园生活都是有规律的，规律的生活活动有利于幼儿形成秩序感，如自主活动的游戏规则，生活常规等。"

笔者："请问会有这方面的主题活动吗？"

教师C："一般是在集体活动中会有涉及关于秩序敏感的话题，但是很少有完全按照秩序来设计的主题活动。"

结合观察到的现象和访谈记录分析，幼儿园多数以生活活动为主，以区域活动和专题活动为辅来培养儿童良好的秩序感，而且多方面强调规则而缺乏反思总结，实践力度不够。

2. 家　庭

(1) 对秩序敏感期这一理论相对陌生，欠缺恰当的处理方法

从对大部分家长代表的访谈了解到，他们对秩序敏感期这一理论相对陌生，基本没有听过这个名词概念，笔者在对这个名词作进一步解释后，许多家长表示自己的孩子出现过类似的情况，却欠缺了恰当、合理的处理方法，更是没有意识到秩序敏感期对幼儿心理发展的重要性，而且常常因为工作太忙而忽略幼儿成长的细节，也很少特地去了解这方面的知识，甚至很多家长认为问题颇为复杂而出现答非所问的情况。当家长面临幼儿秩序敏感期的表现，往往很头疼，会和孩子一同烦躁起来，感到无可奈何、无计可施。家长对儿童秩序敏感期的认识见表4-6。

表4-6　家长对儿童秩序敏感期的认识

问　题	选　项	人数(N=25)	百分比/%
家长对儿童秩序敏感期的认识	非常陌生	2	8
	陌生	7	28
	不确定	10	40
	熟悉	5	20
	非常熟悉	1	4

笔者选取了其中一段访谈，内容如下：

家长A："秩序敏感期？这个是什么意思呢，不太懂，平时也很忙啊，哪有空了解这方面的知识。"

家长B："叛逆期吗？太专业的词我不是很懂。"

家长C："有段时间我宝宝特别喜欢拿别人家的东西，不管怎么讲道理甚至骂他打他都不肯还，那段时间让我特别头疼，但是又找不到解决办法。"

家长D："有段时间晨晨吃水果时喜欢摆个造型，还要拍照留念，不让完成这个流程他就哭闹，但是有客人来的时候就比较苦恼。"

结合表格数据和访谈记录分析，70%的家长对于秩序敏感期这一概念是相对陌

生的，认知不足，不确定幼儿在秩序敏感期的表现以及特征，在面对幼儿的“执拗与无理取闹”，家长表现更多的是苦恼与无助。

（2）家庭教育水平普遍偏低，缺乏有效的教育方法

随着社会的不断进步，许多年轻家长通过早教中心、幼教书本等途径学习了各种各样的育儿知识经验，文化水平也不断提高，然而，有些家庭遇到幼儿非常“执拗”的时候，在多次劝解无效后，仍然采取比较传统的教育方法——“一骂二打”或者冷暴力，缺乏足够的耐心和有效的教育方法。当孩子正在经历秩序敏感期，表现得有点“无理取闹”时，往往让家长不知所措，即使当下耐心地安抚孩子的情绪，等孩子情绪稳定之后就不了了之了，不懂得把握教育机会，听听孩子的想法，分析孩子出现的异常行为，给孩子提出建议。访谈结果见图 4－7。

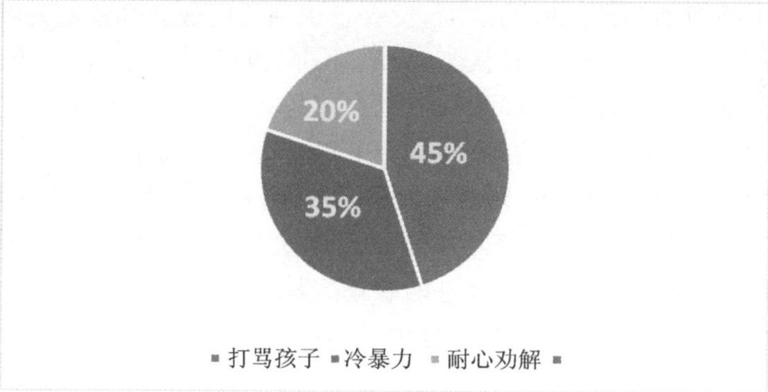

图 4－7　面对孩子“执拗”的处理方式

笔者选取了其中一段访谈，内容如下：

笔者：“当遇到这种情况，您会怎么处理呢？”

家长 E：“我这个人没什么耐心，平时上班也很忙，所以孩子吵闹我就会大声骂他，这样他才会怕我，听我的话。”

家长 F：“我们家孩子比较熊，一般是先转移他的注意力，过后再讲道理，我也是有脾气的，他有时会挨揍。”

结合图 4－7 和访谈记录分析，大部分家长仍然采取传统的教育方法，当遇到秩序敏感期极其执拗的孩子，80％家长表现耐心不足，通过打骂孩子或者冷暴力的方式迫使幼儿安静下来。

（3）不理解且不尊重孩子的做法

当幼儿正在经历秩序敏感期，会对某件事情特别执拗，会反复无常地发脾气，当孩子一次又一次地重复着自己的工作，许多家长会极其不理解孩子的做法，不明白孩子在做些什么，甚至会误以为孩子“没事找事”，大声斥责孩子，压制孩子的情绪反应，让事情变得更加糟糕。例如曾经有一位妈妈带着乖巧的儿子回家，由于下雨平时干爽的小路变得泥泞，而妈妈担心孩子走起来困难而且会弄脏裤子，于是想抱起孩子走

过泥泞路段，结果孩子坚持要自己走，这位妈妈会不理解孩子突如其来的“胡闹”。[①]而且在家长的眼里，“小”朋友没有自己独立的想法，因此，当幼儿表达自己的需求时，家长会不尊重、不理会，只看到事情结果的对错。

（二）家园共育下对待秩序敏感期的现实情况

1. 缺乏家园共育的理念和意识

当孩子进入幼儿园，就意味着孩子的教育是需要家庭和幼儿园共同参与、共同承担责任的。然而，在家园共育的过程中，碍于家长本身对秩序敏感期的认知有限，有些家长误以为孩子进入了幼儿园责任就全在教师的身上，让教师全盘负责幼儿在这一时期的教育与引导，单凭教师的描述来关注孩子的成长情况，忽视了自身的教育责任；而且家长明显处于被动的状态，他们“旁观”地关注着幼儿在秩序敏感期内的各种问题，从形式上受邀参与幼儿园的活动，没有意识到家庭教育和家庭环境对于培养儿童秩序感的重要作用。显然，家长认为，家庭和幼儿园的教育是分离的，缺乏主动跟教师沟通、合作的意识。而幼儿园教师拥有专业的教育知识和先进的教育观念，对儿童秩序敏感期的认识更深一层，在家园共育下更是要发挥主导作用，为家园共育积极创造条件，引导家长参与孩子的教育过程。[②] 然而，幼儿园教师在家园共育的过程中，始终处于权威地位，沟通的内容主要侧重于幼儿的不足，缺乏沟通技巧，沟通的过程中处于“教师说、家长听”的传递信息的状态，没有把家长当做幼儿教育的合作者，没有真正让家长参与到孩子的教育过程中，共同去培养儿童的秩序感。访谈结果见图 4－8。

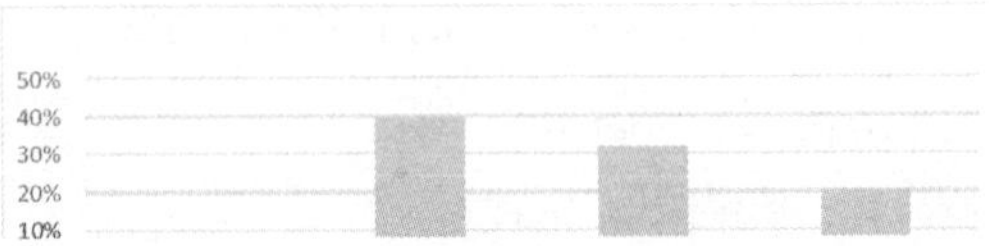

图 4－8　关于儿童秩序敏感期之家园共育中家长的角色

从图 4－8 中可见，8％的家长认为在家园共育的过程中自己充当的是普通家长的角色，在家会管孩子，在幼儿园就归教师管；40％的家长充当的是信息接收者的角色，在儿童秩序敏感期内的各种情绪表现，通过询问教师来接收幼儿在园的相关信息，而 32％的家长会以一个信息交换者的身份，主动向幼儿园教师反映幼儿在园以外场所的表现，从而依靠教师的专业素养进行教育孩子，只有 20％的家长认为在家园共育过程中充当了与幼儿园教师合作的角色。我们可以看出，大部分家长仍旧把教育的责任寄托在教师一个人的身上，而忽视了家庭教育的重要性。

笔者选取了其中一段访谈，内容如下：

①胡静，丁永为. 如何看待儿童的无理取闹——基于蒙台梭利的视角[J]. 陕西学前师范学院学报. 2016，32(7)：54-55.

②潘宇. 幼儿园家园合作现状与对策研究[D]. 辽宁：辽宁师范大学，2015：13-29.

笔者："您会经常跟幼儿园老师沟通了解孩子在秩序敏感期时的情况吗？您觉得帮助孩子度过秩序敏感期您是充当着一个什么样的角色呢？"

家长 G："会了解孩子在园的情况，主要还是靠老师来帮助他们度过秩序敏感期，我们不太懂那些专业的知识。"

从图 4－9 中可见，17％的教师认为自己是一名普通的教师，只是负责工作范围内的事情，34％的教师充当着信息传递者的角色，把孩子在园的情况一一汇报给家长，26％的教师会充当信息交换者的角色，了解幼儿在家的表现，而 23％的教师认为在对待儿童秩序敏感期中家园共育过程的合作至关重要，但主要以沟通的形式为主，没有合作提出过关于儿童秩序敏感期内的应对策略。

笔者选取了其中一段访谈，内容如下：

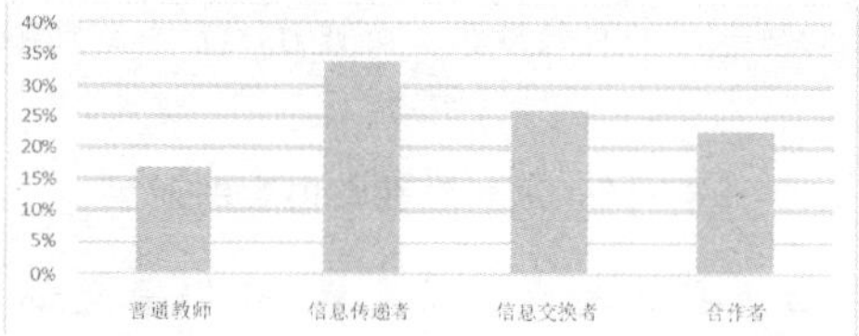

图 4－9　家园共育中教师的角色

笔者："关于儿童的秩序敏感期，您有做这方面的家长工作吗？一般是如何跟家长进行沟通的呢？"

教师 D："很少，沟通的内容主要还是幼儿在园进餐、游戏的一些基本情况，很少会特意以这个专题展开沟通工作。"

2. 教师和家长的合作缺乏一致性

由于职业、性格、文化水平等因素的不同，家长的教育观念、态度与教育方法和幼儿园教师之间存在着很大的差异，导致在家园共育的过程中，幼儿园教师和家长对合作的内容缺乏一致性，存在着明显的分歧。幼儿园会根据幼儿的身心特点来开展教育，在有准备的环境下，注重培养幼儿的规则意识、生活技能和良好的习惯，寓教育于游戏之中，在游戏中培养幼儿的秩序感。然而，随着社会竞争越来越激烈，许多家长一味地追求智力教育、兴趣培养，他们送孩子上幼儿园，更多的是关心孩子每天学会了什么知识，而忽略了幼儿基本生活技能的掌握以及良好习惯的培养，热衷于过早地把孩子送进各种各样的培训班，帮孩子包办生活上的大小事，只希望自己的孩子不要输在起跑线上。① 因此，家长和幼儿园在教育孩子的问题上难以达成一致，合作存在困难。结果见图 4－10。

笔者选取了其中一段访谈，内容如下：

笔者："您认为要注重幼儿哪方面的发展？"

①游达，沈丽丽．家园合作有效途径新探[J]．现代教育科学：普教研究，2012(5)：134-135.

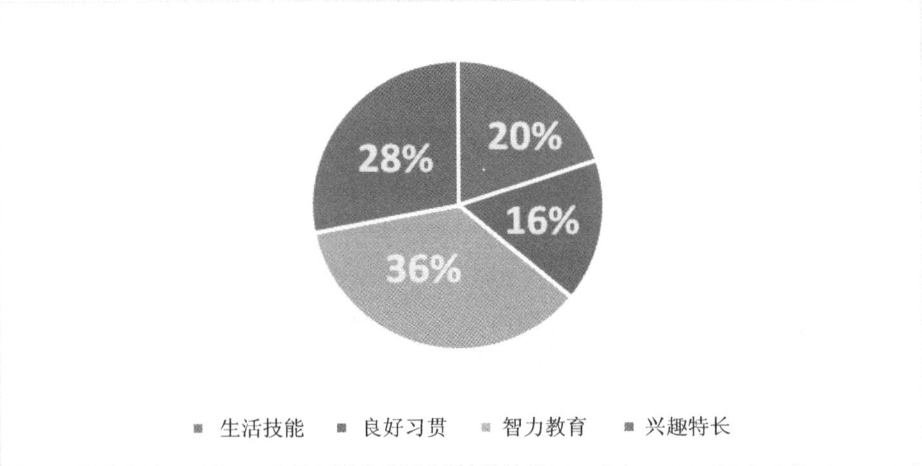

图 4-10　家长对教育内容的期望

教师 E："作为教师，幼儿当然是要全面发展，我们每天都会通过不同的活动来培养幼儿各方面的发展，例如集体教学活动、区域游戏等。"

家长 G："智力教育啊，不希望自己的孩子发展得慢，不然上小学了就跟不上了，现在开始就得培训。"

家长 H："周末有帮孩子报一些兴趣班，比如钢琴、画画之类的，都希望自己的孩子能够有特长啊。"

结合图 4-10 和访谈记录分析，36%的家长追求的是智力教育，希望能够通过幼儿园的教学活动发展幼儿的智力，28%的家长希望通过幼儿园能够培养幼儿不同的兴趣特长，只有 20%的家长希望通过幼儿园能够培养幼儿穿衣服、叠被子等基本生活技能，16%的家长希望通过幼儿园能够培养幼儿良好的行为习惯，而作为一名幼儿园教师，是通过不同活动领域来培养全面发展的幼儿。由此可见，家长的教育观念、态度与教育方法存在差异，从而导致在家园共育的合作内容上缺乏一致性，难以形成合力帮助幼儿能更好地发展。

3. 家园共育形式少，表面化、形式化严重

从对幼儿园教师的访谈中可以看出，家园合作的形式单调，幼儿园教师与家长沟通的形式是以面谈或电访为主，通过开家长会、家长宣传栏等方式进行集体展示孩子在园的情况；家园合作的内容表面化、形式化严重，许多教师为了应付幼儿园的工作检查和考核，沟通的内容毫无针对性，对孩子的日常表现统一概括为"挺好的，没事"，缺乏对每个孩子内心成长的深入探讨。[①] 而且，家长的参与方式明显被动，家长的角色大多数是充当观众。针对家园共育的形式结果见表 4-10。

①潘宇. 幼儿园家园合作现状与对策研究[D]. 辽宁：辽宁师范大学，2015：13-29.

表 4-10　家园共育的形式结果统计

形　式	人数(N=60)	百分比/%
面谈或约谈	12	20
电话或短信	19	32
接送时交流	14	23
家长会或家长活动日	8	13
亲子活动	7	12

笔者选取了其中一段访谈，内容如下：

笔者："您一般是如何跟家长进行沟通合作，做到家园共育的呢？"

教师 F："面谈、电访，把老师观察的现象告诉家长。"

笔者："您是否有邀请家长参加幼儿园的活动呢？"

教师 F："学期初的家长会一般会跟家长沟通说明孩子们存在的不足，学期末会邀请家长来园参加观看幼儿一个学期的学期成果。"

笔者："请问您有参加过幼儿园举办的活动吗？请举例说明。"

家长 I："有，会参加一些节日表演，例如儿童节幼儿园会搞活动等，或者入园参观环境布置等。"

笔者："请问您在表演中处于一个什么角色？"

家长 I："大多数是做观众，而且平时要上班，就算有机会表演也没办法参加。"

结合表 4-7 的数据与访谈记录分析，家园共育的形式主要以面谈、电访或者接送时进行简短的交流为主，家长会、家长活动日或亲子活动进行交流的次数较少，且家长多数以观众的角色参与活动，由此可见，教师对家园共育的主动性、积极性不高，家长明显被动。

4. 教师和家长互动层次较低，收不到合作的效果

幼儿园教师和家长的互动模式大多数是幼儿园邀请家长入园观看节日表演、成果展示等，这些工作都是教师单方面策划完成的，家长只负责观看，而家长入园当"教师"、与孩子一起共同完成活动等的次数很少，不但幼儿园在家园共育这方面的活动意识不强，怕与家长沟通，多数流于形式，而且家长自身对参加活动多持消极态度，很多家长因为工作忙而疲于与孩子蹦跳，多数只接受观看表演的邀请，这样的互动缺乏双向模式，收不到合作的效果。而且幼儿园教师和家长的互动是围绕孩子的在园表现、进步等开展的，而针对孩子在园表现中出现问题的原因、解决办法却没有深入去沟通，互动层次较低，长期处于一个这样的状态：幼儿园教师通过告知家长来解决问题，家长却又依赖教师去解决问题，如此一来，双方互动依旧变成教师或家长单方面的努力。

三、儿童秩序敏感期家园共育的应对策略

（一）重视儿童的秩序敏感期

1. 幼儿园

（1）提倡蒙氏教育，教师要透彻理解儿童的秩序敏感期理论，以便融入教学活动

幼儿园要提倡蒙氏教育，真正热衷于蒙氏教育，建立起一套蒙氏教育的教师培训制度，提供机会给教师接受正规的蒙氏培训，学习新的理念。幼儿园教师自身要积极参加培训，不断学习、交流、总结，提升自己的素质。要理解儿童的秩序敏感期理论，诉诸原著不失为一种很好的方法。著名意大利教育家蒙台梭利在《童年的秘密》一书中提出儿童心理发展存在敏感期，因此，教师要仔细研读《童年的秘密》等经典教育名著，学习有关儿童秩序敏感期的知识，参加有关儿童秩序敏感期的教育讲座，以便于透彻理解儿童的秩序敏感期，融入教学活动，提高动手实践能力，当面对幼儿秩序敏感期内情绪焦虑、不安的时候，能够应对自如，让儿童在潜移默化中养成良好的行为习惯。

（2）帮助幼儿认识自我，建立内部和外部秩序感相结合

内部秩序感是指幼儿意识到自己身体的不同部分和它们的相对位置，因此，幼儿园教师可以开展专题活动帮助幼儿认识自己身上各个部分的位置，例如指出眼、耳、口、鼻的具体位置，做一些简单的手指游戏等，建立起幼儿对自我的一个初步认知。随着幼儿内部秩序感开始向外部秩序感转化，应帮助幼儿获得对物品的摆放位置、动作的发生顺序等的适应性，建立规则并且遵守规则，例如开展玩具的分类、幼儿园的一天、公共场所的秩序等系列主题活动，并且在每次活动后反复总结，加深幼儿对规则、秩序的理解。两者相互结合，帮助幼儿建立完整的秩序感。①

（3）在幼儿园的生活、集体教学活动、区域游戏中培养幼儿的秩序感，讲究合理、有序

在幼儿园的生活中，制定一日生活的活动目标、活动内容及实施要求，从入园前的晨检、入园后和老师打招呼、用餐时要安静、先拿餐巾再拿饭、户外活动排队、进区时间与规则到离园的整理着装，跟老师说再见等一系列的细则，都讲究合理、有序；在集体教学活动中，模拟上下公交的情境，设计一系列发展幼儿秩序感的集体活动，通过活动的体验，让小朋友自己体会，在人多、拥挤的地方要讲秩序，自觉排队等候；在区域游戏中，整个过程要保持安静，选定区域就不能乱跑，拿的东西要物归原位。

（4）细心观察幼儿在活动中的表现，耐心引导，鼓励幼儿有序整理、摆放物品

细心观察幼儿在生活活动、集体教学活动、区域游戏活动中的表现，当幼儿出现不安、急躁的情绪时，幼儿园教师要考虑到幼儿是否进入秩序敏感期了，教师需要正

---

①常晶．什么是秩序敏感期[N]．中国教育报，2016-01-10(2).

确地看待，有耐心地观察幼儿，不责备、不批评幼儿，安抚幼儿的情绪，适当地满足幼儿的合理要求，引导幼儿正确辨别是非。幼儿园教师应要制定一套班规来培养幼儿的秩序感，如座位表；进区要耐心、安静地排队等候；从哪里拿的东西就要放回哪里去，物归原位等。当幼儿违反规则时，教师应该鼓励幼儿主动发现错误，给幼儿一个好的示范，让幼儿学会有序地做好每一件事。除此之外，幼儿园教师可以配合幼儿园举办一些小型比赛、活动来培养幼儿的秩序感，例如：生活自理小比赛、整理衣物、刷牙洗脸；“光头强来了”游戏，老师扮演光头强把教室弄乱，让孩子们合作整理好教室。

2. 家　庭

（1）端正对秩序敏感期的认识，接纳孩子的情绪，顺应其秩序感发展的需要

家长要端正对秩序敏感期的认识，要意识到秩序敏感期的出现是与幼儿心理发展的特点密切相关的，是孩子成长中必经的过程。面对孩子在这一阶段出现的“无理取闹”和“执拗”，家长切勿用权威“镇压”孩子，应先安抚住孩子的情绪，等孩子冷静下来，耐心了解孩子行为背后的原因，倾听孩子的心声与诉求，用爱呵护孩子，倘若孩子提出的是合理或非原则性的需求，就尽量满足孩子的“有序”要求，顺应孩子秩序感发展的需要。倘若孩子提出的是不合理或原则性的需求，家长要先把孩子的情绪安抚好，等孩子冷静下来再跟孩子讲道理，告诉孩子什么是对的、什么是不对的，让幼儿学会辨别是非、做正确的事。

（2）以身作则，有秩序地摆放家中物品，给孩子提供一个有序的生活环境

英国教育家洛克曾说过：在教育孩子时，与其让孩子记住规则，还不如给他树立榜样。示范和环境的教育作用比单纯的说教强得多，家长的一言一行，都强而有力地发挥着潜移默化的作用。因此，家长在培养幼儿秩序感的同时，自己首先要树立一个好的榜样，每时每刻都严格要求自己，有序地摆放好家中的物品，每次使用后一定要注意及时归位，孩子的东西也要按顺序摆放好，固定了位置之后就不要随意变换孩子的东西，给孩子提供一个有序整洁的生活环境。处于秩序敏感期的孩子，家长可以引导孩子主动收拾自己的玩具和日用品，避免事事给孩子包办，这样更有助于孩子养成整洁有序的习惯，养成良好的自理能力。

（3）尊重和理解孩子，耐心引导，避免与孩子起冲突

每个孩子都渴望得到他人的尊重，尤其是处于秩序敏感期的孩子，他们有自己独特的想法，因此，家长要真正站在孩子的角度上考虑问题，尊重和理解“小大人”。处于秩序敏感期的“小大人”，会尝试按照秩序做各种力所能及的事情，当孩子开始练习一件事的时候，往往会笨手笨脚的，比如孩子在给自己穿鞋袜时，动作会非常慢，穿得也不好，但是家长一定不要责备或否定孩子，也不要因为赶时间而过于干涉他、规范他，要耐心地引导孩子学会做好每一件事，有意识地培养孩子的秩序感，避免与孩子起冲突，影响孩子秩序感的养成。[①]

①郑在桂．父母如何应对孩子的秩序敏感期[N]．中国教育报，2016-01-10(2)．

(二)儿童秩序敏感期的家园共育及应对策略

1. 幼儿园

(1)实行开放办学,欢迎家长入园观察教师的教学工作是如何合理、有序地进行的

实行开放办学,随时欢迎家长光临并参与幼儿的活动,以及教师和其他工作人员的工作。幼儿园的每一个大大小小的活动都有规定的时间、地点以及目标,每一样东西都有固定的摆放位置,每一次教学活动都有详细的计划安排,一切都在合理、有序地进行。幼儿园实行开放办学,让家长观察、学习园内活动是如何合理、有序地进行的,是如何把秩序敏感期融入活动中的,有助于加深家长对秩序敏感期的理解,家长还可以在教师的指导下,尝试组织、安排幼儿的生活活动,为家园合作培养幼儿的秩序感而打下基础。①

(2)从家长的角度,通俗解释儿童的秩序敏感期的内涵和重要意义

幼儿园教师拥有专业的教育知识和先进的教育理念,使得他们对儿童秩序敏感期的理解更得心应手,而由于大多数家长的职业与幼儿教育相差甚远,他们的认知也受到了限制,使得在家园共育下,共同应对儿童的秩序敏感期受到了阻碍。因此,幼儿园教师要把专业术语转化为通俗概念,浅显易懂地解释儿童秩序敏感期的内涵,让家长透彻地理解到秩序感对儿童内在人格和心理健康的影响。

(3)开展家长教育交流会,分享教师在园区活动中遇到儿童在秩序敏感期内的问题以及相应的解决措施

幼儿园要定期召开家长教育交流会,为幼儿园教师与家长、家长与家长之间提供互相交流的机会。幼儿园教师在组织生活活动、集体教学活动、区域游戏活动的过程中,会遇到儿童在秩序敏感期内的各种不同的表现以及特征,幼儿园教师可以根据幼儿的个性特点,有针对性地整理出这期间遇到的问题以及教师与之相对应的解决措施,把教育经验分享给各位家长,认真、客观地对待每一位家长,让家长在教育交流会中畅所欲言,相互交流。

(4)幼儿园要加强与家长的沟通,避免以权威决断,也要听听家长在遇到秩序敏感的孩子时的教育经验

关于儿童秩序敏感期这一问题,幼儿园教师要积极与家长进行沟通,把教师观察到的现象告诉家长,并解释说明儿童在秩序敏感期时的特征及表现,以及家长应该如何帮助儿童顺利度过秩序敏感期。教师在沟通的过程中,要放下自己的专业架子,认真倾听每一位家长在儿童的秩序敏感期遇到的不同状况,也要吸取家长的教育经验,相互交流学习,避免单方面决策独断,错过家园共育的机会。

2. 家　庭

(1)主动配合幼儿园的教学工作,协同监督、提醒幼儿,促使幼儿养成良好的

① 马爱莲.家园共育现状及改善措施[J].太原师范学院学报,2011,10(4):152-154.

习惯

关于儿童秩序感的培养，家庭教育是不可或缺的。在幼儿园生活的方方面面都离不开对幼儿规则、秩序的要求，在家中也不能有所松懈。因此，家长要主动了解并配合幼儿园的教学工作，认真陪伴孩子遵守规则。当孩子无法遵守规则的时候，作为家长应该持鼓励、坚持的态度，协同老师一起监督、提醒幼儿，促使幼儿养成良好的习惯。

(2) 积极参与幼儿园举办的活动，主动学习关于儿童秩序敏感期的知识经验

家长积极参与幼儿园举办的活动，不仅可以多方面了解孩子，增进亲子感情，还可以增进幼儿园教师和家长之间的互动，推进家园共育的进程。家长可以在教师的指导下，参与到关于儿童秩序敏感期的活动中来，了解自己的孩子在集体活动中的表现，从中学习到了新的教育理念；也可以学习如何应对处于秩序敏感期的儿童，吸取幼儿园教师的教育经验，提升自身的教育素质，拓宽自己的视野。

(3) 模仿幼儿园的生活作息习惯，固定物品的位置，避免幼儿因幼儿园与家中的习惯不同而对秩序产生疑惑

家庭的生活作息习惯与幼儿园的相差甚远，幼儿在园内的一切活动都有一定的要求和规定，规定时间用餐、就寝、游戏，而在家里，幼儿常常顾着玩耍而错过午睡时间，甚至用餐的时候也顾不上吃两口，所以家长要尝试模拟幼儿园的生活作息习惯，为孩子创设整洁有序的家庭环境，做孩子的榜样，促使幼儿养成良好的生活习惯，同步幼儿园与家庭的行为标准，幼儿也不会因为在家里与幼儿园的习惯差异大而对秩序产生疑惑。家长要模仿幼儿园，固定家中物品的位置，不要随意变换幼儿的物品位置，鼓励幼儿学会自己拿、自己放，学会收拾自己的东西，自己的事情自己做。

后　记

学前教育是教育的重要组成部分。人类社会诞生之日，就是学前教育产生之时，学前教育阶段是教育阶段活动的最初阶段，是人生的第一个教育阶段。

自20世纪80年代以来，加强学前教育成为世界未来教育的主要目标之一。许多国家把学前教育作为整个教育的基础，并依据教育学、心理学、生理学和保健学等方面取得的科研成果，尝试新的改革，促使在学前教育的目标、制度、内容、方式和方法等方面，都出现了一些新的趋势，促进了各国学前教育的发展。

随着中国经济社会和教育事业的快速发展，特别是《国家中长期教育事业改革和发展规划纲要(2010—2020年)》《国务院关于当前发展学前教育的若干意见》《幼儿园教师专业标准(试行)》等政策的颁布实施，学前教育得到了前所未有的发展。但总体上看，学前教育仍是各级各类教育中的薄弱环节，教育资源严重不足，城乡发展不平衡，师资队伍不健全，一些地方"入园难、入园贵"的问题仍然比较突出。

师范院校学前教育专业是培养幼儿师资的主阵地、主渠道，培养合格的幼儿教师是其教育教学的中心工作，紧紧围绕人才培养这一中心，深入探索学前教育理论，积极开展学前教育创新实践，是师范院校学前教育专业建设和发展的核心目标。正是基于这一初衷，我们组织教师和学生经过多年共同努力，反复修改，几易其稿，终于完成了这本著作。

本书的撰写，凝聚了我校许多教师和学生的心血，尤其是赖勇强、吕伟、易静等教师，辛勤工作、默默奉献，付出了大量的时间和精力，在此谨向他们表示衷心的感谢！

本书中的数据调研及相关工作，得到了深圳市雏鹰教育投资发展有限公司董事长郭阳钰先生和深圳市、广州市、佛山市等地的众多幼儿园、学前教育培训机构的大力支持，在此谨向他们表示衷心的感谢！

本书的编辑和出版，得到了北京航空航天大学出版社的大力支持，在此，谨向他们表示衷心的感谢！

作者在撰写本书过程中，参阅、引用并借鉴了众多专家、学者的著作、论文及其他文献，在此一并向这些文献的原作者表示衷心的感谢！

由于作者的水平和经验所限，本书难免存在错漏之处，恳请专家、同行和读者们批评指正。

叶逢福

2018年8月